Eine Zensur finde nicht statt, heißt es bekanntlich im Grundgesetz. Das Nähere regelt die Alltagspraxis der Medien und Institutionen, deren komplexe Mechanismen im Zweifelsfall dafür sorgen, daß bestimmte Meinungen und Sachverhalte, ausgedrückt in Texten, Filmen, Sendungen, Theaterstücken, Liedern und Bildern, ja selbst in Symbolen und Kürzeln (wie der amtlicherseits verpönten Abkürzung »BRD«) nicht bis zur »Publikationsreife« gelangen.

Um diese Mechanismen nicht nur der direkten Unterdrückung, sondern viel häufiger der Behinderung, Verfälschung oder Entschärfung bestimmter Aussagen zu erkennen, genügt es nicht mehr, Zensur lediglich als unmittelbaren Verbots-Eingriff des Staates zu definieren. Für die Autoren des vorliegenden Bandes ist Zensur ein Prozeß: die dem Betrachter abgewandte Seite der Kultur und Öffentlichkeit. In den historischen und kulturgeschichtlichen Darstellungen der Bundesrepublik ist diese dunkle Seite noch kaum beleuchtet, geschweige denn der Prozeß zusammenhängend beschrieben und kritisch analysiert worden. Dies wird nun hier auf der Grundlage einer systematischen Materialsammlung unternommen.

Die Autoren – Wissenschaftler und Praktiker verschiedener Fachrichtungen – analysieren die zivil-, straf- und verfassungsrechtlichen Entscheidungen, die den Gang der bundesrepublikanischen Öffentlichkeitsentwicklung beeinflußt haben. Sie stellen die staatlichen und halbstaatlichen Institutionen und Instanzen vor, die sich seit 1949 an der Beschränkung der Meinungsfreiheit beteiligten. Aber sie bleiben nicht bei einer immanent juristischen und organisationspolitischen Zensur-Kritik stehen, sondern beschreiben die Auswirkungen auch der nicht-justiziellen Kontrolle, vor allem in den verschiedenen Medien und Institutionen wie Kirche, Schule, Universität etc.

Zensur in der BRD

Fakten und Analysen

Herausgegeben von
Michael Kienzle und Dirk Mende

Carl Hanser Verlag

April 86

ISBN 3-446-12869-7

Umschlag: Klaus Detjen
Gesamtherstellung: Mühlberger, Augsburg
Printed in Germany

Inhalt

Vorbemerkung

Wir haben uns bei zahlreichen Einzelpersonen und Institutionen zu bedanken, die durch freigebige Informationen und Hinweise dazu beitrugen, ein umfangreiches Archiv zur »Zensur in der BRD« zu erstellen, das die Materialbasis für den vorliegenden Band abgegeben hat. Dieses Archiv mit über 2000 Fällen, das von den meisten Beiträgern in Anspruch genommen werden konnte, soll vervollständigt weitergeführt und in einer späteren Publikation zur Rolle der Zensur in der bundesrepublikanischen Kulturgeschichte verwertet werden.

Ein systematischer Aufriß nach Zensurbereichen ließ sich, entgegen ursprünglicher Absicht, nicht realisieren. So fehlen etwa Beiträge über Zensur in Bereichen wie Schule (mit Ausnahme der Schulbuchprüfung), Buchproduktion und -distribution, Bundeswehr, Gewerkschaften, Gefängnisse und andere geschlossene Anstalten, Bildende Kunst und Karikatur, Kabarett und Liederproduktion.

Wir hoffen, durch den vorliegenden Band nicht nur zur Sensibilisierung gegenüber Meinungsbeschränkungen jeder Art beizutragen, sondern auch die Gegenöffentlichkeit mit Argumenten zu stärken.

M. K./D. M., November 1979

Einleitung

Dieses Buch wurde zu einer Zeit konzipiert, als die spektakuläre und rigide Zensur durch Strafrechtsänderungen und zahllose Eingriffe in die Medienöffentlichkeit als Bestandteil der Anti-Terrorismus-Kampagne in der BRD zur Regel zu werden schien. Bei Erscheinen des Buches sind zwar die damals verabschiedeten Gesetze noch immer in Kraft, und inzwischen hat es auch viele Verurteilungen aufgrund von Meinungsdelikten gegeben. Aber der spektakuläre Zensureingriff vom Herbst 1977, der in der liberalen Presse meist aufmerksam notiert wurde und auf Skepsis stieß, ist wieder zum letzten Mittel geworden. Zensur findet seltener demonstrativ und öffentlich statt und findet auch weniger öffentlichen Widerspruch. Immerhin brauchte es an die drei Jahre und etwa drei Millionen DM Gerichts- und Anwaltskosten, bis der BGH die justizielle Verfolgung des studentischen »Buback-Nachrufs« als unbegründet zurückwies. Und noch 1980 ist offensichtlich der Hinweis auf die SS-Vergangenheit des ehemaligen Arbeitgeberpräsidenten Schleyer mit einem Tabu belegt: eine diesbezügliche Passage in Lea Fleischmanns Buch »Dies ist nicht mein Land« wurde zwar gesetzt, dann aber nicht gedruckt. Dennoch: die Zensur hat das Gewand der Furie abgelegt, hat sich, gestützt durch Erlasse, Urteile und personalpolitische Entscheidungen, dem rechtsstaatlichen Alltag angepaßt, ist allgegenwärtig geworden. Aus dem Zeitraum der vier Monate zwischen Manuskriptabgabe und Fahnenkorrektur für dieses Buch seien wahllos noch einige Beispiele herausgegriffen, die den Zensuralltag belegen sollen:

Beim WDR wurden gegen den Willen der zuständigen Redaktion Franz Josef Degenhardts Roman »Die Mißhandlung« nicht verfilmt und die bereits eingeplante Teilnahme Wolf Biermanns an der Live-Diskussion abgesagt. Der gleiche Sender untersagte seinem Jugendmagazin »Radiothek«, Wortbeiträge zu senden. Beim SWF wurden Jürgen Lodemanns »Literaturmagazin« zum Thema »Kanzler Strauß« gestrichen und der Dokumentarfilm »Rodeo-Drive« nur gekürzt ausgestrahlt, um die Firmen Arden und Dior vor Kritik zu schützen.

Der Deutsche Gewerkschaftsbund kündigte wegen einer Karikatur zur Abtreibungsproblematik fast der gesamten Redaktion des DGB-Jugendmagazins »ran«.

Während Wissenschaftler die Wirkung von Canabis noch kontrovers diskutieren, entschloß sich die Bundesprüfstelle zum Handeln und indizierte erstmals zwei Schriften, die angeblich den Marihuanagenuß verherrlichen.

Das Tragen des Meinungsknopfes »Stoppt Strauß« trug einer sechzehnjährigen Schülerin in München eine Woche Schulausschluß ein. Ein Arbeiter aus Iserlohn wurde aus dem gleichen Grund fristlos entlassen, das Arbeitsgericht hält die Kündigung für rechtens (Az 1 Ca 907/79). Die »Esslinger Zeitung« weigerte sich, einen Nachruf auf Rudi Dutschke als bezahlte Anzeige zu drucken, das Stuttgarter Landgericht lehnte eine Einstweilige Verfügung dagegen ab.

Aus der Zeit der offenen Zensurkampagnen ist nach alledem ein öffentliches Mißtrauen zurückgeblieben gegen naive oder herrschaftsinteressierte Bemühungen, die das Problem der Medienzensur durch Neudefinition zum Verschwinden bringen wollen. Und das Unbehagen an einer Meinungsäußerungsfreiheit, die darin besteht, ihre eigenen informellen Beschränkungen noch öffentlich kritisch kommentieren zu dürfen.

Die Beiträge dieses Bandes wollen Zensur als Diskurskontrolle, als Ausübung semantischer Herrschaft beschreiben. Die generelle Schwierigkeit besteht aber darin, hinter der spektakulären, personifizierbaren Zensur als symbolischer Einschüchterung die faktische, *strukturelle* Zensur zu entdecken, wie sie auf allen Ebenen des gesellschaftlichen Alltags stattfindet, in ihrer Allgegenwärtigkeit jedoch kaum noch zu beschreiben ist. »In einem Pfahldorf genügt es, damit der Effekt des freien Sprechens eintritt, wenn der Eigentümer der Ansicht zu der Versammlung sprechen darf. In London genügt es für eine Regierung, wenn sie will, daß der Effekt nicht eintritt, wenn der Sprecher keinen Saal oder keine Zeitung hat.«[1]

Die Voraussetzungen eines nicht zensierten Sprechens und Sichinformierens umfassen heute neben den Eigentumsverhältnissen die gesamten Sozialisationsbedingungen und Lebensumstände der Individuen. Die Kritik der Zensur verhält sich noch allzu oft so, als ob es die Meinungsfreiheit im Pfahldorf zu verteidigen gälte. Sie beschwört das Schreckbild eines Zensurbüros, das sich die als intakt gedachte bürgerliche Öffentlichkeit unterwerfen will. Sie vergißt dabei, daß nur ein geringer Teil der Zensurmaßnahmen aus »mit Bewußtsein vorgenommenen Regulierungen« von Konflikten durch staatliche Instanzen besteht, der Großteil dagegen längst aus der vorbeugenden Kontrolle, der »gesellschaftssanitären Verbrechensprophylaxe« (Horst Herold) mittels aufwendigster Computertechnologie. Die – durchaus nötige – Forderung an den Staat, den Prozeß der politischen Meinungsbildung von staatlicher Einmischung freizuhalten, gerät dadurch leicht in Gefahr, die Illusion einer intakten öffentlichen Meinung zu nähren – schon deshalb, weil das Ensemble gesellschaftlicher Zwänge damit politizistisch verkürzt dargestellt wird.

»Der moderne Staat setzt als das Prinzip seiner eigenen Wahrheit die Volkssouveränität voraus, und diese wiederum soll die öffentliche Meinung sein. Ohne diese Zurechnung, ohne die Substitution der öffentlichen Meinung als des Ursprungs aller Autorität der für die Gesamtheit verbindlichen Entscheidungen, mangelt der modernen Demokratie die Substanz ihrer eigenen Wahrheit.«[2] Und weil ohne »Wahrheit« auch kein Konsens zu erzielen ist, geraten die offen zensorischen Eingriffe in die bürgerliche Öffentlichkeit hinsichtlich ihrer Dauer und Intensität bald an die Grenzen ihrer Wirksamkeit. Die *institutionalisierte* Zensur läuft also immer Gefahr, statt bestimmter Gesinnungen das ganze liberale Dogma vom freien Wettbewerb der Ideen zu zerstören.

Für den Großteil der Bürger hat die Öffentlichkeit keine Gebrauchswerteigenschaft mehr, weil sie ihre gesellschaftlichen Erfahrungen (Arbeiten, Wohnen) weder authentisch schildert noch organisiert. Die bürgerliche Forderung nach Öffentlichkeit gegen die feudale Arkanpraxis schloß immer schon diejenigen aus, die sich die Teilnahme an ihr nicht leisten konnten.[3] Wie alle Freiheitsrechte sind auch die Kommunikationsfreiheiten stets auf das Privatinteresse des Einzelnen als Besitzers bezogen und nicht auf ein gesellschaftliches Ganzes. Der Ursprung des Zensurverbots liegt im Verlangen der Eigentümer, Chancengleichheit bei der Informationsauswertung im Kampf um politischen Einfluß und geschäftlichen Vorteil herzustellen. Dem Staat soll die Informationsverzerrung zugunsten bestimmter Interessen untersagt sein. Die allgemeinen *politischen* Freiheitsrechte setzen die ungleichen Möglichkeiten der Individuen auf der gesellschaftlichen Ebene selbstverständlich voraus.[4] Es ist schon trivial festzustellen, daß Pressefreiheit die Freiheit einer immer kleiner werdenden Zahl von Verlegern ist. Proportional zur Konzentration des Pressekapitals wächst die Wahrscheinlichkeit, daß Nicht-Besitzende (die Journalisten oder die Leser) *auf Dauer* der Privat-Zensur unterworfen werden. Die Justiz, wenn sie Meinungsfreiheit gegen andere Rechtsgüter abwägt, verallgemeinert und systematisiert die gesellschaftliche Ungleichheit. Sie schützt in stärkerem Maße zum Beispiel den Siemens-Konzern vor Kreditgefährdung durch »unwahre Tatsachen« (§ 824 BGB) als die Kunstfreiheit des Autors einer Satire auf den Konzern. Der für beide Parteien gleiche Streitwert von 200 000 DM gefährdet die Existenz des mutigen Kleinverlags, nicht aber die des Weltkonzerns. »Recht, Freiheit, Charakter«, so resümierte Brecht den Ausgang seines soziologischen Experiments *Der Dreigroschenprozeß*, »sind alles Funktionen der Produktion geworden, also variable Größen [. . .] Die Rechtsmaschine arbeitet als ein Teil der allgemeinen Maschinerie der Produktion.«[5]

Der »Idealismus des Staats«, nach Marx die Voraussetzung für den »Materialismus der Gesellschaft«[6], findet sich in vielen juristischen Entscheidungen zugunsten der Meinungsfreiheit. So erklärte das Bundesverfassungsgericht das Grundrecht auf freie Meinungsäußerung als »eines der vornehmsten Menschenrechte überhaupt« und für eine freiheitliche Staatsordnung »schlechthin konstituierend«.[7] Dasselbe Gericht sagt im »Spiegel«-Urteil: »Eine freie, nicht von der öffentlichen Gewalt gelenkte, keiner Zensur unterworfene Presse ist ein Wesenselement des freiheitlichen Staates.«[8] Nimmt man den hohen Anspruch der Urteile im naiven Verständnis der Umgangssprache beim Wort, so hat das Gericht damit der Bundesrepublik ein vernichtendes Zeugnis ausgestellt. Denn um das

»vornehmste Menschenrecht überhaupt« außer Kraft zu setzen, genügt unter Umständen schon ein Arbeitsverhältnis – um nur die verbreitetste Zensurform zu nennen. Ganz zu schweigen von den unzähligen Urteilen, die das freie Äußern bestimmter Meinungen als Verunglimpfung des Staates bestraften.

Die meisten juristischen Beiträge zur Zensurproblematik haben sich bisher *innerhalb* des »Staatsidealismus« bewegt, so daß sie zum Verständnis des umgangssprachlich »Zensur« bezeichneten sozialen Vorgangs recht wenig beitragen konnten. Die Kommentare zum grundgesetzlichen Zensurverbot definierten Zensur zur *Vor*zensur oder zur *behördlichen* Zensur herunter oder bezeichneten als Zensur nur *generelle* Maßnahmen:

»Jede richterliche Maßnahme betrifft einen konkreten Einzelfall. Nur einer gesetzlichen Bestimmung kommt genereller Charakter zu. Mangels dieses generellen Faktors der Zensur kann eine richterliche Maßnahme niemals Zensur sein [. . .] Auch die Beschlagnahme einer Zeitschrift durch die Staatsanwaltschaft stellt auf einen konkreten Einzelfall ab.«[9]

Hier wird das Zensurverbot von Bernd Rieder so definiert, daß es schon als demokratisches Abwehrrecht aufgehoben ist. Eine Verbindung juristischer Dogmatik mit umgangssprachlicher Verwendung hätte durch den von Johanne Noltenius ausgearbeiteten Zensurbegriff hergestellt werden können. Sie meint, »daß Zensur im materiellen Sinne eine Beeinflussung der öffentlichen Meinung darstellt, dergestalt, daß ein möglicher Beitrag zum Prozeß der Meinungsbildung der Öffentlichkeit durch eine intervenierende Instanz entzogen oder verändert zugänglich gemacht wird«.[10]

Der hier formulierte »materielle Zensurbegriff« wurde oft zitiert, unzureichend kritisiert und blieb Meinung einer Minderheit. Für eine kultur- und sozialwissenschaftlich interessierte Untersuchung der Zensur in der BRD ist es indessen sinnvoll, sich neben der umgangssprachlichen an dieser rechtswissenschaftlich weitesten Bedeutung des Zensurverbots zu orientieren, um die Erfahrung von Unterdrückung vor ihrer begrifflichen Auflösung zu bewahren.

Das »öffentliche Leben« der BRD ist durchdrungen von der Furcht, gesellschaftliche Gegensätze, Interessengegensätze oder Meinungsdifferenzen öffentlich auszutragen. Das *herrschende* Interesse setzt sich am besten undiskutiert oder in einer gelenkten Öffentlichkeit durch. Doch auch viele politisch oppositionelle Gruppierungen und Arbeitnehmerorganisationen haben sich in dieses Modell von Öffentlichkeit einbinden lassen. Die Praxis des Ausschlusses von Kritikern, des Verbietens von unbequemen Veranstaltungen und Publikationen hat die innergewerkschaftliche Demokratie reduziert und die Reste gewerkschaftlichen Verlags- und Pressewesens politisch domestiziert.[11] Die in allen gesellschaftlichen Bereichen wirksame, durch staatliche Macht abgesicherte Zensur legt ein großes Potential von Phantasie, Kreativität und gesellschaftlichem Bewußtsein brach und vernichtet somit menschliche Produktivkraft. Aufgrund ihrer historischen Voraussetzungen und politischen Entwicklung hat die Bundesrepublik Deutschland die Kontrolle und die gesetzlichen Verbote mit am weitesten vorangetrieben. Und sie gehört bedauerlicherweise auch nicht zu jenen Ländern, in denen die Zensur – nach Heine – wenig schadet, weil man dort viel spricht.

Dennoch muß angemerkt werden, daß Zensur nicht nur in der BRD und allen anderen kapitalistischen Ländern, sondern auch in der DDR und den übrigen osteuropäischen Ländern stattfindet, und zwar in sehr krasser Form. »Obwohl es keine Zensurbehörde gibt, können in der DDR weder in Zeitungen und Zeitschriften noch im Radio oder Fernsehen, nicht im Theater und Kino, auf keiner Kulturveranstaltung, nicht einmal beim Kleingärtnerverein Immergrün auch nur ein Wort und eine Zeile gesagt oder gesungen werden, die nicht direkt oder indirekt den Filter der Staats- und Parteikontrolle durchlaufen haben.«[12]

Seit der Ausbürgerung Wolf Biermanns im Jahre 1976 hat sich diese Tendenz der Zensur gegen Künstler und Schriftsteller – gerade auch gegen den hier zitierten Robert Havemann – verschärft. Ausreiseverbote, Absetzungen, Verweigerung der Druckgenehmigung, Verfahren wegen Publikation in Westdeutschland (Stefan Heym) bis hin zur Inhaftierung (Rudolf Bahro, Frank Schöne) häuften sich.[13] Durch das 3. Strafrechtsänderungsgesetz der DDR vom August 1979 sind die Möglichkeiten zur Bestrafung von Meinungsäußerungen noch beträchtlich erweitert worden. Die Sammlung und Weitergabe auch nicht geheimer Nachrichten zum Nachteil der DDR (§ 99), die Herstellung oder Verbreitung von »Schriften, Gegenständen oder Symbolen zur Diskriminierung der gesellschaftlichen Verhältnisse, von Repräsentanten oder anderen Bürgern« (§ 106) und die »Herabwürdigung staatlicher oder gesellschaftlicher Einrichtungen« (§ 220) sind strafbar geworden beziehungsweise wurden im Strafmaß verschärft.

Der als »Sozialistischer Realismus« offiziell geförderten Kunstrichtung ist durch das Prinzip, »nur das Positive, das Vorwärtsstrebende und Siegende zu sehen und zu zeigen, damit es wirklich zum Siegenden wird und nicht dem zersetzenden Einfluß des Negativen, Kritischen und Zweifelnden erliegt«[14], die Selbstzensur geradezu immanent.

In Polen gibt es seit 1947 die offene Zensur, institutionalisiert als »Amt zur Kontrolle von Presse, Publikationen und Schauveranstaltungen«, das detaillierte Sprachregelungen erläßt. In der CSSR heißt die entsprechende Behörde »Hauptamt für die Angelegenheiten der Überwachung des Druckwesens«. In der Sowjetunion wird, um nur ein Beispiel zu geben, durch die Verordnung Nr. 521 des Kulturministeriums vom 18. Juli 1978 den Bibliotheken vorgeschrieben, »inhaltlich veraltete oder abgenutzte Publikationen«[15] regelmäßig auszusondern, einzustampfen und nach weiteren drei Jahren auch die Liste der solcherart ausgesonderten Publikationen zu vernichten. Nach diesem Erlaß wurde 1979 die gesamte vor 1970 erschienene Literatur über Philosophie und Atheismus sowie die vor 1971 erschienene Literatur über die Außenpolitik der UdSSR aussortiert. Unabhängig vom Erscheinungsdatum wird Literatur als »veraltet« ausgesondert, wenn sie »nach Befund der Kommission die politische Aktualität, die wissenschaftliche und historische Bedeutung und den produktionsmäßigen Wert verloren« hat.

Hätte die bürgerliche Gesellschaft im England des 19. Jahrhunderts eine ähnliche Bibliotheksordnung gehabt, der Marxismus wäre nie formuliert worden, denn »Das Kapital« basiert auf den frei zugänglichen Beständen der British Library. Keine künftige Gesellschaftsordnung darf hinter die Kommunikationsfreiheiten zurückfallen, die das Bürgertum im Kampf gegen den Adel einst postulierte, errang und dann depravierte. Eine »fortschrittliche Zensur«, die sich auf den Marxismus berufen könnte, gibt es nicht. Die Zensur in sozialistischen Staaten suspendiert den Marxismus als *kritische* Wissenschaft zugunsten des Herrschaftsinteresses. Demgegenüber wäre hier zu erinnern an all jene demokratisch-sozialistischen Strömungen und Traditionen, die mit Friedrich Engels eine formell unabhängige Parteipresse und freie Kritikmöglichkeit forderten[16], für die mit Rosa Luxemburg Freiheit immer auch Freiheit für den Andersdenkenden und Demokratie ohne uneingeschränkte Kommunikationsfreiheit nicht denkbar war: »Ohne allgemeine Wahlen, ungehemmte Presse- und Versammlungs-Freiheit, freien Meinungskampf erstirbt das Leben in jeder öffentlichen Institution, wird zum Scheinleben, in der die Bürokratie das allein tätige Element bleibt.«[17]

Stuttgart, März 1980 — Michael Kienzle

I.

Michael Kienzle

Logophobie. Zensur und Selbstzensur in der BRD
Ein geschichtlicher Abriß

> Es herrscht zweifellos in unserer Gesellschaft [...] eine tiefe Logophobie, eine stumme Angst vor jenen Ereignissen, vor jener Masse von gesagten Dingen, vor dem Auftauchen all jener Aussagen, vor allem, was es da Gewalttätiges, Plötzliches, Kämpferisches, Ordnungsloses und Gefährliches gibt, vor jenem großen unaufhörlichen und ordnungslosen Rauschen des Diskurses.
>
> *Michel Foucault*[1]

1. Vorbemerkung

Die Herrschaftsmittel Zensur und Selbstzensur wurden der bundesrepublikanischen Opposition erst wieder seit Mitte der siebziger Jahre zum Thema und zum Problem.[2] Das Erschrecken über Polizeiaktionen gegen Publikationen, über die einmütige Verabschiedung der »Gewaltparagraphen« durch den Bundestag und über die Ausbreitung semantischer Tabus bewirkte Anstrengungen, das Phänomen auf seinen Begriff zu bringen. Dies geschah zunächst durch Brandmarkung von Zensureingriffen als »verfassungswidrig«, durch Berufung auf die im Grundgesetz Art. 5 gewährte Meinungs- und Informationsfreiheit:

»Jeder hat das Recht, seine Meinung in Wort, Schrift und Bild frei zu äußern und zu verbreiten und sich aus allgemein zugänglichen Quellen ungehindert zu unterrichten. Die Pressefreiheit und die Freiheit der Berichterstattung durch Rundfunk und Film werden gewährleistet. Eine Zensur findet nicht statt.«

Doch durch Fixierung der Diskussion auf die juristische Begrifflichkeit blieben die Antworten oft genug »grundgesetztheologisch« (Jürgen Seifert) beschränkt. Es blieb ausgeblendet, daß Zensur und Selbstzensur in der Bundesrepublik ihre Vorgeschichte im Faschismus, ihre Frühgeschichte während der Besatzungszeit und seither verschiedene Blütezeiten gehabt hatten. Ausgeblendet blieben die Gründe, kraft derer Art. 5 GG durch zahlreiche einfache Gesetze, durch Grundgesetzänderungen und staatliche Zensurpraktiken dermaßen ›ausgehöhlt‹ wurde, daß in Krisenzeiten die Fassade einzustürzen droht.

Die Gründe der Intensivierung von Zensurmaßnahmen hingen ursächlich genauso wenig mit dem politischen Terrorismus zusammen[3], wie die Intensivierung der politischen Justiz in den fünfziger Jahren auf eine faktische Bedrohung durch Kommunisten zurückzuführen war.

Für die Kulturgeschichte der BRD wurde das feudale Arkanverlangen, nicht aber das bürgerliche Ideal der Äußerungsfreiheit bestimmend. Und die Opposition gegen Zensur teilte oft genug den magischen Glauben an die Macht des Unterdrückens, Ausgrenzens, Fälschens von Meinungen, weil auch sie Bilder, Phantasien und Worte mit den entsprechenden Gegenständen und Handlungen gleichsetzte.

Außer vom juristischen Zensurbegriff gilt es daher Abschied zu nehmen von jenem heroischen Zensurbegriff, der Zensur nur als spektakulären Eingriff versteht: Auch die Barbarei der Bücherverbrennungen bleibt im Zeitalter der technischen Reproduzierbarkeit aller Literaturprodukte wirkungsloses Spektakel, wenn sie nicht Angst und Internalisierung der Zensur bewirkt, wenn sie nicht zur Selbstzensur wird.

2. Zur Vor- und Frühgeschichte

Als die Alliierten 1945 in Deutschland einmarschierten, hatten die Deutschen 12 Jahre unter totaler Zensur verbracht: Die »Verordnung zum Schutz von Volk und Staat« vom 28. 2. 33 hatte die verfassungsmäßig garantierten Rechte auf freie Meinungsäußerung und Postgeheimnis aufgehoben. Das Schriftleitergesetz vom 4. 10. 33 und das Reichskulturkammergesetz vom 22. 9. 33 kodifizierten das Verbot unkontrollierter Veröffentlichung und jeder Gegenöffentlichkeit. Allein 1934 wurden 4100 Druckschriften von etwa 40 verschiedenen Stellen verboten. Zensur war allgegenwärtige Folge der terroristischen Machtergreifung der Nationalsozialisten, die dann durch »Gleichschaltung« der Institutionen und Kulturlenkung *einzelne* Eingriffe kaum noch nötig machten und auf Vorzensur sogar verzichten konnten.[4] Schon während der Weimarer Republik war der Art. 118 der Reichsverfassung, der mit bestimmten Ausnahmen Zensurfreiheit (allerdings keine Pressefreiheit) vorsah, dauernd unterlaufen worden. Zum einen durch die Republikschutzgesetze von 1922 und 1930 sowie Verordnungen wie der zur »Bekämpfung politischer Ausschreitungen« vom 28. 3. 31. Nach letzterer konnten Schriften für die Dauer von bis zu sechs Monaten verboten werden, wenn sie eine Religionsgemeinschaft oder ihre Einrichtungen beschimpften. Zum anderen durch die laufende Rechtsprechung gegen Künstler und Publizisten wie z. B. 1927 gegen Ossietzky wegen Beleidigung der Reichswehr oder den Schauspieler Gärtner wegen Rezitation hochverräterischer Gedichte.[5]

Die Umerziehungsversuche der Alliierten richteten sich an eine Bevölkerung, der die freie politische Auseinandersetzung unvertraut war, der eine politische Öffentlichkeit fehlte. Politische und gewerkschaftliche Vereinigungen waren zerschlagen, die oppositionelle Intelligenz ermordet oder im Exil. Im Gegensatz zu Italien und Frankreich bildete sich gegen Ende des Kriegs keine selbständige antifaschistische Bewegung, die auch den ideologischen Bruch mit dem Faschismus hätte bewirken können. Die Alliierten setzten in den Westzonen das Ziel des Potsdamer Abkommens, »jeder nazistischen und militaristischen Betätigung und Propaganda [...] vorzubeugen«, in einer Form durch, die immer mehr dem propagierten Inhalt widersprach: der bürgerlichen Demokratie. Pirker beschreibt die Folgen der zunehmend kolonialistischen Informations-, Kultur- und Reeducationspolitik der Alliierten:

»Die Militärdiktatur stellt nicht nur ein staatsrechtliches Kontinuum zum faschistischen Staatswesen dar, sondern hat auch eine bestimmte Kontinuität des Verhaltens der breiten Massen des Volkes in der Gesellschaft und zum Staate zur Folge gehabt. Dies war Produkt der Einschränkung der Kritikmöglichkeiten, damit der Methode des Doppeldenkens gegenüber Gleichgestellten und der Obrigkeit, der Unterwerfung unter die gegenwärtige Autorität und der Etablierung einer straffen Disziplin in allen gesellschaftlichen Bereichen. Die Militärdiktatur hat den antirevolutionären und konservativen Charakter breiter Schichten des deutschen Volkes nur verstärkt und dem Staatswesen der demokratischen Republik nach 1949 von Anfang an nicht nur einen konservativen Charakter, sondern auch eine konservative Tendenz verliehen. Die Entwicklung der Restauration in der Bundesrepublik kann ohne diese, durch die autoritäre Militärdiktatur verstärkten, typischen Verhaltensweisen breiter Massen des deutschen Volkes überhaupt nicht begriffen werden.«[6]

Die »Einführung demokratischen Verhaltens« begann mit der Planung einer totalen Zensur durch das Gesetz 191 vom 24. 11. 1944 für Veröffentlichungen und Aufführungen jeder Art. Ab Mai 1945 galt die Nachrichtenkontrollvorschrift Nr. 1, nach der Veröffentlichungen und Aufführungen der schriftlichen Zulassung sowie der Personenregistrierung bedurften. Bis Mitte 1947 beschränkte sich die Orientierungsmöglichkeit der Bevölkerung auf die von den Alliierten herausgegebenen Informationsblätter. Ab diesem Zeitpunkt wurden Lizenzen an Verleger vergeben – eine mit der konstitutionellen Pressefreiheit noch immer unvereinbare Regelung. Die Lizenzträger waren politisch und finanziell von den Militärverwaltungen abhängig und hatten sich an die Richtlinien der Information Control Division und des Nachrichtenkontrollamtes zu halten: »Neben der genauen Festlegung von Auflagenhöhe, Seitenzahl und Erscheinungsweise enthielt die ›Betriebsanweisung für die Presse‹ exakte Vorschriften für die Nachrichtenverarbeitung.«[7]

Zeitungen mußten Agenturnachrichten unverändert abdrucken, Meinungen durften keinen parteipolitischen Standpunkt erkennen lassen, Kritik an den Besatzungsbehörden war untersagt. Da die Lizenzträger sich zumeist anpaßten, wurde auf Vorzensur, nicht aber auf die Abgabepflicht von Zeitungen noch am Erscheinungstag verzichtet.

Der Zweck dieser alliierten präventiven Zensur – die Bekämpfung nationalsozialistischer Ideologie – trat immer mehr in den Hintergrund und wurde teilweise in sein Gegenteil verkehrt: 1949 befahl General Clay die Zurückziehung von Aufklärungsfilmen über den Faschismus, die Armee untersagte die Aufführung des Films »Nürnberg und seine Lehren«. Je mehr der Kalte Krieg zugespitzt wurde, sich die Interessenkoalition der Alliierten als brüchig erwies und die Westzonen in den Westblock integriert wurden, um so deutlicher wurde Zensur zum Mittel des Antikommunismus. Einmal etabliert, erwies sich das Herrschaftsinstrument als gleichgültig gegen seine Inhalte. Wo zuerst der »Kaufmann von Venedig« aus Furcht vor antisemitischen Reaktionen verboten wurde, wo Jugendliche der Mauerinschrift »Ami-go-home« wegen ins Gefängnis mußten oder Büchereien von faschistischer Literatur »gesäubert« wurden, wurden wenig später antifaschistische Lizenzträger wie Carlebach von der »Frankfurter Rundschau« entlassen, wurde die kommunistische Presse durch Auflagenbeschränkungen und Verbote zunehmend aufgerieben und die von Alfred Andersch und Hans Werner Richter herausgegebene Zeitschrift »Der Ruf« verboten.

Die alliierten Zensurmaßnahmen bis zur Gründung der BRD im Juni 1949 hatten die überlebenden Verantwortlichen und Nutznießer des faschistischen Systems weniger ihres Einflusses beraubt als der öffentlichen Kritik entzogen. Zugleich hatten sie dazu beigetragen, daß sich die unzusammenhängenden Ansätze einer demokratischen deutschen Öffentlichkeit nicht entfalten konnten, daß zum Beispiel die verstreuten antifaschistischen Ausschüsse oder gewerkschaftlichen und betrieblichen Gruppen nicht (oder erst viel zu spät) zusammenfanden. Im Schutze einer gelähmten Öffentlichkeit hatten indessen die Machteliten der Weimarer Republik und die entnazifizierten Mitläufer des Naziregimes wieder Fuß gefaßt, war die kapitalistische Wirtschaftsordnung wiederhergestellt worden. Aus der einst intendierten antifaschistischen Umerziehung war die interessengeleitete ideologische Umorientierung zum erwünschten Proamerikanismus und Antikommunismus geworden, ohne daß die *Form* der Meinungsbildung demokratisiert worden wäre. Auf diese Weise konnte sich die in Deutschland kaum je erschütterte obrigkeitsstaatliche Verwaltung der Öffentlichkeit halten und übertraf in ihrer Rigidität noch die Militärdiktatur:

> »In mehreren Fällen hat die amerikanische Militärregierung deutsche Regierungsstellen, die gegen eine ihnen unangenehme Kritik der Presse irgendwelche Schritte unternehmen wollten, darauf aufmerksam gemacht, daß in der Demokratie die Presse frei sei. Wir haben uns offenbar noch nicht wieder völlig an diese Tatsache gewöhnt.«[8]

Opportunistisches Verhalten den Alliierten gegenüber scheint sich häufig der Denunziation und der Zensur bedient zu haben. Die Reduktion der

Bibliothek Weißenburg von zehntausend auf ein paar hundert Bände, der unter anderem Autoren wie Walther von der Vogelweide als Vorläufer des Nationalsozialismus zum Opfer fielen, mag ein extremes, aber keineswegs ungewöhnliches Beispiel gewesen sein. Wie leicht aber das zensorische Verhältnis gegenüber politischen Gegnern zur symbolischen Hinrichtung von Autoren wird, zeigten die Amerikaner bald auch im eigenen Land. Der von McCarthy geleitete Kongreßausschuß gegen »unamerikanische Umtriebe« säuberte im Frühjahr 1953 nicht nur amerikanische Bibliotheken, sondern auch die der Amerika-Häuser in Westdeutschland. Eliminiert – zuweilen auch verbrannt – wurden Schriften von Kommunisten und deren »fellow travellers and so forth«, worunter auch Thomas Mann, Einstein und Hemingway fielen. Die Autoren Howard Fast, Louis Adamic und John Dos Passos waren schon vorher vom amerikanisch-deutschen Übersetzungsprogramm ausgeschlossen worden.

3. Das Konzept der »Selbstkontrolle«

Das Zensurverbot des Grundgesetzes hat sich faktisch nie, auch nicht vorübergehend, in dem radikalliberalen Sinne ausgewirkt, daß eine vom Staat nicht behinderte Verständigung über öffentliche Angelegenheiten möglich gewesen wäre. Das Kontinuum der Kontroll- und Sanktionsmaßnahmen von Meinungsäußerungen wurde gewährleistet durch die baldige Gründung von Selbstkontroll-Institutionen und die eilige Legitimierung einer Bundesprüfstelle für jugendgefährdende Schriften (BPS). Die Hast und der Eifer, die dabei und bei diversen Gesetzesverschärfungen an den Tag gelegt wurden, lassen die Furcht vor einem gefährlichen Legitimationsmangel politischer Herrschaft schlechthin erkennen. Es galt, die durch die faschistische Herrschaft diskreditierten Institutionen und Normen auch auf ideologischem Gebiet wieder zu restaurieren, ins Bewußtsein der mit privaten Alltagsnöten beschäftigten Bevölkerung zu heben. Eine Voraussetzung zur Wiederherstellung auch der ideologischen Hegemonie war die Errichtung der »Kritik als Monopol der Regierung«, wie Marx die Zensur bezeichnete.[9] Die institutionelle Form dieser Monopolisierung der Kritik durch den Staat war dabei von Anfang an gleichzeitig staatlich, privat und halbstaatlich. In der Selbstkontrolleinrichtung »Freiwillige Film-Selbstkontrolle« (FSK) wurde die Hälfte der Mitglieder vom Staat bestimmt, und die FSK übte hoheitliche Funktionen aus.

Das Konzept der »Selbstkontrolle«, das die alliierte Zensur im Bereich des Films ablöste, hatte sein Vorbild in dem amerikanischen »Production Code«, der die Filmproduktion Hollywoods sehr weitgehenden und detaillierten Vorschriften unterwarf: Der Staat delegiert das Verfahren ideologischer Normenkontrolle und läßt die Grenzen zwischen staatlicher Repression und gesellschaftlichen Interessen offen. Die Übernahme dieser Kontrollfunktion auf der untersten Stufe staatlicher Macht ermöglicht den Trägern die Identifikation mit dem repressiven Normensystem insgesamt. Diesen Effekt der Selbstkontrolle haben die Aktionen gegen Ingmar Bergmans Film »Das Schweigen« Mitte der sechziger Jahre und der Aufruf des CDU-Wirtschaftsrates (1977) an die Eltern, die Schulbücher ihrer Kinder auf verfassungsfeindliche Texte hin zu überprüfen und diese zu melden, nur auf eine breitere Grundlage gestellt. Die Institutionalisierung der vorverlegten Zensur in Form von Selbstkontrollen wurde als »neuartiger Weg der Freiheit und Disziplin«[10] nicht nur vom Innenminister, sondern auch von der Opposition begrüßt und den Bereichen Rundfunk, Fernsehen, Presse und Buchwesen dringend empfohlen.

Die Befürworter solcher freiwilligen Selbstkontrollen gingen aus von einer »Anfälligkeit des Publikums« für »destruktive oder gar vergiftende Tendenzen«: »Da in der Gesellschaft selbst eindeutige Kontrollnormen verlorengegangen sind, vermag sie keine adäquate ›Selbstkontrolle‹ zu mobilisieren.«[11]

Die moralisch noch intakten Institutionen und Persönlichkeiten wurden beschworen, die »tödliche Gefahr der zunehmenden Verbreitung der moralischen Bindungslosigkeit«[12] aufzuhalten. Vorbild dieser Klagen um den Verlust der Werte, die dann in der Forderung nach Selbstkontrolle oder gesetzlicher Zensur mündeten, war die Massenpsychologie von Le Bon und Ortega y Gasset – beides vielgelesene Autoren in der frühen BRD. Besonders Le Bon läßt sich als Katalog der verdrängten Ängste und Projektionen, die die durchweg mittelständischen Sittenrichter vor sich selbst und vor den ›Massen‹ empfanden, lesen: »Die Masse ist nicht nur triebhaft und wandelbar. Gleich dem Wilden läßt sie nicht zu, daß sich zwischen ihre Begierde und die Verwirklichung dieser Begierden ein Hindernis schiebt.«[13]

Die Massen seien zerstörerisch, weil Spielball ihrer Reize und völlig der Herrschaft ihres Rückenmarks unterworfen. Da sie nur in Bildern denken, seien sie auch durch Bilder, etwa im Theater, leicht zu erregen. »Das Unwirkliche ist in ihren Augen fast ebenso wichtig wie das Wirkliche. Sie haben eine auffallende Neigung keinen Unterschied [zwischen Theater und Leben] zu machen.«[14]

Aus einem solchen Gesellschaftsbild ergab sich fast zwingend, daß die Massen im eigenen, aber auch im Interesse des Staates und der Eliten vor sich selbst geschützt werden mußten, indem man ihnen die gröbsten Reize durch Schrift und Bild vorenthielt.

Die Grundrechte nach Art. 5 GG sah man in erster Linie als Gefahr, als Verführung zur Schrankenlosigkeit, der das Modell der Selbstkontrolle »als exemplarischer Fall für die Bewältigung *(sic!)* der Freiheit«[15] entgegengesetzt wurde. Wie schon in der Weimarer Republik traute man die nachhaltigste Wirkung der »Schmutz- und Schundliteratur«, den Comics und dem Film zu – lauter *massenhaft* verbreiteten Medien. Die FSK-Satzung betont, daß Regelungen gegen den Mißbrauch der bestehenden Freiheit »angesichts der starken Breitenwirkung des Films« geboten seien.

Noch 1977 rechtfertigte H. v. Hartlieb die historische Rolle und Tätigkeit der FSK damit, sie habe die »Ausbreitung staatlicher Nachzensur und evtl. Einführung einer staatlichen Vorzensur durch Verfassungsänderung verhindern können und gleichzeitig die Öffentlichkeit vor einem Mißbrauch der Filmfreiheit geschützt«.[16] Ähnlich ließe sich für den Selbstmord zur Vermeidung einer eventuellen Wiedereinführung der Todesstrafe plädieren.

Zahllose Beispiele belegen indessen, daß die FSK nicht vor einem Mißbrauch der Informationsfreiheit, sondern vor ihrem Gebrauch schützte – auch durch politische Geschmackszensur. Hartlieb selbst referiert die Verbotsentscheidung vom 6. 4. 1957 gegen einen Film über Freikörperkultur:

»Die Wirkung des Films gehe jedoch dahin, daß derjenige, der sich heute noch gegen die Freikörperkultur stelle, ein ebenso großer Mucker und Spießer sei wie die im Film gezeigten Personen, die zu Beginn des 20. Jahrhunderts gegen Turnen, Sport, Wandern und gesunde Kleidung eingestellt waren. Der Film mache an keiner Stelle auch nur den Versuch, die Gegner der Freikörperkultur als ebenso ernsthaft, natürlich und sittlich ausgerichtet darzustellen wie die Anhänger der Freikörperkultur. Diese Gleichstellung verletze das sittliche Empfinden, so daß der Film aus diesen Gründen nicht freigegeben werden könne.«[17]

Ein anderes Totalverbot wird damit begründet, »daß der Vielzahl von Banditen, die die Filmhandlung bestreiten und von Verbrechen zu Verbrechen schreiten, keine Person gegenübergestellt werde, die, von sittlichen Anschauungen getragen, den Versuch unternehme, dem Bösen zu steuern und dem Guten zum Sieg zu verhelfen«.[18]

Die Filme wurden mithin so zurechtgestutzt, daß Stellungnahmen zu Sexualität, Kriminalität, Politik und Religion sowie alle in Inhalt und Stil extremen Positionen vermieden wurden. Schon die als polemisch empfundene Darstellung der Ideen von Freiluftfreunden, die festgestelltermaßen verfassungswidrige Zensurmaßnahmen über sich ergehen lassen mußten, durchbrach die offiziöse Version von der prästabilierten Harmonie der besten aller möglichen Gesellschaften. Auf der Leinwand sollte es nach FSK-Vorstellungen so zugehen wie in der »Wirklichkeit« der Gesellschaft: Konflikte tauchen auf, werden respektvoll diskutiert, und »das Gute« setzt sich schließlich durch. So wie man im Alltagsleben nicht über Sexuelles sprach, bei Peinlichem wegschaute und politisch nicht auffallen wollte, beurteilte die FSK alle Filme aus der Perspektive des fiktiven »Normalmenschen« für den Normalmenschen. Diesem Zirkelschluß fielen dann sogar Wiedergaben biologischer Vorgänge zum Opfer, zum Beispiel die Großaufnahme einer Geburt, weil sie »das allgemeine Schamgefühl verletzen könnte«.[19]

Die Institution der »Selbstkontrollen« war der für Deutschland neuartige Weg, die Unanstößigkeit der Medien nicht im Wege autoritärer Staatszensur zu erreichen. Konzipiert war eine privat initiierte und getragene Clearingstelle, an deren Entscheidungen die »relevanten« gesellschaftlichen Gruppen und der Staat beteiligt wurden und deren Konsensbildung repressive Eingriffe verhindern sollte. Die in der Satzung an erster Stelle genannte Verhinderung negativer Einflüsse auf moralischem, religiösem und politischem Gebiet verdeckt, daß die Einrichtung der FSK zuerst im materiellen Interesse der Hersteller, Verleiher und Kinobesitzer lag. *Ihnen* ging es allein darum, eine »Fehlleitung von Material und Kapital zu vermeiden«.[20] Gleichwohl ist es den beiden aus taktischen Gründen beteiligten Gruppen gelungen, aus dem Gremium der Geschäftszensur ein Instrument mit volkspädagogischer Zielsetzung zu machen – wenigstens vorübergehend. Nach dem Skandal um die Aufführung der »Sünderin« beteiligten sich die Kirchen aus Protest gegen die Freigabe so lange nicht mehr an der FSK-Arbeit, bis sie eine Änderung der Paritäten zu ihren Gunsten erreicht hatten. Der *politische* Opportunismus der Selbstkontrolle wurde 1955 vollends deutlich, als das Besatzungsstatut aufgehoben wurde und die FSK die von den Alliierten verbotenen Filme freigeben konnte. Sie gab Filme aus der Zeit des Faschismus wie z. B. Harlans »Opfergang« großzügig frei, erklärte Bundeswehr-Reklamefilme für frei ab 6 Jahren, belegte aber kritisch-dokumentarische Filme über Faschismus und Konzentrationslager mit Jugendverbot.[21] Bestimmte Filme wurden nicht freigegeben, ehe das Verteidigungsministerium ein positives Gutachten abgegeben hatte.

Aufgrund ihres materiellen Zensurbegriffs kam Johanne Noltenius schon 1958 zu dem Ergebnis: »Die Gegenüberstellung der FSK mit der Staatszensur ergibt somit, daß durch die Veränderung der Organisation der Zensurinstanz sachliche, im Interesse der Öffentlichkeit liegende Änderungen nicht bewirkt worden sind.«[22]

Die FSK arbeitete aufgrund derselben Prinzipien einer Wirkungszensur, die den Lichtspielgesetzen von 1920 und von 1934 eigen waren. Sollte das letztere »den Bürger des Dritten Reiches vor der psychologischen Entwertung staatserhaltender Gemeinschaftsgüter«[23] schützen, so galt das mutatis mutandis auch für die bundesrepublikanischen Selbstkontrollen. Sie waren dazu ausersehen, die alten diskreditierten Inhalte der Staatszensur *in privatrechtlicher Form* in die Demokratie hinüberzuretten. Das ermöglichte dem Staat, sich an der grundgesetzlich verbotenen Vorzensur zu beteiligen, und bot dafür die Form der scheinbaren Freiwilligkeit und Selbstverwaltung von Zensurmaßnahmen. Für die Medienkonsumenten und die von den Verlegern und Produzenten abhängigen Kulturschaffenden waren weder Freiwilligkeit noch Beteiligung gegeben: Für sie blieb es materiell gleich, ob die Normenkontrolle durch staatliches Handeln oder private Übereinkunft erfolgte.

Die Selbstkontrolleinrichtungen haben spätestens seit den siebziger Jahren ihre Funktion verloren. Der Staat hat jedoch – vor allem im Staatsschutz-Bereich – auf besondere Gesetze zur gezielten Sanktionierung von Äußerungen *nicht* verzichtet. 1955 sahen sich noch »liberal eingestellte Kreise der deutschen Industrie« bewogen, einen Geldfonds für den »Kampf gegen die Intoleranz bei der behördlichen Beurteilung literarisch wertvoller Bucherzeugnisse«[24] zu gründen. Solche Frontstellungen erwiesen sich im Lauf der Jahre als gegenstandslos: Staatliche Eingriffe in Gewerbebetriebe wurden – wenn überhaupt – äußerst schonend vollzogen. Sie betrafen nur eine nicht-kommerzielle Gegenöffentlichkeit, die sich an Selbstkontrollen sowieso nicht beteiligt hätte.

4. Formen staatlicher Zensur in der frühen Bundesrepublik

Bereits in der 24. Sitzung des Deutschen Bundestages, noch 1949, regten die CSU-Fraktion sowie der 33. Ausschuß für Fragen der Jugendfürsorge, dessen Vorsitzender der Abgeordnete F. J. Strauß war, die Vorlage eines »Bundesgesetzes gegen Schmutz und Schund« an. Das angesichts der damaligen materiellen Not (1,5 Mio. Arbeitslose) absurde Gesetz wurde begründet mit den »die deutsche Jugend und die öffentliche Sittlichkeit bedrohenden Entwicklungen gewisser Auswüchse des Druckschriftenwesens«.[25] Es zielte auf jene Literatur, die vom § 184 StGB (Verbreitung unzüchtiger Schriften) nicht mehr erfaßt werden könne, nämlich auf die »jugendgefährdenden Schriften an der Grenze von Gut und Böse«.[26] Die Frage stellt sich, welchen Bedürfnissen dieses angeblich von einer breiten Öffentlichkeit geforderte, vom »Volkswartbund« formulierte und im Juni 1953 gegen die Stimmen der SPD verabschiedete »Gesetz über die Verbreitung jugendgefährdender Schriften« nachkam. Schillings Kommentar führt an zentraler Stelle zur Rechtfertigung des Gesetzes an:

»Wir betätigen uns dabei auch im Sinne unserer christlich geformten abendländischen Kultur, zu deren Erhalt die freiheitsliebenden Völker Europas aufgerufen sind. Wir erfüllen damit ebenso unsere Christenpflicht, wie wir damit auch der Freiheit durch Bekämpfung von Mißbräuchen dienen. Wir sollten dabei auch an unsere Kinder und Nachkommen denken, denen wir wünschen, daß sie in einer sauberen Atmosphäre aufwachsen können und nicht genötigt werden, wertvolle Kräfte für die Abwehr negativer Einflüsse zu vertun.«[27]

Schilling selbst, den sein Gesetzeskommentar empfohlen haben mag, verwendete alle seine Kräfte auf solche »Abwehr negativer Einflüsse« als langjähriger Vorsitzender der Bundesprüfstelle. Seine Äußerung macht zweierlei deutlich: daß die Bundesprüfstelle in der christlichen Tradition der »Repression als Mittel der Sittenwahrung«[28] stand und daß das Kontrollieren und Zensieren von »Unzucht« offensichtlich eine Bedürfnisbefriedigung in entstellter Form ist. Die mit Zensur befaßten Personen sprechen andauernd über das, was sie dem öffentlichen Zugang entziehen sollen. Sie dürfen das nicht nur, sie müssen das sogar, als Christen und Väter. Stellvertretend auch für die künftigen Generationen wühlen sie in Schmutz und Schund, und die Öffentlichkeit honoriert ihnen auch noch die sonst tabuisierte Beschäftigung. Die Verbindung unterdrückter Neugier mit bürokratischer Genauigkeit bringt in die Publikationen Schillings eine Komik, die aus einer bereits historisch gewordenen Form sexueller Unterdrückung herrührt. Mit Detailkenntnis werden die verschiedenen Kategorien unzüchtiger Schriften und Artikel benannt und durchnumeriert bis hin zu den »Hulla-Hulla-Figuren, eine kleine Gummiplastik in einer Zelluloiddose, die sich bei Drehen an einer Kurbel in obszönen, bauchtanzähnlichen Bewegungen dreht«.[29]

Die Lächerlichkeit des Anlasses, welche die Bundesprüfstelle samt Beisitzern, Staatsanwaltschaften und Polizisten zur Beschlagnahme, Indizierung und Begründung der Indizierung (im Gegensatz zur FSK ist sie öffentlich!) schreiten ließ, bestärkt die Vermutung, daß die Tätigkeit der BPS die Möglichkeit bot, eigene Sexualphantasien in Form der Verfolgung fremder Sexualphantasien an die Öffentlichkeit zu bringen. Das Paradox bestünde dann darin, daß spektakuläre Zensur ein Versuch ist, Öffentlichkeit herzustellen durch ihre aufsehenerregende Einschränkung. Wie wäre es anders zu erklären, daß die tabuisierten Objekte »als Beweismittel« in den Verbotsanträgen wieder auftauchten? Ivar Lo-Johannsons Memoiren wurde z. B. vorgeworfen, daß der Autor »Aussehen, Größe, Beschaffenheit, Art der Behaarung usw. der Geschlechtsteile, Brüste, Gesäße usw. der zahlreichen weiblichen Personen«[30] pornographisch beschreibe. Die Zensurtätigkeit als parasitäre Verfolgungsphantasie ist mithin an einer *systematischen* Wirkung ihrer Tätigkeit gar nicht interessiert. Die Zufälligkeit der Antragsstellung, die Nutzlosigkeit der Indizierung längst verkaufter Serienromane und Aktfotos sowie die in jeder Hinsicht offenkundige Inkompetenz der Beisitzer der BPS waren nicht nur der Opposition bekannt. Schilling selbst verwies gerne auf den Effekt der »kostenlosen Reklame«[31] durch Indizierungen, ohne daß er aus dieser Erkenntnis Konsequenzen gezogen hätte.

Die objektive Rolle der BPS jedoch war es, auf dem Gebiet der Meinungen die »Stärkung des Staates im Staat«[32] zu fördern und einen verlorengegangenen Traditionsbestand zur Legitimierung staatlicher Herrschaft wieder zu festigen. In dieser Absicht setzte etwa das Kölner Verwaltungsgericht einem kritischen Roman Schamonis »unsere christlich abendländische Weltanschauung und unsere staatliche und gesellschaftliche Ordnung«[33] entgegen. Die Beisitzer der BPS wurden berufen, den »moralisch intakten Teil der Bevölkerung« (Schilling) darzustellen und das vom BGH äußerst rigid definierte »Sittengesetz« ansatzweise durchzusetzen. Die BPS unterschied sich darin nicht von anderen Institutionen wie Schulen, Kirchen oder Parteien. In Form einer »pädagogischen Aktion« versuchte sie, bestimmte herrschende Bedeutungen durchzusetzen, und wirkte mithin als symbolische Gewalt, »insofern sie mittels einer willkürlichen Gewalt eine kulturelle Willkür durchsetzt«.[34] Ihre Ablehnungsbescheide konnten daher keine objektiven Entscheidungen sein, sie glichen mehr pädagogischen Warnungen, Ermahnungen und Strafen. Eine Entscheidung gegen die Zeitschrift »konkret« führte 1966 an, »daß die Großzügigkeit, mit der trotz erheblicher Bedenken bisher stets von einer Indizierung abgesehen wurde, von dem Verlag nicht richtig verstanden worden ist«.[35]

Eine solche »pädagogische Aktion« im Sinne Bourdieu/Passerons wird bei der Durchsetzung kultureller Bedeutungen um so mehr zu Zwangsmitteln greifen müssen, je weniger diese Bedeutungen sich aus eigener Kraft durchsetzen. Die politische Funktion der BPS-Tätigkeit lag darin, daß sie etwa die vom BGH getroffene, christlich-katholische Definition von »Sittengesetz«[36] auf das alltägliche Lektüre- und Sexualverhalten zu übertragen versuchte, indem sie Tabuzonen absteckte und Sanktionen verhängte. Die »schützenswerten« naturrechtlichen Normen wurden bei Bedarf in kraß parteilich-politische Entscheidungen umgemünzt. So wurde z. B. der »stern« indiziert, weil er das Foto der Erschießung eines Vietcong gedruckt hatte. Durch die Aufnahme von Beisitzern verschiedener gesellschaftlicher Bereiche, darin der FSK ähnlich, hat die BPS das Anrüchige einer repressiven Staatszensur vermieden. Das Bundesverwaltungsgericht hat ihr »vermutete Fachkenntnis und Elemente gesellschaftlicher Repräsentanz« zugesprochen und so das merkwürdige Bild eines Quasi-Parlaments in Sachen Jugendzensur entworfen, dessen Entscheidungen – so legt das Pluralitätsargument nahe – wahrhaft demokratisch legitimiert seien.

Trotz einschlägiger Versuche ist es der Bundesprüfstelle allerdings nicht gelungen, sich zu einer zentralen und effektiven Zensurstelle zu entwickeln. Im Zeitraum von 1954-73 gab es mehr automatische Indizierungen aufgrund *gerichtlicher* Urteile als aufgrund von Anträgen; einige Bundesländer boykottierten die BPS, indem sie nie oder nur sehr selten Anträge stellten. Unter den Bedingungen der parlamentarischen Demokratie konkurrieren viele Institutionen um die Kompetenz, Meinungen und Gesinnungen zu prüfen, zu beurteilen und zu sanktionieren. So bildet sich ein informeller, veränderlicher Verbund struktureller Zensur, in dem – wie Oskar Negt bemerkt – »jede Institution auf dem Sprung [ist], sich in eine Art eigener Zensurbehörde zu verwandeln«.[37]

Im folgenden soll die Rigidität und Lückenlosigkeit dieses Zensurverbunds in den fünfziger Jahren durch einige wenige, eher zufällige Beispiele verdeutlicht werden, schon um über der Vielzahl der beteiligten Institutionen die Bedeutung der BPS nicht überzubewerten:

- 1950 erhielten drei Mitarbeiter des *Bayrischen Rundfunks* Mikrofonverbot, weil sie die Stockholmer Friedensresolution unterzeichnet hatten.
- 1952 bestätigte der *Bundesgerichtshof* ein Urteil, das die Äußerung bestrafte, die BRD sei eine »frisch gestrichene Coca-Cola-Bude«.
- 1952 legte das *Bundesinnenministerium* unter Minister Lehr den »Entwurf eines Gesetzes über das Pressewesen« vor, nach welchem die Landesminister Zeitungen auf bestimmte Dauer oder für immer hätten verbieten können, wenn diese sich gegen die verfassungsmäßige Ordnung gewendet oder gegen Anordnungen von Regierung oder Behörden »aufgereizt« hätten.
- Auf Veranlassung des *Bundeskanzleramtes* beschlagnahmte das *Amtsgericht* Bonn bundesweit eine Ausgabe des »Spiegel«, in der gegen Adenauer schwere Vorwürfe (Schmeißer-Affäre) erhoben wurden, die er später nicht widerlegen konnte.
- 1953 ließ das *Bundesinnenministerium* den antifaschistischen Film »Bis fünf Minuten nach 12« wegen Störung des Inneren Friedens beschlagnahmen, weil er die Idee der europäischen Verteidigungsgemeinschaft lächerlich mache, und forcierte daraufhin den Entwurf eines Zensurgesetzes.[38]
- 1953 beschloß der *Verwaltungssenat* Würzburg, daß Jugendliche nicht mehr Bücher aus der Stadtbibliothek für ihre Eltern abholen durften, weil darin anstößige Stellen enthalten sein könnten.[39]
- 1954 verurteilte ein Berliner *Amtsgericht* vier Personen zu je vier Monaten Gefängnis, weil sie die Aufführung des Rommel-Films »Der Wüstenfuchs« gestört hatten.
- Bis 1956 untersagte der *Interministerielle Filmausschuß* die öffentliche Aufführung des 1951 in der DDR gedrehten Films »Der Untertan« von Wolfgang Staudte.

Die Bildung einer teilstaatlichen Identität der BRD lief außenpolitisch über die aggressive Abgrenzung gegenüber der DDR und dem Ostblock. Diese Ausgrenzung fand ihre innenpolitische Entsprechung in der Feinderklärung gegen diejenigen, die Kommunisten waren oder dafür gehalten wurden und deren Meinungen als ›landesverräterisch‹ von vornherein mit allen zur Verfügung stehenden Mitteln diskriminiert wurden. Das System des »Überwachens und Strafens« scheint nicht nur die politische Öffentlichkeit, sondern das gesamte Alltagsleben bis in die sechziger Jahre hinein fast lückenlos beherrscht zu haben, wie zahlreiche Berichte aus jener Zeit belegen.[40] Es war die Zeit, in der Zensur in aggressiver Kampagnenform ausgeübt wurde. Etwa durch die Kampagne der Bundesregierung gegen Unternehmen, die in kommunistischen Publikationen inserierten, weshalb ihnen Staatsaufträge entzogen wurden. Oder durch die Erstellung von Listen »kommunistenfreundlicher« Intellektueller durch das »Komitee rettet die Freiheit«, das von R. Barzel geleitet und von zahlreichen Regierungsmitgliedern unterstützt wurde. Oder durch die manipulierte Volksbewegung »Aktion Saubere Leinwand« des CDU-Abgeordneten Süsterhenn zur Einschränkung des grundgesetzlichen Zensurverbots.

Die Meinungsfreiheit von Kommunisten und die Informationsfreiheit über kommunistische Meinungen waren faktisch schon Jahre vor dem

KPD-Verbot (1956) aufgehoben worden. Lehmann schätzt, daß in den zehn Jahren zwischen 1954 und 1964 hundert- bis hundertfünfzigtausend staatsanwaltschaftliche Ermittlungsverfahren in politischen Strafsachen durchgeführt worden sind, zumeist ausgelöst durch Meinungsbekundungen.[41] Die Bevölkerung wurde von Kontakten mit und Schriften aus den Ostblockländern und der DDR durch das Verbot der Einfuhr verfassungsverräterischer Publikationen (§ 93 StGB) abgeschirmt. Das kommunistische Pressewesen, das 1954 noch 13 Tageszeitungen aufwies, wurde zerstört; die Kriminalisierung systemkritischer Äußerungen erfaßte auch solche beiläufiger und privater Natur:

»Strafbar sein konnten politische Reden von Kommunisten, aber auch Stammtischgespräche und die Trauerrede am Grab eines alten Kommunisten. Nach §§ 42, 46 Abs. 3, 47 BVerfG wurde sogar jemand bestraft, der ›am 1. Mai 1959 eine rote Nelke oder rote Plakette [. . .] angesteckt [hatte], obwohl er wußte, daß sie aus Ost-Berlin stammte‹.«[42]

Die Kommunistenverfolgung der frühen Bundesrepublik war das Einfallstor für Zensurmaßnahmen, -kampagnen, -gesetze und -urteile gegen die gesamte Bevölkerung. Das KPD-Verbot besiegelte die Verhinderung materieller Zensurfreiheit auf Jahrzehnte. Der Konflikt zwischen Meinungsfreiheit und Staatsschutz wurde von der Justiz fast durchgehend gegen die Meinungsfreiheit entschieden. Ihr Verhältnis zur Meinungsfreiheit läßt sich mit Richard Schmid zusammenfassen: »Auf keinem Sachgebiet ist übrigens der Widerstand der Rechtsprechung gegen demokratische Ideen drastischer in Erscheinung getreten, als in Sachen der Meinungs- und Kunstfreiheit.«[43]

Der eigentliche Erfolg der Zensur dieser Jahre war jedoch, daß die Vermischung freier souveräner Willensbildung mit staatlicher Intervention weithin akzeptiert wurde. Die Befragung einer »repräsentativen Öffentlichkeit« im Jahre 1959 ergab, daß sich 54 % der Bevölkerung *für* eine »Zensur nach moralischen Maßstäben«[44] aussprachen.

Im Gegensatz zur systematischeren – oft verdeckten – *politischen* Zensur suchte die *sittenwahrende* Zensur ihre Wirkung in der exemplarischen öffentlichen Strafaktion, wobei die Texte mehr Vorwand der Anprangerung waren. Diese symbolischen Strafaktionen trugen rituelle und klassenkämpferische Züge. Die »verwahrloste« oder »sozial gefährdete« Jugend, der unzufriedene und als »Durchschnittsleser« abqualifizierte Ungebildete sollten vor Entgrenzung durch ungezügelte Lust bewahrt werden. Indiziert wurden nicht pornographische Prachtdrucke, sondern die massenhafte Billig-Lektüre. Schon die Begründung für das Jugendschutzgesetz (GjS) war, daß unzüchtige Schriften zu Unzufriedenheit und Kommunismus verleiten und dem politischen Gegner im Kalten Krieg als Propaganda-Vorwurf gegen die BRD dienen könnten.[45]

Beispielhaft für eine solche symbolische Unterwerfung der kleinen Leute war das langjährige Gerichtsverfahren gegen den Kioskbesitzer Maier. Ein halbes Jahr nach Inkrafttreten des GjS wurde er angeklagt, Jugendliche durch den Verkauf von offensichtlich schwer gefährdenden Schriften gefährdet zu haben. Die betreffenden Comic-Strips »Tom Mix«, »Buffalo Bill«, »Lash Larue« und »Roland der Riese« waren polizeilich beschlagnahmt worden. Das Verfahren ging zweimal durch alle Instanzen bis zum BGH und dauerte noch an, als die Heftserien längst nicht mehr vertrieben wurden. Im Mittelpunkt der Prozesse stand nicht die konkrete Wirkung der verkauften Hefte auf Jugendliche. Ihre Wirkung auf Jugendliche als zur »sittlichen Entartung«(!) führend, als »verrohend und verbrechenfördernd«[46] wurde einfach vorausgesetzt. Im Mittelpunkt stand die Frage, ob sich auch ungebildete Menschen an der Schriftenkontrolle zu beteiligen haben. Wo Maier freigesprochen wurde, wurde seine geringe Volksschulbildung berücksichtigt. Er habe, indem er die Hefte auf anstößige »nackte Frauen« durchblätterte, »alles getan, was er nach seinen bescheidenen Kenntnissen und Fähigkeiten tun konnte«.[47] Der BGH gab jedoch der Revision des Staatsanwaltes statt: Maier hätte sich etwa bei der örtlichen Polizei über den Charakter der Hefte Klarheit verschaffen können. Die Gefährdung durch die Hefte sei jedermann offensichtlich, der dem Jugendschutz positiv gegenüberstehe. Der BGH weigere sich einzusehen, daß Maier ihre Jugendgefährlichkeit nicht habe erkennen können – dies »würde die Anwendbarkeit des § 6 GjS überhaupt in Frage stellen«.[48]

Maier hätte das Gesetz nur befolgen und die schwere sittliche Gefährdung nur dann erkennen können, wenn er sich mit den Ideen des Jugendschutzes identifiziert hätte. Der BGH bescheinigte ihm zwar intellektuelle Inkompetenz, beharrte aber doch auf Maiers Zensorenfunktion. Während Maier als Händler die Wirkung besagter Hefte realistischerweise gering einschätzte, setzten die Gerichtsinstanzen ihren angstneurotischen Literaturbegriff gegen ihn durch und zwangen ihn zur Ausführung des ihm unverständlichen Gesetzes.

Der BGH führte in dem Urteil gegen Maier aus, daß Literatur in ihrer schädlichen Wirkung Krankheiten gleichkomme: »Es verhält sich hier nicht anders als bei Erregern körperlicher Krankheiten; kein verständiger Mensch wird z. B. die Gefährlichkeit des Erregers der Kinderlähmung deshalb bestreiten, weil nur wenige [. . .] erkranken.«[49]

Die der Diskurskontrolle notorisch eigene Krankheitsmetaphorik verbirgt den Klassencharakter solcher Repressionsmaßnahmen: gefürchtet wird die Infektion von Jugendlichen, die den von Le Bon beschriebenen Massen zugehören. Durch die Indizierung verrohender Literatur hat man zugleich die Literatur als Ursache von Verrohung und Verbrechen überführt und sogar den Kommunismus erklärt. Das ideologische Grundmuster dieser Logophobie in der frühen BRD findet sich exemplarisch im Denken und in der Politik des Familienministers Würmeling:

»Was wird eine Jugend, die Schund- und Schmutzliteratur liest, die ihre Seelenkräfte in Kinos, Tanzbars und Spielhöllen vergeudet, die [. . .] zur Nachahmung ungehemmten Genußstrebens Erwachsener verleitet wird, was wird diese Jugend einer kommunistisch klar ›ausgerichteten‹ Jugend morgen ideell entgegensetzen können?«[50]

Doch die literaturpolitischen Maßnahmen gegen Konsum, Sexualität und Genuß verloren in der zweiten Hälfte der sechziger Jahre ihre Funktion. Der »Familienbericht 1968« des Familienministers Heck konstatiert bereits resigniert einen vorherrschenden Trend zur Enttabuisierung des Geschlechtlichen, der durch Zensurmaßnahmen allein längst nicht mehr aufzuhalten sei. Nicht nur hatte sich die Kleinfamilie verändert und, durch Frauenarbeit und Vollbeschäftigung, die Stellung der Frau. Auch der Begriff »Unzucht« wurde durch die auf Konsumlust orientierende Warenwerbung wirtschaftsfördernd und somit pazifizierend umgewertet: die Enttabuisierung der Sexualität wurde zum Geschäft. Im gleichen Zuge gelang es der Werbewirtschaft dann Anfang der siebziger Jahre, wieder ihre Normen durchzusetzen. So wurde auf ihren Protest hin aus einem Entwurf zur Novellierung des GjS die geplante Beschränkung der Werbung mit Kindern sofort wieder herausgenommen.

Auch die Diskriminierung von Kommunisten wurde nun gemildert. War noch 1962 der DDR-Schriftsteller Bruno Apitz vor einer Dichterlesung in Hamburg festgenommen und in die DDR abgeschoben worden, hatte man 1964 noch Chruschtschow-Reden beschlagnahmt, so war dies im Zeichen der neuen Ostpolitik und des Osthandels zwar noch legal, aber nicht mehr opportun. Im Jahre 1967 war auch der Höhepunkt der Indizierungstätigkeit der BPS vorerst mangels Anträgen überschritten, sie wurde personell dezimiert, ihre Auflösung auch von seiten der CSU gefordert. Das Herrschaftsmittel der Zensur von Sexualität wurde ersetzt durch das überwachte Sich-Beschäftigen mit Sexualität. »Die Sexualität ist im Grunde nicht das, wovor die Macht Angst hat, sondern viel eher das, womit die Macht ausgeübt wird« (Foucault[51]). Am 3. 10. 1968 sprach sich die Kultusministerkonferenz für die Einführung der Sexualerziehung an Schulen aus; Schulen und Familienberatungsstellen übernahmen die Sexualaufklärung, Behörden wie die »Bundeszentrale für gesundheitliche Aufklärung« edierten wissenschaftlich argumentierende Schriften über den Umgang mit der Sexualität.

Zensur gegen Sexualität fand hinfort weniger in der Öffentlichkeit statt als zunehmend in Institutionen mit besonderem Gewaltverhältnis (Schule, Heime). Aktionen wie die Beschlagnahme von Oshimas Film »Im Reich der Sinne« oder Amendts Buch »Sexfront« blieben in den siebziger Jahren eher Episoden. Die BPS konzentrierte nun ihre Tätigkeit auf gewaltverherrlichende Darstellungen und suchte ihre Entscheidungen durch »Erkenntnisse der modernen Sozialwissenschaft, der Psychophysiologie und der Vererbungsforschung«[52] zu legitimieren. Der Mythos des Zensierens ergriff andere soziale Schichten, wechselte Inhalte und Gegner und begründete sich selbst scheinbar rational und politisch fortschrittlich.

5. Zensurtendenzen der siebziger Jahre

Mit der ersten größeren Wirtschaftskrise, dem »Ende des Wirtschaftswunders« 1966/67, der Großen Koalition von SPD und CDU/CSU sowie dem Höhepunkt der studentischen Proteste ging die erste Phase von Zensurmaßnahmen ihrem Ende zu. Nach einer gewissen Latenzzeit des Versuchs, die neuen oppositionellen Kräfte etwa durch Amnestien zu integrieren, setzten seit 1971/72 massive Maßnahmen zur Rückgewinnung der Herrschaft über die »ideologischen Staatsapparate« (Althusser) ein.

Am Beginn dieser zweiten Phase der Zensur in der BRD standen Eingriffe in die linke Gegenöffentlichkeit, die sich seit der Studentenbewegung gebildet und neben den Massenmedien als »technischen Mitteln zur Verbreitung von Herrschaftssymbolik«[53] eine Gegenmachtsymbolik entwickelt hatte. Sie verliefen zunächst in der Form polizeilicher Beschlagnahmungen und Anklagen gegen Kleinverlage, politische Buchhandlungen, linke Zeitungen oder Druckereien und führten sehr oft *nicht* zu Verurteilungen. Die Berliner Buchhändlerin Röhrbein wurde in 12 Verfahren verwickelt, die alle mit Freispruch endeten.[54] Weder Exekutive noch Judikative waren ideologisch und organisatorisch auf die neue Form der Gegenöffentlichkeit vorbereitet: Gegen Kleinzeitschriften halfen keine Vertriebsverbote, gegen Raubdrucke keine Indizierungen und gegen spontane politische Gruppen kein KPD-Urteil.

Der Aufbau eines international einmaligen Datenverbundes durch das Bundeskriminalamt seit 1972 zur politischen Verhaltens- und Äußerungskontrolle, der Ausbau des politischen Strafrechts zur Kriminalisierung politischer Äußerungen vor allem durch das »Gesetz zum Schutz des Gemeinschaftsfriedens« 1976 sind an anderem Ort ausführlicher Darstellung und Kritik unterzogen worden.[55]

Im folgenden sollen lediglich einige Tendenzen der Diskurskontrolle in der BRD der siebziger Jahre skizziert werden, die auf eine Institutionalisierung und Habitualisierung der Zensur deuten und angesichts derer das Reden über Zensur als punktuelle Grundrechtsverletzung immer fragwürdiger wird.

a) Die verdeckte staatliche *Meinungskontrolle* ist so ausgebaut worden, daß die Speicherung von Daten und Äußerungen regelmäßig vorgenommen wird. Auch ohne sofortige Sanktion beeinflußt diese Kontrolle die öffentliche Diskussion im Sinne materieller Zensur. Es gibt nach Steinmüller in der BRD »rechtlich und organisatorisch einen großen Verbund zwischen praktisch der gesamten öffentlichen Verwaltung und Teilen der Wirtschaft mit dem polizeilichen und geheimen Bereich«, durch den »künftig jeder Beamte in der Bundesrepublik Kritiker an staatlichen Fehlentwicklungen vor die Gerichte zerren kann«.[56]

Die durch Nachrichtendienste unkontrollierbar gespeicherten Daten werden zu 80 % aus offenen Quellen gewonnen: aus Reden, Referaten, Dissertationen, Prüfungsaufgaben, mitgeführter Literatur, Leihbüchern, Unterschriften unter Resolutionen, Anmeldungen von Informationsständen usw. »Der BND überprüft allein im Jahr ca. 1,6 Mill. Telefon- und Postsendungen im Bereich der Ostkontakte. D. h. wer dort hinschreibt oder von dort Briefe bekommt, ist poteniell beim BND katalogisiert.«[57] Telefon- und Brief-Überwachungen als Amtshilfe durch die Bundespost haben seit 1973 jährlich zugenommen. Das technische Monopol der Datengewinnung ermöglicht »die Bestimmung und Bekämpfung der grundsätzlichen Gegner nicht nur durch Gerichte; in einem vorverlegten Staatsschutz definiert der Verfassungsschutz faktisch, wer als ›Feind‹ anzusehen ist«.[58] Es wird immer wahrscheinlicher, daß Meinungen auf legale oder illegale Weise registriert und eines Tages – abgelöst von der Situation und dem Kontext der Äußerung – gegen die Urheber verwendet werden. Einst geäußerte und vielleicht schon längst aufgegebene Ansichten können ihre Urheber noch nach Jahren einholen und sie ihre berufliche Existenz kosten. Die Allgegenwärtigkeit der Kontrollinstanz, die nicht vergißt, erinnert an die Funktion des Über-Ichs, dessen Stelle der Staat einnimmt. Mit Fölsing-Otto ist daran festzuhalten, daß schon die »autoritäre Kontrolle menschlicher Aussagen«[59] sich als Zensur auswirkt. Kontrolle birgt immer die Gefahr späterer Sanktionen in sich und wirkt so als Zensur schon vor der Vorzensur, als Vor-Vorzensur.

b) Schon die polizeilichen Aktivitäten in Folge der Datenerfassung wirken sich als soziale Sanktion aus. Zugleich werden die Möglichkeiten *rechtsförmiger Sanktionierung* von Meinungen stark erweitert und definitorisch aufgeweicht. Die Sanktionierung bleibt dezentral bei dafür unspezifischen Institutionen.

Düsing schätzt, daß »in den Jahren 75-77 jährlich mindestens 500-800 Prozesse wegen politischen Meinungsäußerungen geführt wurden«[60] und die Zahl der Ermittlungsverfahren das Drei- bis Vierfache betrug. Die Zunahme repressiver Eingriffe zugunsten des Staatsschutzes besagt jedoch wenig über dessen Wirksamkeit, sondern deutet eher auf die grundsätzlichen Grenzen der *strafrechtlichen* Meinungsbekämpfung: »Das Ganze funktioniert am besten unter der Voraussetzung, daß das Gesetz bereits vorprozessual wirkt. Gewalt als Gegenstand der Gerichtsverhandlung kann zwar repressiv angeklagt werden, bleibt aber gerade durch die Anklage zumindest noch in gewisser Weise öffentlich. Das Mittel des Prozesses verfehlt insofern den Zweck der Tabuisierung der Gewaltfrage.«[61]

Die eingestandenermaßen schwammigen strafrechtlichen Bestimmungen, die durch die 14. Strafrechtsänderungsreform eingefügt worden sind, erhöhen den Zwang zur Selbstzensur. Weithin unkalkulierbar sind auch die Sanktionen beruflicher Art. Ein Rundfunk- oder Fernsehjournalist, dessen Intendant sich »Kriterien der Programmentscheidung« vorbehält »wie zum Beispiel Qualitätsmerkmale, schlechter Stil, Gesichtspunkte der Opportunität, Einschätzung des öffentlichen Interesses, guter Geschmack und ähnliches«[62], hat kaum noch objektive Anhaltspunkte für seine Arbeit und kann Sanktionen nur durch Überanpassung umgehen. Will er seine Stellung halten oder verbessern, so muß er, wie es Rummel nahelegt, »seinen Sinn für das Sendbare im Vorfeld von Satzung und Staatsvertrag« schärfen.

Zensur durch Entzug hierarchischer oder sozialer Gratifikationen wird dezentral durch Institutionen und Betriebe selbst verhängt. Nur in Ausnahmefällen ist sie schriftlich fixiert wie z. B. die »Publikationsordnung« des Kernforschungszentrums Karlsruhe. Zensurmaßnahmen im Bereich privater Produktion gelangen nur in Ausnahmefällen an die Öffentlichkeit. Das Herrschaftsmittel Zensur ist innerhalb einer hierarchischen Betriebsordnung nur noch in Extremfällen als außergewöhnlicher Eingriff erkennbar, weil zensurfreie Hierarchie nicht denkbar und Einordnung in die Hierarchie ohne Selbstzensur kaum möglich ist.

Die Sanktionsmittel des klassischen Zensors bestanden noch vorwiegend in der Unterdrückung und Veränderung von *Texten*. Die Zensur der siebziger Jahre hält sich sofort an die *Autoren*, zielt auf ihre berufliche Existenz und soziale Stigmatisierung, stürzt sie in Prozeßschulden und bringt sie sogar ins Gefängnis. Doch eben weil diese Zensur auf die Veränderung des Autors zielt, bedarf es eigentlich keiner besonderen Gesetze zum Verbot bestimmter Texte. Zensur ist Nebenprodukt der meisten politischen Anklagen. Die oft pathetisch beschworene »klassische« Zensur durch den engstirnigen Zensor in seinem Zensurbüro, der aufgrund kleinlicher Edikte Texte verstümmelt, ist in entwickelten bürgerlichen Gesellschaften längst ins Funktionale gerutscht.

c) Die Sanktionen zielen heute direkter auf die hinter den *Texten* vermutete Gesinnung und halten sich dabei immer weniger mit deren Interpretationen auf. Die Texte (Bilder, Filme, Lieder usw.) werden durch interpretatorische Willkür zum fast beliebigen Auslöser von Sanktionen. Fouché pflegte zu sagen: »Man gebe mir von jedem beliebigen Menschen jede beliebige Zeile, und ich bringe ihn aufs Schafott.« Ähnlich verfuhr – besonders in Zeiten staatlicher Krisen – die polizeiliche und gerichtliche Hermeneutik mit Texten der Kontrahenten. Schon 1961 befand der BGH:

> »Bei der im Rahmen des § 93 StGB zulässigen und erforderlichen Beurteilung des Inhalts einer Schrift sind daher auch solche Gedanken zu berücksichtigen, die der verständige Leser erkennt, selbst wenn sie nur zwischen den Zeilen stehen.«[63]

Die Kunstfigur des »verständigen Lesers«, des »unverbildeten, aber auch sorgfältigen Lesers«, des »objektiven studentischen Durchschnittslesers« ermöglicht den Gerichten das Erstellen von »Auslegungsregeln«, die eine

»Partialisierung des Gegenstandes durch die juristische Kasuistik«[64] bewirkt. Die Interpretation als Monopol des Staates wurde durch die unscharfen Gesetzesformulierungen des 14. Strafrechtsänderungsgesetzes umfassend ermöglicht. Befürwortung von Straftaten ist nach dem Wortlaut der Gesetze auch Texten zuzusprechen, die sich »unterschwellig«, »scheinbar wissenschaftlich«, »im Deckmantel historischer Dokumentation«, »in scheinbarer Distanzierung« oder »in Form des Abdrucks fremder Meinungen« mit Gewalt befassen. Damit kann jedem Text, der soziale oder historische Vorgänge erörtert, trotz der Sozialadäquanzklausel »die Eignung zur Förderung der Bereitschaft anderer, schwere Straftaten zu begehen«[65] unterschoben werden. Daß es dabei auf die Textintention immer weniger ankommt, gilt für Strafverfahren genauso wie für Programmentscheidungen. Jean-Marie Straubs Film »Moses« wurde nicht im Fernsehen gesendet, weil der Vorspann eine Widmung für den toten Holger Meins enthielt; das Stück »Bambule« wurde mehrfach boykottiert, weil die Autorin Ulrike Meinhof auf der Fahndungsliste stand; Heimatfilme wurden nicht gesendet, weil der als Terrorist gesuchte Christoph Wackernagel darin eine Nebenrolle spielte; mehrere Theaterstücke wurden abgesetzt, nur weil sie das Thema »Entführung« oder »Terrorismus« berührten. In all diesen Fällen blieben die Texte selbst unbeanstandet.

Kunstwerke und Meinungsäußerungen werden zerlegt und unter polizeilichen/politischen Gesichtspunkten beurteilt. Sie erreichen die Öffentlichkeit nicht, wenn der *Ruf* des Autors oder Verlags, der Stoff, die Form, bestimmte Passagen, Sätze oder Worte Straftaten assoziieren lassen. Beurteilung und Sanktion des Textes werden dann an einzelnen, ihres Kontextes beraubten Teilstücken vorgenommen. Im Falle von F. C. Delius' Satire »Unsere Siemens-Welt« zergliederte das OLG Stuttgart das Buch zum Zwecke der Verurteilung in geschützte Kunst einerseits und unerlaubte Meinungsäußerung andererseits. »Wenn ironische oder satirische Wendungen und vor allem keine Zahlen vorliegen, gilt die Behauptung als satirisch, damit als Kunst. Wenn ›lediglich‹ Fakten oder präzise Angaben vermittelt werden, gilt das als Tatsachenbehauptung.«[66]

Der Text wird nicht an dem durch ihn gesetzten Anspruch, sondern an einem normativen Kunst-, Wahrheits- und Schicklichkeitsanspruch gemessen. Mit derselben Argumentation wurde die ästhetische Komplexität der bekannten Karikatur Valtas zerstört, indem der in Hakenkreuzform knüppelnde Polizist zum »Aussagekern« – und damit zur beleidigenden Meinungsäußerung – definiert wurde, dessen comicartige Wiedergabe aber nur zum »karikativen Gewand«.[67] Der zensorische Blick analysiert ästhetische Gebilde, indem er sie als solche vernichtet.

Die Mescalero-Affäre wurde überhaupt erst zur Affäre, weil die gesamte Presse zunächst in solch zensorischer Perspektive verharrte und den Artikel auf die »klammheimliche Freude« reduzierte. Das Göttinger Landgericht nahm immerhin schon eine Passage als pars pro toto:

»Zwar ist nicht zu übersehen, daß der Artikel insgesamt eine Selbstoffenbarung des Verfassers darstellt. Sie ist durchsetzt von ichbezogenen Aussagen, Auskünften über Gefühlsregungen, triebhaften Impulsen, Tagträumen und ichbezogenen Überlegungen. Sie münden im Ergebnis in der Ablehnung des Karlsruher Mordanschlages. In den genannten Absätzen ist jedoch von diesem Reflexionsprozeß nichts zu spüren. Sie enthalten einmal eine verächtliche Abwertung des Gesichts des Ermordeten [. . .]«[68]

Das Resultat des Textes – die Ablehnung des Mordes – wird zwar akzeptiert. Aber die Überlegungen, die zu diesem Resultat führten, die widersprüchlichen Emotionen, ohne die es nicht verständlich ist, wurden als Verunglimpfung Verstorbener und des Staates bestraft. Gesetzeswidrige Phantasien (gesetzeswidrig sind Phantasien fast immer) und ambivalente Emotionen (welche Emotion wäre nicht ambivalent?) sind zu bestimmten Zeiten nicht mehr straflos darstellbar.

Zur *Reduktion* des Textes auf seine staatsgefährdenden, beleidigenden und gewaltfördernden Elemente tritt die *Ergänzung* des Textsinns durch die Interpretation des Umfeldes. Weil die beschlagnahmte Biografie Bommi Baumanns »Wie alles anfing« keine Stellen enthielt, die die Beschlagnahme hätten rechtfertigen können, wurden zeitweise die Verlagsprospekte dazu herangezogen, dem Text Gewaltverherrlichung zu unterstellen.[69] Marighellas »Handbuch« wurde 1971 beschlagnahmt, als es im Wagenbach-Verlag erschien. Als es dann im selben Jahr erneut und diesmal in dem etablierten Rowohlt-Verlag erschien, blieb es unbehelligt. In beiden Fällen war die vermutete Gesinnung und die Kapitalmasse der Verlage das ausschlaggebende Interpretationsmerkmal. Mehr noch als über ihre Texte wird über die Autoren Berührungsverbot verhängt. Nicht mehr der Text, sondern das »kriminelle« *Umfeld* wird interpretiert. Nicht der Text überführt den Autor, sondern die Publikationsumstände den Text. Und wenn schon der Text nicht mehr für sich sprechen darf, wird auch das Dokumentieren unterdrückter Texte zum Beweis der Identifikation mit dessen Umfeld (siehe die Dokumentation des Buback-Nachrufs).

d) War »Sexualität« während der sechziger Jahre der bevorzugte Anlaß für zensorische pädagogische Aktionen, so wurde dies in den siebziger Jahren die »Gewalt«. Der Wechsel läßt sich genau datieren. Noch während der Entwurf der Bundesregierung zur Liberalisierung des Sexualstrafrechts beraten wurde, schlug Justizminister Jahn im Frühjahr 1971 offiziell vor, Gewaltdarstellungen durch eine Änderung des § 131 unter Strafe zu stellen. Damit war das Leitmotiv der Diskurskontrolle bis mindestens 1978 genannt: das Verbot des Sympathisierens mit, des Verherrlichens, Befürwortens, Billigens der und des Anleitens zur Gewalt. Gehrhardt, der den betreffenden Paragraphen für verfassungswidrig hält, vermutet, daß die Änderung des Gesetzes »als eine Art politischer Aufrechnung beabsichtigt gewesen sein mag: Teile der deutschen Öffentlichkeit wollten sich mit der – nach ihrer Meinung allzu libertinistischen und verderblichen – Reform des Sexualstrafrechts nicht abfinden. Solches Mißbehagen samt seinen innenpolitischen Folgen ließe sich indessen mildern, wenn, gewissermaßen als Ausgleich [...] gegenüber der Gewaltkriminalität, mit harter Faust durchgegriffen wird, indem man, das Übel an der vermeintlichen Wurzel packend, auch schon Darstellungen der Gewalt mit Strafe bedroht.«[70]

Die Regierungskoalition sicherte sich das Stillhalten von Kirchen und konservativer Opposition zur Sexualstrafrechtsreform, indem sie Gewaltdarstellungen zur Bestrafung freigab. Die gewohnten Ängste vor dem »standpunktlosen Gewährenlassen jeder Kritik« (Filbinger) und die gewohnten Projektionen konnten fast übergangslos auf die Gewalttabuisierung umorientiert werden. So sprach der spätere Justizminister Vogel vom »Sauberhalten unserer Diskussion von diesem Gewaltbazillus, der sich leider auch bei uns breitmacht«[71] – und faßte damit unfreiwillig die Problematik solcher Gewaltbekämpfung zusammen: Man tut so, als ob sie sich infektiös durch Schriften verbreite, als ob sie keine materiellen Ursachen hätte und als ob dem Staat das Recht zustünde, die gesellschaftliche Diskussion von als »schmutzig« empfundenen Themen sauberzuhalten.

Die Einführung des Gewaltverherrlichungsverbotes (auch in das Jugendschutzgesetz) war der erste Schritt auf dem »Weg der totalen Prävention« zur Sicherung des staatlichen Gewaltmonopols und zur Bekämpfung von »Gegenmachtsymbolen«.[72] Denn auch die Regierungsvertreter wußten bei der Einführung dieses Gesetzes 1973, daß kausale Zusammenhänge zwischen Gewaltdarstellung und Gewaltausübung nicht belegbar sind. In den Jahren um 1973 wies die Kriminalstatistik einen *sinkenden* Anteil von »Gewaltdelikten« aus. Die Erweiterung der Verfolgungsmöglichkeiten von Gewaltdarstellungen war dazu bestimmt, eine »Erklärung« gesellschaftlicher Gewaltursachen zu liefern und die Schuld Personen (Autoren) statt Verhältnissen zuzuschieben.

Die BRD ist das einzige Land der Welt, in dem Gewaltdarstellungen in Massenmedien durch allgemeine Strafgesetze verboten sind.[73] Sie ist zugleich das Land in Europa, in dem die meisten Kinder im Straßenverkehr verletzt und getötet werden, in dem eine straffrei verherrlichte strukturelle Gewalt 4000 tödliche Arbeitsunfälle pro Jahr bewirkt und in dem nur jeder zweite Arbeiter das Rentenalter bei Gesundheit erreicht.

Angesichts des Widerspruchs zwischen dieser tolerierten faktischen und der gesetzlich bekämpften symbolischen Gewalt wird die Forderung nach einem noch weitergehenden Verbot der Darstellung von »geglückten Gewalttaten« in Massenmedien, wie sie der Psychologe Herbert Selg gemeinsam mit der BPS erhebt, als schlechte Apologie der *herrschenden* Gewalttätigkeit erkennbar.[74] Gewaltprävention durch Zensur gipfelte in dem Arkanverlangen (»Vertrauen ohne Kommunikation«) der Nachrichtensperre während der Schleyer-Entführung und der Suspendierung regulärer Berichterstattung während der Demonstration gegen das geplante Atomkraftwerk Brokdorf. Über die falsch gestellte Gewaltfrage ist es dem Staat gelungen, die Öffentlichkeit in »sicherheitsempfindlichen« Teilbereichen dem totalitären Kommunikationsmodell anzunähern: Symbolische Gegengewalt wird nicht nur tabuisiert und zensiert – es wird die ausdrückliche Identifikation mit der staatlichen Gewalt verlangt.

6. Opposition gegen Zensur

Im Gegensatz zur lautlosen, strukturellen Zensur verschafft die spektakuläre Zensur dem Text, den sie aus der Öffentlichkeit verbannen will, durch das Spektakel Öffentlichkeit. Die Reklame läßt sich den Hinweis, das Werk sei zensiert worden, selten entgehen, und das Publikum wittert im Verbotenen immer das Außergewöhnliche. Dank dieser Erwägung stand und steht der Index meist selbst mit auf der Liste verbotenen Schrifttums. Der Skandal des Zensureingriffs bestätigt dem Schriftsteller/Künstler Wirkung und Identität als Oppositioneller oder Avantgardist. Die Skandalproduktion wurde im ästhetischen Aktionismus sogar Programmpunkt.[75] Der Verdacht liegt nahe, daß die freien Künstler – und gerade die an der Wirkungslosigkeit ihres sozialen Engagements zweifelnden – dem System der symbolischen Zensur enger verbunden sind, als sie wahrhaben wollen. Diese Zensur nimmt den Zensierten ernst, sie ordnet ihn ohne Ansehen von Qualität und *tatsächlicher* Breitenwirkung in die Tradition des literarischen Freiheitskampfes ein. Zensiert zu werden wurde zum Qualitätsmerkmal: »Wären sie besser, so wären sie verboten«[76], bemerkte F. Th. Vischer über Herweghs Gedichte. Die Autoren laufen damit Gefahr, ihre Wirkungstheorie vom Gegner zu übernehmen und dadurch die tatsächliche Funktion ihres Schreibens grotesk zu überschätzen.[77] Houben, der sich sein Leben lang wissenschaftlich fasziniert mit der Zensur beschäftigt hat, formulierte dieses Mißverständnis am krassesten: »Der Kampf der Literatur mit der Zensur [. . .] ist der ewige Widerstreit zweier Weltanschauungen, der Kampf des Lichtes gegen die Finsternis, der Aufklärung gegen den Obskurantismus.«[78]

Viele Stellungnahmen von Schriftstellervereinigungen gegen Zensur waren auch in der BRD von solcher ambivalenten, symbiotischen Opposition gegen Zensur geprägt.

Einen weiteren Aspekt inkonsequenter Opposition beschrieb Ludwig Marcuse an den liberalen Gutachtern in den Pornographie-Prozessen: »Der Moralkodex verstand sich von selbst; der Fortschritt bestand nicht darin, daß man ihn untersuchte, sondern nur darin, daß mehr und mehr andere Aspekte auf das Werk als mildernde Umstände zugelassen wurden.«[79] Vor allem die Plädoyers für die Anwendung des Kunstvorbehalts auf inkriminierte Texte und Bilder bezweifeln notwendigerweise nur die Kompetenzreichweite, nicht aber das Prinzip des Zensierens. Die Verfolgung obszöner Kunst fand in den sechziger Jahren ein kompetentes kritisches Fach-Publikum, das die Maßnahmen gegen »Fanny Hill«, gegen »Josefine Mutzenbacher«, gegen Genet, Miller und Grass sachverständig verfolgte.

Eine weitere verbreitete, nur punktuelle Zensurgegnerschaft reklamiert Zensurfreiheit lediglich für den eigenen Standpunkt und hat ein »inhaltliches« Verständnis von Zensur. Der Staat wird sogar aufgefordert, anstatt zum Beispiel immer nur »nach links« doch auch entsprechend »nach rechts« zu zensieren, also symmetrischen Gebrauch von der Zensur zu machen. Noch im Jahre des KPD-Verbots warnte das Deutsche PEN-Zentrum vor der moralisch gefährdenden neonazistischen Literatur: »Das PEN-Zentrum erwartet von Bundesregierung und Bundestag wirksame Maßnahmen, die eine weitere Unterhöhlung unserer jungen Demokratie und einen Mißbrauch der im Grundgesetz garantierten Geistesfreiheit *(sic!)* verhindern.«[80]

Und im Mai 1965 forderte eine Gruppe von Schriftstellern, Professoren, Journalisten und Juristen, die »Deutsche National- und Soldatenzeitung« wegen Verbreitung faschistischen Gedankengutes zu verbieten. Zensur lediglich als »Repressionsmaßnahmen gegen fortschrittliche, humanistische, demokratische und sozialistische Ansätze«[81] zu verstehen, bedeutet aber, die inhaltliche Definitionswillkür staatlicher Zensurentscheidungen außer acht zu lassen, die noch jede Lizenz zur Zensur bei Bedarf inhaltlich in ihr Gegenteil verkehrt hat. Heinrich Mann formulierte das schon 1926: »Jeder, der die Macht, Bücher zu verbieten, in die Hände bekäme, hätte das Recht, nach seiner zufälligen Gesinnung zu verfahren, als Antidemokrat so gut als wie Republikaner.«[82]

Die Zensur als pädagogische Aktion hat ihren Sinn zuerst darin, den »Staat als egste ideologische Macht über den Menschen« (Engels) zu konstituieren und die Menschen dem herrschenden Diskurs zu unterwerfen. Aus dem politisch einseitigen Gebrauch des Machtmittels Zensur die Gegenforderung nach Zensur im Namen des Fortschritts, des Antifaschismus usw. abzuleiten, kennzeichnet die Staatsfixierung der bundesdeutschen linken Nachkriegsopposition. Die radikale Ablehnung jeglicher Zensureingriffe, wie sie Kästner, Eggebrecht oder Andres noch gegen das Jugendschutzgesetz vorbrachten, ging fast ganz verloren:

»Überall, wo wir dem Staat einen Machtzuwachs gewähren, müssen wir fürchten, daß er diesen Zuwachs zu anderen Zwecken gebraucht, als wir es wollten. Auf keinem Felde aber ist ein Vordringen der Staatsmacht gefährlicher als dort, wo der Staat beobachtet und die Würde [. . .] verteidigt wird, und das ist das Feld der freien Meinungsäußerung [. . .]«[83]

Proteste gegen die Unterdrückung kommunistischer Äußerungen kamen bald nur noch von den Betroffenen selbst. 1963 stellte Adorno fest, daß gegen das Irre des sexuellen Schutzbedürfnisses nur wenige ihre Stimme erhöben. Seit dem Inkrafttreten des Jugendschutzgesetzes scheint der Anspruch des Staates auf Diskurskontrolle für lange Zeit nicht mehr prinzipiell bestritten worden zu sein. Die Humanistische Union, die sich seit ihrer Gründung 1961 vehement gegen die Zensur gotteslästerlicher und unzüchtiger Schriften eingesetzt hatte, griff sogar selbst zum Mittel der Zensur. 1963 beantragte sie gegen den Vertrieb von »Herders Volkslexikon farbig« eine einstweilige Verfügung, weil darin das sie betreffende Stichwort »objektiv falsch und damit rechtswidrig«[84] sei.

Die den Zensoren entlehnten Qualifizierungen »unerwünschter« oder »gesellschaftsschädlicher« Literatur als »Gift in ansprechender Form« (Schilling 1951), die Übernahme der demagogischen Parole von der »Festigung des demokratischen Gedankens in Deutschland durch besondere Abwehrmaßnahmen« (Bundesinnenminister Lehr 1952) führten zu dem Paradox, daß der Mythos einer heilsamen Wirkung der Zensur durch die liberale *Opposition* am Leben gehalten wurde. Vierunddreißig Jahre nach dem Zusammenbruch des deutschen Faschismus erklärte der Bundesgerichtshof 1979 den Vertrieb antiquarischer Exemplare von Hitlers »Mein Kampf« für straffrei – der Neudruck blieb nach wie vor verboten. Die Entscheidung rief erbitterten Widerspruch hervor: »Die Narben sind zu frisch, der Bazillus zu rege, die Ansteckungsgefahr zu akut.«[85]

Das Zensurverlangen zugunsten der Demokratie bedient sich derselben Krankheits-, Gift- und Verführungsmetaphern wie das der klassischen Reaktion. Seiner Logik zufolge muß der ansteckende Text in Quarantäne, weil niemand außer einigen Fachleuten gegen Infizierung gefeit sei, also die Lektüre zu neofaschistischer Praxis führen könne. Solange die Textwirkung dogmatisiert wird, sucht der noch immer spezifisch deutsche »hilflose Antifaschismus«[86] Zuflucht in der staatlichen Bevormundung des Publikums. In Italien gab der linke Verlag Feltrinelli zur selben Zeit die Reden und Aufsätze Mussolinis heraus.

Im Zeichen des Antifaschismus wurde sogar die Bundesprüfstelle neu belebt. Aus Besorgnis über die Belastung der deutsch-polnischen Beziehungen regte der Fraktionsvorsitzende der SPD, Herbert Wehner, 1978 die Indizierung nationalsozialistischer Dokumente und Propagandamaterialien an. Die Anregung wurde aufgegriffen, und zugleich wurden die etwa 600 Jugendämter durch Verfügung bei der BPS antragsberechtigt. So erfolgte aus wohlgemerkt staatspolitischen Gründen eine beträchtliche Ausweitung der behördlichen Schriftenkontrolle. Kaum war die Indizierung des größtenteils dokumentarischen nationalsozialistischen Materials angeregt, schlug MdB Niegel (CDU/CSU) seinerseits vor, »auch kommunistisches Gedankengut zu indizieren, das geeignet ist, unsere heranwachsende Jugend gegen unseren Staat und unsere Gesellschaft aufzuhetzen«.[87]

Die Gefahr besteht, daß ein aufgrund falscher Erwägungen aufgebauter

Kontrollapparat zur unspezifischen allgemeinen Zensur mißbraucht wird. Mißtrauen gegenüber einem als behördlicher Verwaltungsakt durchgeführten Antifaschismus ist angesichts der Nachkriegsgeschichte der BRD geboten. Waren es doch die Staatsapparate, die seinerzeit die Entnazifizierung gemäß dem Potsdamer Abkommen abgeblockt und in ihr Gegenteil verkehrt hatten. Aufklärung in Form der Zensur fällt stets hinter ihre eigenen Absichten zurück.

Gleiches gilt für den zivilrechtlichen Ehrenschutz, der seit jeher ein Vorreiter für staatliche Interventionen in den gesellschaftlichen Meinungskampf war.[88] Als Beispiel für viele sei hier die Klage Alice Schwarzers und anderer Frauen gegen den »stern« genannt. Sie verlangten zu »unterlassen, die Klägerinnen dadurch zu beleidigen, daß auf den Titelseiten des Magazins ›stern‹ Frauen als bloßes Sexualobjekt dargestellt werden und dadurch beim männlichen Betrachter der Eindruck erweckt wird, der Mann könne über die Frau beliebig verfügen und sie beherrschen«.[89]

Die Klage bezog sich auf das Titelblatt der Nr. 24, das die Fotografie eines anzüglichen Plakats vor einem Etablissement in St. Pauli zeigte. Geklagt wurde als Popularklage im Namen aller Frauen der BRD mit dem Verweis, daß die Pressefreiheit nicht unbeschränkt gelte. Das Gericht wies die Klage ab und verwies mit Bedauern auf die fehlende Rechtsgrundlage.

Auch dieser Versuch, die Emanzipation der Frauen durch Darstellungsverbote zu befördern, lief in der Konsequenz darauf hinaus, den Staat als Sittenrichter anzurufen und ihm ein Interpretationsmonopol zuzusprechen. Dabei dürften Fragen wie: Erweckt das Bild den Eindruck der Verfügbarkeit? Kann die Dokumentation eines Plakats ehrverletzend sein? Unterliegt das Plakat dem Kunstvorbehalt? durchaus kontrovers zu beantworten sein.

Die gewünschte Norminterpretation der Mitklägerin Schwarzer – die sie per Gericht als verpflichtend bestätigen lassen wollte – lautete: »Ausschlaggebend sind die Posen, ist der Gesichtsausdruck, ist die ganze Haltung, die signalisieren sollten: ich bin ein willenloses Wesen.«[90] Ähnlich willkürlich interpretierten – damals zum »Schutz des Empfindens der abendländischen Kulturwelt« – die Richter des LG Hamburg 1962 die Fotografien nackter Frauen: »Hier wird durch Abschneiden des unteren Bildrandes die Schampartie besonders deutlich hervorgehoben und der Blick außerdem auf die durch Leuchtreflexe besonders beleuchtete rechte Brust gelenkt.«[91]

Die unterschiedlichen Elemente der Text/Bild-Interpretation, die verschiedenen emotionalen und situativen Faktoren der Wirkung lassen es unmöglich zu, per Gerichtsbeschluß eine für die gesamte Gesellschaft verbindliche Entscheidung zu treffen. Doch genau darauf zielen Zensur und Zensurverlangen ab, ob sie nun die Frauen vor Herabwürdigung, den Sozialismus vor Dekadenz oder die Demokratie vor dem Bolschewismus schützen wollen. Stets wird versucht, mit Hilfe des staatlichen Gewaltmonopols Begriffe, Interpretationen, Perspektiven zu usurpieren, wo dies auf dem Weg gesellschaftlicher Diskussion nicht gelang. Das Zensurverlangen oppositioneller Minderheiten ist Ausdruck ihrer Schwäche und mangelnden Autonomie. Die staatliche Zensur im Namen von Jugendschutz, Antifaschismus oder Gewaltprävention bekämpft mit großer Geste den Ausdruck, um die materiellen Ursachen bestehen lassen zu können. Beide schelten – wie das russische Sprichwort sagt – den Spiegel, weil die Fratze schief ist.

7. Selbstzensur

Die eigentliche Wirkung jeder Zensur besteht darin, daß die Zensierten und die von der Zensur Bedrohten die Normen der Zensur internalisieren, daß sie Selbstzensur ausüben, um neuerliche Fremdzensur zu vermeiden. »Zensur von der schlimmsten Art«, schrieb Heinrich Heine im Pariser Exil, »war die Angst vor dem eigenen Wort.«[92] Sie ist schwer zu beschreiben und kaum schlüssig nachzuweisen. Der Verzicht auf bestimmte Äußerungen kann ebenso rationaler Überlegung, einem Dazugelernthaben wie dem Druck äußerlicher Sanktionen entspringen. Und diejenigen, die sich wirklich selbst zensieren, können oder wollen (aus Angst) keine Auskunft geben, wenn ihnen die taktische Selbstzensur zur totalen ideologischen Unterwerfung geworden ist. Im Alltagsleben unterwirft sich jedermann einer taktischen Selbstzensur. »Einen Naturzustand diesseits der Selbstzensur hat es nie gegeben. In allen bisher erforschten Gesellschaften hat sie geblüht. Der Vorschlag, sie schlichtweg abzuschaffen, ist schlechte Utopie.«[93]

Dennoch lassen sich Korrelationen zwischen Zensur und Selbstzensur herstellen, dennoch hat die »Selbstzensur durch die Gesellschaft« ihre politischen Konjunkturen.

Das Metternichsche System der Vorzensur bestrafte bei aller vorkonstitutionellen Willkür doch den staatlichen *Zensor*, wenn ein Text nach Durchlaufen der Zensur Anstoß erregte. Der Zensor blieb den Autoren eine äußere, fremde Instanz, die sie kalkulieren, überlisten, hassen und anprangern konnten. In der modernen Demokratie fällt die Zensur den Autoren selbst zu. Sie sind gehalten, die staatlichen Repressionsnormen wenigstens probeweise gedanklich zu antizipieren, den Text an möglichen Straftatbeständen zu messen. Wollen sie nicht den ökonomischen Ruin (auch ihres Verlags) riskieren, werden sie vernünftigerweise die drohende Sanktion gedanklich nicht nur vorwegnehmen, sondern sogar übertreiben. Realangst wird damit leicht zu neurotischer Angst. In Zeiten, in denen das System der Selbstzensur funktioniert, geht die Zahl der Zensureingriffe zurück, und der Staat sonnt sich im Schein der Meinungsfreiheit. Dies ist das Modell des liberalen Staates, wie es Henri Lefebvre beschreibt:

»Diese Demokratie hält die Gewalttaten in Reserve und läßt nur in letzter Instanz und als allerletztes Mittel Gewalt anwenden. Sie verläßt sich vielmehr auf die Autorepression in der organisierten Alltäglichkeit. Die Repression wird genau in dem Maße überflüssig, wie die *Autorepression* (Gruppen und Individuen) diese Arbeit unternimmt. Die Gesellschaft kann verkünden, das Reich der Freiheit sei gekommen, da der Zwang als Spontaneität angesehen wird und die *Aneignung* weder Sprache noch Konzept hat.«[94]

Selbstzensur ist ein innerpsychischer Abwehrmechanismus gegenüber drohenden staatlich/gesellschaftlichen Sanktionen. Wo – wie in der BRD – nonkonforme *Äußerungen* bereits als verräterische *Bestrebungen* sanktioniert werden, hüten sich die Einzelnen, durch ihre Ansichten und ihre Terminologie schon dem Inneren Feind zugerechnet zu werden. Sie tragen Zweifel und Kontroversen lieber mit sich selbst aus als im Gespräch mit anderen. So bildet sich eine verbale Berührungsfurcht heraus, die so weit gehen kann, daß sich die Individuen bereits die *Information* über möglicherweise gesellschaftsschädliche oder staatsabträgliche Sachverhalte verbieten. Während der Schleyer-Entführung schlug ein Leser in diesem Sinn vor:

»Ich würde es großartig finden, wenn sich die F.A.Z. auf das wirklich Wichtige beschränken würde und öfter einmal Teile der Zeitung mangels berichtenswürdiger Vorgänge einfach weiß blieben!«[95]

Abgeschnitten von Informationen und Reaktionen bleibt so die Meinung einem Bewußtsein verhaftet, das seinen Gegenstand noch nicht hat[96], und neigt zur Projektion. Wahnideen und Zwangsvorstellungen beschrieb Freud geradezu als einen »durch Zensur im Ausdruck entstellten Gedanken«.[97] Es ist zu vermuten, daß das zuweilen gewalttätige Zensurverlangen der »Schweigenden Mehrheit« gegen avantgardistische Kunst[98], aber auch das Zensurverlangen unterdrückter Opposition letzten Endes eine Projektion der Selbstzensur auf den Gegner ist. Eine Beschreibung der Selbstzensur in den moralischen Kategorien »Mut« bzw. »Feigheit« greift in jedem Falle zu kurz. Die Bezwingung der Selbstzensur kann kein voluntaristischer Akt[99] des Einzelnen sein. Zensur gegen sich selbst, gegen die eigenen Wünsche, ist eine der großen Ich-Instanzen, durch welche bestimmte Wünsche nicht oder nur verändert ins Bewußtsein gelangen oder ins Vorbewußte verbannt bleiben. Freud erschloß die Tätigkeit dieser Zensur durch die Traumanalyse. Die Traumzensur löst Zusammenhänge zwischen bestimmten Gedanken, tilgt Assoziationen, bewirkt Auslassungen, Modifikationen und Umgruppierungen des Traummaterials und entstellt so den Traum gegenüber dem Träumenden.

»Wir dürfen also als die Urheber der Traumgestaltung zwei psychische Mächte (Strömungen, Systeme) im Einzelmenschen annehmen, von denen die eine den durch den Traum zum Ausdruck gebrachten Wunsch bildet, während die andere eine Zensur an diesem Traumwunsch übt und durch diese Zensur eine Entstellung seiner Äußerungen erzwingt.«[100]

Die Traumzensur unterdrückt Wünsche und Affekte, sie schließt Kompromisse und stellt einen neuen, unverdächtigen Text her. Sie fungiert als Wächter des Schlafs und im Wachzustand als »Wächter unserer geistigen Gesundheit«[101] – um den Preis, daß die unbewußten und vorbewußten Wünsche dem Individuum »inneres Ausland« bleiben. Die weder zur Darstellung noch zur Verwirklichung gekommenen Wünsche werden verdrängt, werden zu Projektionen oder Identifikationen. Dieser Zensurvorgang wiederholt sich auf der bewußteren Ebene der »zweiten Zensur«[102], wo Verdrängung und Unterdrückung von Wünschen bewußt vorgenommen wird. Etwa als Entschluß, etwas zu vergessen, sich keine Gedanken mehr darüber zu machen. Eine solche Abwehr kann bis zum »Ungeschehenmachen« eines Ereignisses in der Phantasie führen, bis zu einem Um- oder Neuschreiben der eigenen Geschichte.

Die Zensur von Träumen und Tagträumen, der man das Schreiben und Lesen eines großen Teils der Unterhaltungsliteratur zurechnen kann, befindet sich in dauerndem Kampf gegen die List und Macht der zum Bewußtsein drängenden Triebwünsche. Die Rigidität dieser Zensur ist nicht immer gleich und wird auch vom jeweiligen politischen Klima bestimmt, wie die Revolutionskunst, die Bekenntnisse, Selbstanklagen und formalen Radikalisierungen der Künstler in Revolten gezeigt haben. Andererseits wurde der Begriff »Selbstzensur« in der BRD zum selben Zeitpunkt geläufig, als auch die Zensurpraxis ihren Höhepunkt erreichte: im »Deutschen Herbst« 1977. Obwohl es wenig sinnvoll ist, eine statistische »Selbstzensurquote« zu ermitteln, weil sie nur die Oberfläche des Phänomens abfragen könnte, seien doch die von Richter und Wolff ermittelten Zahlen genannt: Einer Selbstzensur fühlten sich im Jahre 1972 – so jedenfalls nach ihrer Aussage von 1978 – 42 % der befragten Rundfunkredakteure unterworfen, während sich 1978 bereits 73 % der Redakteure nach eigener Auffassung selbst zensierten.[103]

Die durch Autoritäten ausgeübte Zensur braucht Anlässe und wird oft in Form einer aufwendigen, spektakulären Machtprobe durchgesetzt. Die Selbstzensur braucht keinen Anlaß, sondern nur die Erinnerung an frühere Sanktionen oder die Angst vor künftigen beziehungsweise das Wissen um Kontrolle. Die spektakuläre Zensur will neue Normen setzen, die Selbstzensur *ist* die Norm: Sie ist angelegt in klassen- und geschlechtsspezifischen Sozialisationspraktiken, etwa in der Hemmung des Neugierverhaltens durch Sexualtabus oder durch autoritäre Unterwerfung in Familie und Schule. Sie belegt Verstandestätigkeit, Emotionen und körperliches Verhalten (Gestik, Haltung, Mimik usw.) mit Äußerungsverboten. Diese Disposition legt dem Einzelnen zunächst ein taktisch-praktisches Verhalten im Umgang mit der Macht nahe, das, wenn gewohnheitsmäßig geübt, zu seiner »Selbstmarginalisierung« (Peter Brückner) führen kann. Brüggemann nennt den Vorgang, von dem die Selbstzensur sicher nur ein Teil ist, Innere Kolonisation:

»Die Macht destruiert die Identität eines Subjekts, um ein Subjekt zu produzieren, das die von der Macht gesetzten Schranken als die gewollte Fülle seiner eigenen Möglichkeiten begreift und libidinös besetzt.«[104]

Das Individuum betrachtet die Welt und damit sich selbst nun aus der Perspektive der Macht, des Verbots, und macht sie sich so zur Gewissensinstanz. Die Eingrenzung erfolgt durch semantische Schranken (statt »Gruppe« sagt man »Bande«, statt »BRD« schreibt man »Bundesrepublik Deutschland« usw.), durch die Unterwerfung unter Rituale (»standesgemäßes Verhalten«, man absolviert die Buback-Gedenkminute *stehend*), durch die Tabuisierung von Personen, Themen, Stilrichtungen. So entsteht ein unterworfener und taktisch gefaßter Diskurs mit neuer Syntax, heteronomem Stil und verarmtem Vokabular, der die ihm gesetzten Grenzen zwar beachtet, aber im gleichen Zuge auch wieder verwischt.

Die extremste Form der Selbstzensur, das Verstummen oder Verschweigen, beachtet ebenfalls die durch die Macht gesetzten Grenzen, weigert sich aber, die verbotenen Texte mit neuen, unverdächtigen zu überschreiben, also durch Kompromisse kommunikabel zu machen. Sie bedeutet Emigration aus der Gesellschaft in die Innerlichkeit.

Selbstzensur durch die Gesellschaft *unterbindet* Kommunikation und verändert sie im Sinne der Macht. »Die Machtbeziehungen«, schreibt Foucault, »sind in erster Linie produktiv.«[105] Doch mag die institutionalisierte äußere Zensur eventuell auch zusätzliche künstlerische und intellektuelle Produktivkräfte freisetzen und Formen von Schweijkscher List aktivieren – die Selbstzensur als avancierte Form von Zensur lähmt Verstand und Phantasie und verhindert, wie Christa Wolf sagte, das Entstehen von Literatur:

»Der Mechanismus der Selbstzensur, der dem der Zensur folgt, ist gefährlicher als dieser: Er verinnerlicht Forderungen, die das Entstehen von Literatur verhindern können, und verwickelt manchen Autor in ein unfruchtbares und aussichtsloses Gerangel mit einander ausschließenden Geboten: daß er realistisch schreiben soll zum Beispiel und zugleich auf Konflikte verzichten, daß er wahrheitsgetreu schreiben soll, aber sich selbst nicht glauben, was er sieht, weil es nicht ›typisch‹ sei.«[106]

Anders jedoch als es das behavioristische Konzept von Selbstzensur und Selbstkontrolle will, wenn es von »semantischem Konditionieren« und »automatischer« Verstärkung eines konfliktvermeidenden Verhaltens spricht[107], erweist sich die Hoffnung, den Staats- und Normenschutz *auf Dauer* durch Selbstzensur und freiwillige Aphasie sichern zu können, zum Glück als mehrfach brüchig. Ab einer gewissen Intensität kann Selbstzensur nicht unbegrenzt durchgehalten werden, wenn die ertragene Unlust nicht als sinnvoll und notwendig empfunden wird. Der Verzicht auf Kommunikation kann zwar durch Kampagnen und in Krisensituationen als sinnvoll propagiert und akzeptiert werden – aber nicht auf Dauer. Der Entschluß zur Selbstzensur wird nicht ein für allemal gefaßt, sondern muß immer wieder neu bekräftigt werden. Im Sinne der Macht sind spektakuläre Zensurakte auch gegenüber einer eingeschüchterten Öffentlichkeit zur Erzwingung »vorausschauenden Gehorsams« (Brückner) immer wieder nötig.

Einige Daten und Fakten zum Thema Zensur in der BRD

1945 Gesetz Nr. 191 der US-Militärregierung: Totalverbot von Druckschriften; Nachrichtenkontrollvorschrift Nr. 1: Veröffentlichung nur nach Genehmigung.

1946 Literaturreinigungsgesetz (Kontrollratsbeschluß Nr. 4): Säuberung der Büchereien.

1947 Verbot des »Kulturbundes für die demokratische Erneuerung Deutschlands«.
»Operation Talk Back« zur Bekämpfung sowjetischer Propaganda; Entlassung kommunistischer und antifaschistischer Lizenzträger.

1949 Grundgesetz tritt in Kraft. Adenauer Kanzler, Heuss Präsident.
Aufhebung der Lizenzpflicht, Gründung der FSK.

1950 Korea-Krieg; Verfassungsschutzgesetz.

1951 Adenauer-Erlaß; Verbot der Volksbefragung gegen Remilitarisierung; FDJ-Verbot; Bundesregierung stellt Verbotsantrag gegen KPD; 1. Strafrechtsänderungsgesetz (Blitzgesetz); Boykott-Beschluß der Bundesregierung gegen Unternehmen, die Verfassungsfeinde unterstützen; § 131-Gesetz: Pflicht zur Wiedereingliederung entlassener Nazis; Gründung der Film-Bewertungs-Stelle; Schmeißer-Affäre führt zu Beschlagnahme des »Spiegel«.

1952 Entwurf eines »Gesetzes über das Pressewesen« von Bundesinnenminister Lehr scheitert; BGH-»5-Broschüren-Urteil« (Verbindung zu KPD/SED ist Hochverrat).

1953 Bundestagswahl; Aufstand vom 17. Juni; 1. Brecht-Boykott (2. Boykott 1956, 3. Boykott 1961); 3. Strafrechtsänderungsgesetz (StÄG) bestraft Herstellung und Verbreitung verfassungsverräterischer Publikationen durch § 93 StGB; 1953-1958 werden wegen Staatsschutzdelikten insgesamt 46 476 Ermittlungen geführt, die zu 1905 Verurteilungen führen.

1954 Gründung der Bundesprüfstelle (BPS) auf Basis des Jugendschutzgesetzes (GjS); Anklage wegen Verkauf von Tom-Mix-Heften (Fall Maier); 1954-55 werden 38 Journalisten wegen politischer Delikte verurteilt, 26 davon zu Geld- und Haftstrafen.

1955 Gewalt-Definition des BGH.

1956 Aufstellung der Bundeswehr; KPD-Verbot durch BVerfG; Gründung des Deutschen Presserates.

1957 Bundestagswahlen; »Maulkorb-Paragraph 109d« (Störpropaganda gegen Bundeswehr); Aktion Scheiterhaufen des »Bundes katholischer Jugend«; Gründung der »Selbstkontrolle Deutscher Illustrierten« (bis 1964).

1958 BVerfG: Lüth-Beschluß.
Vorlage des »Lex Soraya für Jedermann«: BGB-Novelle zur Erweiterung des Ehrenschutzes.

1959 Bundespräsident Lübke; 1959-63 Intensivierung politischer Justiz »zur Rekonstruktion des sozialen Kapitalismus« (Brünneck).

1960 6. StÄG: § 96 bestraft »Zeigen verbotener Zeichen«; Prof. Riemeck wird Prüfungserlaubnis aberkannt.

1961 Bundestagswahl; Mauerbau; »Gesetz zur Überwachung strafrechtlicher und anderer Verbringungsverbote«; BVerfG-Fernseh-Urteil verbietet Staatsfernsehen und fordert Ausgewogenheit; BGH-Döhl-Urteil wegen Gotteslästerung: der künstlerisch aufgeschlossene, um Verständnis bemühte Mensch als neuer Maßstab.

1962 Spiegel-Affäre; Schamonis Roman »Dein Sohn läßt grüßen« auf Antrag des Innenministeriums durch BPS indiziert.

1963 Erhard Kanzler; 10 222 anhängige Staatsschutzdelikte; Gründung der Selbstkontrolle Deutscher Romanheftverleger; ab 1963 deutliche Abnahme der Kommunistenverfolgungen.

1964 Panorama-Affäre (NDR). 1. Prozeß um »Fanny Hill« (Verbot, 1969 Freigabe).

1965 Bundestagswahl; Aktion Saubere Leinwand; Kuby-Affäre (FU Berlin verbietet Vortrag).

1966 66/67: 1. große Wirtschaftskrise; Große Koalition; BVerfG-Spiegel-Urteil zur Durchsuchung von Presseräumen; BVerwG verpflichtet BPS bei Anfechtung zur Einholung von Gutachten; Selbstkontrolle Illustrierter Zeitschriften.

1967 67/68 Höhepunkt der Studentenbewegung.

1968 1. Straffreiheitsgesetz (für politische Verfahren). Außerkraftsetzung des § 93 StGB.

1969 Heinemann Bundespräsident; Aussetzung eines § 184-Verfahrens zur Vorlage beim BVerfG; BVerfG-Leipziger-Volkszeitungs-Beschluß; Notstandsgesetze; BVerfG-Demokratbeschluß: schon Verzögerung kann Eingriff in das Informationsrecht sein; Reform des Sexualstrafrechts;
69/70: Beginn von Durchsuchungskampagnen in linken Presseorganen.

1970 Gründung der RAF; U. Meinhofs »Bambule« im SWF abgesetzt; 2. Straffreiheitsgesetz; 3. Gesetz zur Reform des Strafrechts: Einführung des § 111 (Öffentl. Aufforderung zu Straftaten); Liberalisierung des Demonstrationsstrafrechts.

1971 BVerfG-Mephisto-Beschluß: Persönlichkeitsschutz überwiegt Kunstfreiheit; BVerfG-Sonnenfreunde-Beschluß: § 6 Abs. 2 GjS ist verfassungswidrig; Neufassung der FSK-Satzungen; BVerwG attestiert der BPS gutachterliche Kompetenz und plurale Zusammensetzung – Schriftenprüfung sei auch auf labile Jugendliche abzustellen; 1971-72 Entlassung von Journalisten (Streitpunkte: Redaktionsstatut und dju-Aktivitäten).

1972 Bundestagswahl; Brandt Kanzler; Grundlagenvertrag DDR-BRD; Beginn des Prozesses Siemens contra Delius wegen Dokumentarsatire »Unsere Siemenswelt« (bis 1975); Beschlagnahme des »Roten Kalenders 1973« und Rotbuchs Nr. 29 im Wagenbach-Verlag; Buchhändler Niedlich von § 184 freigesprochen; Buchhändler und Verlage klagen über Razzien nach Porno-Titeln; BVerfG-Lachender-Mann-Beschluß bestätigt Zulässigkeit der Filmeinfuhrkontrolle; Verfassungsschutzänderungs-Gesetz dehnt Überwachungsmöglichkeit aus.

1973 4. Strafreformgesetz führt § 131 (Gewaltverherrlichung) neu ein und ändert

§ 184: Freigabe »unzüchtiger Schriften«; Neufassung des GjS: gewaltverherrlichende und rassenhetzerische Schriften dürfen indiziert werden; BVerfG-Soraya-Beschluß: Persönlichkeitsrecht kann materiell kompensiert werden.

1974 Einsetzende Wirtschaftskrise; Schmidt Kanzler; Scheel Präsident; BGH-Freispruch im Sparschwein-Fall; Entwurf eines »Gesetzes zum Schutze des Gemeinschaftsfriedens«.

1975 Abberufung von Prof. Hermann aufgrund Konkordat; BGH bestätigt das Verbot des Stückes »Der Geist von Oberzell« (Studiobühne Würzburg); Beschlagnahme von Baumanns »Wie alles anfing« (Trikont Verlag); Fall Mai-Schwan im Saarländ. Rundfunk; am 28. 1. tritt der neue § 184 StGB in Kraft.

1976 Bundestagswahl; einstimmige Verabschiedung des 14. StÄG, damit Einführung von § 88a (Verfassungsfeindliche Befürwortung von Straftaten), § 126 (Störung des öffentlichen Friedens durch Androhung von Straftaten), § 130 (Anleitung zu Straftaten) sowie § 140 (Belohnung und Billigung von Straftaten).

BRD unterzeichnet KSZE-Schlußakte, worin Meinungsfreiheit Grundrecht. Beschlagnahme von Oshimas Film »Im Reich der Sinne«; WDR setzt Sendung »Glashaus« ab; NDR setzt Serie »Der Betriebsrat« ab; NDR greift in die Brokdorf-Demonstrations-Berichterstattung ein; LG Berlin erklärt Werkvertrag wegen Unterschrift unter KPD-Wahlaufruf für nichtig; BVerfG bestätigt Arrest für Soldaten wegen Unterschriftssammlung gegen Atomkraftwerk Whyl als rechtens.

1977 Ermordung von Buback, Ponto und Schleyer; zahllose Programm-, Ausstellungs-, Veranstaltungs-Änderungen und -Verbote, Beschlagnahmungen und Kündigungen; Mescalero-Affäre.

1978 Prozeß gegen AGIT-Druck nach § 129; Jugendämter werden bei BPS antragsberechtigt.

1979 Carstens Bundespräsident; Russell-Tribunal u. a. zum Thema »Zensur«; seit 1954 insgesamt 8579 Indizierungen durch die BPS. Prof. Küng wird Lehrerlaubnis vom Papst entzogen. Jürgen Lodemann (SWF) verläßt »Literaturmagazin« (wegen Absetzung der Sendung »Intellektuelle zu F. J. Strauß«).

1980 Zahlreiche Eingriffe und Disziplinierungen wegen Anti-Strauß-Meinungskundgebungen.

Dirk Mende

Coca-Cola-Zensur. Zensur durch Eigentum

In pari causa vel delictu potior est conditio possidentis.– Bei gleicher Rechtslage in einem Streitfall ist einer mit Eigentum besser dran als einer ohne.

Sehr alte Juristenregel

Als im ZEIT-Magazin ein Kriegsfoto aus Amman erscheinen sollte (ein Vater, der sich über sein schwer verwundetes Kind beugt), fragte die Anzeigenabteilung vorsorglich bei COCA-COLA nach, ob sie deren Anzeige auf der gegenüberliegenden Seite plazieren könnte. Die Antwort: »Nein!« Das den Krieg anprangernde Foto entfiel zugunsten der den Durst anregenden Anzeige.[1]

Die bürgerliche Gesellschaft definiert sich als Eigentumsgesellschaft. Aus der privaten Verfügung über Eigentum – gemeint ist hier vornehmlich das Eigentum an Produktionsmitteln[2] – und dessen extrem ungleicher Verteilung entstehen die meisten gesellschaftlichen Konflikte. Ausgetragen werden sie im wirtschaftlichen Bereich, hauptsächlich, bei aller nötigen Differenzierung, zwischen denen, die fast alle, und denen, die fast keine Macht haben – zwischen Unternehmern und Arbeitern.[3] Über 87 % des gesamten Vermögens in der BRD (vererbbares Eigentum, Produktionsgüter, Aktien, Haus- und Grundbesitz etc.) befinden sich im Besitz von 1,7 % aller Haushalte. 37,8 % aller Haushalte verfügen über weniger als 1400 DM monatlich, Millionen Arbeitnehmer verfügen über ein Einkommen, das unter dem Sozialhilfesatz liegt, 26 % der bundesrepublikanischen Bevölkerung gelten als arm.[4]

Marx hat in seiner »Einleitung zur Kritik der Hegelschen Rechtsphilosophie« am Beispiel der Französischen Revolution aufgezeigt, daß eine herrschende Klasse niemals von selbst auf ihre Privilegien verzichtet, sondern diese stets bis zum äußersten gegen die Angriffe ihrer Gegner verteidigt. Zensur ist *ein* Mittel der Aufrechterhaltung von Privilegien, die sich auf Kapitalbesitz gründen. Sie soll den öffentlichen Diskurs über das Eigentum, dessen Umverteilung und Sozialisierung verhindern. Besonderheit dieser Zensurform ist, daß sie *durch* Eigentum funktionieren kann. Eigentum kann als massivstes Mittel eingesetzt werden, um Zensur durchzusetzen. Zensur ist die Mauer ums kapitalistische Erztabu des Eigentums, an der das konstitutionelle Recht auf freie Meinungsäußerung seine

Grenze finden muß. Denn: eingegrenzt wird die Ursache, auf welche Zensur sich letztlich zurückführen läßt.

1. Marginalien zur Genesis des Eigentum-Tabus

Am Anfang war die Stunde Null, so will es die bürgerliche Geschichtslegende. Das Schlagwort von der Stunde Null nach der Kapitulation des faschistischen Deutschland im Mai 1945 verschleiert, was das Schlagwort vom Wiederaufbau ungewollt aufdeckt: vollzogen wurde weniger ein *Neu*-Aufbau als ein *Wieder*-Aufbau. Wiederaufgebaut wurden u. a. wirtschaftliche Strukturverhältnisse, die im Faschismus totalitär geschaffen bzw. gefestigt worden waren und von denen die großen Konzerne und Unternehmen auch nach 1945 profitieren konnten. Solche legalisierten Maßnahmen waren u. a.:

- das Gesetz über die Bildung von Zwangskartellen (1933);
- das Gesetz zur Arisierung von Banken und Industriebetrieben (1934);
- das Gesetz zur Ordnung nationaler Arbeit (1934).

Nach Kriegsende waren Häuser, Konsumgüter und die Infrastruktur zu 65-80 % zerstört, die deutsche Industrie aber nur zu 10-15 %. Die im Potsdamer Abkommen festgelegte Dezentralisierung der deutschen Wirtschaft wurde zwar eingeleitet, doch schnell wieder eingestellt, so daß die Unternehmer »unmittelbar und übergangslos das lukrative wirtschaftliche Erbe des Faschismus« antreten konnten.[5] Ebenso wirkungslos waren die Maßnahmen der West-Alliierten zur sog. »Bodenreform«.[6] Das Abrükken vom Potsdamer Abkommen erklärt sich aus dem anglo-amerikanischen Kurswechsel in der Deutschlandpolitik 1946, der mit den hegemonialen Bestrebungen der Sowjetunion in Europa begründet wurde und in eine weltweite Kampagne gegen Sozialisten und Kommunisten ausuferte, die hysterische Züge annahm. Verdeckt wurden dabei die Interessen der USA, welche die Politik der West-Alliierten bestimmten. Die USA brauchten Europa als Absatzmarkt und Anlage für ihr Kapital. Da die westdeutsche Wirtschaft trotz des verlorenen Krieges das größte europäische Wirtschaftspotential darstellte, wurden über den Marshall-Plan von 1948-1952 6,5 Milliarden Dollar in die Wirtschaft gepumpt.[7]

Alle Forderungen nach Sozialisierung des Produktivvermögens, alle anti-kapitalistischen Programme und Zielsetzungen (etwa in einzelnen Landesverfassungen) trafen auf den entschlossenen Widerstand der West-Alliierten, vor allem der USA.

In den Eigentums-Paragraphen 14 und 15 des Grundgesetzes, die der Parlamentarische Rat ausgearbeitet hatte, wurde u. a. festgelegt:

- die Sozialbindung des Eigentums,
- die Anerkennung von Legalenteignungen, jedoch nur aufgrund von Gesetzen, welche die Entschädigung regeln,
- entschädigungslos kann nur enteignet werden, wenn das Eigentum als Angriff auf die freiheitlich demokratische Grundordnung mißbraucht wird.

»Die wenig substanziellen Äußerungen des Grundgesetzes zur Eigentumsfrage überließen die weitere Entwicklung dem politischen Prozeß.«[8] Die Restauration der alten Eigentumsverhältnisse war jedoch abgeschlossen. Selbst Größtunternehmen fielen nach der Freigabe den früheren Eigentümern zu. Die Formel von der »Sozialen Marktwirtschaft« sollte glauben machen, daß sich auch ohne Sozialisierung soziale Zustände schaffen ließen.

Die »Soziale Marktwirtschaft« verschafft möglichst vielen Tüchtigen Eigentum. Das Sozialisierungsproblem erhält zugleich durch sie eine nachgeordnete Bedeutung. (Düsseldorfer Leitsätze der CDU vom 15. 7. 1949.)[9]

Im Interesse von Staat und Wirtschaft lag es, den tendenziell offenen Eigentumsbegriff des Grundgesetzes immer mehr einzuengen »und Artikel 14 GG als Status-quo-Garantie zu interpretieren«.[10] Darüber befinden konnten nur die für Verfassungsfragen zuständigen Gerichte (neben dem BVerfG, das BVerwG und der BGH). Resümee der Analyse von 25 Jahren Verfassungsinterpretation in Eigentumsfragen: Art. 14 GG wurde »zu einem Bollwerk des Eigentumsschutzes ausgebaut«.[11] Die einzige Partei, die kompromißlos die Sozialisierung forderte, wurde 1956 verboten: die KPD.

Nach Verabschiedung des GG wurden vom Staat wirtschaftspolitisch dirigistische Mittel eingesetzt (z. B. Subventionen, Beihilfen, Prämien, Rückvergütungen, steuerliche Gesetzgebung), durch welche Monopolbildungen und Konzentrationsprozesse gefördert wurden, z. B.:

- durch das Gesetz zur Investitionsförderung vom 13. 12. 1951, das die Schwerindustrie mit einer Milliarde DM subventioniert;
- durch die 7er-Paragraphen des Einkommensteuergesetzes mit einer Vielfalt von Abschreibungsmöglichkeiten.[12] Wer groß investiert, bekommt seine Produktionsanlagen und Geräte von der Steuer fast geschenkt;
- durch das Umsatzsteuergesetz, das die Innenumsätze der Konzerne von der Steuerpflicht ausnimmt, sofern ein bestimmter Abhängigkeitsgrad der verbundenen Gesellschaften vorhanden ist.[13]

Solche gesetzgeberischen Maßnahmen zielten darauf ab, die Eigentumsverhältnisse an Produktionsmitteln samt der überkommenen alten Eigentumsstruktur nicht nur zu konservieren, sondern auszubauen. Zwei Gesetze, als Eckpfeiler der Sozialen Marktwirtschaft gepriesen, widersprechen dem nur scheinbar: das Anti-Kartell-Gesetz (1957) und das Stabilitätsgesetz (1967).

Die Debatte um das »Gesetz gegen Wettbewerbsbeschränkungen« (GWB) dauerte acht Jahre und zeigt, wie wirtschaftliche Macht zensorisch wirksam werden kann.[14] Der erste Entwurf, der noch ein generelles Kartellverbot mit scharfen Strafandrohungen vorsah, wurde aufgeweicht und Ausnahmen wurden erlaubt.[15] Zwischen 1958 und 1967 wurden bei 4546 Verfahren in sieben Fällen ein Bußgeld erhoben, das nur in fünf Fällen rechtskräftig wurde.[16] Das GWB erwies sich als untauglich, die Unternehmenskonzentration zu bremsen: zwischen 1950 und 1974 mußten 200 000 Industrieunternehmen, 146 Banken und 130 000 Groß- und Einzelhändler ihre selbständige Existenz aufgeben.

Das »Gesetz zur Förderung der Stabilität und des Wachstums der Wirtschaft«, die Reaktion der Großen Koalition auf die Rezession 1966/67, beließ es bei der Priorität der autonomen Kapitalentscheidung der Wirtschaft: »Die Stabilisierung, die das Gesetz meint, ist die Stabilisierung der Herrschaft des Kapitals.«[17] Soziale Symmetrie soll im integrierenden Konzept der formierten Gesellschaft und der Konzertierten Aktion (zwischen Arbeitgebern, Arbeitnehmern und Staat) fingiert werden.[18] »Senkung der Lohnquote, das ist der materielle Inhalt dessen, was sich hinter der Schlagwortfassade der Konzertierten Aktion verbirgt.«[19]

Die Konzentration der Vermögen in der Verfügungsgewalt weniger hat seit 1949 immer mehr zugenommen: »Jedes Vermögen ist wiederum eine Quelle von zusätzlichen Einkommen und damit von neuer Vermögensbildung.«[20] Die (Groß-)Eigentümer von Grund und Boden sind mit den Besitzern von Kapitalvermögen weitgehend identisch. Zugenommen hat ihr Vermögen auf Kosten der Arbeiter und Angestellten (rund 70 % aller Erwerbstätigen, mit ihren Familien über 80 %), die durch Verkauf ihrer Arbeitskraft diesen Reichtum erst ermöglichten. Ihr Einkommen ist seit den fünfziger Jahren relativ, d. h. nach Abzug u. a. der Inflationsrate (von fast 50 % in 20 Jahren), nicht gestiegen, sondern gesunken. Der (bescheidenen) Vermögensbildung sind enge Grenzen gesetzt.[21]

Wenig mehr als ein Dutzend Unternehmen bzw. ca. 500 Personen dirigieren die westdeutsche Wirtschaft. Auf 0,001 % der Bevölkerung konzentriert sich eine immer größer werdende ökonomische und politische Macht, ohne daß sie demokratisch kontrolliert würde.[22]

»Das wirtschaftliche Direktorat der führenden Machtgruppen kann [. . .] die Handlungsfähigkeit jeder Regierung paralysieren.«[23] Die Verschmelzung der Macht der Bank- und Wirtschaftsmonopole mit der Macht des Staates, besonders sichtbar im top-secret-Bereich der Rüstung, zerstört das Bild von der prospektiv rational planenden, selbständigen Staatsbürokratie. Der Staat bzw. die Regierung hat die materiellen »Rahmenbedingungen für das Kapital« zu schaffen (Infrastruktur, Verkehr, Kommunikationssysteme, Reproduktionsbedingungen für die Arbeitskraft) und für die »zur Profitakkumulation notwendige Ruhe und Ordnung zu sorgen« (u. a. mittels Ideologieproduktion und Institutionen der Herrschaftssicherung).[24] Der Staat greift schließlich ein in den wirtschaftlichen Prozeß (s. o.) und funktioniert als »Reparaturbetrieb des Kapitalismus«.[25] Nur *eines* wird gelegentlich sozialisiert in der Bundesrepublik: angefallener Verlust. Die Gewinne aber werden privatisiert. Eine *soziale* Soziale Marktwirtschaft hat es nie gegeben.[26]

2. Betriebliche Binnenzensur

Die Unternehmen wählen sich Gesellschaftsformen (etwa die der GmbH), die frei sind von gesetzlicher Auskunftspflicht über Finanz- und Vermögenslage – eine Form von Öffentlichkeitszensur, die dazu bestimmt ist, geschäftliche Transaktionen u. a. zu verschweigen, die Löhne niedrig zu halten und Bilanzen frisieren zu können. Solche Schweigezonen sind um so bedrohlicher, als es sich hier um Bereiche von gesellschaftspolitischer Bedeutung handelt, die zwar alle betreffen, über die aber nur wenige bestimmen. Eine Sperrzone wird um die Produktion gezogen. Die Pharmaindustrie etwa »schützt sich gegen die Durchleuchtung wie ein geheimer Militärbereich. Forschungsvorgänge sind der Wissenschaft nur schwer zugänglich«.[27] Die Vielzahl der Sperrpatente von (Groß-)Unternehmen läßt nicht nur kleinere Wettbewerber in Rückstand geraten. Gleichzeitig können Entwicklungen blockiert werden, die dem gesellschaftlichen Nutzen dienen. Im Wissenschaftsbetrieb an den Hochschulen zeigt sich (etwa über die Auftragsforschung u. a.) »der Klammergriff der Monopole«[28]: Forschung, ihre Verwertung, selbst das Einrichten und Auflösen bestimmter Studiengänge orientieren sich zunehmend am Interesse des Kapitals.

Teil dieser Sperrzone sind die Betriebsarchive. Benutzer müssen sich verpflichten, ihre Arbeit vor einer Veröffentlichung der Archivzensur vorzulegen und sich Eingriffe gefallen lassen. »An jedes Fabriktor, an jeden Eingang eines Betriebes [gehört] eine Tafel: ›Ende des demokratischen Sektors der Bundesrepublik Deutschland‹.«[29] Zwar verkennt solche geläufige Einschätzung der Betroffenen, daß die Demokratie nicht erst am Werkstor endet. Generell wird im Betrieb nur verschärft, was außerhalb des Betriebs vielfältig eingeschränkt ist: bürgerliche Rechte wie die Meinungs- und Versammlungsfreiheit bleiben ausgesperrt, u. a. auch durch die Schranke des Betriebsverfassungsgesetzes (BetrVG). Nachdem die Sozialisierungspläne gescheitert waren, konzentrierten sich die Gewerkschaften darauf, wenigstens die betriebliche Mitbestimmung der Arbeitnehmer zu sichern. Der Entwurf des BetrVGs fiel jedoch z. T. noch hinter das Betriebsrätegesetz von 1920 zurück.[30] Sein Kern:

- Arbeitgeber und Betriebsrat haben alles zu unterlassen, was auf Störung des Betriebsfriedens hinausläuft (Friedenspflicht);
- politische Betätigung in den Betrieben ist untersagt;
- der Einfluß gewerkschaftlicher Betätigung wurde miminiert;
- ein wirkliches Mitbestimmungsrecht verweigert.[31]

Am 19. 7. 1952 wurde das BetrVG im Bundestag ratifiziert, ohne daß Änderungsvorschläge der (in dieser Phase zu unentschlossenen und konzeptionslosen) Gewerkschaften eingearbeitet worden wären. Unternehmerseite und Bundesregierung ging es hauptsächlich um die Paralysierung des DGB in den Betrieben, um seine »Unterwerfung unter die Grundsätze der repräsentativen Demokratie und der freien Unternehmerwirtschaft«.[32]

Die Formel »Störung des Betriebsfriedens« soll suggerieren, es habe je einen Frieden im Betrieb gegeben. Kritik am Betrieb kann als Störung ausgegeben und mit Sanktionen belegt werden, die bis zur fristlosen Kündigung reichen können:

Das Arbeitsgericht Ludwigshafen/Rhein hielt in einem Urteil vom 9. 10. 69 die fristlose Kündigung eines noch minderjährigen Chemielaboranten in einem großen Unternehmen für rechtens, der an die Tür zu seinem Arbeitsplatz einen Zettel angeheftet hatte, dessen Text »schlechthin die Schlußfolgerung« gestattete, »Aktieninhaber und Vorstand verstießen mit Eigentum bzw. Betriebsführung gegen die geltende Rechtsordnung«. »Wer wie der Kläger in einem abhängigen Arbeitsverhältnis steht, hat auch in ihm geltende Grundsätze zu beachten. Zu ihnen zählen vornehmlich die Pflicht zur Treue und damit die von ihr mitumfaßte Pflicht zur Achtung der Eigentumsverhältnisse sowie der Integrität und Autorität der Firmenleitung.«[33]

Das Landesarbeitsgericht Baden-Württemberg/Mannheim hielt in einem Urteil vom 20. 1. 1970 die Kündigung eines Arbeitnehmers für gerechtfertigt und stellte fest:

1. Wenn sich im Zusammenhang mit einer Flugblattaktion zweimal Gruppen von Arbeitern vor dem Betriebsratszimmer zusammenrotten, um Auskunft und Rechenschaft zu verlangen, dann liegt eine Störung des Betriebsfriedens vor.

2. Eine Arbeitsordnung, die das Verteilen von Flugblättern im Betrieb verbietet, verletzt nicht das Grundrecht der freien Meinungsäußerung.[34]

In Würzburg wurde einem Betriebsrat-Mitglied 1975 in einem Verlag gekündigt, weil es gewagt hatte, die Soziale Marktwirtschaft und die Rolle des Unternehmers in diesem System zu kritisieren.[35]

1979 wurde ein Programmierer bei IBM wegen »Verstoß gegen die betriebliche Ordnung« verwarnt und im Wiederholungsfalle mit Kündigung bedroht, weil er in einem Flugblatt entgegen den Empfehlungen von Firma und Betriebsrat für Neuanstellungen statt Überstunden plädiert hatte.[36]

Nur die wenigsten Fälle werden vor Gericht ausgetragen, die Mehrzahl wird im Vorfeld erledigt. Betriebliche Kritik, die auf den Widerspruch von Lohnarbeit und Kapital hinweist, wird erschwert, verhindert, gelähmt durch:

- das Fehlen eines Betriebsrates nicht nur in Kleinstbetrieben mit weniger als fünf selbständig beschäftigten Arbeitnehmern. 1968 gab es in nur 6 % aller dem BetrVG unterliegenden Betrieben tatsächlich einen Betriebsrat, d. h. ein Drittel der vom Gesetz erfaßten Arbeitnehmer ist dem Unternehmerdiktat direkt ausgesetzt. Die im BetrVG verbürgten Rechte bleiben »in solchen Fällen toter Buchstabe«;[37]

- einzelne Bestimmungen des BetrVGs (s. o.) und dessen z. T. restriktive Auslegung durch die Gerichte;
- den Betriebsrat selbst, der häufig ängstlich jeden Konfliktkurs meidet, anstatt die Grenzen des BetrVGs auszureizen;
- die Behinderung der Betriebsratsarbeit,[38] etwa durch Sanktionen gegen Betriebszeitungen und Aushänge am schwarzen Brett;
- die Behinderung gewerkschaftlicher Basisarbeit, etwa der Vertrauensleute. So kann der Arbeitgeber die Verteilung von gewerkschaftlichen Veröffentlichungen im Betrieb untersagen;[39]
- den mangelnden Rückhalt bei der Gewerkschaft, die sich vom »kämpferischen Interessenverband zum Versicherungsbetrieb« (Pirker) samt Funktionärsoligarchie gewandelt hat und oft über Aufsichtsratsposten mit den Unternehmen verfilzt ist;[40]
- die strenge (und bewußt geförderte) Betriebshierarchie, in der sich Repression von »oben« nach »unten« stufenweise durchsetzt;
- den hohen Grad an entfremdeter Arbeit und die Isolation im Produktionsprozeß;
- die Angst um den Verlust der materiellen Existenz. Je größer die wirtschaftliche Krise und die Masse der Arbeitslosen, desto wahrscheinlicher die Bereitschaft und (existentielle) Notwendigkeit zur Anpassung, zur Selbstzensur. Zensur im Betrieb funktioniert deshalb so wirkungsvoll, weil sie mit der Vernichtung der beruflichen Existenz der Kritisierenden droht. Die stetige Maschinisierung, die Arbeitsplätze vernichtet, sowie die gefährlichen Technologien (Atomenergie u. a.) haben eine Verschärfung zensorischer Maßnahmen zur Folge;
- die Formalisierung von Arbeitsniederlegungen als spontaner Äußerungsform. »Nach der Rechtsprechung des BAG stellt jede kollektive Arbeitsniederlegung einen Eingriff in das Recht am Gewerbebetrieb dar, sofern sie nicht die (engen) Voraussetzungen eines rechtmäßigen Streiks erfüllt.«[41] Es droht für jeden einzelnen Streikteilnehmer sowie für die beteiligten Gewerkschaften Schadenersatzpflicht;
- die Zurichtung über die ideologischen Staatsapparate, durch welche die Eigentumsverhältnisse verschleiert bzw. gerechtfertigt und die Betroffenen in ihrer fremdverschuldeten Unmündigkeit belassen werden (vgl. z. B. die Gewerbeschulen u. a.);
- die erklärliche »Unsicherheit und Zwiespältigkeit« des Arbeiterbewußtseins, seinen »Doppelcharakter«, z. T. auch seine partielle Identifikation mit dem Aggressor.[42]

3. »Die Würde des Konzerns ist unantastbar«[43] oder: Die schrecklichen Drillinge des BGB (§§ 823, 824, 1004)

Der Schwerpunkt des Unternehmerschutzes liegt außerhalb des Wettbewerbes, für den das »Gesetz gegen den unlauteren Wettbewerb« (UWG) Gültigkeit hat. Die Rechtsprechung des BGH in den fünfziger und noch in den sechziger Jahren hat das Recht am eingerichteten und ausgeübten Gewerbebetrieb (§§ 823 BGB) derart weit gefaßt und absolut gesetzt, daß *alle* betriebsbezogenen, kritischen Äußerungen sanktioniert werden konnten. Schutz wurde gewährt auch gegen die Verbreitung *wahrer* Tatsachen, sofern sie die freie Entfaltung des Gewerbebetriebes unmittelbar beeinträchtigten: das Unternehmen müsse in seinem Bestand und »in seinen einzelnen Erscheinungsformen, wozu der gesamte gewerbliche Tätigkeitsbereich zu rechnen ist, vor unmittelbarer Störung bewahrt bleiben«.[44] Auf die Meinungsfreiheit könne sich allenfalls berufen, wer die schonendsten Mittel sachlicher Kritik verwende. Der »Bestandsschutz« wurde uminterpretiert in einen »Betätigungsschutz«.[45] Noch 1968 hat das OLG Düsseldorf die Verbreitung einer wahren nachteiligen Tatsache als rechtswidrigen Eingriff in den Gewerbebetrieb angesehen.

Kritische Äußerungen werden »mit Hilfe [. . .] eines Tricks, der das Grundrecht scheinbar respektiert, es aber der Sache nach beseitigt«[46], verfolgt. Angestrengt wird ein Zivilprozeß, in dem auf künftige Unterlassung der strittigen Äußerung geklagt und die (fingierte) Gefahr der Wiederholung der Äußerung geltend gemacht wird. Damit lassen sich langwierige und teure Prozesse führen, verbunden mit kostspieligen Beweisaufnahmen, welche die kapitalschwächere Seite unterlegen sein läßt und sie zum Vergleich zwingt: Antrag auf einstweilige Verfügung (zwei Instanzen), Hauptklage (drei Instanzen, ohne Rückverweisungen).

»Unternehmen, über die ich berichtet habe, strengten Schadenersatzprozesse wegen ›Geschäftsschädigung‹ an. Unter 100 000 bis 250 000 DM Schadenersatzforderungen tun sie es in der Regel erst gar nicht.«[47]

Selbst der Kunstvorbehalt zerreibt sich am Bollwerk des eingerichteten Gewerbebetriebes:

1972 hatte F. C. Delius im Wagenbach- (ab 2. Auflage Rotbuch-)Verlag eine als Dokumentarsatire aufgemachte fingierte Festschrift zum 125jährigen Bestehen des Siemens-Konzerns veröffentlicht (»Unsere Siemens-Welt«). Der Konzern klagte auf Unterlassung (von 19 »Behauptungen«) und Schadenersatz. Beanstandet wurden u. a. Behauptungen über: die Zusammenarbeit zwischen Siemens und Westinghouse auf dem Rüstungssektor, Siemens' Rolle in Auschwitz, die Angliederung von Elektrobetrieben in den besetzten Ländern im 2. Weltkrieg, die 80 % Berufsunfähigkeit der Arbeiterinnen vor dem Rentenalter, die Bierpreiserhöhungen zur Stärkung der Firmenkassen. Die Satire sei nur »Deckmantel für handfest verleumderische Tatsachenbehauptungen«; sie sei »eine ›antikapitalistische‹ Tendenzschrift, in der in grob wahrheitswidriger Weise der Versuch unternommen wird, das Haus Siemens als ›Prototyp des westdeutschen Kapitalismus‹ zu verteufeln«.[48] 1974 untersagte das LG Stuttgart die Verbreitung von 14 von Siemens beanstandeten Stellen; in der Berufung vor dem OLG Stuttgart waren es noch neun, wovon fünf nicht als »unwahr«, sondern als »übertrieben« klassifiziert wurden. Vier der unwahren Fakten waren in Büchern veröffentlicht, die unbeanstandet verkauft wurden und Delius als Quelle gedient hatten.

Auf der Strecke blieb die Kunstfreiheit: die Satire wurde vom Gericht in fiktionale und nicht-fiktionale Bestandteile zerlegt. Den fiktionalen Elementen wurde der Kunstschutz zugebilligt, den nicht-fiktionalen nur der Schutz des Grundrechts auf freie Meinungsäußerung, das seine Grenzen in den allgemeinen Gesetzen findet – für die nicht-fiktionalen Elemente war der Wahrheitsbeweis anzutreten. Dieser Spaltungsprozeß machte es möglich, die Verurteilung auf die allgemeinen Gesetze des § 824 BGB (Kreditgefährdung) sowie § 1004 BGB (Abwehranspruch) zu stützen.

Verlag und Autor wurden verurteilt, der Siemens AG allen Schaden zu ersetzen, der ihr durch Aufstellung und Verbreitung der inkriminierten Behauptungen entstanden ist und noch entstehen wird. Zur Revision vor dem BGH kam es nicht, da beide Parteien sich in einem außergerichtlichen Vergleich einigten. Siemens verzichtete auf die Schadenersatzansprüche und setzte im Geleitwort zur Festschrift eine Änderung durch, in welcher »die vorsätzliche Verbreitung unwahrer Tatsachenbehauptungen« unterstellt wurde.[49]

Schon während des Prozesses hatte der Konzern versucht, durch z. T. erfolgreiche Einschüchterungsbriefe an Druckerei, Binderei und die Auslieferungsfirma übers Eigentum materiell Zensur auszuüben, ebenso nahm der Konzern Einfluß auf die Berichterstattung in Presse, Funk und Fernsehen.[50]

Der Zensureffekt des Verfahrens liegt in zwei Konsequenzen: durch immense Schadenersatzforderungen droht kapitalschwachen bzw. linken (Klein-)Verlagen die Liquidierung und den Autoren ein lebenslanges Schuldnerverhältnis zum klagenden Konzern (Prozeßkosten für den Rotbuch-Verlag allein 36 835 DM) sowie jeder Literatur, die mit dokumentarischem Material Kapitalismus-Kritik betreibt, ein erhebliches Prozeßrisiko.

Nicht zuletzt hatte eine BGH-Entscheidung vom 3. 6. 1975 Delius und den Rotbuch-Verlag bewogen, keine Revision beim BGH einzulegen:

1973 wollte die Studio-Bühne Würzburg das Theaterstück »Der Geist von Oberzell – Szenen über die Welt der Arbeit« aufführen. Die Firma König & Bauer AG, die »als ein konkretes Beispiel für das Wesen des kapitalistischen Systems«[51] den Stoff abgab, klagte auf Unterlassung u. a. mit der Begründung der Störung am eingerichteten Gewerbebetrieb sowie Kreditgefährdung. Der Prozeß ging bis zum BGH, eine Verfassungsbeschwerde wurde vom BVerfG abgelehnt. Während das OLG Bamberg den Kunstvorbehalt mit grotesker Begründung wegräumte und das Stück eindeutig und selbstherrlich der Nicht-Kunst zuordnete, verfuhr der BGH geschickter: selbst wenn dem Theaterstück die Eigenschaften eines Kunstwerkes zugesprochen würden, brauche die Klägerin die beanstandeten Textstellen nicht hinzunehmen. Kunst sei vorbehaltlos, nicht aber schrankenlos gewährleistet. Als Schranke wird das Grundrecht des Art. 2 Abs. 1 GG konstruiert, welches der Klägerin als »Arbeitgeberin und Wirtschaftsunternehmen Anerkennung und Schutz durch die Verfassung« garantiere! Der Eigentumsschutz wird in die Grundrechte hineininterpoliert, um schließlich eine »Güterabwägung« vornehmen zu können. Auf der mit den Eigentumsinteressen der Großindustrie geeichten Waage fällt die Güterabwägung zwischen dem Unternehmereigentum der AG und dem Künstler »als Urheber eines selbst eigentumsrechtlich geschützten Kunst-›Guts‹ bzw. als Produzent eines kunstlosen Meinungs-›Guts‹ «[52] zugunsten der AG aus. Der Künstler habe, so der BGH, eine vermeidbare Konfliktsituation herbeigeführt, weil der Text zu wenig verfremdet sei.

Die als Zensur getarnte Methode der Güterabwägung läuft hinaus auf ein Realismusverbot für Kunst.[53]

Nicht nur die von der Justiz mit Menschenwürde, Ehre und Persönlichkeit ausgestatteten Unternehmen sind der unmittelbaren Kritik, Darstellung und ästhetisch-konkreten Aneignung entzogen. Auch die öffentliche Kritik an *Produkten* von Unternehmen ist massiv behindert, verunmöglicht und bestraft worden. Öffentliche Produktkritik stand immer unter dem Fallbeil kostspieliger Prozesse. Entsprechend die Resultate: Kritik, die dem Verbraucher bei der Entscheidung für ein Produkt geholfen hätte, verkümmerte zur Karikatur (Typus: der quietschende Aschenbecher als alleiniges Monitum beim Automobiltest) oder verpendelte sich in Ausgewogenheit (Typus: der getestete Wagen wäre die Wahl des Testers – womit in keiner Weise gesagt sein soll, daß man nicht sehr gute Gründe haben kann, einen anderen zu wählen). Gab es tatsächlich einmal Kritik im Klartext, so endete sie vor Gericht: als der Auto-Feuilletonist Alexander Spoerl 1958 im »stern« den VW 1200 wegen zu schwacher Beschleunigung als »lebensgefährlich« bezeichnete, verklagte ihn der VW-Konzern. Wirtschaftsminister Ludwig Erhard lehnte Mitte der fünfziger Jahre ein Verbraucher-Institut kategorisch ab: »Der deutsche Markt braucht keine Zensoren.«[54]

Vergleichende und einfache Tests, die als Vorkontrolle für den Verbraucher konzipiert waren, wurden in der Bundesrepublik erst durch die seit 1961 erscheinende Verbraucherzeitschrift DM bekannt, die nie wußte, in wieviele Prozesse sie gerade verstrickt war:

»Wer einen eingerichteten Gewerbebetrieb hat, wird von deutschen Gerichten aufgrund der Tradition der Rechtsprechung mit Glacéhandschuhen behandelt. Die Opfer sind die, die keinen eingerichteten Gewerbebetrieb haben. Das sind diejenigen, die die Waren kaufen, die in eingerichteten Gewerbebetrieben produziert werden. Wenn der eingerichtete Gewerbebetrieb geschützt ist, ist alles tabu, was in dem eingerichteten Gewerbebetrieb passiert.«[55]

Die Zeitschrift DM war gezwungen, sich eigene Test-Institute aufzubauen, weil anerkannte Warenprüf-Institute unterm Kapitaldiktat der Industrie es nach den ersten Protesten und Prozessen abgelehnt hatten, für die DM zu arbeiten, da sie von Industrieaufträgen sich finanzierten.[56] Die DM war damit doppelt gestraft: ihre z. T. mangelhaften Testverfahren boten wiederum Anhaltspunkte, gegen sie juristisch vorzugehen und sie in Schadenersatzansprüche zu verwickeln.

Zum spektakulärsten und größten Prozeß, den je ein Unternehmen gegen einen Pressebetrieb angestrengt hat, kam es, als das VW-Werk 1964 die DM verklagte, weil sie den VW 1500 S als »nicht empfehlenswert« eingestuft hatte. Anfänglicher Streitwert des Prozesses: 10 Millionen DM; geschätzte Verfahrenskosten zu Beginn (im Schlepptau eine Vielzahl von kleineren Prozessen): ca. 1 Million Mark. Für die Zensur-Problematik war an diesem Verfahren, das schließlich mit einem Vergleich endete, das Taktieren im Prozeßvorfeld von weitreichender Bedeutung. Die Zeitschrift wurde von der Klägerin als »Wettbewerbshilfsbetrieb« definiert, um den Prozeß nicht vor eine Zivilkammer, sondern vor eine Kammer für Handelssachen zu bringen. Diese hätte nach dem UWG nur festzustellen brauchen, ob die Behauptungen über den VW 1500 S eine unlautere Bevorzugung der VW-Konkurrenz bedeutet hätte, nicht aber, ob diese Behauptungen richtig oder falsch waren! Wäre die Klägerin mit dieser – nur anfänglich erfolgreichen – Taktik durchgekommen[57], so hätte dies das Ende jeder öffentlich-kritischen Verbraucher-Kontrolle und der Pressefreiheit überhaupt bedeutet.

Aufgabe der Justiz kann es nicht sein, »die geäußerte Kritik auf ihren Wahrheitsgehalt zu prüfen, sie zu zensieren und zu korrigieren und durch richterliches Urteil das der angerufenen Öffentlichkeit vorwegzunehmen und zu verhindern. Es handelt sich [...] hier um eine Kompetenzüberschreitung, die um so unerträglicher erscheint, als sie eine recht einseitige Zensur bewirkt; denn von der Werbung verlangt niemand, sie müsse sich durch die Zivilgerichte auf ihre Objektivität, inhaltliche Richtigkeit und Sachlichkeit kontrollieren lassen; [...] nur [die] öffentliche Meinung [kann] definieren, was ›objektiv‹, ›inhaltlich richtig‹ und ›sachlich‹ ist.«[58]

Öffentlichkeit vermag aber erst dann zur Instanz einer mündigen Kritik werden, wenn dafür die Bedingungen geschaffen sind. Ihre Idealisierung verkennt die spezifische Zurichtung, die Öffentlichkeit in herrschaftskonformen Sozialisationsprozessen schon erfahren hat. Sie verhindert oder erschwert, daß Gebrauchswerte von Waren kritisch beurteilt und auf ihren gesellschaftlichen Nutzen hin dimensioniert werden können.

4. Der Tanz der Medien ums Eigentum

Die »Bewußtseinsindustrie« (H. M. Enzensberger) soll den Zweck erfüllen, den fundamentalen Widerspruch zwischen Kapital und Arbeit zu verschleiern und als überwunden auszugeben. Ihr Instrumentarium: Zensur und Manipulation.

Presseunternehmen sind Wirtschaftsunternehmen, deren Ware die gedruckte Nachricht ist. Konzentrationsprozesse auch auf dem Zeitungs- und Zeitschriftenmarkt: seit 1954 ist die Anzahl der deutschen Tageszeitungen rückläufig. Zwischen 1954 und 1971 verminderten sich die Verlage (als wirtschaftliche Einheit) um 40 % (von 501 auf 295). Inzwischen ist die Zahl weiter gesunken (durch Fusionen, Verkäufe oder Einstellungen). Aus den Marktanteilen, errechnet aus den Auflagen, ist ersichtlich, daß 1972 ca. 40 % des gesamten Tageszeitungsmarktes auf die sechs größten Tagespresse-Konzerne entfällt, davon allein 23 % der Auflagen auf den Springer-Konzern (mit den Sonntagszeitungen, die zu 80 % von diesem Konzern beherrscht werden, sind es knapp 40 %). Dieser ökonomischen Konzentration entspricht die publizistische: 1954 gab es in der BRD noch 225 publizistische Einheiten (= politisch selbständige Redaktionen), 1972 waren es nur noch 133. Mittlerweile hat sich der Rückgang noch verstärkt. Die Zeitungsvielfalt soll darüber hinwegtäuschen, wie weit die Konformitätsprozesse durch Kapitalkonzentration schon gediehen sind. 1970 konnte der Leser zwar zwischen 1300 Tageszeitungen wählen. Diese aber wurden in nur 141 politisch selbständigen Redaktionen redigiert.[59] Die besondere Rolle regionaler Pressemonopole der Heimatblätter und Lokalzeitungen hat dazu geführt, daß die Leser in manchen Gegenden über das Lokalgeschehen nur noch von einer einzigen Zeitung informiert werden.[60]

Diese Konzentrationsprozesse lassen verschiedene Möglichkeiten zu, über das Eigentum Zensur auszuüben, etwa:

– durch Aufkauf von Konkurrenz-Unternehmen auf gleicher oder verschiedener Produktionsstufe (horizontale oder diagonale Konzentration): die Konkurrenten werden den wenigen Pressemonopolen einverleibt und auf deren redaktionelle Leitlinien verpflichtet.

Im Springer-Konzern lautet ein redaktionelles Essential: »Förderung der Sozialen Marktwirtschaft.« Da kaum ein Redakteur wissen kann, ob sein Blatt nicht über Nacht an einen solchen Konzern verkauft wird, empfiehlt es sich für ihn, »den potentiellen künftigen Arbeitgeber nicht von vornherein gegen sich einzunehmen«[61], etwa durch Verstoß gegen dessen production code.

– durch Einsatz größerer Kapitalressourcen im Konkurrenzkampf (etwa durch Preisunterbietung): wirtschaftlich schwächere Unternehmen werden aus dem Markt geworfen. Je nach Interessenlage kann die geduldete Konkurrenz (phasenweise) zur Konformität gezwungen werden.

Als der Springer-Konzern seine Kampagne für eine private »Fernsehgesellschaft Berliner Tageszeitungen mbH« von der Berliner Tagespresse zu wenig unterstützt fand, ließ er verbreiten, daß er ab 1965 auch in der Berlinausgabe der Welt Lokalanzeigen drucken werde. Daraufhin schlossen sich sämtliche Nicht-Springer-Tageszeitungen, deren Existenz von den Lokalanzeigen abhing, der Fernseh-Kampagne an.[62]

– durch Aufkündigung der Vertriebsverträge (oder die Drohung damit): Grossisten, die ihren Hauptumsatz mit den Erzeugnissen eines Pressemonopols machen, können gezwungen werden, die Produkte der Konkurrenz nicht zu vertreiben.

18 Grossisten weigerten sich 1960 auf Initiative des Springer-Konzerns, die »TV-Fernseh-Woche« weiter zu verbreiten, sofern sie den Abdruck des DDR-Fernsehprogramms nicht einstellte (was daraufhin geschah).[63] 1961 drohte der Springer-Konzern den Grossisten an, die Geschäftsbeziehungen aufzukündigen, wenn sie Zeitschriften weiter verbreiteten, »die sich mit dem Abdruck der Ostprogramme

für die Verbreitung der Lügen aus Pankow hergeben«.[64] Als die satirische Zeitschrift Pardon 1962 einen kritischen Bericht über Bild und die Mauerberichterstattung druckte, forderte der Springer-Konzern die Grossisten auf, das Heft nicht zu vertreiben.[65]

– durch den Entzug von Druckaufträgen (oder die Drohung damit).[66]

Als Pardon zu Ostern 1968 eine Anti-Springer-Sonderausgabe herausbringen wollte, weigerten sich mehrere Druckereien, den Auftrag auszuführen, aus Furcht vor möglichen Pressionen.[67]

Die Interessen der privatwirtschaftlich organisierten Presseunternehmen sind auf Expansion und Gewinnmaximierung ausgerichtet: »In erster Linie muß eine Zeitung Profite machen« (Brigitte-Chefredakteur Peter Brasch).[68] Dieses Interesse konfligiert mit dem sogenannten »demokratischen Auftrag« der Presse, die informieren, an der Meinungsbildung mitwirken sowie Kontrolle und Kritik ausüben soll. Profite können Zeitungen und Zeitschriften nur machen, wenn sie sich als Werbeträger prostituieren. Da ihr Verkaufspreis weit unter dem Herstellungspreis liegt (der »stern« würde ohne Werbung etwa das Dreieinhalbfache kosten, die »Zeit« mehr als das Doppelte usw.), müssen bei Zeitungen ca. 70 %, bei Illustrierten ca. 80 % der Herstellungskosten über die Anzeigen finanziert werden. Der Verleger verkauft nicht nur die Presseprodukte dem Leser, sondern die Kaufkraft »seiner« Leser dem Inserenten. Er stellt Anzeigenraum für die werbende Wirtschaft bereit, der er ein exaktes Zielgruppen-Sortiment unterbreitet, das Auskunft gibt über Zahl, Kaufkraft, sozialen Status und Beeinflußbarkeit »seiner« Leser, über deren Kaufkraft Absatzmärkte für den Inserenten erschlossen werden sollen. Der Kreuzungsvorgang von redaktionellem Teil und Anzeigenteil geht zu Lasten des redaktionellen Teils, der zum konsumfreundlichen und -stimulierenden Umfeld degeneriert. Der redaktionelle Teil verkommt »zur Fortsetzung der Anzeige mit anderen Mitteln«.[69] Steigende Herstellungskosten werden in der Regel aufgefangen durch Erhöhung des Anzeigenteils, was die Abhängigkeiten nur verstärkt. Es wäre jedoch allzu »naiv, die Anpassung als repressiven Einflußprozeß zu interpretieren«, denn damit würde das eigene ökonomische Interesse der Verlage unterschlagen, das darin liegt, »dem Inserentenbedürfnis einen gegenständlichen Nutzwert zu schaffen«.[70]

Der Konflikt zwischen Existenzbedrohung durch Anzeigenentzug und kritischer Berichterstattung wird nur für Presseunternehmen virulent, die außerhalb der reaktionären Meinungsfabriken zu produzieren versuchen und sich z. B. gegen die bestehenden Wirtschaftsverhältnisse aussprechen. »Eine Zeitung aber, die als ihre Haupteinnahmequelle die Erlöse aus der Werbung für die private Wirtschaft hat, kann es sich nicht leisten, in ihrem redaktionellen Teil permanent Stellung zu nehmen gegen das Prinzip der Wirtschaft selbst [. . .]«[71]

Paradigmatisch läßt sich an der Großillustrierten Stern belegen, welche Formen von Systemkritik sich eine (noch) liberale Massenillustrierte leisten kann:

1978 erschien im Stern die Serie »Freiheit 1978«, in welcher über den Radikalenerlaß, die Lauschangriffe, die Kontaktsperre, das Anti-Terrorismusgesetz u. a. kritisch berichtet wurde. Diese Serie blieb unbeanstandet, Maßnahmen gegen die Redakteure wurden keine ergriffen, denn: es ging nicht um mächtige Anzeigenkunden. Als aber am 22. 12. 1977 der Artikel erschien »... und morgen die ganze Welt?«, der die enormen Auslandsinvestitionen deutscher Unternehmer kritisch darstellte, wurde der stellvertretende Chefredakteur Manfred Bissinger vom Chefredakteur fristlos beurlaubt – ohne Anhörung des Beirates, wie es das Redaktionsstatut vorsah. Zuvor hatte Bertelsmann-Chef Reinhard Mohn, Mehrheitsaktionär auch des Gruner + Jahr-Verlages, in welchem der Stern erscheint, die »Tendenz« des Artikels mißbilligt. Bissinger: »Es ging um einen Artikel, durch den die Kapitalinteressen des Unternehmens tangiert waren.«[72] Im November 1978 wurde das Redaktionsstatut von der Verlagsspitze gekündigt.[73]

Eine ganzseitige 4-Farb-Anzeige brachte dem Stern 1977 DM 65 376. »Wenn Unilever, Flick und Quandt sagen, in dem Blatt inserieren wir nicht mehr, dann ist das Blatt hin.«[74] Stern und Spiegel hatten im Wahlkampfjahr 1972 wegen ihres Engagements für die sozial-liberale Koalition Anzeigenverluste von insgesamt 60 Millionen DM zu verzeichnen. Zwar brauchen auch die Inserenten etwa den Spiegel als Werbeträger, da dessen Leser der konsumkräftigen Mittel- und Oberschicht angehören (im Werbejargon: Klasse A). Aber sie können es sich leisten, dem Blatt »für gewisse Zeit Anzeigenaufträge vorzuenthalten, um Druck auf die redaktionelle Linie auszuüben«.[75]

Als der Spiegel gegen Ende der sechziger Jahre von seinem früheren »kapitalkonformen Kurs abwich, zeigte sich, daß die Unternehmer willens und fähig waren, auf eine Kurskorrektur hinzuwirken«.[76] Koordinierte Anzeigenboykottkampagnen der Unternehmer, u. a. vom »Arbeitskreis Soziale Marktwirtschaft«, hatten dem Spiegel allein im 1. Halbjahr 1971 einen Anzeigenverlust von 10 Millionen DM als Reaktion auf den Linksruck gebracht.[77] Augstein, der Spiegel-Verleger, kündigte fünf der Haus-Linken, bevor sie über das u. a. auch von ihnen mitgetragene demokratisierte Redaktionsstatut »einen schwer revidierbaren kapitalismuskritischen Kurs durchsetzen und absichern konnten«.[78] Die Kündigungen erklärten sich aus »Furcht, sich dem Inserentendruck in Zukunft nicht hinreichend anpassen zu können, wenn er die Linken in seiner Redaktion weiter gewähren ließe«.[79] Sie waren überdies konsequent – und hier zeigt sich das Profitinteresse des Spiegel-Unternehmens –, weil zur gleichen Zeit das »unternehmerfreundliche und pseudoelitäre« »Manager-Magazin« herausgebracht werden sollte.[80]

Zeitungen und Zeitschriften, die unabhängig von Großinserenten ihr redaktionelles Programm halten wollen, haben ihr Erscheinen schnell eingestellt oder sich den Inserentenwünschen assimiliert: trotz hoher Auflage mußte die seit 1965 erscheinende kritische Zeitschrift »Deutsches Panorama« nach einem Jahr ihr Erscheinen einstellen, da sie kaum Anzeigen erhielt.[81] Bei den Heimatblättern mit Lokalmonopol verschärft sich die Abhängigkeit, da sie auf jedes einzelne Inserat angewiesen sind:

Der [...] Einzelhandel einer norddeutschen Stadt erreichte durch Anzeigenboykott, daß die Zeitung eine Meldung von Käuferstreiks in Holland widerrufen mußte, nachdem sie einen Anzeigenverlust von DM 40 000 erlitten hatte.[82]

Auch die öffentlich-rechtlichen Anstalten decken ihren jährlichen Haushalt zum großen Teil aus Werbeeinnahmen: das ZDF fast zur Hälfte, die ARD-Anstalten bis zu 30 %. Zwar ist die Werbezeit beschränkt, doch lassen sich Merkmale der Rundfunkwerbung mit denen des Pressemarktes vergleichen: »Kürzung bestehender Programme [...] ›werbefreundliches Umfeld‹ für die Werbespots [...] Ausdehnung der Werbezeiten und zunehmender Druck der werbenden Wirtschaft auf die Programmgestaltung.«[83] Die Versuche von Zeitungs- und Zeitschriftenverlegern, von Industrie und Wirtschaft sowie von der CDU/CSU, ein privates bzw. kommerzielles Fernsehen als Konkurrenz zum öffentlich-rechtlichen Fernsehen zu gründen, stehen nicht nur im Interesse der Profitmaximierung und Parteipolitik. Als Service-Betrieb für die Industrie, voraussichtlich zu 100 % von der Werbung finanziert, würde ein solches Privatfernsehen die öffentlich-rechtlichen Anstalten noch mehr dazu zwingen, durch Ausbau von Schweigezonen und durch anbiedernden Gefälligkeitsjournalismus zu verhindern, daß die werbende Wirtschaft Aufträge zurückzieht bzw. ins Lager der kommerziellen Konkurrenz abdriftet.[84]

Tabuzone eins in den Medien sind die Wirtschafts- bzw. Eigentumsverhältnisse, die verschwiegen, entstellt oder allenfalls verschlüsselt und punktuell dargestellt werden. Wirtschaftsnachrichten übernimmt die »Deutsche Presse-Agentur« (dpa) fast völlig von den »Vereinigten Wirtschaftsdiensten« (VWD), einer Gründung von Spitzenorganisationen der deutschen Wirtschaft. Der Wirtschaftsteil in den Zeitungen, vom politischen Teil getrennt, dem er eigentlich zugehört, liefert »keine Informationen [...], die Zweifel an der Rationalität des kapitalistischen Systems entstehen lassen«.[85]

»Die Wirtschaftsberichterstattung ist produktionsorientiert, zugeschnitten auf die Unternehmer, Aktienbesitzer, Syndici und Börsianer [...] Sie bringt allenfalls Informationen *über* den Verbraucher, nicht *für* den Verbraucher [...] Informationen und Analysen sind um so unvollkommener, je mehr der Stoff geeignet wäre, das herrschende Wirtschaftssystem in Frage zu stellen.«[86]

Daß die Presse sich bei der kritischen Analyse wirtschaftlicher Krisen zurückhält, ist insofern plausibel, als sie dabei ihre besondere Konjunkturabhängigkeit zu spüren bekommt: in den Rezessionsjahren 1966/67 verbuchte die Frankfurter Allgemeine Zeitung zwei Millionen DM und die Süddeutsche Zeitung 750 000 DM an Anzeigenverlusten.[87]

Wird *ein* Schritt in die Tabuzone gewagt, so kann die Disziplinierung auf dem Wege horrender Schadenersatzklagen erfolgen:

Das NDR-Magazin Panorama vom 18. 11. 1971 hatte sich mit den Umständen der Millionengewinne des Milliardärs August v. Finck im Zuge der Bodenreform befaßt. Dabei wurde der Vorwurf erhoben, Finck habe eine einmalige und einseitige Bevorzugung durch die bayerischen Behörden erfahren. Das von Finck angerufene OLG München verurteilte drei NDR-Redakteure (nicht den NDR!) zur Zahlung des Schadenersatzes von DM 157 179,94 (plus Zinsen).[88]

Kritisch-konkrete Thematisierung von Lohnarbeit fällt unter Zensur, weil implizit oder explizit immer die Eigentumsfrage sich einstellt:

Wallraff: »Ich kann meine Industriereportagen fast nur noch in der Zeitschrift ›Konkret‹ veröffentlichen, da ›Konkret‹ zur Zeit fast ohne Industrie-Anzeigen auskommt [. . .].«[89]

Melitta-Chef Horst Bentz verhinderte mit der Drohung eines kostspieligen Schadenersatzprozesses die Ausstrahlung eines Monitor-Beitrages, in welchem seine fossil-kapitalistische Betriebsführung kritisiert werden sollte.[90]

Auf Druck der Arbeitgeberverbände wurde die Serie »Der Betriebsrat – ein Kurs für Arbeitnehmer« im NDR abgesetzt und erst in veränderter Form gesendet.[91]

Einem Dokumentarfilm über die Uhren-Fabrik Lip in Frankreich, deren Produktion die Arbeiter nach dem Konkurs selbst organisierten, verweigerte der WDR die Abnahme.[92]

Die Massenpresse spart den Produktionsbereich aus und suggeriert durch Aufsteiger-Stories, daß jeder es zu Eigentum bringen könne.[93] Arbeitskämpfe werden aus der Unternehmerperspektive unter dem Etikett »Streik *droht*« spezifisch zugerichtet.[94] »Eine Versöhnung von Kapital und Arbeit«, wie sie die Medien uns glauben machen wollen, »hat nicht stattgefunden und kann, solange das Eigentum an Produktionsmitteln zu den großen Tabus gehört, auch gar nicht stattfinden.«[95]

5. Profit-Zensur & Zensur-Profit

Da Macht im Kapitalismus an Eigentum geknüpft ist, läßt sich Zensur in kapitalistischen Gesellschaftsformationen letztlich (wie vermittelt auch immer) aufs Eigentum zurückführen. In zensorischen Maßnahmen innerhalb der klassischen Tabuzonen Sexualität, Religion und Gegengewalt steckt das Angstmoment, daß sich die auf Eigentum basierende Gesellschaftsordnung durch Verletzung dieser Tabus auflösen könnte. Im Dienst der Eigentumssicherung wird Eigentum als Thema weg-zensiert. Die private Verfügung über das Eigentum an Produktionsmitteln sichert der Zensur eine Beliebigkeit, die sich lediglich an verschiedenen Profitmaximierungsstrategien zu orientieren hat: Profit-Zensur zielt auf Zensur-Profit.

II.

Karl-Heinz Ladeur

Öffentlichkeit und justizielle Wahrheitskontrolle Anmerkungen zum politischen Ehrenschutz

1. Vorbemerkung zur Funktion der »Bewertungssprache«

In der Gegenwart kann zwar sicherlich (noch?) nicht die Rede sein von einer *systematischen* justiziellen Verfolgung der politischen Fundamentalopposition. Seit Mitte der siebziger Jahre zeigt sich aber in der Strafgesetzgebung und – teils direkt dadurch hervorgerufen, teils auch unabhängig von Legislativakten – in der Rechtsprechung sowohl zum politischen Strafrecht als auch zum zivilrechtlichen politischen Ehrenschutz eine zunehmende staatliche Einmischung in den Prozeß der politischen und literarischen Kommunikation: Justizielle, mit zivil- und/oder strafrechtlichen Folgen sanktionierte Be- und Verurteilungen von Beiträgen zum (wie auch immer durch gesellschaftliche Vermachtungen prä- und deformierten) Prozeß öffentlicher Meinungs- und Willensbildung müssen zwangsläufig einen über den einzelnen Fall ausgreifenden Effekt produzieren, da sie stets auch den komplexen historischen Gesamtkontext der ideologischen und gesellschaftlichen Produktions- und Rezeptionsbedingungen einer Äußerung berühren. Staatliche Interventionen gegen oppositionelle Meinungsäußerungen weisen nicht oder nicht nur, wie es ein statisches Verständnis von Recht als »Grenze« individueller Freiheit nahelegt, eine Person (oder Personengruppe) in ihre »Schranken«. Sie tendieren vielmehr dazu, den *gesamten* Kommunikations*prozeß* durch sanktionierte, verbindliche Definitionen – »d. h. die Trennung von Gut und Böse«[1] – derart in einer »Bewertungssprache«[2] zu kolonisieren, daß es in der politischen Praxis des Meinungs- und Willensbildungsprozesses schließlich »keine Worte mehr ohne Wert« gibt.[3] Die »Bewertungssprache«, die übrigens auch alle (angeblich »überparteilichen«) Massenmedien okkupiert hat, tendiert dazu, nicht mehr die Rationalität einer bestimmten politischen Meinung zu begründen oder zu bestreiten, sondern »die Wirklichkeit in beurteilter Form zu liefern und damit eine sofortige Lektüre der Verurteilungen aufzuzwingen [. . .] Die Geschlossenheit der Sprache ist vollkommen, da als Erklärung für einen Wert nur noch ein anderer Wert gegeben wird.«[4] Es gibt keine Differenz mehr zwischen der Benennung und der (Be- oder) Verurteilung eines Phänomens.

Die Verurteilung einer Person als Staats- oder Verfassungsfeind fällt zusammen mit der Beurteilung von Unterdrückung als »positiv«. Die rechtsförmig bewehrte Bewertungssprache interveniert in den im Medium kritischer Publizität sich vollziehenden Selbstdefinitionsprozeß, in dem sich die herrschenden Ideologien in – wenn auch ungleicher – Konkurrenz mit nichtherrschenden der »freien« Aneignung durch die Bürger versichern müssen. Die in der Bundesrepublik durch Bedrohung mit Diskriminierung praktizierte, durch die »Solidarität aller Demokraten« abgestützte »streitbare Demokratie« tendiert dazu, die Bewegung des öffentlichen Meinungs- und Willensbildungsprozesses für eine Gesamtstrategie der Macht zu funktionalisieren, die durch die jeweiligen Machtverhältnisse innerhalb der politischen Entscheidungsstruktur bestimmt wird.

Das in der Bundesrepublik vorherrschende Grundrechtsdenken hat den »verhängnisvolle(n) Satz des SRP-Urteils, wonach durch ein Parteiverbot auch ›Ideen selbst‹ aus dem politischen Prozeß ausgeschlossen werden sollen«[5], zu einer Doktrin verallgemeinert, die in ein Freund-Feind-Denken zurückzufallen droht, indem sie sich nur noch negativ auf die feindlichen Ideen selbst fixiert. Sie tendiert dazu, die Kernstruktur der bestehenden politischen und gesellschaftlichen Verhältnisse zu einem im Staat inkarnierten »Überwert«[6] zu stilisieren, dessen Respektierung in verschiedenen prozessualen Konstellationen (vom Staat selbst oder von »staatstreuen« Bürgern gewissermaßen in »Prozeßstandschaft«) gerichtlich eingeklagt werden kann. Sanktionsbewehrte Geltungsansprüche der »Verfassungswerte« privatisieren bestimmte historische Ereignisse, Zustände und Entwicklungen, indem sie deren politische und affektive Besetzungen als »Staatsgefühl«[7] geradezu zum Gegenstand eines Quasi-Persönlichkeitsrechts des Staates erheben und sie so gegen »Falschdarstellungen« und »Kränkungen« nach dem Vorgang des zivilrechtlichen Ehrenschutzes sowohl straf- als auch zivilrechtlich absichern. Die Ansprüche implizieren dabei stets schon die Bürgschaft ihrer Einlösung in der politischen Realität und weisen so der Kritik, auch der wissenschaftlichen, den allgemein verbindlichen Maßstab zu. Die Involution des öffentlichen Meinungs- und Willensbildungsprozesses wird übrigens besonders deutlich in der Terminologie des noch aus der faschistischen Zeit stammenden italienischen Strafgesetzbuchs *(Codice Penale)*, dessen – sehr ausgedehnter! – Abschnitt über politische Äußerungsdelikte (2. Buch 1. Teil) die Überschrift trägt: »Vergehen gegen die Persönlichkeit des Staates« *(Dei delitti contro la personalità dello Stato)*. Eine solche (nach der Abschaffung der Monarchie besonders groteske) Repersonalisierung kommt sinnfällig auch in einem Urteil des OLG Düsseldorf vom 14. 2. 1976 zum Ausdruck. Dort heißt es, »dieser Staat [die BRD] gewährt [!] seinen Bürgern Freiheiten in einem bislang nicht bekannten Maße [. . .]«. Diese Bemerkung, die übrigens den »Staat« auch über die Verfassung stellt, zeigt ein sehr verbreitetes Grundrechtsverständnis, dem sich die Grundrechte als freigebige, bei grobem Undank des Empfängers sowie bei unverschuldeter »Notlage« des Schenkers wieder konfiszierbare Zuwendungen des Staates darstellen.

Die Stillegung des politischen Prozesses durch die Ausweitung juristisch fixierter staatlicher, aber auch privater »Persönlichkeits«-Sphären setzt sich über die Postulate eines frühliberalen Denkens hinweg, das sich noch an der Kantischen Unterscheidung von Denken und Handeln orientierte:

»[. . .] öffentlicher, auch bitterer Tadel der Gesetze und politischen Verfassung, der öffentlichen Unternehmungen des Staates sind den natürlichen Gesetzen zufolge noch keine rechtlichen Beleidigungen des Staats, gesetzt, all dieses zielte auch darauf ab, die Staatsverfassung zu verändern. Denn dieser Zweck ist nicht an sich unrecht: nur die rechtswidrigen Mittel sind es. [. . .] Indessen sind dergleichen Verordnungen des Staats, wodurch er sich schon von weitem her sichern und den Angriff nicht abwarten will, doch sehr zweideutig und können von seiten des Rechts schwerlich gerechtfertigt werden [. . .]«[8]

Zwar wird, wie wir noch sehen werden, in der die politische Meinungs- oder künstlerische Freiheit einschränkenden Rechtsprechung durchweg bestritten, daß Verurteilungen nur wegen bestimmter politischer Gesinnungen erfolgt seien. Diese Bemerkungen sind jedoch zur Beruhigung schon deshalb nicht geeignet, weil kein politisches System die Verfolgung von politischen Gesinnungen offen zu erkennen gibt. Solche Praktiken werden z. B. mit der Bedrohung eines Rechtsgutes anderer Personen (politische »Ehre«) legitimiert oder durch die Formulierung eines »Tatbestandes« kaschiert, der eine »gefährliche« Verhaltensweise als strafwürdig unterstellt.

Die Analyse einzelner Urteile wird zeigen, daß in der oben diagnostizierten »Bewertungssprache« schon »gewisse Begriffe, die formal identisch sind und die ein neutrales Vokabular nicht doppelt benennen würde, [. . .] durch eine Wertung gespalten«[9] sind: Politisch-kämpferische Meinungsäußerungen werden so einmal als »Kritik« (erlaubt) und zum anderen als »Schmähung« (unerlaubt) von Individuen bzw. des Staates bezeichnet, ohne daß die Differenz etwas anderes bedeutete als eine Wiederholung des (Un-)Werturteils.

2. Vom spezialgesetzlichen Ehrenschutz zum allgemeinen Persönlichkeitsrecht

Im folgenden soll in erster Linie von zivilrechtlichen Formen des »Persönlichkeitsschutzes« gegen politische (Meinungs-)Angriffe die Rede sein (vgl. zur strafrechtlichen Entwicklung S. Cobler in diesem Band). Zivilrechtliche Sanktionen sind im juristischen Sinne keine Strafen, die der Staat kraft seines Strafanspruchs gegen einen Bürger verhängt. Die Zivilgerichte fungieren nach ihrem Selbstverständnis vielmehr als Schlichtungsinstanzen im Streit zwischen Bürgern. Das Zivilurteil soll also Schäden, die jemand an seiner politischen Ehre zu nehmen droht, abwenden (Unterlassungsklage) bzw. wiedergutmachen, wenn sie schon eingetreten sind (Schadensersatzklage).

Nach § 823 Abs. 1 BGB kann jemand, der an seinem Eigentum, in seiner Gesundheit etc. oder einem »sonstigen Recht« beschädigt worden ist, Schadenersatz verlangen bzw. bei drohendem Schaden Unterlassung nach § 1004 begehren. Während der ersten 50 Jahre seit Inkrafttreten des BGB war so gut wie unbestritten, daß es so etwas wie ein umfassend geschütztes »Persönlichkeitsrecht« nicht geben könne, da es nicht gegenständlich beherrschbar sei wie die anderen ausdrücklich genannten Rechte. Danach war der Schutz der persönlichen Ehre gegen politische Angriffe nur soweit gewährleistet, wie er ausdrücklich in den durch § 823 Abs. 2 in bezug genommenen Spezialgesetzen normiert war. Daneben gab es und gibt es noch spezielle Regelungen im BGB, die den Ehrenschutz von bestimmten objektiven oder subjektiven Voraussetzungen abhängig machen (§§ 824 – Kreditschädigung; 826 – vorsätzliche sittenwidrige Schädigung).

Wenn auch auf die dogmatisch-juristischen Unterschiede hier nicht im einzelnen eingegangen werden kann, so kann doch festgehalten werden, daß es eine Fülle von auch politisch fungierenden Angriffen gab, die von diesen Spezialgesetzen aus objektiven oder subjektiven Gründen (Vorsatzerfordernis!) nicht erfaßt wurden. Fast noch wichtiger war, daß das Gesetz ausdrücklich einen Schmerzensgeldanspruch für immaterielle Schäden ausschloß (§ 253 BGB). Diese Lücken des Ehrenschutzes sollte Ende der fünfziger Jahre die sogenannte Lex Soraya schließen. Danach sollte die Kritik an ausländischen Staatsoberhäuptern strafrechtlich geahndet werden können. Das Gesetzesvorhaben scheiterte nicht zuletzt am Widerstand der Presse. Doch fühlte sich nunmehr die Rechtsprechung aufgerufen, den Inhalt des gescheiterten Gesetzes als Verfassungsgebot wiederzuentdecken. Die Gerichte, allen voran der Bundesgerichtshof, urteilten, daß es mit der Menschenwürde und dem in Art 2 Abs. 1 GG normierten allgemeinen Persönlichkeitsrecht unvereinbar sei, wenn erlittene Ehrenkränkung nicht durch (Schmerzens-)Geldansprüche kompensiert würde. Das BVerfG hat diese Rechtsprechung bestätigt, denn: »Die Aufgabe der Rechtsprechung kann es insbesondere erfordern, Wertvorstellungen, die der verfassungsgemäßen Rechtsordnung immanent, aber in den Texten der geschriebenen Gesetze nicht [. . .] zum Ausdruck gelangt sind, in einem Akt des bewertenden [!] Erkennens [!] [. . .] ans Licht zu bringen [. . .]«[9a]

Dies also zur Bestandsaufnahme: Diesem Urteil läßt sich so gut wie nichts (mehr) über die Freiheit der Meinungsäußerung entnehmen, nur über deren durch den Ehrenschutz gesetzte Schranken. Und gerade diese Unklarheit wiegt im Grunde auch den kargen Effekt der z. T. liberalen »Ergebnisse« von Einzelentscheidungen auf. Zivilrechtliche Sanktionen können, vor allem wegen der je nach dem »Wert« der angegriffenen Ehre teilweise horrenden Prozeßkosten, eine Abschreckungswirkung entfalten, die möglicherweise weit über die eines Strafprozesses hinausreicht. Überdies liegt bei Zivilprozessen die politische Aufmerksamkeitsschwelle wegen der anderen Darstellungsbedingungen und wegen der andersartigen Sanktionen – es geht ja nicht um stigmatisierende Strafen! – im allgemeinen viel höher. Hier streiten nur »Privatleute«, während der Staat sich – als Gericht – diskret im Hintergrund hält.

In den letzten Jahren sind jedenfalls in zunehmendem Maße auch politische Kontroversen in privatrechtlichen Formen – zwischen Bürgern – ausgetragen worden. Das hängt nicht zuletzt damit zusammen, daß die Trennung von Öffentlichem und Privatem prekärer wird, daß ehemals »Privates« (z. B. die Produktionsbedingungen in einem Betrieb) öffentlichen Charakter annimmt und andererseits auch Privatleute oder Pseudo-Privatorganisationen und ihre Funktionäre (Parteien) sich zur Beteiligung an der öffentlichen »Gedankenpolizei« aufgerufen fühlen. Daß auch der Staat die Vorzüge privater Rechtsverfolgung gegen Kritiker zu goutieren weiß, belegt die – allerdings erfolglose – Klage der Bundesrepublik, vertreten durch den BKA-Präsidenten Herold (1979), auf Unterlassung bestimmter, von dem Datenschutzexperten Steinmüller erhobener Behauptungen über den Verbund öffentlicher und privater Dateien.

Im politischen Strafrecht der Bundesrepublik lassen sich deutlich Konjunkturschwankungen nachweisen: Nach einer um die strafrechtliche Abstützung des KPD-Verbots zentrierten Phase (bis etwa 1967) setzt das kurze, durch die »Liberalisierung« beendete Zwischenspiel der Demonstrationsdelikte ein, danach erleben wir eine Phase, in der das politische Strafrecht so gut wie keine Rolle spielt (bis etwa 1974 – hier ist nur von Äußerungsdelikten die Rede!). Die 1979 fast schon wieder im Abschwung (?) befindliche, diffuse widersprüchliche Phase politischer Strafjustiz ist gekennzeichnet durch Tendenzen zur strafrechtlichen Abstützung politischer »Achtungsansprüche« des Staates und der fdGO (§ 90a, weniger §§ 88a, 130a StGB).

Demgegenüber ist der zivilrechtliche »Ehrenschutz« viel weniger krisenanfällig, die Entwicklung der Rechtsprechung verläuft viel kontinuierlicher, sie ist flexibler, weniger spektakulär – und wirksamer?

3. Zur Interpretation der Grundrechte aus Art. 5 Abs. 1 GG (insbesondere Meinungs- und Pressefreiheit) in der Rechtsprechung des Bundesverfassungsgerichtes

Die verfassungsrechtlich bestimmten Entwicklungslinien der Meinungs- und Pressefreiheit sollen hier zunächst anhand einiger exemplarischer

Entscheidungen vor allem des BVerfG nachgezeichnet werden (weiter unten soll dann auf die Rechtsprechung zur Kunstfreiheit, Art. 5 Abs. 3 Satz 1 GG eingegangen werden).

Im Lüth-Urteil (1957) ging es um die Frage, ob ein Boykott-Aufruf des hamburgischen Senatssprechers Lüth gegen die Wiederaufführung von Filmen des ehemaligen NS-Starregisseurs Veit Harlan »eine vorsätzliche sittenwidrige Schädigung« im Sinne des § 826 BGB sei, mit der Folge, daß Harlan bzw. der betroffenen Filmgesellschaft ein Unterlassungsanspruch zustehe. Die Vorinstanzen hatten dies bejaht, das BVerfG hat diese Urteile aufgehoben, weil sie mit der Meinungsfreiheit nicht vereinbar seien.[10]

Das BVerfG hat schon mit dieser frühen Entscheidung, die ihm ganz zu Unrecht sehr viel Lob eingetragen hat[10a], die traditionelle liberale Konzeption der Grundrechte als Rechte zur Abwehr des Staates durch Berücksichtigung der gesellschaftlichen Funktionsanforderungen an einen freien öffentlichen Meinungs- und Willensbildungsprozeß – auf eine höchst ambivalente Weise – modifiziert. Dies bedeutet zunächst, daß die Grundrechte auch im privaten Rechtsverkehr (z. B. auch bei privaten Auseinandersetzungen über die Zulässigkeit bestimmter ehrenrühriger Äußerungen) und nicht nur gegenüber dem *Staat* (z. B. gegenüber gesetzlichen oder polizeilichen Verboten einer bestimmten Publikation) wirken.[11] In umgekehrter Richtung hat der Prozeß der Entformalisierung des Grundrechtsschutzes in der Praxis des BVerfG allerdings auch die Konturen der staatsabwehrenden Grundrechtsfunktion verwischt. Das BVerfG hat die Bestimmung der Grenzen des Grundrechtsgebrauchs immer stärker abgelöst von den tradierten Standards des Legalitätsmodells, wonach eine Meinung nicht schon wegen der Gefahr ihrer Ausbreitung im Medium kritischer Publizität rechtlich als gefährlich angesehen werden darf.[12] Vor allem H. Ridder[13] hat schon früh in Anknüpfung an frühliberale und demokratische politische Begriffsbildung den Versuch unternommen, in Anlehnung an den Wortlaut des Art. 5 Abs. 1 und 2 GG eine strenge formale, verfahrensorientierte Unterscheidung der rechtlich stets erlaubten »rein geistigen Wirkung« einer Meinungsäußerung und der möglicherweise zu inhibierenden nichtkommunikationsgerechten Formen des politischen Kampfes vorgenommen. Die Frage nach den Grenzen des im politischen Meinungskampf Zulässigen muß danach zunächst von den Inhalten der Äußerung abgelöst und als politische Frage zur Beantwortung an den sich entsprechend den historischen und politischen Entwicklungsbedingungen selbst definierenden Meinungs- und Willensbildungsprozeß »zurückverwiesen« werden. Das BVerfG hat diesen Ansatz zur Historisierung der politischen Grundrechte verbal aufgenommen, um ihn sogleich im *Staat* zu fixieren. Bezugspunkt des Grundrechtsgebrauchs sind danach nicht mehr die historisch variablen, sozialwissenschaftlich zu analysierenden gesellschaftlich bestimmten Entwicklungsbedingungen des politischen Prozesses, sondern der Staat, und hier vor allem der Staat als (Bundesverfassungs-)Gericht, durch dessen institutionelle Darstellungsbedingungen politische Konflikte ihren prozeßhaften, nichtsubjektiven gesellschaftlichen Charakter durch die Inszenierung als Parteistreitigkeit – und d. h. vor allem auch als Steitigkeit zwischen *Subjekten* – einbüßen: Über den Streitenden thront das Gericht, das als der neutrale unbeteiligte Dritte Recht (und nicht Politik) spricht.

Das Gericht hat in einem Doppelschritt alle begrifflichen Konturen der »allgemeinen Gesetze«, in denen Meinungs- und Pressefreiheit ihre Grenzen finden sollen (Art. 5 Abs. 2 GG), aufgelöst und durch eine für die neuere Rechtsprechung insgesamt symptomatische Variante eines flexiblen, strategischen Rechts ersetzt, über dessen rhetorische Scharnierformeln (Güterabwägung, Verhältnismäßigkeit etc.) global die mit der politischen Konjunktur verschiebbaren Normalitäts-Standards und Opportunitätsgesichtspunkte in den Rechtsfindungsprozeß eingelassen werden.[14] Den Begriff des allgemeinen Gesetzes verflüssigt das Gericht[15] zunächst derart, daß ihm nur noch das phantastische Konstrukt eines gegen besondere marxistische, kommunistische, sozialistische oder in anderen *politischen* Kategorien klassifizierte Meinungen gerichtetes Gesetz subsumiert werden kann. Das Gericht stellt nicht auf den realen, sozialwissenschaftlich zu analysierenden freiheitsverkürzenden Effekt der Gesetze, sondern auf ihre juristische Formulierung ab und erhebt damit so gut wie alle Gesetze in den Rang der die Meinungsäußerungsfreiheit begrenzenden »allgemeinen« Schranken, und zwar auch solche Gesetze, die sich explizit gegen »verfassungsfeindliche« Äußerungen richten, solange sie sich gegen *alle* solche Tendenzen wenden.[16] Erst recht erweisen sich etwa alle zivil- und strafrechtlichen Ehrenschutzbestimmungen als »allgemeine Gesetze«. Da mit dieser juristischen Operation das Recht der freien Meinungsäußerung nach dem Wortlaut des Art. 5 beseitigt wäre, weil es in jedem anderen »allgemein« geregelten Interesse seine Schranken finden müßte, stellt das Gericht auf einer anderen Ebene das Grundrecht als »Wert« wieder her, indem es die Schranke des allgemeinen Gesetzes ihrerseits im Lichte der »wertsetzenden Bedeutung« der Grundrechte aus Art. 5 Abs. 1 GG »einschränkend« interpretiert.[17] Diese vor allem dem nichtjuristischen Leser, dem juristische Konstruktionskünste fremd sind, unverständlich erscheinende Prozedur läuft entgegen allem liberalen Anschein letztlich nur darauf hinaus, daß von dem Grundrecht zunächst weggenommen wird, was dann unter anderen Bedingungen geradezu in der Form einer freigebigen staatlichen/gerichtlichen Schenkung partiell zurückerstattet wird – wobei natürlich die »Würdigkeit« des Beschenkten Voraussetzung ist.

Das substantialisierende Wertdenken des BVerfG tendiert somit dazu, nicht mehr bestimmte Verkehrs*formen* der Öffentlichkeit gegen ihre Selbstaufhebung zu schützen, sondern im Konfliktfall dem in einem diffusen Normalitätsverständnis gemessenen materiell höherrangigen Wert zur Durchsetzung zu verhelfen. Diese Rechtsprechung produziert keineswegs durchgängig illiberale Ergebnisse, entscheidend ist jedoch, daß selbst die liberalen Entscheidungen so sehr die »besonderen Umstände« bewerten und gegeneinander abwägen, daß die von ihnen (re-)produzierten Prozeßrisiken (Schadensersatz, Kosten, Strafe etc.) für die Zukunft beinahe ebenso verunsichernd wirken wie die restriktiven Entscheidungen. Dieser Effekt resultiert vor allem daraus, daß in der Rechtsprechung die für das frühliberale Legalitätsdenken fundamentale formale Unterscheidung von rechtlich zu normierenden und zu kontrollierenden Handlungen einerseits und den im Medium politischer Öffentlichkeit sich frei austauschenden Meinungen andererseits weitgehend aufgehoben wird in einer einheitlichen, nur noch graduell abgestuften »Werthaltigkeit« des Grundrechtsgebrauchs, in deren Bemessung auch und gerade die im forum internum der Person gehegten guten/bösen Absichten eingehen. Während die Kontrolle der Absichten, Wünsche, Gedanken etc. im frühbürgerlichen liberalen Legalitätsdenken idealtypisch den Institutionen *besonderer*, aus den allgemeinen Rechtsverhältnissen ausgegliederter Gewalt vorbehalten war (Gefängnisse, Schulen, Militär, Beamtentum etc.), ist das neue strategische Rechtsdenken durch Tendenzen zu einer umfassenden »normalisierenden« Diskurskontrolle[18] auch innerhalb des allgemeinen Rechtsverhältnisses bestimmt. Hier hat die Rechtsprechung des BVerfG mehrere hintereinander geschaltete Kontrollfilter entwickelt: zunächst wird danach unterschieden, ob es sich bei den inkriminierten Äußerungen um Meinungen oder Tatsachenbehauptungen handelt – eine Unterscheidung, die von Juristen weitgehend für »zwingend« gehalten wird! Tatsachenbehauptungen sind auf ihre »Richtigkeit« überprüfbar. Innerhalb des scheinbar klar begrenzten Bereichs des »Meinungsmäßigen« hängt die Zulässigkeit von Polemik, Ironie, Übertreibung etc. letztlich von der »Bedeutung des Gegenstands« ab oder davon, ob es sich um eine »verständliche Reaktion«, um ein »adäquates Mittel« zur Eröffnung oder Fortsetzung einer öffentlichen Diskussion handelt etc.[19] Vor diesem Hintergrund wird verständlich, warum manche linke Polemiken gar nicht erst den Rang einer »bedeutenden« Angelegenheit annehmen können und gegen das »Schutzgut« der Staatssicherheit nicht einmal abgewogen, sondern sogleich ohne nähere Begründung als zu leicht verworfen werden. Es handelt sich dann um bloße »Einwirkungen« auf einen als »Schutzgut« vorausgesetzten, dem *Staat* zur Erhaltung zugewiesenen und der öffentlichen, prozeßhaften Diskussion entzogenen »Konsens«.

Die Grundrechtsrhetorik des BVerfG stellt gerade den *individuellen* Charakter der Meinungsäußerung in den Vordergrund – Konzessionen an ein eher institutionelles, prozeßhaftes politisches Grundrechtsverständnis sind dem Gericht nach den Worten eines seiner Richter (W. Geiger) eher »herausgerutscht«. Die Öffentlichkeitskonzeption des BVerfG ist um den

Staat zentriert: Parteien, Verbände, Presse, Rundfunk etc. sammeln und kanalisieren die individuellen Meinungen, gleichen sie untereinander aus und tragen sie an die staatlichen Entscheidungszentren heran.[20]

In der Lüth-Entscheidung hat das BVerfG zwar auf die Verfassungsbeschwerde von Lüth ein zivilgerichtliches Urteil auf Unterlassung eines Boykott-Aufrufs gegen Veit-Harlan-Filme aufgehoben. In der Begründung stellt das Gericht jedoch so sehr auf die Abwägung der besonderen persönlichen Umstände des Konflikts ab, vor allem auf das Engagement des Beschwerdeführers Lüth für die Sache der »deutsch-jüdischen« Verständigung, daß die Entscheidung kaum verallgemeinerungsfähig ist. Die Entscheidung bleibt, worauf vor allem Ridder mit Recht immer wieder hingewiesen hat, ambivalent, indem sie die gesamte *Motivation* (die als »ernsthaft« bezeichnet wird), den Wert des Engagements für das »deutsche Ansehen« etc. »abwägend« berücksichtigt.

Ähnliches gilt für eine BVerfG-Entscheidung[21] über eine heftige Polemik des ehemaligen OLG-Präsidenten Richard Schmid gegen den Spiegel. Schmid, der zuvor vom Spiegel der Sympathie mit dem Kommunismus verdächtigt worden war, hatte sich u. a. wie folgt geäußert: »Es ist eine Gattung von Publizistik, die auf dem Gebiet der Politik das ist, was die Pornographie auf dem Gebiet der Moral [. . .] Es ist die sogenannte Reizliteratur [. . .] Dabei ist die Höhe des Absatzes der maßgebende Gesichtspunkt.«

Das Gericht entschied auch hier – wiederum anders als die Zivilgerichte – zugunsten des Verfassungsbeschwerdeführers, doch ebenfalls mit einer Begründung, die die Besonderheiten des Falles – einen vorangegangenen polemischen Angriff des Spiegel – hervorhebt und dem Gericht alle Hände für die Zukunft freihielt.

In einem anderen Verfassungsbeschwerdeverfahren,[22] das hier allerdings ein strafgerichtliches Urteil zum Gegenstand hatte, kam das Gericht zum Ergebnis, daß die strafrechtliche Verurteilung eines DFU-Politikers wegen der Besonderheiten des Falles nicht mit Art. 5 Abs. 1 GG vereinbar sei: der Verurteilte hatte in Flugblättern den damaligen CDU-Bundestagskandidaten v. Firks wegen dessen NS-Vergangenheit heftig angegriffen. Die Fallkonstellation ist symptomatisch, weil sich an ihr das Zusammentreffen von divergierenden Sichtweisen bestimmter gesellschaftlicher Probleme demonstrieren läßt: während es dem Verfassungsbeschwerdeführer um die *politische* und moralische Verantwortung eines ehemaligen NS-Bürokraten ging, konnte der Angegriffene – ein exemplarischer Fall der Verschiebung von politischer Kritik durch konservative Mentalstrukturen – die Vorwürfe nur im Sinne einer Behauptung *individuell* zurechenbarer verbrecherischer Handlungen wahrnehmen. Die angerufenen Zivilgerichte hatten diese Sichtweise aus der Perspektive des »flüchtigen Lesers« bestätigt und eine »›versteckte‹ Tatsachenbehauptung« mit dieser Quintessenz wahrgenommen. Dementsprechend hatten sie im Sinne des klagenden CDU-Politikers entschieden. Das BVerfG hat auch dieses Urteil aufgehoben mit einer Begründung, die aus dem engen Druck (!), dem Umfang der Flugblätter (4 mit der Schreibmaschine eng beschriebene Seiten) und anderen Umständen ableitete, die Kritik wende sich gerade nicht an einen oberflächlichen, sondern an einen interessierten Leser.

Welcher Differenzierungen das Gericht fähig ist, geht aus dem zufälligen Zusammentreffen zweier weiterer Verfassungsbeschwerdeverfahren gegen zivilgerichtliche Urteile mit fast identischem Gegenstand hervor: Das BVerfG hatte sich mit zivilgerichtlichen Entscheidungen zu befassen, die einmal dem CDU-Abgeordneten Echternach[23] und zum anderen den Journalisten eines vom DGB herausgegebenen Presse-Dienstes[24] u. a. die Bezeichnung des »Deutschland-Magazins« als »rechtsradikales Hetzblatt« und ähnliche Äußerungen untersagten. Im ersten Fall war die wörtliche und sinngemäße Kennzeichnung in dem inkriminierten Sinne verboten worden, während im zweiten Fall nur die *wörtliche* Wiederholung untersagt worden war. Das Gericht hielt hier eine Differenzierung für angebracht und entschied im ersten Fall zugunsten des Verfassungsbeschwerdeführers, im zweiten Fall wies es die Verfassungsbeschwerde dagegen ab, obwohl nicht erkennbar ist, durch welche anderen Worte der Verfassungsbeschwerdeführer den Sinn seiner Meinung zum Ausdruck bringen sollte, ohne gegen das Urteil zu verstoßen.[24a]

Exkurs: Zum »Persönlichkeitsrecht« des Staates

Die Staatsfixierung des öffentlichen Meinungs- und Willensbildungsprozesses läuft letztlich darauf hinaus, das Politische quasi eigentumsrechtlich im Staat zu monopolisieren und systemkritische Meinungsäußerungen jenseits der Toleranzgrenze systemerhaltender »Divergenzpflege«[25] als Verletzung eines staatlichen »Persönlichkeitsrechts« wahrzunehmen und zu sanktionieren. Die weitgehende Ausblendung der prozeßhaften Momente von Öffentlichkeit führt auch in politisch bestimmten Kontroversen zwischen »Privaten« (!) häufig zu einer Auflösung von Geschichte in eine Kette von Ereignissen, die von Individuen (bzw. vom Staat) produziert worden sind und deren Interpretation geradezu »urheberrechtlich« gegen Verfremdung geschützt wird.

So wird in einer Entscheidung zum gesetzlichen Verbot der Einfuhr verfassungsfeindlicher Filme[26] der Schutz der fdGO prinzipiell als ein »Gut« (des Staates!) angesehen, an dem die Informationsfreiheit des Bürgers ihre Grenze finden muß. Der juristische Mechanismus der Verdinglichung von gesellschaftlichen Prozessen verdrängt im Bild von der »Grenze«, die zwischen zwei getrennten oder doch zu trennenden Rechtssphären gezogen wird, den realen Kontrolleffekt, den der Staat damit *innerhalb* des öffentlichen Meinungs- und Willensbildungsprozesses institutionalisiert.

In den Soldatenurteilen[27] hat das BVerfG ausgehend von einem (noch) »besonderen Gewaltverhältnis«, aber doch weit darüber hinausreichend, eine Art Pflicht zur Identifikation des Bürgers (nicht nur des Beamten oder des Soldaten!) mit dem Staat formuliert, denn die Bundesrepublik ist eine Demokratie, »die von ihren Bürgern (!) eine Verteidigung der freiheitlichen Ordnung erwartet [. . .]«. Und diese Pflicht kann man auch dadurch verletzen, daß man nicht die fdGO als Rechtsprinzip, sondern ihre volle *Verwirklichung* in der Bundesrepublik in Zweifel zieht. (Einer der disziplinarisch bestraften Offiziere hatte im Zusammenhang mit der politischen Ausbildung von Wehrpflichtigen die Ansicht vertreten, in der Bundesrepublik könne man seine Meinung nicht frei äußern.)

Eine grundsätzliche Aussage zur Funktionalisierung von Meinungsfreiheit für die Erhaltung des Bestandes des politischen Systems der Bundesrepublik enthält auch das Urteil zur sog. Öffentlichkeitsarbeit der Regierung.[28] »Je mehr der einzelne auf diese Weise zur eigenen Beurteilung aufgerufen und in ihm das Bewußtsein wachgehalten wird, als selbstverantwortliches Glied der Rechtsgemeinschaft die Gestaltung [. . .] der [. . .] Rechtsordnung zu beeinflussen [. . .], um so leichter wird es ihm, den vom Grundgesetz verfaßten Staat, der ihm diese Möglichkeit eröffnet, als seinen Staat anzusehen.« Diese Bemerkung bezieht sich zwar explizit nur auf die Öffentlichkeitsarbeit der Regierung, sie gewährt zugleich aber einen tiefen Einblick in die Staatskonzeption des BVerfG: der Staat bleibt letztlich doch wiederum ein dem politischen Willensbildungsprozeß enthobenes Entscheidungszentrum, dessen Selbsterhaltung zum übergreifenden Wert wird.

4. Zur »Ausgewogenheit« von Sprache und Herrschaft

Die vom BVerfG entwickelte »Güterabwägung« ist das entscheidende Paradigma, das auch in der Rechtsprechung der Zivilgerichte weitgehend rezipiert worden ist. Zivilrechtstreitigkeiten, in denen es insbesondere um die Unterlassung der Verbreitung bestimmter Meinungen und Tatsachenbehauptungen geht, stellen wegen des häufig hohen Streitwerts, der sich nach dem Marktwert der betroffenen Ehre richtet, ein erhebliches Kostenrisiko dar, das durch die vagen unkalkulierbaren Entscheidungspraktiken der Gerichte noch erhöht wird. (Dieses Kostenrisiko kann vor allem bei kleinen Verlagen zur Ausbildung von Mechanismen der »inneren Zensur« führen.)

Ein wichtiger Selektionsmechanismus in Streitverfahren über die

Grenze zulässiger politischer Kritik stellt die nur scheinbar klare Grenze zwischen Meinungsäußerung und Tatsachenbehauptungen dar. Tatsachenbehauptungen sind zu widerrufen bzw. zu unterlassen, wenn sie »falsch« (und ehrenrührig) sind; bei Meinungsäußerungen liegt jedoch die Grenze des Zulässigen bei der sog. Schmähkritik.[29] Die Unterscheidung von Meinung und Tatsache (welch letztere im Gegensatz zur ersteren »theoretisch erweislich« sein soll) ist selbst von gesellschaftlich bestimmten sprachlichen Konventionen abhängig, die innerhalb der historisch variablen gesellschaftlichen Interessen zustande kommen. Die Rechtsprechung tendiert dazu, für Interpretationen und Benennungen von Ereignissen durch Repräsentanten des »juste milieu« eine erhebliche Freiheit zur Reformulierung, Paraphrasierung und Variierung von sprachlichen Mitteln und insbesondere ihren politischen Sinnbesetzungen zu gewähren.

So ist F. J. Strauß' Bezeichnung eines Artikels der Süddeutschen Zeitung als Ausdruck von »Gangsterjournalismus« nach einem Urteil des OLG München[30] eine »einprägsame Formulierung« im Meinungskampf, nicht aber eine Tatsachenbehauptung. Ebenso wird die Behauptung des Fernsehkommentators M. Walden, Günter Wallraff und andere Mitglieder des »Presseausschuß Demokratische Initiative« (PDI) seien »Untergrundkommunisten« etc.[31] und Heinrich Böll sei ein geistiger Wegbereiter des Terrorismus[32] als Ausdruck freier Meinungsäußerung von gerichtlicher »Richtigkeitskontrolle« freigehalten. Die höchst unklare, weil nicht auf bestimmte gesellschaftliche Entwicklungsbedingungen und -notwendigkeiten der politischen Öffentlichkeit bezogene Differenzierung kann – gerade weil sie ihren Ansatz entproblematisiert – beliebig einmal eine Äußerung auch »beim Wort nehmen«: Ist der betreffende Redakteur der Süddeutschen Zeitung ein »Gangster« (= Verbrecher = vorbestraft)? Ist Wallraff Mitglied einer kommunistischen Partei? Arbeitet er mit konspirativen Mitteln für eine kommunistische Partei? Man kann die entsprechenden Äußerungen aber auch als gerichtlicher Richtigkeitskontrolle entzogen betrachten, weil ihre Sinnbesetzung für unterschiedliche Interpretationen offengehalten werden soll und der jeweilige Autor nicht auf eine bestimmte gerichtlich authentifizierte Variante festgelegt werden kann. Ein solcher Ansatz hat einiges für sich, er wurde jedoch von den Gerichten auch in den zitierten Fällen nicht durchgehalten. Die Rechtsprechungspraxis gibt vielmehr in den erwähnten Beispielen offen oder versteckt zu erkennen, daß es hier nicht nur um die formale Durchsetzung der Meinungsäußerungsfreiheit geht, sondern daß die Gerichte die angegriffenen Äußerungen auch für mehr oder weniger *inhaltlich* angemessen halten. Dies läßt sich deutlich daran erkennen, daß Heinrich Bölls Kritik an den politischen Verhältnissen in der Bundesrepublik vom BGH geradezu als »bösartig« bezeichnet wird.

Ein formaler Ansatz, der die inhaltliche Prüfung einer Meinungsäußerung oder Tatsachenbehauptung aus politisch reflektierten Gründen grundsätzlich zu vermeiden sucht, würde die von der Rechtsprechung in ihrer umfassenden »Güterabwägung« angestrebte »Einzelfallgerechtigkeit« gefährden.[33] Denn im umgekehrten Fall, bei der Variierung von Sinnbesetzungen bestimmter Begriffe durch system*kritische* politische Äußerungen, sieht sich der Betroffene häufig einer vom Gericht nach dem Verständnis des durchschnittlichen Lesers oder Hörers fixierten Interpretation konfrontiert. So wird etwa die Äußerung eines studentischen Demonstranten, der einen Polizeieinsatz mit Todesfolge als »Mord« (= vorsätzliche Tötung) bezeichnet hatte[34], ebenso wie auch das Tragen einer Plakette, auf der ein prügelnder Polizist in der Form eines Hakenkreuzes stilisiert dargestellt ist, im Sinne einer eindeutigen Behauptung fixiert[35]: Der angeklagte Student wolle damit zum Ausdruck bringen, die Polizei handle *wie* unter dem Faschismus. Umgekehrt wird eine der Sache nach vergleichbare, aber viel deutlichere Äußerung des CDU-Abgeordneten Böhm, der Graphiker Klaus Staeck arbeite »wie der ›Stürmer‹«, vom Kontext des realen Faschismus abgelöst und überhöht zu einer bloßen polemischen Meinungsäußerung, die den Angegriffenen nicht wirklich faschistischer Denk- und Handlungsweisen bezichtige.[36] Hier wie im Falle der Süddeutschen Zeitung (»Gangsterjournalismus«) fällt übrigens auf, daß das Gericht offenbar die verbale Verteidigung von politischen *Macht*positionen schon aufgrund ihrer bloßen Existenz für legitim hält: Auf die Richtigkeit eines vorgängigen verbalen Angriffs kommt es dabei nicht an. (Im Fall Staeck schreckte das Gericht offenbar davor zurück, die von Staeck plakatierte Äußerung des ehemaligen CDU-Generalsekretärs B. Heck über den bei warmem Wetter recht angenehmen Aufenthalt politischer Gefangener im Stadion von Santiago de Chile auf ihre Authentizität zu überprüfen. Das Gericht ging vielmehr davon aus, daß schon der von Staeck hergestellte Zusammenhang eines CDU-Abgeordneten mit der chilenischen Junta einen entsprechend harten »Gegenschlag« rechtfertige.)

Ein solcher Ansatz wäre durchaus diskutabel, wenn er durchgängig auch bei »linken« Angriffen zugrundegelegt würde. Dies wäre um so legitimer, als eine politische Minderheit jedenfalls eher als die Repräsentanten großer Parteien versucht sein dürfte, real schwache politische Positionen durch verbale Verstärkungen zu kompensieren. Die Praxis der Rechtsprechung, die allerdings noch genauer und systematischer Aufarbeitung bedarf, legt jedoch den Verdacht nahe, daß, wer Macht hat, im Falle eines politischen Konflikts auch eine größere *sprachliche* Macht erhält. Insofern realisieren sich also die oben angedeuteten Gefahren einer gerichtlich institutionalisierten Diskurskontrolle.[37]

Eine andere Variante der politisch selektiven Problemwahrnehmung stellen die in Zusammenhang mit Günter Wallraffs Buch »Der Aufmacher« ergangenen zivilgerichtlichen Urteile dar. Das LG Hamburg hat in einer auch methodisch höchst dubiosen Weise das Verbot *staatlicher* Einmischung in den Prozeß der Produktion von politischer Presse (Redaktionsgeheimnis etc.) explizit gegen einen privaten Dritten gewendet[38]: Wallraff habe *die* Pressefreiheit schlechthin durch sein »Einschleichen« in die Redaktion der Bild-Zeitung gefährdet. Wenn man das Problem so in der richtigen Abstraktionshöhe angesiedelt hat, braucht man sich auf die konkreten Praktiken dieser Zeitung nicht mehr näher einzulassen.

5. Restriktion von Öffentlichkeit durch öffentlich-rechtliche Organisation

Daß die Praxis der Berufsverbote auch über den Kreis der Betroffenen hinaus gerade infolge der unterschiedlichen Besetzbarkeit des politischen Scharnierbegriffs »fdGO« politische (Selbst- und Fremd-)Zensurmaßnahmen in Gang setzt, ist bekannt. Ähnliches gilt für das Disziplinarrecht, das Beamten eine Pflicht zur politischen »Zurückhaltung« auferlegt.

Auch die durch das Strafvollzugsgesetz nur wenig eingeschränkte, wenngleich formal verrechtlichte Kontrolle der in Haftanstalten ein- und abgehenden Postsendungen bedarf hier keiner näheren Darstellung.[39] Allerdings hat die Verrechtlichung dazu geführt, daß die Entscheidungen der Anstaltsleitungen, bestimmte Zeitschriften, Bücher etc. nicht an den Gefangenen weiterzugeben, einer Begründung bedarf. Und diese Begründungen sind nun oft bestimmt von politisch-ideologischen Praktiken, die sich zu ihrer Durchsetzung des »Gegen-Rechts« (Michel Foucault) der Disziplin bedienen.

Die Rechtsprechung zum »politischen Mandat« der Studentenschaften der Universitäten, aber auch der Schülerselbstverwaltung läßt eine weitere Variante der politischen Kontrolle erkennen, nämlich die Einengung *des* Politischen auf den Bereich der Regierung! Studentenschaften, Gemeinden, Schülerselbstverwaltungen, aber auch Personalräte bei den öffentlichen Verwaltungen gelten damit im doppelten Sinne als politisch inkompetent. Vor allem in neueren Urteilen zum politischen Mandat der Studentenschaft ist eine Anlehnung des Kompetenzarguments (keine »Zuständigkeit« für allgemeine Politik) an die Struktur des Beamtendisziplinarrechts festzustellen.[40]

Auch die »Ausgewogenheits«-Debatte in der Rundfunkpolitik ist eine Erscheinungsform der politischen Kontrolle, denn die Maßeinheit, mit der »Ausgewogenheit« gemessen wird, ist die (jeweilige) »Normalität« des politischen Systems. Da diese Normalität sich einer Objektivierung weitgehend entzieht, bilden sich hier – auch dies dem Beamtenrecht vergleichbar – Ansätze zu einem Rundfunkdisziplinarrecht heraus, das die Rundfunkjournalisten zur Herstellung von Ausgewogenheit im eigenen Kopf verpflichtet.[41]

Politische Zensurmechanismen haben inzwischen selbst das Werkvertragsrecht des BGB teilweise politisch abgewandelt: Auch hier läßt sich an einigen Konfliktfällen mit öffentlichen Auftraggebern demonstrieren, daß der Vergabe von öffentlichen Aufträgen vielfach die unausgesprochene Pflicht zur Internalisierung staatlicher/öffentlicher Selbstdarstellungsbedürfnisse bei der Werkkonzeption zugrundegelegt wird.

So wurde in einer Reihe von Rechtsstreitigkeiten zwischen der Stadt Wuppertal und Filmproduzenten anläßlich der Veranstaltung der Ausstellung »Urbs 71« davon ausgegangen,[42] die Filmemacher hätten bei ihrer politisch-künstlerischen Arbeit überlegen müssen, daß das Kulturprogramm der Stadt an das Gebot der »Ausgewogenheit« gebunden sei. Um einen ähnlichen Konflikt geht es zur Zeit in einem beim LG Köln anhängigen Rechtsstreit zwischen den Produzenten eines Films über Streikpraktiken bei »Lip« und dem Westdeutschen Rundfunk. Hier werden politisch-konzeptionelle Meinungsverschiedenheiten unter der Form einer Mängelrüge des WDR verdeckt. In einem weiteren überregional bekanntgewordenen Konflikt anläßlich des Gutachtenauftrags einer Bundesbehörde an eine Wissenschaftlerin, hat das LG Berlin schließlich sogar eine Art Nebenpflicht zur politischen Zurückhaltung *außerhalb* des Gutachtens selbst statuiert, da ein von einem Extremisten angefertigtes Gutachten nicht »verwendbar« sei, auch wenn sich die Mangelhaftigkeit nicht im Werk selbst äußere.[43]

6. Juristische Kontrolle der politischen Literatur

Das Privileg des Künstlers, frei von gesellschaftlichen Anforderungen und stellvertretend für andere eine höhere Wirklichkeit anschauen zu können, wendet sich gegen ihn, wenn er die Kunst ins Handgemenge der Lebenspraxis treibt. Die Freiheit zur Variation und Paraphrasierung der ästhetischen Normen findet ihre »Grenzen« in der durch die Rechtsnormen definierten Wirklichkeit der Rechtsgüter.

Paradigmatisch für die gesellschaftliche Zurückweisung der Kunst in ihre Rechtsschranken waren in der Weimarer Republik vor allem Strafprozesse gegen sexuell »Anstoß« erregende Literatur.[44] Das Schwergewicht der Rechtskonflikte um die Freiheit der Kunst hat sich in den letzten Jahren auf das Gebiet der dokumentarischen, »realistischen« Literatur verlagert. Diese neue Variante der Grenzüberschreitung von Kunst und Literatur ließ sich – anders als bei der obszönen erotischen Literatur – nicht in einer Polarisierung von einander ausschließenden Begriffen (Kunst/Unzucht) verarbeiten.

Vor allem seit der Entscheidung des BVerfG zu Klaus Manns Roman »Mephisto«[45] hat die Rechtsprechung den Versuch, Kunst auf einen allgemeinen Rechtsbegriff zu bringen, aufgegeben. Statt dessen versucht sie nun mit einem völlig sinnentleerten Begriff, Kunst als einen *Wert* zu erfassen, der sich im Konfliktfall gegen andere »abwägen« lassen muß. Der begriffslose Pragmatismus, der im Zweifel jede Äußerung, die diesen Anspruch erhebt, als künstlerisch anerkennt, wird kompensiert durch die Entprivilegierung derjenigen Kunstformen, die in die Lebenspraxis zu intervenieren versuchen. Wer etwa in künstlerischen Formen reale Personen oder Verhältnisse angreift, muß sich auch den Gesetzen dieser Realität unterwerfen. Die Freiheit der Kunst von gesetzlichen Schranken wird dadurch umgangen, daß alle möglichen Interessen selbst auf die Ebene der Verfassung gehoben werden und so den gleichen »Rang« wie die Kunstfreiheit erhalten. Die künstlerische Äußerung wird zum Rechtsgut unter Rechtsgütern, die im Konfliktfall nach einem die »Verhältnisse« verallgemeinernden Maßstab gegeneinander »abzuwägen« sind: Kunstfreiheit nach »Maßgabe« der Verhältnisse!

In der Rechtsprechung des BVerfG reduziert sich der nicht relativierbare Schutz der Kunst letztlich auf nichts anderes als die Freiheit von der Vorgabe staatlich sanktionierter Kunstrichtungen. Das Grundrecht garantiert mithin nur eine – unter demokratischen Bedingungen – schiere Selbstverständlichkeit.

Diese Rechtsprechung läßt sich keineswegs zwingend aus dem Grundgesetz ableiten. Sowohl die historischen Entstehungsbedingungen eines besonderen Grundrechtsschutzes der Kunstfreiheit wie die Einsicht, daß die Kunstfreiheit nicht als (überholtes) *persönliches* Privileg des Künstlers, sondern als Garantie der Entwicklungsbedingungen eines Mediums gesellschaftlicher Selbsterkenntnis und Selbsttransformation zu betrachten ist, sprechen vielmehr dafür, den Konflikt von Selbst- und Fremddarstellung – wenn es sich um Personen und Gegenstände des »öffentlichen Interesses« handelt – nicht durch Zuteilung von Eigentumstiteln aufzulösen, sondern in der *Öffentlichkeit* sich austragen zu lassen.

Vor allem die dokumentarische Literatur ist seit einigen Jahren in erheblichem Umfang auch einer zivilrechtlichen Verfolgung ausgesetzt: Die Rechtsprechung hat ein im BGB nicht vorgesehenes, aus der Verfassung (Art. 1 – Menschenwürde – und Art. 2 Abs. 1 – Freiheit der Persönlichkeit) legitimiertes »Allgemeines Persönlichkeitsrecht«[46] entwickelt, das seinen Inhaber weitgehend gegen »Verfälschungen« seines »Persönlichkeitsbildes« auch in literarischen Formen durch richterlich begründete Schadensersatz-, Unterlassungs- und Schmerzensgeldansprüche schützt. Hier deutet sich die Tendenz an, die Abbildung bestimmter öffentlicher Ereignisse, gesellschaftlicher Entwicklungen etc. durch die Statuierung privater Verfügungsrechte kritischer Publizität zu entziehen.

Im Konfliktfall kommt es nicht auf die Fiktionalität des Textes an: Wer in einen Text auch nur Versatzstücke einbaut, die auf eine reale »Persönlichkeit« verweisen und damit deren Eigentumstitel an ihrem »Persönlichkeitsbild« tangieren, setzt sich einem Prozeßrisiko aus, neben dem die gesetzlichen *Straf*androhungen sich geradezu harmlos ausnehmen können.

Außer dem bereits erwähnten Roman »Mephisto« von Klaus Mann (Kläger war Gustav Gründgens' Adoptivsohn, der sich gegen die literarische Verarbeitung von Elementen aus Gründgens' Biographie durch Klaus Mann mit Erfolg zur Wehr setzte) seien hier noch zwei weitere Fälle erwähnt: »Der Geist von Oberzell« – die Klage einer Würzburger Firma gegen ein dokumentarisches Theaterstück[47] – und F. C. Delius' Satire »Unsere Siemens-Welt«, die eine Klage des Siemens-Konzerns auslöste.[48]

In all diesen Fällen ging es um die Frage, wieweit spezifisch künstlerisch verarbeitete Realitätsfragmente auf krude Tatsachenbehauptungen reduziert werden dürfen. Unter gerechter »Abwägung« der Interessen der Betroffenen kamen die Gerichte jeweils zu dem Ergebnis, daß Kunst da, wo sie realistisch wird, keinen besonderen Schutz mehr beanspruchen kann, also nichts anderes mehr ist als eine Tatsachenbehauptung.[49]

Sebastian Cobler

Konzessionierte Kommunikation
Zur Technik und Funktion strafrechtlicher Zensur

»Zensur« – der Begriff weckt allererst Assoziationen an Polizei und Strafjustiz: an Beschlagnahmungen von Druckplatten, Schriften und Plakaten; an Verbote bestimmter Worte und Wendungen; schließlich an die Bestrafung der »Urheber« oder »Multiplikatoren« derart inkriminierter Äußerungen. Das Repertoire der Zensur umfaßt allerdings neben solchen öffentlich- und zivilrechtlichen Maßnahmen auch den – im doppelten Wortsinn – Komplex der Selbstzensur. Diese, wie Heinrich Heine es nannte, »Angst vor dem eigenen Wort« und damit »Zensur von der schlimmsten Art« verweist darauf, daß häufig allein schon die Androhung staatlicher Repression die erwünschte Wirkung nach sich zieht: angesichts drastischer Urteile von Straf- und von Zivilgerichten sind nicht wenige wohlbestallte Leisetreter peinlichst bemüht, ihrem Staat zuvorzukommen – zur Freude all jener Apologeten staatlichen Strafens, deren Zauberformel »Generalprävention« heißt.

I.

Soweit Zensur strafrechtlich praktiziert wird – und um Beispiele aus diesem Bereich soll es im folgenden ausschließlich gehen –, spielen diejenigen Delikte eine besondere Rolle, die als »Äußerungsdelikte« firmieren, wegen ihrer spezifischen sozialen Dimension und Auswirkung treffender aber Kommunikationsdelikte genannt werden sollten. Zu ihnen gehört die »Verbreitung von Propagandamitteln verfassungswidriger Organisationen« (§ 86 StGB); die »Verfassungsfeindliche Befürwortung« von Gewalt (§ 88a StGB); die »Wehrkraftzersetzung« (§ 89 StGB); die »Verunglimpfung des Staates und seiner Symbole« (§ 90a StGB); die »öffentliche Aufforderung zu Straftaten« (§ 111 StGB); die »Störung des öffentlichen Friedens durch Androhung von Straftaten« (§ 126 StGB); die »Unterstützung« einer »kriminellen« oder »terroristischen Vereinigung« und das »Werben« für sie (§§ 129, 129a StGB); die »Volksverhetzung« (§ 130 StGB), bis 1960 weniger verbrämt »Aufreizung zum Klassenkampf« genannt; die »Anleitung zu Straftaten« (§ 130a StGB); die »Verherrlichung von Gewalt« (§ 131 StGB); die »Billigung von Straftaten« (§ 140 StGB); die »Beleidigung«, häufig in Form der »Kollektivbeleidigung« von »Staatsbediensteten« (§§ 185 ff. StGB); die »Nötigung« durch Drohung mit Gewalt (§ 240 StGB).

Sämtliche diese Vorschriften kennzeichnenden Begriffe wie »auffordern«, »anleiten«, »drohen«, »billigen« und »befürworten« sind strenggenommen keine Tatbestandsmerkmale, weil sie ausschließlich (verbale oder schriftliche) Äußerungen umschreiben. Was schon dieser Wortlaut der Vorschriften indiziert, das wird durch ihre Anwendung dann voll bestätigt: Hier geht es nicht um die Verfolgung von Taten, sondern um die Kriminalisierung von Texten, die für strafbar erklärten Handlungen möglicherweise vorausgehen oder diese kommentieren. Damit wird umstandslos die jedes Tatstrafrecht charakterisierende Trennung von grundsätzlich belangloser Vorbereitung und im Einzelfall strafbarer Handlung eingeebnet. »Die Staatsfeinde«, so hieß es 1950 zur Begründung im Bundestag, seien »zu treffen und unschädlich zu machen, bevor sie in Aktion treten«.[1]

Durch diese Vorverlagerung des Strafrechts in den Bereich von Ansichten, Absichten und Äußerungen sind einer rechtsförmig betriebenen Ausbürgerung von zu Staatsfeinden erklärten politischen Minderheiten und damit einer Gesinnungsjustiz Tür und Tor geöffnet. Die bundesdeutsche Rechtsgeschichte zeigt denn auch hinlänglich, daß die Gerichte nie gezögert haben, dieses Mittel auch zu nutzen. Hierbei sind – in den fünfziger, sechziger und siebziger Jahren – U-Haft-Befehle und hohe Gefängnisstrafen ohne Bewährung gegen Drucker, Verfasser und Verteiler von Schriften ausgesprochen worden[2] – für *Worte*, wohlgemerkt, und nicht für Taten. Wie sich dies mit der offiziellen und regelmäßig wiederholten Behauptung verträgt, politische Gefangene gäbe es in der Bundesrepublik nicht, gehört zu den Geheimnissen der Pressesprecher von Regierung und Justiz.

II.

Natürlich soll schon aus Gründen der Prozeßökonomie nicht jede x-beliebige politische Parole die Staatsanwaltschaft in Bewegung setzen. Nicht um »zollfreie Gedanken« gehe es, wie sich ein Justizminister ausdrückte[3], sondern um Worte und Schriften, die unerwünschte praktische Konsequenzen haben könnten, weil sie in einer bestimmten Situation und aus konkreten Zusammenhängen heraus offensichtliche Probleme und Konflikte handlungsverbindlich aufgreifen und ansprechen – kurz: eben nicht einfach nur Parolen bleiben. Nach der Rechtsprechung des Bundesgerichtshofes entscheidet sich ein strafrechtliches Vorgehen gegen Worte und Schriften deshalb daran, ob von den zu zensierenden Äußerungen »eine gezielte Breitenwirkung« ausgeht.[4] Ist dies nicht zu erwarten, so könne die Staatsanwaltschaft getrost zur Tagesordnung übergehen.

Eine solche Prognose auszustellen, ist allerdings nicht einfach, zumal sich die politische Wirkung von Texten, Plakaten usw. gewöhnlich erst in der Reaktion der Angesprochenen erweist. Dann aber könnte es bereits zu spät sein einzugreifen. Der Wortlaut vieler der genannten Kommunikationsdelikte fordert deshalb die Prüfung der politischen »Absicht« des Redners oder Publizisten, gegen dessen Worte vorgegangen werden soll. Setzt er sich »absichtlich« für unerwünschte »Bestrebungen« oder politische Ziele ein[5], dann gilt er als gefährlich und ist entsprechend zu behandeln.

Um diese strafbegründenden politischen Absichten und Ziele zu erforschen, hat der BGH eine Reihe von Regeln entwickelt: Beim »Parteigänger« erübrige sich meist jede weitere Ermittlung, schwierig werde die »Beweisführung« erst »gegenüber einem in seinen politischen Anschauungen nicht gebundenen Täter«. Hier sei vor allem zu beachten, »welche Rolle (bislang) bei seinem äußeren Handeln die verfassungsfeindliche Seite gespielt hat, inwieweit er mit verfassungsfeindlichen Bestrebungen in Berührung gekommen ist« und so weiter.[6] Zu untersuchen seien weiterhin die »Charaktereigenschaften des Täters, denn diese können zu Beweggründen führen, und aus Beweggründen können Ziele werden«.[7] Schließlich verweise auch eine zeitlich und inhaltlich »auffällige Übereinstimmung« mit Parolen »verfassungsfeindlicher Organisationen« sowie der »Gleichklang mit dem Sprachgebrauch« auf eine staatsfeindliche Gesinnung.[8]

Sollte diese Inquisition nichts ergeben, so weicht der BGH auf die »eigentliche Absicht« der Betroffenen aus, auf deren »wahre und eigentliche Anliegen« oder den »alles überschattenden Grundgedanken«, der nur verschwiegen werde, um »die staatlichen Organe möglichst lange im unklaren zu halten«.[9] Im übrigen seien auch solche »Gedanken zu berücksichtigen, die für den verständlichen Leser erkennbar zwischen den Zeilen stehen«[10] – im Zweifel liest man also heraus, was man zuvor hineingelesen hat.

Bei dieser Verrichtung ist die Justiz stets um den Schein von Objektivität bemüht. Nicht die persönlichen Ansichten des einen oder anderen Richters seien ausschlaggebend, sondern der »Konsens«, der »unter den Vertretern der ernsthaften Massenmedien – von linken und rechten Außenseitern abgesehen –« bestehe und auch für die »übrige Bevölkerung« selbstverständlich sei, »die nicht unter dem Einfluß von Hetzparolen steht«.[11]

Bei diesen als Maßstab dienenden anständigen Bürgern handelt es sich um jene in zahlreichen Urteilen beschworenen »Leser mit normalem Durchschnittsempfinden«[12], um »unbefangene Beobachter«[13] und »unverbildete Betrachter«[14] – ominöse Dritte also, die in der Phantasie von Richtern und von Staatsanwälten ein reges Eigenleben führen.

III.

Zur Abgrenzung von zulässiger und unzulässiger politischer Propaganda hat das Bundesverfassungsgericht den Begriff der »staatsgefährdenden Meinungen« geprägt[15], die um des »Ganzen« willen verfolgt werden müßten: Für die »freiheitlich demokratische Grundordnung« sei »die Meinungsfreiheit schlechthin konstituierend. Wenn gerade dieses Grundrecht zurückstehen soll, dann muß dies durch besondere Notwendigkeiten dieser Ordnung gerechtfertigt sein«.[16]

In der Praxis bedeutet dies eine folgenschwere Bewertung der politischen Auseinandersetzung durch die Justiz, die getreu der vom Verfassungsgericht ausgegebenen Devise: »Keine unbedingte Freiheit für die Feinde der Freiheit«[17] Zensuren verteilt, um die »Freunde« der Verfassung von deren Feinden zu trennen. Vor allem das öffentliche Räsonieren über die Formen und Folgen der Ausübung staatlicher Gewalt habe »mit Augenmaß«[18] und »sachlich«[19] zu erfolgen. Die Grenze jeder »zulässigen« Kritik sei dort überschritten, wo »an die Stelle des kritischen Urteils eine Darstellung tritt, die im einzelnen kritikwürdige Zustände bewußt entstellt und überspitzt verallgemeinert, begleitet von einer Diffamierung der Einrichtungen des Staates und bestimmter relevanter Gruppen (Parteien)«.[20]

Bei dieser Art der Auseinandersetzung handele es sich nicht mehr um eine »gesunde und erlaubte« Kritik[21], sondern um einen nicht zu duldenden »Wertungsexzeß«[22]: Auch im politischen Meinungskampf sei »das jeweils schonendste Mittel zu gebrauchen. Das die ganze Rechtsordnung durchziehende Übermaßverbot wirkt sich auch hier aus«[23] – eine beachtliche Feststellung, die den Grundsatz der Verhältnismäßigkeit, der staatliches Handeln begrenzen soll, unter der Hand zum Imperativ staatsbürgerlichen Verhaltens verkehrt. Die Meinungsfreiheit entspricht diesem Verständnis zufolge lediglich einer Art Konzession, begrenzt durch Sprachregelungen und Verhaltenspflichten, womit jede politisch fungierende Öffentlichkeit zu einer »Haftungsgemeinschaft derjenigen verklärt wird, die Einstellungen, Überzeugungen und Meinungen vermitteln«.[24]

IV.

Vor diesem Hintergrund ist es kein Zufall, daß gerade die öffentliche Auseinandersetzung über die Anwendung von Gewalt zur Lösung politischer Konflikte weitgehend tabuisiert, wo nötig auch kriminalisiert wird. Es muß hier nur an jenen »geistigen Belagerungszustand« erinnert werden, der die politische Kultur der Bundesrepublik im Umfeld der Schleyer-Entführung bestimmte. Die Gewaltfrage, so heißt es, sei mit dem Grundgesetz abschließend beantwortet worden. Um so hektischer sind die staatlichen Reaktionen überall dort, wo im Gefolge der Anschläge einiger – im ursprünglichen Wortsinne – Desperados, die sich selbst als Stadtguerrilla verstehen, und im Rahmen der Anti-Atomkraft-Kampagne die Notwendigkeit und Zulässigkeit gegenstaatlicher Gewalt erörtert wird. Durchsuchungen von Buchhandlungen und Druckereien, Beschlagnahmungen von Büchern und Zeitschriften, ja sogar die Inhaftierung von Buchhändlern und Druckern sind die ebenso hysterisch-hilflosen wie für die Betroffenen harten Reaktionen des Staates auf einen offensichtlich unverzeihlichen Tabubruch. Ohne Wenn und Aber werden Gewalt und Terror ineins gesetzt und schon das Reden darüber als »gewalttätig« verteufelt. Rigide wird ausgerechnet gegen diejenigen Publikationen vorgegangen, deren unbehinderte öffentliche Diskussion Voraussetzung für eine Ursachenanalyse der Eskalation von staatlicher und gegenstaatlicher Gewalt wäre. Und wo es gelingt, etwas Licht in das Halbdunkel zu bringen, unter dem die für sakrosankt erklärten »Sicherheitsorgane« tätig werden, da kann es passieren, daß diese Offenlegung zum Skandal erklärt und strafrechtlich verfolgt wird – im Gegensatz zu den bloßgestellten Staatsschutzämtern. »Wer die Diener des Staates – Richter, Soldaten und Polizei – nicht als Vertreter des Ganzen ansieht, verletzt die Innere Sicherheit.«[25] Der Spieß wird einfach umgedreht: Der »ertappte« Staat rächt sich, indem er in die Rolle des Verfolgten schlüpft.

Das juristische Vehikel hierfür findet sich vor allem in einer eher skurrilen Bestimmung: dem § 90a des StGB, der die »Verunglimpfung des Staates und seiner Symbole« unter Strafe stellt. Bei diesem Paragraphen handelt es sich um ein Relikt-Delikt aus vorkonstitutionellen Zeiten, in denen es noch unumwunden »Majestätsbeleidigung« hieß.[26] Als groteske Repersonalisierung der Obrigkeit erklärt der § 90a den Staat zu einem beleidigungsfähigen Subjekt, zu einer Art Lebewesen, das »gekränkt« werden könne: »Nicht nur der Einzelne, sondern auch die Staatsgemeinschaft als ein Kollektivgebilde besitzt einen selbständigen Anspruch auf soziale Geltung und Anerkennung.«[27] Von daher seien »Verunglimpfungen des Staates« geeignet, den »öffentlichen Frieden« zu verletzen, weil sie »von den meisten Menschen als Kränkung ihrer ›Ideale‹ aufgefaßt« würden; psychologisch kommt es hier zu ähnlichen Vorgängen, wie bei der Beschimpfung religiöser Bekenntnisse«.[28] Die unnachsichtige Abwehr jeder »verfassungsverräterischen Beschimpfung« des Staates[29] sei schon deshalb geboten, weil es hierbei um den Schutz von »fundamentalen Verfassungswerten« gehe[30]: Eine »fehlende Selbstverteidigung des Staates« provoziere »Resignation und Staatsverdrossenheit«[31], denen gegenüber jenes »Wertbewußtsein« zu stärken sei, das sich im »Staatsgefühl der Bürger« ausdrücke.[32]

Dieser metaphysischen Überhöhung des Staates und seiner »Ehre« entsprechend, wurden Bestimmungen wie der heutige § 90a immer schon in

Zeiten aktiviert, in denen es um das »Ansehen« der jeweiligen Regierung nicht gerade gut bestellt war. Auch heute nehmen Zahl und Schärfe der Anklagen und Verurteilungen wegen »Staatsverunglimpfung« in dem Maße zu, wie das staatliche Handeln auch pointierte Kritik herausfordert – »gefährlich ist's, auf die zu achten, die ächten können«.[33]

Inkriminiert worden sind beispielsweise Reden, Schriften oder Plakate, in denen die Bundesrepublik als »Ausbeuterstaat«[34], als »Unterdrückerstaat«[35] oder als eine »Geldsackrepublik«[36] bezeichnet wurde, deren »sogenannte freiheitlich-demokratische Grundordnung nur für die Fabrik- und Bankherren freiheitlich und demokratisch ist«.[37] Verfolgt wurde die Qualifizierung der Steuerpolitik als »staatliche Ausplünderung«[38], der Wahlen als »Betrugsmanöver« und »Volksbetrug«[39], der Parlamentarier als »Volks-(ver)treter«[40], der Haftbedingungen politischer Delinquenten in der Bundesrepublik als »Isolations- und Vernichtungshaft«.[41]

Strafverfahren sind bzw. waren anhängig gegen Leute, die im Zusammenhang mit Polizeieinsätzen und dem polizeilichen Schußwaffengebrauch von »Terror« und »Mord« gesprochen haben oder – wie beispielsweise der Vater Gudrun Ensslins – es sich erlaubt hatten, Zweifel an den Selbstmorden von Stammheim anzumelden und Fragen zu stellen, die sich aufdrängten, ohne jemals befriedigend beantwortet worden zu sein.[42] Schließlich wurde die Bemerkung bestraft, »mit einer Welle derartiger Gesinnungsprozesse« solle »verhindert werden, daß die Wahrheit über den zunehmenden Staatsterror ans Licht kommt«.[43]

Kafkaesk und symptomatisch ist auch eine Entscheidung des Berliner Kammergerichts zum § 90a: 48 Professoren, die den berühmten »Buback-Nachruf« als Dokumentation herausgegeben hatten, wurden von der Berliner Staatsanwaltschaft prompt wegen »Verunglimpfung des Staates« angeklagt. Das Landgericht Berlin verweigerte jedoch die Eröffnung der Hauptverhandlung: Die Professoren hätten zwar einen eindeutig strafbaren Text verbreitet, sich selber aber nicht strafbar gemacht, weil in dem Vorwort zu ihrer Publikation eine Identifizierung mit dem »Buback-Nachruf« ausdrücklich abgelehnt werde. Gegen diesen Beschluß legte die Staatsanwaltschaft Beschwerde beim Kammergericht ein und bekam von dort ihr Recht: Das höchste Berliner Gericht verfügte, den Professoren sei sehr wohl der Prozeß wegen »Staatsverunglimpfung« zu machen – allerdings nicht wegen des »Buback-Nachrufs«, sondern ausgerechnet wegen des diesem vorangestellten Editorials. Daß die Professoren dort nämlich erklärt hatten, sie hielten bei allen inhaltlichen Bedenken gegen den dokumentierten Text dessen ungehinderte öffentliche Diskussion entgegen allen staatlichen Zensurversuchen für erforderlich, bedeute – so das Kammergericht – den ungeheuerlichen Vorwurf einer Unterdrückung der Meinungsfreiheit durch den Staat und damit: dessen »Verunglimpfung«.[44] Der Vorwurf der Zensur sollte dieser also selbst zum Opfer fallen.

Auch die Symbole des Staates – Adler und Flagge – genießen als »notwendiges Element jeder Staatlichkeit«[45] den besonderen Schutz der Strafjustiz. So wurden wiederholt Karikaturen und Plakate inkriminiert, in denen der Bundesadler eher einem gerupften Huhn oder Pleitegeier ähnelte oder aber, wie in Berlin geschehen, zu einem »Arsch mit Ohren« verfremdet worden war.[46]

Ihre politische und juristische Bedeutung gewinnen Verfahren nach § 90a schon dadurch, daß es auf den möglichen Wahrheitsgehalt der jeweiligen Aussage nicht ankommt. Es genügt – so der moralisierende Wortlaut der Bestimmung –, daß der Staat »böswillig verächtlich« gemacht wird.[47] Gelegentlich wird dieser Schluß einfach der palmströmschen Logik folgend gezogen, wonach nicht sein kann, was nicht sein darf.[48] Meist jedoch rekurrieren die Gerichte auf die politischen Anschauungen der Angeklagten oder auf das, was sie dafür halten: auf »eine bestimmte Geisteshaltung, der dieses System verhaßt ist«, wie es beispielsweise in einem 90a-Urteil eines Berliner Schöffengerichts heißt.[49] Die mehrmonatigen Gefängnisstrafen ohne Bewährung wurden dann damit begründet, daß die Angeklagten in ihrer »feindseligen Gesinnung« gegenüber der Bundesrepublik »weit entfernt von jener kritischen Sympathie« sind, die – wohlgemerkt – »die angebrachte Haltung gegenüber diesem freisten deutschen Staate wäre, der jemals auf deutschem Staatsgebiet existierte«.[50]

Nicht nur eine bestimmte »Haltung« des Äußernden, auch der Zeitpunkt seiner Äußerung kann »unangebracht« und damit strafbegründend oder strafverschärfend sein. So erklärte das Amtsgericht Bonn zu Lasten von drei wegen § 90a Angeklagten, »daß sie die Bundesrepublik Deutschland als eine der freiheitlichsten Demokratien der Welt in einer Zeit böse verunglimpft haben, in der der Staat sich gegen eine gefährliche, wohlorganisierte, terroristische Mörderbande wehren muß, und [die Angeklagten] ihn gerade ob seiner Anstrengungen zur Verteidigung in dieser Situation angegriffen und dadurch mittelbar die politisch verbrämten Terroristen unterstützt haben«.[51] Die Staatsräson, nichts anderes heißt das, hat vor der Meinungsfreiheit zu rangieren, deren Wahrnehmung zur »unrechten Zeit« nicht hingenommen wird.

Wie die erwähnten Zahlenangaben zeigen[52], ließen sich die Beispiele an Urteilen zum § 90a StGB wenn auch nicht beliebig, so doch durch zahlreiche weitere Entscheidungen fortsetzen. Auch die inzwischen ähnlich umfangreiche Anwendung der §§ 185 ff. StGB (»Beleidigung«, vor allem in Form der »Kollektivbeleidigung« der Polizei, »Verleumdung« etc.) und der gelegentliche Einsatz des § 89 StGB (»Verfassungsfeindliche Einwirkung auf Bundeswehr und öffentliche Sicherheitsorgane«) markieren die Tendenz, Teilbereiche des öffentlichen Lebens einer offensiven politischen Auseinandersetzung zu entziehen.[53]

Mit den beständig anwachsenden Machtbefugnissen der Polizei und der Exekutive überhaupt geht offensichtlich deren zunehmende Anonymisierung einher. Allem verfassungsrechtlichen Pathos von der Garantie einer uneingeschränkten Öffentlichkeit zum Trotz wird diese unter »von oben« zu definierenden besonderen Umstände auf das offiziell Veröffentlichte reduziert. Es bildet sich eine Art neuer Arkanbereich heraus, der »im öffentlichen Interesse« eben diesem verschlossen bleibt – sei es mit Hilfe des Strafrechts, also mit Gewalt, sei es – wie während der Nachrichtensperre im Herbst 1977 – auf freiwilliger Basis. »Jeder gute Untertan«, so hieß es im Allgemeinen Preußischen Landrecht von 1794, »zeige Mängel des öffentlichen Wesens der Obrigkeit an, mache davon aber kein Geräusch im Publikum« – eine Maxime, die seit jeher die politische Kultur dieses Landes bestimmt hat.

V.

Eine besondere Rolle bei der strafrechtlichen Reglementierung politisch unerwünschter oder brisanter Kontroversen spielen neben den erwähnten Bestimmungen die (ideelle) »Unterstützung« einer »kriminellen« bzw. »terroristischen Vereinigung« (§§ 129, 129a StGB), die »Billigung« und »Befürwortung« von Gewalt (§§ 140, 88a StGB) sowie kombinierte Anklagen zu diesen Delikten.

Der § 88a StGB, der in den letzten Jahren in in- und ausländischen Diskussionen über die politische Entwicklung der Bundesrepublik geradezu zum Markenzeichen von Gesinnungsjustiz und Zensur geworden ist, bestätigt in seinem nahezu lückenlosen Katalog strafbaren Verhaltens jedes Vorurteil über die sprichwörtliche deutsche Gründlichkeit. So kann bestraft werden, wer Gewalt »verfassungsfeindlich befürwortet« – was auch immer im Einzelfall das sein mag –, indem er derart qualifizierte Texte, Bilder, Filme etc. »ausstellt, anschlägt, vorführt oder sonst zugänglich macht, herstellt, bezieht, liefert, vorrätig hält, anbietet, ankündigt, anpreist, in den räumlichen Geltungsbereich dieses Gesetzes einzuführen oder daraus auszuführen unternimmt«, um dadurch »die Bereitschaft anderer zu fördern«, sich »für Bestrebungen gegen den Bestand oder die Sicherheit der Bundesrepublik Deutschland oder gegen Verfassungsgrundsätze einzusetzen« – so der langatmige Wortlaut des § 88a, eine grandiose juristische Leerformel-Sammlung, die für alle nur denkbaren Fälle staatsanwaltschaftlicher Zensur das geeignete Mittel »vorrätig halten« dürfte.

Die Bestimmung wurde 1976 zusammen mit einem Bündel weiterer Kommunikationsdelikte im Windschatten der Auseinandersetzung mit der RAF geschaffen.[54] Welche politische Falschmünzerei bei der Verschärfung des Staatsschutzes betrieben worden ist, läßt sich gerade am Beispiel des § 88a eindrucksvoll demonstrieren: Hieß es gegenüber der

Öffentlichkeit zur Rechtfertigung der neuen unter dem Titel »Schutz des Gemeinschaftsfriedens« durchgesetzten Strafbestimmungen, sie würden benötigt, um Aufrufe zu Mord und Totschlag verbieten zu können – was nebenbei bemerkt bereits vorher strafbar war –, so ließ die Regierung hinter verschlossenen Türen die Katze aus dem Sack: Ihr Vertreter im »Sonderausschuß für die Strafrechtsreform«, ein Mann, der inzwischen zum Richter am Staatsschutzsenat des Bundesgerichtshofes avancierte und damit in letzter Instanz über die verbindliche Auslegung des § 88a mitzuentscheiden hat, blätterte im Rechtsausschuß eine aufschlußreiche Liste strafbarer Formen der »Befürwortung« von Gewalt auf, die zweimal zu lesen vor allem denjenigen zu empfehlen ist, die das Gesetz nach wie vor als »Anti-Terrorismus-Gesetz« mißverstehen: »Erstens«, so erklärte der Regierungsvertreter, gebe es strafbare »Befürwortung von Gewalt in der Form der indirekten Aufforderung; zweitens Befürwortung in der Form scheinbarer Distanzierung; drittens Beschreibungen strafbarer Handlungen mit Nachahmungseffekt; viertens Befürwortung in der Form der Billigung eines historischen Ereignisses in der Absicht, es als nachahmenswertes Vorbild hinzustellen; fünftens Befürwortung in der Form der Ankündigung oder Vorhersage von Gewalttaten mit Nachahmungstendenz; und sechstens Befürwortung von Gewalt in der Form des Abdrucks fremder Meinungen, wobei der Autor die fremde Meinung sich zu eigen macht, um einen bestimmten Eindruck zu erzielen«.[55]

Schon die Beamten der Ära Metternichs glaubten als »verantwortlich« für die Revolution von 1789 gewisse Publikationen ausfindig machen zu können; und auch heute im Zusammenhang mit der Entwicklung gegenstaatlicher Gewalt wird so getan, als könnten Worte allein zum Beweggrund politischer Aktivitäten werden. Die »Befürwortung von Gewalt«, so heißt es, müsse dann verfolgt werden, wenn die Gewalt als »begrüßenswert oder auch nur als notwendig oder unvermeidbar dargestellt« werde[56] – dann jedenfalls, wenn dies in »verfassungsfeindlicher Absicht« geschehe, weil eine »Verbreitung solcher Äußerungen die Bereitschaft gerade von jüngeren Menschen fördern kann, die Gewaltanwendung als zulässiges politisches Mittel zu betrachten«.[57] Dies aber sei »sozialschädlich und gemeinschaftsgefährlich«.[58]

Als Verfeinerung der staatsanwaltschaftlichen Zugriffsmöglichkeiten sollen der § 88a und die übrigen Bestimmungen des »Gesetzes zum Schutz des Gemeinschaftsfriedens« offenbar helfen, das Monopol staatlicher Gewalt unangefochten aufrechtzuerhalten, indem bereits Diskussionen über die Anwendung gegenstaatlicher Gewalt als kriminell gebrandmarkt und so all die Aktivitäten und »Gegenmachtsymbole«[59] im Ansatz getroffen werden können, die auf eine offene und offensive Vorbereitung und Verbreitung ebenso angewiesen sind, wie auf sie stützende Solidaritätskampagnen. Bombenanschläge und Attentate, von denen während der öffentlichen Diskussion des Gesetzes viel die Rede war, fallen hierunter mit Sicherheit nicht: sie sind keine Gewalttätigkeiten, deren Durchführung einer vorherigen breiten und öffentlichen Erörterung bedarf. Im Gegenteil, dies würde ihre Ausführung unmöglich machen. Dagegen gibt es jedoch Aktivitäten, die mit einer öffentlichen Diskussion stehen und fallen: Streiks etwa oder Demonstrationen. Führt man sich vor Augen, daß die strafrechtliche und die umgangssprachliche Bedeutung von »Gewalt« sich unterscheiden wie Tag und Nacht und daß dementsprechend der Bundesgerichtshof schon passiven Widerstand und Streiks als Gewalt im Sinne des Strafrechts eingeordnet hat[60], so sind der breiten Anwendung des kautschukartigen § 88a grundsätzlich keine Grenzen gesetzt.

Folgerichtig kennzeichnet die Gesetzesüberschrift – »Schutz des Gemeinschaftsfriedens« – die Art und Weise, in der hierzulande politische Auseinandersetzungen geführt bzw. stillgelegt werden: durch eine Tabuisierung schon des strukturellen Gewaltcharakters dieser Gesellschaft. »Öffentlicher Friede«, »Gemeinschaft« – das sind in Deutschland Schlüsselbegriffe der Politik und auch des Rechts. Der »Schutz des Gemeinschaftsfriedens«, darunter wird in der juristischen Literatur die »innere Sicherheit des Gemeinwesens« verstanden, die »Stabilisierung von kollektiven Verhältnissen« gegen »Störungen«, die beispielsweise darin gesehen werden, daß »die sich im Vertrauen äußernde positive, integrierende Bewußtseinslage« der Bevölkerung und deren »Überzeugung von der Friedfertigkeit der sozialen Umwelt erschüttert werden«.[61]

Mit anderen Worten: Vorhandene soziale Widersprüche und Konflikte sollen nicht auch noch beim Namen genannt und in politischen Zusammenhängen oder »Absichten« thematisiert werden. »Gerade in der gegenwärtigen Entwicklung«, so warnte ein Abgeordneter während der parlamentarischen Beratungen zum § 88a, »muß man sich davor hüten, auch nur den Anschein zu erwecken, als würden Straftaten gegen den Gemeinschaftsfrieden leichtgenommen.«[62]

VI.

Anfang Mai 1976 war der § 88a in Kraft getreten; bis Anfang Mai 1979 wurde gegen 103 Personen nach dieser Vorschrift ermittelt; einige von ihnen wurden für wenige Tage oder viele Monate in U-Haft verbracht; Hausdurchsuchungen und Beschlagnahmungen waren die Regel. Angeklagt wurden dann lediglich 7 Personen, von denen wiederum 5 verurteilt und die restlichen 2 freigesprochen wurden. Eine der Verurteilungen und ein Freispruch sind rechtskräftig.[63] Diese Zahlen sind ein Beleg mehr für die Vermutung, daß der § 88a seinen eigentlichen politischen Zweck außerhalb des strafrechtlichen Anwendungsbereichs entfaltet: »Der Wert einer Vorschrift«, so bekannte denn auch ein Staatssekretär im Bundestag zu dem genannten Mißverhältnis zwischen Ermittlungs- und Gerichtsverfahren, »liegt auch darin, daß sie eine gewisse Abschreckungswirkung hat.«[64]

Die ergangenen 5 Verurteilungen, vor allem eine (erste) Entscheidung des BGH zum § 88a[65], bestätigen vollauf, was schon die Konturlosigkeit dieser Bestimmung befürchten ließ: Den Staatsanwaltschaften ist mit dem § 88a eine Willkürlizenz par excellence an die Hand gegeben worden, die sie auch zu gebrauchen wissen. In der erwähnten Grundsatzentscheidung des BGH verloren die Richter des Staatsschutz-Senats – unter ihnen der ehemalige Regierungsvertreter im Rechtsausschuß – nur wenige zumal belanglose Worte über die von ihnen bestrittene verfassungsrechtliche Problematik des § 88a, um dann folgende entwaffnende Feststellung zu treffen: Die Bestimmung würde nicht »die bloße Gesinnung bestrafen«, sondern ja nur dann erfüllt sein, wenn die Gesinnung »in einer für andere wahrnehmbaren Form erklärt worden ist« und dadurch der »öffentliche Friede« gefährdet werde[66] – eine törichte Trennung zwischen dem unproblematischen »Haben« und dem nicht grenzenlos zulässigen »Äußern« politischer Überzeugung, wie sie auch schon das Bundesverfassungsgericht in seiner Berufsverboteentscheidung statuiert hat.[67] Die Gedanken sind frei, aber eben nur die Gedanken.

Mit dem Strafverfahren gegen vier Drucker der Berliner »Agit«-Druckerei sind die schlimmsten Erwartungen über mögliche Auswirkungen des § 88a weit übertroffen worden. Die Drucker dieses kleinen Alternativbetriebes wurden im Frühjahr 1978 von der Staatsanwaltschaft beim Staatsschutzsenat des Berliner Kammergerichts angeklagt, mit von ihnen hergestellten Schriften eine »terroristische Vereinigung unterstützt« und für sie geworben zu haben, u. a. strafbar nach §§ 129a, 88a StGB. In dem wöchentlich in Berlin verbreiteten »Info Berliner undogmatischer Gruppen«, das neben vielen anderen Publikationen bei »Agit« gedruckt wurde, waren gelegentlich auch Berichte und Beiträge zur Auseinandersetzung über das »Konzept Stadtguerilla« nachzulesen, darunter der berühmte »Buback-Nachruf« und hin und wieder Originalerklärungen von Gruppen wie der RAF. Zwar scheint es inzwischen Schule zu machen, daß Strafgerichte sich berufen fühlen, hierüber politische Urteile abzugeben; in dem »Agit-Fall« jedoch geht es weniger um die konkreten Texte selbst, als um deren Vervielfältigung durch eine Druckerei.

Erstmals in der Geschichte der Bundesrepublik wurden mit diesem Verfahren Drucker für die mutmaßliche Wirkung der von ihnen gedruckten Texte strafrechtlich verantwortlich gemacht, drei von ihnen sogar für mehr als 10 Monate in Untersuchungshaft genommen. Die Möglichkeit für diesen drastischen Eingriff eröffnete die Koppelung des § 88a mit dem § 129a, der einen absoluten U-Haft-Grund liefert (§ 112 StPO). Im übrigen, so entschied das Kammergericht zur Frage der Untersuchungshaft, bestehe bei Leuten wie den angeklagten Druckern auch Fluchtgefahr: sie lebten gleichsam »bindungslos« in Wohngemeinschaften und hätten, sollten sie verurteilt werden, Strafen bis zu 5 Jahren Gefängnis zu erwarten. Dem aber könnten sie sich leicht entziehen, zumal sie als »Angehörige einer linksorientierten Basisgruppe, als die sie das von ihnen gegründete Druckereikollektiv ansehen, über zahlreiche politische Gesinnungsgenossen verfügen, die ihnen jederzeit Unterschlupf gewähren«.[68]

Den vier Druckern wurde zum Verhängnis, daß sie sich konsequenterweise geweigert hatten, die ihnen übergebenen Druckvorlagen in irgendeiner Weise zu zensieren. Demgegenüber behaupteten die Staatsanwaltschaft und inzwischen auch das Kammergericht in seinem Urteil eine Pflicht der Vier, gegenüber derartigen Texten zu oder von der »Stadtguerilla« Zurückhaltung und Selbstzensur zu üben. Da die Drucker dies ihrem Selbstverständnis entsprechend unterlassen hatten, hätten sie sich mit den inkriminierten Texten folglich auch identifiziert; sie hätten zumindest deren »kriminelle Wirkung« »billigend in Kauf« genommen.

Wie, so muß man hierzu fragen, sollen sich Drucker mit allem auseinandersetzen oder gar identifizieren, was sie durch die Maschinen laufen lassen? Wie, im konkreten Fall, sowohl mit den beanstandeten RAF-Texten als auch mit Flugblättern, Plakaten, Zeitschriften und Broschüren für Gruppen unterschiedlichster politischer Orientierung? Sie alle waren bei »Agit« Kunden: die GEW und die Postgewerkschaft; die Humanistische Union und die Evangelische Studentengemeinde; Mieterinitiativen und Stadtteilgruppen; Buchläden, Kneipen, Kirchengemeinden, Hochschul- und Frauengruppen.

Das mit diesem Einwand konfrontierte Kammergericht half der Staatsanwaltschaft aus den eigenen Widersprüchen, indem es folgenden Haken schlug: Auf eine Identifizierung, so befand es kurzerhand, komme es nicht unbedingt an. »Weder der Tatbestand des § 88a noch der § 129a verlangt, daß der Täter sich mit der Tat, die er befürwortet, oder mit der Vereinigung, für die er wirbt, identifiziert.«[69] Man kann also – was anderes soll das heißen? – auch »befürworten« ohne eigentlich zu »befürworten«. Strafbar soll dies trotzdem sein.

Das Urteil des Kammergerichts vom Februar 1979 fiel entsprechend aus: Wegen »gemeinschaftlicher verfassungsfeindlicher Befürwortung von Straftaten in Tateinheit mit gemeinschaftlicher Beihilfe zur öffentlichen Aufforderung zu Straftaten, zur Werbung für terroristische Vereinigungen und zur Billigung von Straftaten« (§§ 88a, 111, 129a, 140, 25, 27 StGB) wurden die vier Drucker zu Gefängnisstrafen zwischen 9 und 12 Monaten ohne Bewährung verurteilt[70]; die Entscheidung des BGH über die Revision der Angeklagten steht noch aus.[71]

Daß Drucker zu Zensurmaßnahmen gegen von ihnen (technisch) hergestellte Texte strafrechtlich verpflichtet sein sollen und dazu auch gezwungen werden, ist, wie gesagt, neu in der bundesdeutschen Rechtsgeschichte[72], ja, widerspricht deren bisherigem Verlauf: Bislang nämlich war es selbstverständlich, Strafverfahren gerade gegen solche Drucker einzuleiten, die bestimmte von ihnen als unzumutbar bewertete Texte auf eigene Faust geschwärzt hatten. Man denke nur an den Sturm der Entrüstung, der durch den Blätterwald fuhr, als während der letzten beiden Streiks der IG Druck und Papier Drucker sich geweigert hatten, Kommentare zu setzen und zu drucken, in denen ihr Streik diffamiert worden war. Von »Klassenkampf mit Zensur« war da sofort die Rede[73], und Ermittlungsverfahren wegen »Nötigung« wurden prompt eingeleitet, später dann aus Gründen der politischen Opportunität wieder eingestellt – trotz des »schweren kriminellen Gehalt(s) der angezeigten Straftat«, wie der renommierte Arbeitsrechtler Rüthers in einem Gutachten für die Druckindustrie rügte.[74]

VII.

Solche Doppelbödigkeit bestimmte auch das Strafverfahren gegen die Geschäftsführer des Münchener Trikont-Verlags, der die Autobiographie Michael »Bommi« Baumanns »Wie alles anfing« herausgegeben hatte. Baumann, der sich zur »Bewegung 2. Juni« bekannte, um deren Aktionen dann mit seinem Buch politisch scharf zu kritisieren, ohne dadurch zum Denunzianten zu werden, wird noch heute steckbrieflich gesucht. In einer großangelegten Polizeiaktion wurde sein Buch im November 1975 im ganzen Bundesgebiet beschlagnahmt, weil mit ihm »Gewalt gebilligt« werde (§ 140 StGB).

Es erübrigt sich hier, auf die Einzelheiten dieses langjährigen, erst Ende 1978 abgeschlossenen Rechtsstreits einzugehen, zumal dies von zwei der Trikont-Verteidiger ausführlich geleistet worden und an anderer Stelle nachzulesen ist.[75] Es soll hier lediglich wiedergegeben werden, mit Hilfe welcher Subsumtionstechniken (um nicht zu sagen: Tricks) der Bundesgerichtshof die Herausgabe des Buches zunächst als strafbare »Billigung« vergangener Straftaten qualifiziert hat, um dann in einer zweiten Revisionsentscheidung doch noch den Freispruch der Trikont-Verleger anzuordnen. Diese nunmehr rechtskräftige Entscheidung, die ohne die massiven in- und ausländischen Kampagnen und wiederholten Neuauflagen des Buches kaum denkbar gewesen wäre, würde jedoch total mißverstanden, wollte man sie – wie in zahlreichen Zeitungskommentaren vorschnell geschehen – als einsichtige Rücknahme der Zensur und bedingungslose Korrektur der vorausgegangenen Urteile bewerten. Wie so häufig bei derartigen Entscheidungen sind nämlich gerade die nur beiläufig formulierten Nebensätze wegen ihrer Bedeutung für künftige Strafprozesse genau zu lesen. So heißt es ausdrücklich in dem die Trikont-Verleger freisprechenden (zweiten) BGH-Urteil: Für andere Fälle müsse »offenbleiben, wann ein bloßes Verlegen eines Buches ohne Zusätze des Verlegers ausreicht, um eine den öffentlichen Frieden gefährdende Billigung von solchen Straftaten anzunehmen, die der Autor gutheißt«.[76]

Eben solche »Zusätze des Verlegers« bzw. deren Fehlen bildeten den Kern des Strafverfahrens und der richtungweisenden ersten BGH-Revisionsentscheidung.[77] Dieses Urteil enthält drei bemerkenswerte Feststellungen:

Zum einen führt der Bundesgerichtshof rechtsschöpfend den politischen Kampfbegriff des »Sympathisanten« in die strafrechtliche Dogmatik von Täterschaft und Teilnahme ein: Bommi Baumann sei »teils Mittäter, teils erklärter Sympathisant der Täter« der in seinem Buch geschilderten Straftaten gewesen und habe sich – ähnlich wie seine Verleger – »nicht ausdrücklich von (diesen) Taten distanziert«, was einer strafbaren »Billigung« gemäß § 140 StGB gleichkomme.

Zweitens, so der BGH weiter, würden in dem Buch »Gewalttätigkeiten nicht grundsätzlich« abgelehnt, was wiederum eine strafbare »Billigung« bedeute. Damit wird durch die Hintertür die »Billigung« nach § 140 StGB zu einem (unechten) Unterlassungsdelikt erklärt: Wer sich nicht ausdrücklich distanziert, der billigt.

Und schließlich drittens, so der BGH, sei es ein gravierender Unterschied, ob Texte wie der von Baumann in einem Verlag wie Trikont erscheinen oder aber in »wertfreien Dokumentationen«. Zwar sei es richtig, daß die inkriminierten Passagen des Buches auch an anderer Stelle, etwa im »Spiegel« abgedruckt worden seien; dort aber habe »im Vordergrund die Berichterstattung eines Presseorgans« gestanden, »das sich nicht mit der Kundgebung identifiziert«, was beim Trikont-Verlag allein schon angesichts seines Verlagsprogramms nicht der Fall sei.[78]

Mit dieser Entscheidung, die inzwischen in anderen Verfahren »ausgebaut« worden ist[79], hat der BGH seine bisherige Rechtsprechung zum strafbaren »Billigen« von Straftaten durch Herausgabe eines Buches vollständig über den Haufen geworfen[80] und festgestellt, daß ein und derselbe Text über Gewalt als deren strafbare Billigung oder aber als belanglose Schilderung eines zeitgeschichtlichen Vorgangs ausgelegt werden kann – je nachdem, welcher politischen Provenienz der Äußernde von der Justiz zugeordnet wird.

VIII.

Eine kurze Bemerkung zum Schluß: Trotz der – in Ausschnitten geschilderten – massiven strafgerichtlichen Zensuraktivitäten darf man nicht übersehen, daß diese Entwicklung nicht widerspruchs- und reibungslos verläuft. Es sind dies Widersprüche, die politisch wie juristisch genutzt und geltend gemacht werden müssen. Es wäre jedenfalls eine Überzeichnung der politischen Wirklichkeit der Bundesrepublik, wollte man behaupten, jede kritische Äußerung und Öffentlichkeit sei bereits von Strafe bedroht. Im Auge behalten muß man allerdings, welche Tendenzen sich abzeichnen und welche Mittel bereitstehen, die Demarkationslinie des Rechts den jeweiligen politischen Konjunkturen entsprechend zu verschieben.

III.

Joachim Bark

Schulbuchprüfung
Zu einer Technik staatlichen Zensurverhaltens

»Verleger, welche mit den Behörden Fühlung halten, reichen die betreffenden Bücher bereits *vor* dem Druck ein, berücksichtigen die von jenen angesprochenen Wünsche und erhalten die behördliche Genehmigung, ehe das betreffende Buch an die Öffentlichkeit getreten ist. Die *freie* Kritik in Lehrerversammlungen und pädagogischen Zeitschriften kommt also für diese Bücher gar nicht in Betracht. Sie haben die behördliche Zensur – denn als das kann diese Art der Beurteilung nur bezeichnet werden – bestanden, und das genügt.« (J. Tews, Das Schulbüchermonopol, in: Die Deutsche Schule 1, 1897)

I.

Anfang des Jahres 1978 schreckte ein Erlaßentwurf des baden-württembergischen Kultusministeriums 82 000 Lehrer auf: auf dem Erlaßwege sollten nach Ministerratsbeschluß von 1977 hektographierte und fotokopierte Unterrichtsmaterialien dem jeweiligen Schulleiter zur Genehmigung vorgelegt und bei diesem für ein Jahr aufgehoben werden. Denn: bislang waren »freie« Unterrichtsmaterialien von der gleichfalls nur exekutivisch erlassenen Pflicht zur Vorlage auf Genehmigung durch die Kulturbehörde ausgenommen. Von einem Wildwuchs redeten die Befürworter, von einer Grauzone, in der das Gebot zum Gebrauch verfassungskonformer Unterrichtsmaterialien verletzt werde, sogar von einem wachsenden Mißbrauch der guten Rechte und Freiheiten in der Unterrichtsgestaltung (!); Zensur sagten die Gegner und warnten vor einer unerhörten Belastung des Klimas an den Schulen. Der Schulleiter als Zensor – die Rede ist von einer Kontrolle jener Materialien, die aus Mangel an vernünftigen Lehrplänen und wegen der Rückständigkeit genehmigter Schulbücher vom Lehrer selbst in pädagogischer Eigenverantwortung produziert werden. Die Rede ist zugleich von einer weiteren Drehung an der Schraube staatlicher Gesinnungskontrolle.

In einer umfangreichen Monographie zum Thema[1] steht nachgewiesen, daß der Prüfung und Genehmigung von Unterrichtsmaterialien seit der Veranstaltung von Schule durch den Staat eine zentrale Bedeutung im Ensemble der Möglichkeiten von Planung, Organisation und Aufsicht pädagogischen Handelns beigemessen wurde. Landesherrschaftliche und kirchliche Approbationserlasse im späten 16. Jahrhundert, zur Zeit der

Gegenreformation, berücksichtigen in klaren Formulierungen das Schulbuch, etwa in der ersten amtlichen bayerischen Schulordnung von 1569, die bis 1770 Gültigkeit besaß: daß »in Schul- und Lehrheusern so wol Teutschen als Lateinischen/ kein sectisch Buch vorgelesen/ Ja auch kein anders bestelt/ oder gebraucht werden solle/ es sey denn in Catholischen Druckereyen getruckt/ und an tag gegeben worden« (Müller, 16).

In den überwiegend protestantischen Gebieten lagen die Verhältnisse wenig anders, trotz des von vornherein stärkeren Einflusses der weltlichen Obrigkeit. Man war sich einig im Bemühen um die Reinhaltung und Sicherung des Glaubensbekenntnisses und um größtmögliche Konformität. Denn diese nahm die allgemeinen territorialen Unierungsbestrebungen, in denen die Gründung des Königreichs Preußen 1701 die wichtigste Etappe bezeichnete, auf dem ideologischen Sektor auf. Die Schulbücher bestimmten den Stoff und die Reihenfolge seiner Behandlung, somit den Lehrplan im »höheren« wie »niederen« Schulwesen. Festigung der bestehenden Ordnung und Erziehung gehorsamer Untertanen waren die leitenden Absichten aller Schulbuchbestimmungen, im preußischen General-Landesschulreglement von 1763 so gut wie in den aufklärungsfeindlichen Religions- und Zensuredikten von 1788 unter Woellner. Übergeht man die Periode der individualpädagogisch orientierten Reformbemühungen neuhumanistischer Prägung zu Beginn des 19. Jahrhunderts als schulpolitisch folgenloses Intermezzo, so steht man 1817 mit der Dienstinstruktion für die Provinzialschulbehörden (Konsistorien) seitens des neuen preußischen Ministeriums für Kultur und Unterricht wieder im Hauptstrom staatlicher Regulative. In § 7 heißt es dort richtungweisend für die kommenden Jahrzehnte über die Arbeit der Schulbehörden:

»4. Prüfung der im Gebrauch befindlichen Schulbücher; Bestimmung derj(enigen), welche abzuschaffen oder neu einzuführen, und Regulierung der Anwendung nach vorheriger Genehmigung des vorgesetzten Min(isteriums).« (Müller, 66)

Man braucht sich nur klarzumachen, welche Rolle Lehrplangestaltung und Schulbuchauswahl im Kulturkampf spielten, was beides für den Kampf gegen die Sozialdemokratie hergab, um die Zentralisierung der Schulorganisation und -aufsicht und die Durchsetzung von Prinzipien wie Einheitlichkeit, Kontinuität und Zweckmäßigkeit der Lehrmittel bis zum Ende des Jahrhunderts als Aspekte derselben ideologischen Normierung zu begreifen. Die Etappen sind mit dem preußischen Schulaufsichtsgesetz und den Allgemeinen Bestimmungen von 1872 sowie dem Beschluß des Staatsministeriums von 1889 gut zu kennzeichnen. Dem »Beschluß« war eine protokollarisch bezeugte kaiserliche Weisung vorausgegangen, deren Zitat den historischen Überblick bündig abschließen kann:

»Gesetze, Verordnungen und andere Vorschriften, welche man gegen die Sozialdemokraten erlasse, seien Palliative, durch welche man vielleicht Schutz gegen deren äußere Ausschreitungen erlange; um sie aber an der Wurzel anzufassen und soweit als thunlich im Keime zu ersticken, müsse man auf die Jugend einwirken. Der Hauptkampfplatz liege daher in der Schule.« (Müller, 149)

Gestern wie heute können vorgeschobene Argumente der fachlichen und der pädagogischen Qualitätskontrolle sowie die zweifelhaften Maßnahmen gegen beargwöhnte einseitige Information darauf aufmerksam machen, daß die Aufgabe von Unterricht in der Legimitierung des gesellschaftlichen Systems gesehen wird. Schulbücher haben dabei traditionell eine wichtige Aufgabe, zugleich sollen sie dem pädagogischen Ziel unterstellt sein. In einer Zeit der Produktion von Mediensystemen wird zwar gerade diese Funktion stark angezweifelt. Aber ganz davon abgesehen, ob jene Umfragen recht haben[2], die auch in den siebziger Jahren die Unterrichtsvorbereitung und die hauptsächliche Unterrichtsarbeit als Arbeit mit dem Schulbuch ausweisen – es war und ist deshalb von besonderer Wichtigkeit, weil seine pädagogisch-didaktische Aufgabe darin bestehen dürfte, »das Lehren und Lernen aus der Enge zufällig verfügbarer und begrenzter Sachverhalte und Fragestellungen herauszuführen und zu bereichern, das eigene Denken, Fragen, Beurteilen und Handeln zu aktivieren und zu sachangemessenem, selbständigem Urteilen, Vergleichen, Zusammenfassen, Problematisieren, Wiederholen, Weiterarbeiten usw. anzuregen«.[3]

Die Lösung dieser Aufgabe setzt für den Inhalt des Schulbuchs ein breites Spektrum an Informationen und kontroversen Ansichten an – und genau das steht im Prüfungsverfahren zur Debatte, auch wenn anstelle des Schulbuchs das zu prüfende Objekt ein Mediensystem wäre; abgesehen davon, daß ein bestimmter Zuschnitt von möglichen Inhalten und eine Begrenzung der unterrichtlichen Gegenstände schon durch amtliche Lehrpläne und andere regulative Bestimmungen vorweggenommen wird.

II.

Die Sache wird nicht zwischen dem Staat und seinen Organen einerseits, den Lehrern, Eltern und Schülern andererseits verhandelt. In der Mitte stehen die Schulbuchproduzenten, steht ein – wenn auch nicht exemplarischer – Teil des kapitalistischen Markts. Nicht exemplarisch, weil das Prüfungsverfahren das einzig nennenswerte Produktionsrisiko der Verlage ist und weil der Staat, wegen der Lernmittelfreiheit der einzige Abnehmer, zugleich über die Steuern der hauptsächliche Subventionist ist. Als solcher hat der Gesetzgeber, auch abgesehen vom Verfassungsauftrag in Art. 7 GG, ein berechtigtes Interesse an einer Kontrolle des Marktes; das meint eine jährliche Ausgabe (1975) von 409 Millionen DM an Lernmitteln für 12 Millionen Schüler auf 79 Schultypen und -stufen, als Arbeitsmittel in die Hände von 506 000 Lehrern: ein subventionierter Umsatz von 500 Millionen Mark.[4] Diesen Markt teilen sich rund 90 Privatverlage, von denen die fünf größten (Klett, Diesterweg, Schroedel, Westermann, Schöningh) nach Schätzungen des Instituts für Sozialforschung 80 % des Markts unter sich ausmachen. Gerade dieser Umstand der Subventioniertheit über die Lernmittelfreiheit macht die verlegerischen Klagen über Kalkulationsschwierigkeiten angesichts des ungewissen Ausgangs von Prüfungsverfahren gegenstandslos. Eine viel berechtigtere Klage der Verlage, über deren Auftrag lange Zeit die Zensurproblematik einseitig verhandelt worden ist, wird hingegen seltener geäußert: Die mittelbare Folge der staatlichen Prüfungsverfahren ist, daß Schulbuchverlage und -autoren »ihre Produkte von vornherein nicht unter rein fachlichen Gesichtspunkten erarbeiten und herstellen können, sondern aufgrund der staatlichen Schulbuch-Zulassungskompetenz gezwungen sind, sich möglichst strikte an den amtlichen Erwartungen und Vorschriften zu orientieren«.[5] Die relative Einführungsfreiheit der Schulen bzw. Fachkonferenzen in einzelnen Bundesländern ist daher stets eine Freiheit der Wahl aus unmittelbar und mittelbar Zensuriertem.

III.

Von juristischer Seite ist das Prüfungs- und Zulassungsverfahren bislang unter dem Gesichtspunkt des Eingriffs in die Pressefreiheit behandelt worden, z. T. in Untersuchungen, die vom Verband der Schulbuchverlage in Auftrag gegeben wurden.[6] Wer den verfassungsrechtlichen Problemen der Schulbuchprüfung nachgeht, stößt bald auf das Urteil des Bundesverwaltungsgerichts vom 13. 3. 73: in ihm wurde klargelegt, daß bei der Güterabwägung zwischen Pressefreiheit in Art. 5,1 GG und dem Gebot der staatlichen Schulaufsicht in Art. 7,1 GG ein Verstoß gegen das Grundgesetz der Pressefreiheit, insbesondere gegen das Zensurverbot in Satz 3 zu verneinen ist. Das Urteil stimmt überein mit der herrschenden juristischen Meinung. Diese Diskussion wieder aufzunehmen, kann nicht Sinn dieses Beitrags sein. Wichtiger erscheint mir die inzwischen auch von konservativer Seite vorgenommene Würdigung von Grenzen, die das Demokratiegebot in Art. 20,1-2 GG der organisationspolitischen Ermessensfreiheit des Staats bei der Gestaltung der äußeren und inneren Schulangelegenheiten setzt.[7] Denn wenn das Demokratiegebot nach herrschender Lehre nicht bloß ein auswechselbares Organisationsstatut ist, sondern die »Lebensform« auch der veranstalteten Schule, dann hat das Konsequenzen für die Maßnahmen der inneren Schulgewalt, wie sie die Schulaufsicht nach Art. 7,1 GG ermöglicht und wozu auch das Schulbuchgenehmigungsverfahren gehört: sie können nur im Geiste des Demokratiegebots erfolgen. Das kann man für die Festsetzung von Lernzielen und die

Vermittlung von Bildungsinhalten noch konkreter sagen: »Das im Sinne der Demokratievermittlung Entscheidende ist vielmehr die tolerante Grundanlage in der Präsentation und gegenüber der Rezeption der Lehr- und Lernziele.« (Oppermann C 37)

Oppermann spricht daher ausdrücklich und zu Recht vom Gebot der ideologischen Toleranz und will dies auch auf die »flankierenden Maßnahmen bei dem Verfolg der Lehr- und Lernziele«, eben die Schulbuchprüfung, angewandt wissen.

Unter dem Stichwort des Demokratiegebots wäre einmal mit der bestehenden Praxis der Prüfungsverfahren in den Ländern aufzuräumen, die allesamt rein exekutivische Verfahren ohne parlamentarische Basis sind (s. u.). Vor allem ist die inhaltliche Durchführung der Schulbuchprüfung von dem Satz der ideologischen Toleranz betroffen. Wenn beispielsweise das baden-württembergische Kultusministerium einräumt (in einer Antwort auf eine Anfrage der sozialdemokratischen Landtagsfraktion, Drucksache 7/5060), 1978 80 Schulbücher nicht zugelassen zu haben, davon allein 10 aus dem Bereich der politischen Bildung, dann läßt das eine Verallgemeinerung zu: daß Schulbücher für kulturwissenschaftliche Fächer wie Geschichte, Deutsch und Sozialkunde wegen ihrer Eignung zur Ideologiebildung bzw. zur Abwehr ungebilligter Weltanschauung am stärksten eingriffsgefährdet sind.

Ich werde daher zur Fallbesprechung ein Sozialkundebuch heranziehen, das für negative Schulbuchprüfung exemplarisch ist. Zum einen, weil sich eine Menge ähnlich gelagerter Fälle zitieren läßt. Ich erinnere an die breit dokumentierte, geradezu »klassische« politische Kontroverse um das Lesebuch des Pro Schule Verlags »drucksachen«, das eine so überraschend wichtige Rolle im Landtagswahlkampf 1972 spielte und das in der 2. Auflage kläglich eine Selbstzensur ankündigen mußte als »Beitrag zur Versachlichung der Diskussion«.[8] Oder an das traditionsreiche »Deutsche Lesebuch für Gymnasien, Bände 1-5« von Bender (Crüwell Verlag), das 1977 Autoren wie Biermann, Fichte, Fried und Wallraff zu seinem Schaden aufgenommen hatte – denn mit diesen Autoren fiel es unter die Schere des bayerischen Zensors: »Insbesondere entspricht die Auswahl der Texte [. . .] nicht der Intention dieser Lehrpläne.«[9] Schließlich an das bestens eingeführte Sozialkundebuch »sehen-beurteilen-handeln« (Hirschgraben Verlag), dessen Neuauflage durch Hilliger und George Anfang 1972 allenthalben genehmigt worden war, das aber ab Mitte 1972 in den Landtagswahlkampf geriet, als »linke Schulbuchmanipulation« (Die Welt vom 8. 8. 72) denunziert wurde und ab 1973 aus den Listen der zum Unterrichtsgebrauch genehmigten Werke verschwand.[10] Und jüngstens (1979) lieferte Baden-Württemberg die Groteske nach. Das Kultusministerium verweigerte dem Lesebuch »Modelle« aus dem Oldenbourg Verlag die Genehmigung, weil es »eine Häufung gewaltsamer Todesarten« auf 66 von 220 Seiten und somit »ein einseitiges Weltbild« darböte –

gemeint waren dabei Texte wie Goethes »Erlkönig«, Heines »Karl I«, Mörikes »Feuerreiter«, Fontanes »Die Brücke am Tay«, Heyms »Der Gott der Stadt«, Hemingways »Die Killer«, Celans »Todesfuge« und Heuss' »Rede zur Einweihung des Gedenksteins im ehemaligen Konzentrationslager Bergen-Belsen«. Das Buch freilich ist seit längerem in den Bundesländern Bayern, Berlin, Niedersachsen, Hessen, Nordrhein-Westfalen und Hamburg unbeanstandet im Gebrauch.[11]

Zum anderen ist der hier ausgewählte Fall exemplarisch, weil sich an ihm die bedachtsamen Verstöße der Exekutive gegen das Demokratiegebot vorführen lassen. Er ist daher tauglich zum roten Faden, an dem prinzipielle Aspekte der Schulbuchprüfung diskutiert werden sollen.

IV.

Es handelt sich um ein Sozialkundebuch für die Klassen 7-10 der allgemeinbildenden Schule: Hermann Giesecke, »Einführung in die Politik. Lese- und Arbeitsbuch für den politischen Unterricht in der Sekundarstufe I«, Metzlersche Verlagsbuchhandlung, Stuttgart 1976.[12] Giesecke teilt sein Buch in fünf Arbeitsgebiete ein: Die Staaten in der Weltpolitik/ Der Staat der BRD/ Das Wirtschaftssystem: Produktion und Verteilung/ Öffentliche Meinung und öffentliche Information/ Vom Kind zum Erwachsenen: Das System der Sozialisation und Erziehung. Zu jedem der fünf Arbeitsgebiete bietet Giesecke gleichförmige Schritte, nämlich: zusammenhängende Informationen über das Thema, Problemskizzen mit besonderer Berücksichtigung der aktuellen Diskussion, Fragen zur Wiederholung und Selbstkontrolle, Hinweise für weitere Arbeit und im Anhang Materialien, dazu ein Sachregister. Visuelle Hilfsmittel sind Schwarz-Weiß-Fotos zumeist aus der Tagespresse, Statistiken und Schaubilder. Gieseckes didaktische Vorgabe ist, daß Politik als Lebensbereich der Schüler zugleich Stoffgebiet ist; dementsprechend seien die alltäglichen Erfahrungen der Schüler in Form von Informationen aus Presse und Fernsehen als Formen indirekter Teilhabe am politischen Leben zu systematisieren und zu problematisieren. Damit ist der Praxisbezug methodisch hergestellt; er wird eingelöst durch die Konzentration des Buchs auf öffentlich diskutierte Probleme des staatlichen Lebens und durch den weitgehenden Verzicht auf Informationen aus der fachwissenschaftlichen Literatur zugunsten solcher aus der Tagespresse. Unter ausdrücklichem Hinweis auf den Arbeitsbuchcharakter verzichtet Giesecke auf Objektivität: keine fertigen Lösungsvorschläge, keine vorgefertigten Wertentscheidungen, keine normativen Konzepte in Form von bestimmten Handlungsaufforderungen, statt dessen größtmögliche Toleranzbreite in der Auffächerung der Materialien und Positionen bei affektiver Distanz. Ausdrücklich verpflichtet sich Giesecke im Lehrerheft auf ideologische Toleranz im Sinne des oben diskutierten Demokratiegebots.

a) Am 27. bzw. 28. 5. 1976 stellte der Verlag Anträge auf Eröffnung des Prüfungsverfahrens an die Kultusministerien der Länder, gleichlautend im Inhalt, abgestimmt je nach der Schulart, für die das Buch genehmigt werden sollte, da ein Lehrplan für Gesellschaftskunde auf den Klassenstufen 7-10 nicht in allen Bundesländern für alle Schularten vorhanden ist. Die Ministerien ließen sich Zeit. Der früheste (ablehnende) Bescheid ging aus Hessen ein, am 11. 11. 76; die späteste Ablehnung aus Rheinland-Pfalz erst am 15. 2. 78; im Durchschnitt benötigte die Bürokratie 8 Monate zur Prüfung. Für den Verlag ist die Unsicherheit solcher Zeitspannen natürlich ein Hasardspiel; um für ein neues Schuljahr eingeführt zu werden, muß das Buch spätestens vor der Sommerpause ausgeliefert sein. Ein weiteres Problem ist der zwischen den Ländern unterschiedliche Stand der Lehrpläne für ein bestimmtes Fach. Da das Kriterium der Lehrplankonformität an oberster Stelle in den Gutachten rangiert, muß der Verlag schon bei der Konzeption des Buchs entscheiden, ob er ein einheitliches, für die vorhandenen Lehrpläne nur allgemein zutreffendes Buch mit dem größtmöglichen Konsensus herstellen will oder mehrere auf die unterschiedlichen Lehrpläne genau zugeschnittene Ausgaben des gleichen Buchs. Länderspezifische Ausgaben lohnen nur für die großen Flächenstaaten, an erster Stelle Nordrhein-Westfalen; strebt der Verlag ein bundeseinheitliches Sozialkundebuch an, gibt er wegen des dann nötigen Allgemeinheitsgrades jedem Gutachter einen Ablehnungsgrund frei Haus. Im vorliegenden Fall wurde diese Blöße weidlich ausgenutzt. Genau besehen ist schon die Differenzierung der Lehrpläne in den Ländern gerade in Fächern wie Sozialkunde, Geschichte und Deutsch in Sachen Schulbuch ein Anlaß zur konzeptionalen Harmonisierung und ein Einfallstor staatlicher Dauerintervention.

b) Ans Lesen machten sich entweder sogenannte sachverständige Einzelpersonen in unterschiedlicher Zahl, eigens zu diesem Zweck eingesetzte Kommissionen (in Berlin und NRW) oder staatliche Institutionen (Schleswig-Holstein). Die Prüfung der fach- und erziehungswissenschaftlichen Qualität obliegt bundesmehrheitlich einigen von den Ministerien jeweils ausgewählten, als fachlich und pädagogisch besonders qualifiziert geltenden Lehrern. Man kann davon ausgehen, daß pro Land 100 bis 200 Lehrer jährlich als Prüfer tätig sind, davon zwischen 10 und 50 Prozent mehrmals, zwischen 5 und 10 Prozent mehr als fünfmal: »Nach Fach (oder Fächergruppe), Schulart und Schulstufe differenziert, ergeben sich also kleine, übersichtliche Gutachtergruppen.«[13] Interessenkollisionen entstehen bei Einzelgutachtern durch die Personalunion von Gutachterarbeit und Mitarbeiterschaft oder anderweitigen ökonomischen Interessen an einem konkurrierenden Werk, wenn eine Befangenheitsklausel auch theoretisch besteht; in jedem Fall kann man ausgehen von einer geschlossenen Gesellschaft von Personen, die an der Schulbuchproduktion bzw. -beratung und der Begutachtung beteiligt sind. Die Verlage verfolgen daher die Politik, möglichst viele Lehrer-Autoren an ein Werk zu binden. Das ließe sich umgehen, wie auch der Problemfall eines ministeriell gezielten Gutachtereinsatzes zwecks Ablehnung eines Werks durch das Kollegialgutachten wie in NRW oder den Stadtstaaten aus der Welt geschafft wurde. Was bleibt, ist die Verquickung von staatlicher Aufsicht im Namen der die Lernmittelfreiheit bezahlenden Eltern und persönlich motiviertem Interesse daran. W. Müller führt beispielhafte Fälle von Interessenkollisionen als Beleg für die Zweifel an der Unbefangenheit der gutachterlichen Tätigkeit auf: Kultusminister, die während ihrer Amtszeit Schulbücher verfassen (Storz und Holthoff); leitende Ministerialbeamte, die Herausgeber oder Mitarbeiter von Unterrichtswerken sind (in NRW R. Meis als einer der Herausgeber des Lesebuchs »drucksachen«, in Baden-Württemberg W. Katein als Verfasser von sieben Schulbüchern, in Bayern K. Himmelstoß als Herausgeber von u. a. zwei Erdkundebüchern). Auch in diesem Bereich lieferte Baden-Württemberg in jüngster Zeit einen Paradefall: zum Sommer 1978 brachte das Kultusministerium neue Lehrpläne für Gemeinschaftskunde heraus, die zum neuen Schuljahr schon gelten sollten. Eine Woche nach Bekanntgabe ging den Schulen eine Ankündigung des Max Gehlen Verlages für ein Lehrbuch »Politik« zu, das im September ausgeliefert werden sollte und akkurat die neuen Richtlinien berücksichtigte. Als Mitverfasser des Buchs zeichnete der Abteilungsleiter für das allgemeinbildende Schulwesen, Ministerialdirigent Eugen Weiss verantwortlich.[14] Aber auch Mitglieder von Lehrplankommissionen in den Ländern sind gesuchte Mitarbeiter der Verlage: jedes dritte Kommissionsmitglied ist zugleich als Schulbuchautor tätig. Von weltanschaulicher Abstinenz der Exekutive kann nicht die Rede sein. Über die schon häufig angeprangerte ökonomische Interessenverfilzung, die sich weniger auf der Ebene der Genehmigungsverfahren als vielmehr auf der nächstunteren Ebene, der Einführung von genehmigten Büchern in den Schulbezirken der Länder auswirkt, gibt folgende lückenhafte Auflistung Auskunft: »Der Schroedel Verlag, Hannover, heuerte den Schulrat Alfred Blumenthal als Herausgeber der Schulbuchreihe ›Erkunden und Erkennen‹, die Oberschulrätin Jutta Lübkemann als Mitarbeiterin für das biologische Unterrichtswerk Lange-Strauß-Dobers an. Im Mundus Verlag, Stuttgart, gibt der Oberregierungsrat Gottfried Weimar die Bände des ›Naturkundlichen Arbeitsbuchs‹, bei Diesterweg der Präsident des Oberschulamtes Tübingen Eugen Kaiser die drei Bände (mit vielen Auflagen) der ›Weltgeschichte im Aufriß‹ [. . .] heraus.«[15]

c) Die in der Mehrzahl ablehnenden Bescheide des Giesecke-Buchs erfolgten mit Ausnahme von Bayern allesamt ohne eine Rechtsbehelfsbelehrung.[16] J. Birk hat dargelegt, daß bei allen anderen Verwaltungsakten ein derartig folgenreicher Bescheid einer Behörde automatisch mit Angabe von Rechtsmitteln erfolgt, um die Widerspruchsfrist nicht zu verlängern.[17] Daß sie im Falle von Schulbuchzulassungsverfahren unterbleibt, erklärt Birk einleuchtend mit der Arroganz der Kultusbürokratie. Denn die kann davon ausgehen, daß die betroffenen Verlage stillhalten, um spätere Verfahren nicht zu gefährden. Das entstehende Rechtsvakuum wird vertieft durch die durchschnittliche Dauer von Widerspruchsverfahren und -prozessen: vor dem Verwaltungsgericht ein bis zwei Jahre in der ersten Instanz. Das kann sich kein Schulbuchverlag leisten. Solcher faktischen Rechtsschutzverweigerung entspricht der Sachverhalt, daß das gesamte Genehmigungsverfahren keine gesetzgeberische Basis hat, sondern als Verwaltungsmaßnahme durchgeführt wird, die auf einem Beschluß der Länderexekutive in Gestalt der Kultusministerkonferenz vom 29. 6. 72 beruht. (In seinem Gutachten zum 51. Juristentag 1976 spricht Th. Oppermann von der Notwendigkeit, das Arkanum der Kultusexekutive durch den parlamentarischen Gesetzgeber abzulösen, C 49.) J. Birk hat zu Recht argumentiert, daß der erzwungene faktische Verzicht auf Kontrolle von Verwaltungsentscheidungen, wie sie sich in der Praxis der klaglosen Hinnahme von Ablehnungsbescheiden ausdrückt, auf die Qualität des exekutivischen Verhaltens durchschlägt.

d) Davon zeugen die den Ablehnungsbescheiden beigefügten Gutachten. Es sind für das Giesecke-Buch nur im Falle von Bayern, NRW und Schleswig-Holstein vollständige Kopien, letztere handhaben das Verfahren mit Formblättern; Baden-Württemberg legte collagierte Auszüge von 10 bis 12 Schreibmaschinenzeilen bei, die anderen Länder brachten es auf durchschnittlich anderthalb Seiten Gutachtenauszüge. Zwar sollen die Gutachten lediglich Entscheidungshilfen sein, doch verweisen die offiziellen Ablehnungsbescheide eben auf die in den Gutachten angeführten Argumente, die aus den Auszügen allerdings kaum zu rekonstruieren sind. Was blieb, waren Statements. Man könnte meinen, die Verwaltung mache es sich eben etwas leicht mit der Übermittlung von bloßen Entscheidungshilfen. Dagegen spricht, daß die ablehnenden Länder, mit Ausnahme von NRW und (teilweise) Bayern, unter Verweis auf die »beiliegenden Gutachten« auf eigene Begründungen verzichteten. Und: was wurde in der Argumentation der Gutachten verändert durch die Verkürzung und die Collagen? Die dadurch bewirkte faktische Verschleierung der Ablehnungsgründe wird zum materiell-rechtlichen Defizit des gesamten Zulassungsverfahrens (Birk).

Mit konstruktiven Vorschlägen zur Verbesserung des Buchs warteten lediglich zwei Gutachter in Hessen auf sowie die Prüfungskommission in

NRW. Auch hier erscheint also die vollständige Wiedergabe eines Kommissionsgutachtens die einzig brauchbare Lösung; im Falle des Giesecke-Buches nahmen der Metzler-Verlag und sein Autor nicht nur notgedrungen den Kontakt zur Schulbuchkommission in NRW auf. Zwei Schlüsse sind hier zulässig. Zum einen kommt es der Kultusexekutive auf Verhinderung der Einsicht in den Entscheidungsprozeß an; die Praxis, Gutachten, auf die eigens verwiesen wurde, ausschnittweise anzubieten oder sogar zerschnipselt zu collagieren, deutet auf eine planmäßige Verhüllung von tatsächlichen Ablehnungsgründen, die im ideologischen Bereich zu suchen sind. Zum andern wird die fatale Niveaudifferenz zwischen Konzeption und Begutachtung eines Unterrichtswerks ganz augenfällig. Wie beides zusammengeht, macht die Rekonstruktion der Ablehnungsargumente klar.

e) Ich zitiere aus den eindeutig politischen Teilen der Gutachten von Ablehnungsbescheiden:

– die Position des Verfassers bewegt sich zwar im Rahmen des GG, geht aber von einem dynamischen Verständnis des GG aus und versteht politische Bildung ausgesprochen im Sinne der Emanzipation (B-W, Gutachten 1) – zu bemängeln ist das Fehlen einer historischen Analyse gegenwärtiger Zustände. Das Buch ist zu stark auf Konsens ausgerichtet. Auch ist der Verzicht auf Handlungsaufforderungen zu monieren (Hessen, G 2) – der Verfasser strebt erfreulicherweise eine möglichst sachliche Darstellung des Faches Politik an; das Buch ist ein Gegengewicht gegen die ›Kritische Schule‹, die in den Neuerscheinungen der letzten Jahre vorgeherrscht hat (Bayern, G 1) – der Verfasser ist der Theorie der Frankfurter Schule verpflichtet (B-W, G für Gymnasien) – das Buch geht in seiner Gesamtkonzeption nicht hinreichend vom pluralen Verständnis unserer Gesellschaft aus, indem es den konflikttheoretischen Ansatz in den Vordergrund stellt (RhPf, G 6) – die Leistung des Buchs ist die sachlich-kritische Auseinandersetzung mit der Gegebenheit des Staats: das pluralistische Prinzip wird herausgestellt (RhPf G 4).

Das Kriterium der Verfassungsmäßigkeit und der Beachtung von Rechtsnormen der BRD steht in amtlichen Richtlinien zum Genehmigungsverfahren obenan. Kein einziger Fachlehrer sah sich als Gutachter außerstande, dieses Kriterium anzuwenden. Kein Wunder. Denn dieses Kriterium wird allemal im Sinne einer politischen Gesinnungsprüfung verstanden. So kommen die eben zitierten Widersprüche zustande, die zum guten Teil einschlägige Normierungstendenzen – hie Konservatismus, dort Ideologiekritik aus dem parteipolitischen Bereich – reflexionslos übernehmen. Das trifft freilich nicht für alle Gutachten gleichermaßen zu. Das Kommissionsgutachten aus NRW sah sich in der Lage, den konflikttheoretischen Ansatz des Verfassers, den dieser in seinem Lehrerheft erläutert, zu problematisieren; und ein rheinland-pfälzischer Gutachter wich von dem sonst gepflogenen Schlagwortgebrauch ab. Der Verfasser vertrete die didaktische Position des »marxistischen Konfliktmodells« auf der Basis der Kritischen Theorie, das sei schon aus der marxistischen Terminologie ablesbar. Der Politik-Didaktiker Sutor wird zitiert, um die Begrenztheit dieses Ansatzes zu begründen. Weil Giesecke aber den Lehrer nicht festlege auf diese eine Perspektive, sondern alternatives Material zur Verfügung stelle, sei ihm kein Pluralismusmangel nachzuweisen. Da die didaktisch-pädagogische Gestaltung des Buchs den Gutachter voll überzeugte, kam er zum Urteil »gut geeignet«. Das kümmerte die entscheidungtreffende ministeriale Instanz nicht. Unter ausdrücklichem Hinweis auf eben dieses Gutachten befand sie:

»Das Buch geht nicht hinreichend vom pluralen Verständnis unserer Gesellschaft aus, indem es den konflikttheoretischen Ansatz in den Vordergrund stellt, Interessengegensätze als das wesentliche Merkmal unserer Gesellschaft ausgibt und in starkem Maße ein kritisch-distanziertes Verhältnis gegenüber Staat und Gesellschaft fördert. Nicht genehmigt.«

In wenigen Fällen kann die Funktionalität des Gutachterkriteriums – Verfassungsgemäßheit und Gesetzestreue – so klar abgelesen werden. Die Blöße der ministerialen Instanz, in diesem Falle die Differenz zwischen Bescheid und Begründung, gab dem Verlag die Möglichkeit, juristisch nachzustoßen. In der Regel wird die politische Aussage hinter anderen Ablehnungsgründen versteckt.

Dazu taugt das zweite amtlich vorgegebene Kriterium, die Lehrplankonformität. Mit der Nichterfüllung dieses Kriteriums wurde beim Giesecke-Buch in allen weiteren Ablehnungsbescheiden allein (so Bayern) oder neben anderem argumentiert. Diese Form der Begründung ist nicht anfechtbar. Vorhin verwies ich auf die zuweilen grundlegenden Unterschiede zwischen den Lehrplänen für die einzelnen Fächer in den Bundesländern. Die konzeptionelle Arbeit am Schulbuch muß entweder einen allgemeinen Nenner finden, der dann im Detail immer einzelne Lehrplanbestimmungen verfehlt, oder sie muß sich auf eine regionale Ausgabe beschränken. Das ökonomische Interesse von Verlag und Autoren wird von selbst Lehrplankonformität soweit irgend möglich garantieren. Verweist schon dieser Umstand auf die mögliche Alibifunktion dieses Gutachterkriteriums, so ist ein anderer noch bedenkenswerter. Der Fortschritt der Curriculumdiskussion hatte als positives Ergebnis gezeitigt, daß der lernzielorientierte Lehrplan an die Stelle von inhaltlich ausgerichteten Stoffverteilungsplänen treten konnte, zugunsten einer pädagogischen Freiheit des Lehrers, sofern der Rahmencharakter der Lehrpläne ernstgenommen wird. Die maßstäblich enge Auslegung des Kriteriums Lehrplankonformität im Sinne des Abhakens von behandelten Themenbereichen und sogar Texten – so wurde dieses Kriterium im Falle des Giesecke-Buchs eingelöst – deckt die mögliche Innovierungsfunktion des Schulbuchs für das Curriculum zu. Wegen ihrer Langzeitdauer können Lehrpläne eigentlich keine Basis der sachlichen Orientierung abgeben, weder für die an Innovität interessierten Schulbuchproduzenten noch für die

Lehrer, die auf die Rezeption des fachwissenschaftlichen und didaktischen Fortschritts angewiesen sind. Es gibt keinen zwingenden Grund, der Schulbuchprüfung die buchstabengetreue Konformität aufzuhalsen.

Was bleibt, ist das staatlich-bürokratische Interesse an einklagbarer Einheitlichkeit des pädagogischen Prozesses, den das Schulbuch selbst noch voranzutreiben hätte. Diese Tendenz wird in neuerer Zeit erheblich forciert durch die gewaltige Produktion staatlicher und quasi-staatlicher Stellen von Unterrichtsmaterialien in Form von Begleitheften zum Lehrplan, Handreichungen für den Lehrer, Stundenentwürfen und Lektürerichtlinien.

Das dritte Kriterium betraf die wissenschaftliche und didaktische Qualität des Giesecke-Buchs. Hier war der ärgerlichste Wildwuchs zu beobachten, der freilich nur in minutiöser Beweisführung nachprüfbar dargestellt werden könnte. Das auch von Müller hervorgehobene Niveaudefizit der doch ausdrücklich ihrer Fachkompetenz wegen ausgewählten Gutachter war durchgängig. Sachliches Nichtwissen verbarg sich zu oft in der Emphase, mit welcher die Gutachter auf die Fachdidaktik-Diskussion (in ihrem jeweilig partikularen Verständnis) verwiesen. Es zeigte sich in der minutiösen Besprechung von Textstellen, die flugs als exemplarisch ausgegeben wurden: für die Überfrachtung des Buchs mit fachwissenschaftlicher Terminologie (B-W, G 1), für die einseitig kognitive Ausrichtung (NRW), für die Isolierung gesellschaftlicher Problembereiche von ihrem historischen Kontext (Schl-H.) oder gar für die mangelhafte Kommunikation der Schwarz-Weiß-Fotos (passim). Mit der vom Verfasser gründlich explizierten didaktischen Vorgabe setzte sich außer der nordrhein-westfälischen Kommission kein Gutachter auseinander; daß Schüler nämlich Politik als Lebensbereich und als Stoffgebiet erfahren; daß Vorinformationen aus Tagespresse und Fernsehen individuelle Teilhabe am staatlichen Leben bewirken, die es zu systematisieren und zu problematisieren gelte. Gerade die didaktische und fachwissenschaftliche Qualitätskontrolle liegt auf der Ebene der vom Staat mit einigen Argumenten zu rechtfertigenden Aufsicht über die Schulbuchproduktion. Daß sich fast alle Gutachten in der Kritik einer mangelnden Motivation und des für die angezielte Klassenstufe zu hoch angesetzten sprachlichen Niveaus einig waren, zwingt im vorliegenden Fall Autor und Verlag zu Umarbeitungsplänen.[18] Doch wird selbst diese einfache Gutachterbeobachtung von einem Mangel an pädagogischer Fundierung begleitet. Detailkritik nach dem Additionsprinzip stützt daher willkürlich Ablehnung oder Zulassung, die selbst aber nach anderen Kriterien entschieden werden. In den Ablehnungsbescheiden der Kultusbehörden spielten die didaktisch-methodischen Ausstellungen eine sehr untergeordnete Rolle. Wenn es aber richtig ist, daß de facto die Curriculumarbeit weitgehend von den Unterrichtsmedien beeinflußt wird – was als Innovationszwang positiv zu beurteilen wäre –, dann müßte dieses dritte Kriterium der Zulassungsverfahren auf ganz anderem Niveau und in einer Organisationsform, die Beliebigkeit und willkürliche Akzentuierung ausschließt, ernstgenommen werden. Die Gutachtengewichtung in den ministeriellen Bescheiden machen im Falle des Giesecke-Buchs deutlich, was auch in anderen Untersuchungen zur Schulbuchzulassung herausgestellt worden ist: das Interesse der Länder an ideologischer Normierung im Sinne einer möglichst lückenlosen Kontrolle des Unterrichtsprozesses bedient sich der curricularen und didaktisch-fachwissenschaftlichen Prüfung, die nirgends konstitutiv wird für den Zweck der Schulbuchselektion.

V.

Unter diesem Aspekt sind die verschiedenen Vorschläge zur Reform der geläufigen Zulassungspraxis zu betrachten. Man kann unterstellen, daß im kapitalistischen Wirtschaftssystem der Staat, der Schule veranstaltet, ein legitimes Fürsorgeinteresse hat, einen Wildwuchs im Bereich von Produktion und Vertrieb der Unterrichtsmedien zu verhindern, zumal er im Rahmen der Lernmittelfreiheit selbst Abnehmer ist. Man kann sogar weitergehen: eine strenge Anwendung der Genehmigungskompetenz könnte, bei veränderter Praxis, durchaus die Qualität der Schulbücher verbessern und so die bildungspolitische Relevanz des Verfahrens herausstellen. Ein vielzitiertes Beispiel ist die Arbeit der nordrhein-westfälischen Schulbuchkommission für den Gesellschaftskundebereich. Im Schuljahr 1972/73 waren 39 genehmigte Sozialkundebücher im Umlauf, ganze 6 blieben 1973/74 nach der Revision durch die Kommission übrig. Die Filterwirkung des Prüfungsverfahrens, gerade in Schulfächern, die gesellschaftliche und kulturelle Grundorientierung vermitteln (Deutsch, Geschichte, Sozialkunde), muß durchaus nicht zwangsläufig im Sinne staatlicher Normierungsinteressen erfolgen; vielmehr ist die herrschende Praxis verantwortlich dafür, daß kritische Argumente und Alternativen, deren Fehlen die Schulbuchkritik in allen diesen Fächern bemängelt, schon bei der Produktion der Unterrichtsmaterialien ausgemerzt werden.

Der Zensurvorwurf der Schulbuchverlage ist daher unter dem Vorzeichen des ökonomischen Expansionsinteresses zu sehen, ihre Argumente zur Rettung der Lehrfreiheit und der im Grundgesetz verankerten Pressefreiheit sind leicht als scheinliberal zu entlarven, zumal – was die pädagogische Freiheit angeht – die Verlage schon früh auf Freiheitsüberschreitung aufmerksam machten, wenn sie Lehrer bei der Produktion eigener Unterrichtsmittel ertappten.[19]

Das Argument, die Verlagerung der Schulbuchüberprüfung auf die untere Ebene der Einführung von generell genehmigten Büchern durch Lehrerausschüsse unter Beteiligung der Elternbeiräte könne die Partizipation der Eltern gemäß § 6 GG verwirklichen, ist ernster zu nehmen. Doch liegen in wenigstens begrenztem Umfang praktische Erfahrungen vor, aus Hessen und Niedersachsen, die eher in die Richtung einer reaktionären Politisierung bei Schulbuchentscheidungen weisen. Die in den Landeswahlkämpfen 1972 mobilisierten Elternaktivitäten in Hessen etwa gegen das Lesebuch »drucksachen« sprechen für sich. Für eine weitgehende Entscheidungsfreiheit der Lehrer setzt sich die GEW ein, die seit 1970 anstelle der staatlichen Prüfung ein unabhängiges Curriculum-Institut, evtl. als Abteilung der Stiftung »Warentest«, fordert, das in einem ersten Durchgang die verfassungsmäßige Unbedenklichkeit feststellen und in einem zweiten Schritt das derart als unbedenklich für die Schulen aller Länder zugelassene Buch durch unabhängige Gutachter auf seinen fachlich-pädagogischen Wert prüfen lassen soll. Dieses Gutachten müßte dann allen Schulen als Kaufhilfe zugängig gemacht werden. Die Entscheidung über die Einführung läge dann allein bei der jeweiligen Lehrerkonferenz. Das Gutachten versteht sich so als Entscheidungshilfe für den Lehrer, wäre nicht mehr nur Argumentationssammlung für ministeriale Bescheide. Das Argument weitgehender Öffentlichkeit des Prüfungsprozesses läßt sich hier nicht einfach mit dem Hinweis auf wahrscheinliche gesellschaftspolitische Interessenvertretung vom Tisch fegen; die Gesellschaft ist jedenfalls größer als die sie im derzeitigen Verfahren angeblich repräsentierende Ministerialbürokratie. Ob freilich die Lehrer in der Lage und willens sind, ihre Entscheidungsbefugnisse sachverständig wahrzunehmen, ist eine andere Sache. Die kann aber nicht mit Zitaten von zweifelhaften Umfrageergebnissen erörtert werden, sondern hätte im Rahmen einer Diskussion um die Reform der Lehrerausbildung ihren Platz. Freilich zeigt die gegenwärtige Tendenz zur entschiedenen Restriktion von Entscheidungsräumen, daß bestenfalls das in NRW gehandhabte Modell eines Kommissionsgutachtens Aussicht auf allgemeinen Einsatz hätte. Gewährleistet wäre immerhin die einheitliche Anwendung von Urteilskriterien, bei öffentlicher Zusammensetzung der Kommission im Ausschreibungsverfahren (so in Bremen) auch eine stärkere Berücksichtigung des fachwissenschaftlichen und pädagogischen Fortschritts. Nicht zu widerlegendes Gegenargument ist freilich, daß weiterhin allein für die Exekutive gearbeitet würde, die die angestrebte permanente Revision des Unterrichtsmedienmarkts im einfachen Entscheidungsgang nach politischem Gutdünken abblocken kann.

VI.

Mir scheint, daß das eigentliche Problem der staatlichen Schulbuchprüfungspraxis als Zensurinstitution nicht im Verfahren selbst zu suchen ist.

Der für die Schulbuchzulassung in NRW zuständige Referent, H. Knepper, hat auf Tendenzen verwiesen, angesichts derer die derzeitigen Kontroversen und Lösungsangebote »anachronistisch« wirkten: auf die faktische Oligopolisierung des Bildungsmedienmarktes, auf dessen Tendenz zum Medienverbund zwecks Realisierung von Curriculumteilen, deren Kostenaufwand konkurrierende Schulbuchproduktion ausschließen; somit sei auf der Basis der Lernmittelfreiheit staatliche Mitwirkung schon bei Produktionsbeginn erforderlich, da eine spätere Kritik des Endprodukts prinzipiell zu spät käme.[20] Öffentliche Großaufträge für Mediensysteme vergibt aber der Staat billiger an eigene Unternehmen, er erspart sich dabei die ideologische Produktionskontrolle. Die Verstaatlichung der Lernmittelentwicklung und -produktion erscheint angesichts der Bewegungen auf dem privatwirtschaftlichen Lernmittelmarkt nur konsequent. Etwas anderes ist aber das sich dabei nur verstärkende und nun auch noch mit ökonomischen Argumenten abgesicherte Interesse des Staats an lükkenloser Kontrolle des Bildungsprozesses. Im Prozeß faktischer Vernichtung von Reformen des Bildungswesens in den siebziger Jahren hat sich das System einer bürokratischen Oberaufsicht über einen vermeintlich noch relativ autonomen Teil des gesellschaftlichen Lebens ja nicht bloß verstärkt; es wird Schritt für Schritt abgelöst durch eine neuartige Form staatlicher Curriculumherrschaft. Die ist gekennzeichnet beispielsweise durch unmittelbare bürokratische Dauerintervention in Lehrinhalte und Prüfungsformen bis hin zur feinsinnigen juristischen Reglementierung von schulischer und universitärer Arbeit (siehe die neuen Hochschulgesetze der Länder).[21] Beurteilt man diese Tendenz politisch und nicht borniert unter pädagogischen und erziehungsphilosophischen Aspekten, dann ist das eingangs vorangestellte Motto von J. Tews aus dem Jahre 1897 wenig mehr als eine Erinnerung an die historische Perspektive politisch-weltanschaulicher Normierungsmaßnahmen des bürgerlichen Staats. Für die derzeitige Tendenz angemessener wäre beispielsweise das vollständige Zitat des § 88a StGB. Es könnte nämlich andeuten, daß die diskutierten Zensurverhältnisse, genannt Schulbuchprüfungspraxis, selbst wenn man die Tendenzen auf dem Bildungsmarkt in Rechnung stellt, nur ein bescheidener Aspekt einer umfassenden und alles durchdringenden Teilhabe des Staates an der Formierung und Durchsetzung von Ideologie bzw. an der Verhinderung von deren Kritik ist. Davon wird der Staat nicht von selbst ablassen. Eine informierte kritische Öffentlichkeit kann ihm dieses Geschäft der vollkommenen bürokratischen Überwachung und Reglementierung aber schwerer machen.

Claudia von Braunmühl

Wissenschaftszensur

Um einem zu engen Begriff von Zensur vorzubeugen, ist es zunächst einmal wichtig festzuhalten, daß Zensur im Sinne der herrschaftlich hergestellten Ausblendung und Unterdrückung spezifischer Gegenstände, Thematiken, Theorien und Personenkreise in allen Stadien des Wissenschaftsprozesses eine ganz und gar gängige Erscheinung ist. Was als wissenschaftswürdige Thematik zugelassen ist, welchen Methoden und Theorieansätzen wissenschaftliche Dignität zukommt, wer Wissenschaft betreibt, das alles ist allemal Gegenstand und Ergebnis herrschaftsbezogener Auseinandersetzungen und trägt insofern immer Züge zensurierender Selektion. Dies ist auch gar nicht anders denkbar in einer Gesellschaft, deren Konstitutionsmerkmal klassen- und geschlechtsspezifische Herrschaft ist.

Der Begriff Zensur im engeren Sinne indes, und so soll er im folgenden hier verwandt werden, zielt nicht auf diesen alltäglichen gesellschaftlichen Abfilterungsprozeß im allgemeinen, sondern auf die besondere Rolle, die dem Staatsapparat dabei zukommt bzw. nicht zukommen soll. In diesem Sinne auch, staatliche Eingriffe ausgrenzend, heißt es in Art 5,3 GG:

»Kunst und Wissenschaft, Forschung und Lehre sind frei. Die Freiheit der Lehre entbindet nicht von der Treue zur Verfassung.«

Damit ist zunächst einmal eine formelle Vorzensur, wie sie vorbürgerliche und autoritäre Regierungssysteme kannten bzw. kennen (z. B. kirchliches Imprimatur, Index, kirchliche Lehrerlaubnis) ausgeschlossen. Andererseits signalisiert der Nachsatz einen möglichen Bereich staatlicher Intervention, die auf die Inhalte von Wissenschaft zielt (zu der verfassungshistorisch im Kern und ausschließlich antifaschistischen Intention des Satzes siehe Preuß[1]). Noch bevor indes die Inhalte von Wissenschaft als solche zur Debatte stehen, ist mit den institutionellen und materiellen Voraussetzungen wissenschaftlicher Produktion und Verwertung, deren Bereitstellung im wesentlichen über den Staatsapparat bzw. privatkapitalistisch läuft, ein weites Feld selektiver Einflußnahme eröffnet (Berufungsverfahren, Finanzausstattung, Stipendienwesen, Forschungsförderung, Veröffentlichungsgenehmigung, etc., etc.). Ein anderes, zunehmend an Bedeutung gewinnendes Feld liegt in dem begründet, was in der öffentlichen Diskussion unter den Stichworten verwissenschaftlichte Produktion und Staatsinterventionismus erörtert wird: sowohl die fortschreitende technologische Umwälzung des materiellen Produktionsprozesses als auch die vom Staatsapparat zu erbringenden, dem Produktionsprozeß vor- und nachgelagerten Voraussetzungs- und Folgeleistungen, einschließlich der notwendigen Maßnahmen zur Herstellung von Konsens bzw. Abfangen oder Unterdrücken von Dissens in der Bevölkerung *(Krisenmanagement)* sind in jeder einzelnen Phase von Wissenschaft begleitet, bedürfen und bedienen sich ihrer. Beide Bereiche beziehen einen nicht unbeträchtlichen Teil ihrer Legitimation aus ihrer wissenschaftlichen Fundierung.

Während die kapitalistische Verwertung von Wissenschaft wie auch der überkommene Wissenschaftsapparat in seiner Struktur wie in seinen Inhalten von der Studentenbewegung ins öffentliche Problembewußtsein gerückt und mittels der Wiederaufnahme und Weiterentwicklung marxistischer und kritischer Theorie kritisiert wurde, ist die Funktion, Reichweite und Problematik der *Beratungswissenschaften*, und zwar sowohl sozialwissenschaftlicher als auch naturwissenschaftlicher, im wesentlichen erst in den siebziger Jahren durch die Bürgerinitiativbewegung öffentlich thematisiert worden (»Gutachterkrieg« bei Genehmigungsverfahren von AKWs, Mülldeponien, massiertem Hochhaus- oder Autobahnbau etc.). Sowohl der reguläre Vorgang der materiellen und personellen Ausstattung des Wissenschaftsapparats als auch das gesamte Spektrum staatlicher Forschungsfinanzierung, Vergabe von Auftragsforschung, Gutachtertätigkeit etc. ist, seit wissenschaftliche »Objektivität« und staatlich nachgefragte Ergebnisse in zunehmendem Maße auseinanderklaffen, sehr real zum Einzugsgebiet staatlicher Zensur geworden. Dies um so mehr, als Wissenschaft, insoweit sie Erkenntnisse (ein Begriff, der auch für den Verfassungsschutz zentral ist) über gesellschaftliche Zusammenhänge produziert, die Entwicklung von Protestpotential anzuregen vermögen, insoweit sie Erkenntnisse über Zusammenhänge in der Natur produziert, die den Betroffenen der politisch geförderten Exekution ökonomischer und technischer »Sachzwänge« fundierte Argumentationsalternativen an die Hand gibt. Genau darin liegt der Grund für die zunehmende Anzahl zensurierender staatlicher Interventionen, die sich nicht des Modells sanft modulierender Routinemaßnahmen, sondern des expliziten repressiven Eingriffs bedienen, der die Position des Wissenschaftlers bzw. die Inhalte von Wissenschaft selber offen angreift.

Das geschieht zum einen über durch *Radikalenerlaß* und *Berufsverbot* geprägte personelle Rekrutierungsprozesse (deren erhebliche selbstzensurierende Auswirkungen hier nicht weiter diskutiert werden), die auf der generellen Ebene von »keine Verfassungsfeinde in den öffentlichen Dienst« den Beamten und seine politische Treuepflicht vor den Wissenschaftler stellen und auf der besonderen Ebene der wissenschaftlichen Inhalte das Argument erlauben, die vorgelegten Arbeiten eines Bewerbers ließen bei ihm »ein tiefes Mißtrauen gegenüber dem Staat erkennen« (aus dem Ablehnungsbescheid für R. Rilling wegen eines Artikels zu den Notstandsgesetzen) bzw. es handele sich überhaupt »nicht um wissenschaftliche Arbeiten, sondern um kommunistische Propaganda, die sich mit dem Anspruch der Wissenschaftlichkeit tarnt« (Ablehnungsbescheid für M. Tomczak wegen eines Artikels zur Problematik kapitalistischer

Entwicklungshilfe).[2] Die wissenschaftliche Kandidatenauswahl der selbstverwalteten Universität wird so in einer nachgelagerten politischen Auslese »korrigiert«, wobei als entscheidungsbildende Kriterien nicht nur politische Aktivitäten, sondern auch der wissenschaftliche Werdegang eines Kandidaten (z. B. durch Auswertung seines Studienbuches – so im Fall von P. Marwedel, dem nach mehrjähriger Assistentenzeit die Verbeamtung wegen DKP-Mitgliedschaft verweigert wurde[3]) und die Wahl seiner wissenschaftlichen Themen (z. B. Examensarbeit über China[4]) herangezogen werden.

Zum anderen wird zunehmend auch in den materiell wie personell installierten Wissenschaftsapparat eingegriffen, wo dessen Personen bzw. Produkte sich mit politischen Protestbewegungen verbinden. So ist das Tutorium Umweltschutz in Heidelberg auf Veranlassung des Wirtschaftsministeriums empfindlichen Repressalien ausgesetzt worden, als seine Arbeit im Kampf gegen Atomkraftwerke spürbar wichtig zu werden begann[5], ist der Kieler Meeresforscher Tomczak, der sich im Fischereizonen-Streit mit Island engagierte, unter Hinweis auf die Verfassungsfeindlichkeit seiner Arbeit entlassen worden, sind in Hamburg, Hannover und Berlin Veranstaltungsankündigungen, die sich explizit auf soziale Protestpotentiale bezogen (Indianerbewegung in den USA[6], Randgruppen in der BRD[7]) untersagt worden.

Wo solch gefährliche Verbindung sich der unmittelbaren dienstherrlichen Aufsicht entzieht, wird sie mit anderen Sanktionsmaßnahmen verfolgt wie Finanzierungsentzug oder Hausverbot. So ist dem AStA der Universität Tübingen die Veranstaltungsreihe »Alternativen zum herrschenden Lehrbetrieb« gerichtlich mit dem Argument verboten worden:

»Die Universität Tübingen hat ein Recht darauf, daß ihr Lehrbetrieb nicht durch ›Alternativveranstaltungen‹ der Antragsgegnerin gestört wird. [. . .] Die Antragstellerin hat ein erhebliches Interesse daran, daß die bereits angelaufene Vortragsreihe sofort eingestellt wird – nicht zuletzt, weil Weiterungen, insbesondere ein Übergreifen auf andere Fachbereiche zu befürchten sind.«[8]

Wo die formalrechtliche Konstruktion es zuläßt, nimmt Zensur die Form des direkten Verwaltungseingriffs an, etwa durch Teil- oder Ganzschließung von Forschungseinrichtungen (z. B. Institut Wohnen und Umwelt, Darmstadt; begleitende Forschung von Sozialeinrichtungen), Verweigerung bzw. Lenkung genehmigungspflichtiger Forschung (das gilt z. B. für die gesamte empirische Forschung in öffentlichen Einrichtungen wie Schulen, Krankenhäusern, Heimen, Gefängnissen u. ä.)[9], Schweigeauflagen und Publikationsverbot für im öffentlichen Auftrag vorgenommene Forschung. So wurde die Leiterin des im Auftrag Bonns durchgeführten Forschungsprojekts »Bürgerinitiativen im Bereich von KKW's« am Battelle-Institut, Frankfurt, wegen öffentlicher Diskussion der unliebsam kritischen Ergebnisse entlassen. Einer Soziologin, die in ministeriellem Auftrag eine Studie über die Ursachen von Kinderunfällen erstellt hatte, wurde vom Ministerium Schweigegebot auferlegt: der Bericht sagte zuviel über den Mangel an Spielplätzen und kindergemäße Verkehrseinrichtungen.[10] Eine großangelegte Studie »Politischer Protest in der BRD« wurde von ihrem Auftraggeber, dem Bundesinnenministerium, erst totgeschwiegen, dann extrem gekürzt und verzerrt kommentiert veröffentlicht, weil nicht die gewünschte Warnung vor dem zu erwartenden extremistischen Ansturm der Jugend produziert worden war.[11]

Wo Wissenschaft direkt angegriffen wird, geschieht dies in der Regel unter Rekurs nicht etwa auf die eigens geschaffenen *Zensurparagraphen* (88a, 130a), sondern auf die opportune, politisch wie rechtlich kaum faßbare Formel von der *»freiheitlich demokratischen Grundordnung«* bzw. auf einen Begriff von Wissenschaft, der ihr jede Dimension praktischer Relevanz abspricht. So heißt es im »Offensivkonzept zur Bekämpfung des anarchischen Terrorismus« der CDU-regierten Länder:

> »An unseren Hochschulen ist die Freiheit für Forschung und Lehre wieder herzustellen. Lehrmeinungen, die auf dem Boden unserer Verfassung stehen, dürfen nicht länger dem verbalen und handgreiflichen Terror linksextremer Ideologen ausgeliefert bleiben.«[12]

Im Zusammenhang mit dem breitflächigen Ausmachen von *Terroristen* und *Sympathisanten* wurde diagnostiziert:

> »Diese Entwicklung ist nur möglich geworden, weil seit dem Zweiten Weltkrieg marxistische Ideologen und Wissenschaftler über Jahrzehnte den Studenten ihre realitätsfernen Theorien, die sich gegen unseren Staat und unsere Gesellschaft richten, mit viel Geist und Rhetorik verkündet haben.«[13]

Der Sozialpsychologe Peter Brückner wurde auf Grund der aus seinen Arbeiten sprechenden »feindseligen Einstellung zum Staat« amtsenthoben und mit einem Disziplinarverfahren überzogen, wobei in die amtliche Begründung nicht unwesentlich mit einging, daß Brückner sich überhaupt verständnisbemüht mit dem Phänomen des Terrorismus auseinandergesetzt hat.[14]

Die Justiz bestätigt und subtantiiert argumentativ solche Positionen, verfängt sich jedoch dabei notwendig in dem Widerspruch zwischen verordneter Praxis-Abstinenz der Wissenschaft und zur materiellen Aufrechterhaltung eben der »freiheitlich-demokratischen Grundordnung« benötigter und abgeforderter Praxis-Relevanz wissenschaftlichen Tuns. Zum einen stellen die Gerichte die Person des Wissenschaftlers voll unter die Zwänge eines Beamtenrechts, das nach Bundesverfassungsgerichtsentscheid vom Beamten erwartet,

> »daß er sich in dem Staat, dem er dienen soll, zu Hause fühlt – jetzt und jederzeit und nicht erst, wenn die von ihm erstrebten Veränderungen durch entsprechende Verfassungsänderungen verwirklicht worden sind«.[15]

Via öffentliches Dienstrecht gilt das Wohlfühlgebot auch für alle Angestellten und Arbeiter im öffentlichen Dienst, also nicht nur für die verbeamteten Wissenschaftler. Wo es solcher »innerer Bindung« an die »verfassungsmäßige Ordnung« ermangelt, gilt:

»Der Staat des Grundgesetzes ist daher nicht gehalten, solche Wissenschaftler und Forscher und Lehrer zu fördern, die die freiheitliche demokratische Grundordnung nicht gewährleisten. Gerade die Klausel, daß die Freiheit der Lehre nicht von der Treue zur Verfassung entbinde, sollte Versuche unterbinden, die ›Demokratie wissenschaftlich zu unterlaufen‹; die Bestimmung sollte politisierende Wissenschaftler treffen, die unter dem Schutz der Lehrfreiheit und unter dem Deckmantel einer wissenschaftlichen Kritik eine ›hinterhältige Politik‹ (Carlo Schmid 1949 im Parlamentarischen Rat) unternehmen. Art. 5, Abs. 3 GG gewährt den Hochschullehrern zwar eine weitgehende Unabhängigkeit bei der Ausübung ihres Berufes; davon abgesehen bleibt jedoch ihre allgemeine beamtenrechtliche Stellung von Art. 5, Abs. 3 GG unberührt.« (Verwaltungsgericht Bremen bei der Ablehnung der Berufung des DKP-Mitgliedes Horst Holzer, Nov. 72)[16]

Auf der Basis dieser sanktionsmäßig abgesicherten Verpflichtung, den gesellschaftlichen Status quo nicht für einen möglichen, sondern den einzig denkbaren verfassungsmäßigen Zustand zu halten, wird es dann möglich, Wissenschaftler wegen außerdienstlicher politischer Aktivitäten (so verweigerte ein Bundesverlag die Annahme des wissenschaftlichen Beitrags einer Biologin, weil sie ihn durch ihre spätere Unterzeichnung eines KPD-Wahlaufrufs »für den Druck unbrauchbar« gemacht habe[17]) ebenso zu belangen wie wegen wissenschaftlicher Positionen, welche die Meinung einschließen, es sei »anzustreben, daß der politische Willensbildungsprozeß nicht im Sinne einer ›Bevormundung‹, sondern im Sinne von Emanzipation durch Aufklärung vonstatten gehen soll« (aus dem Ablehnungsbescheid an P. Marwedel).

Wo die Beurteilungskriterien längst von Tatbeständen manifesten Verhaltens abgelöst auf rein subjektive Gesinnung zielen, wird es dann auch möglich, »feindselige Gesinnung« für ein triftiges Argument zu halten – oder aber die Wissenschaftler ganz einfach für nur bedingt zurechnungsfähig zu erklären. Das Bremer Landgericht mag den dortigen Herausgebern der Buback-Dokumentation mit dem sog. »Mescalero-Artikel« nicht wie das LG Berlin »böswillige Verächtlichmachung der BRD und ihrer Länder« attestieren, denn:

»Einheitliche Grundlage der gegen das Vorhandensein der subjektiven Voraussetzung sprechenden Umstände ist der erhebliche Verdacht, daß den Angeschuldigten die Einsicht in die staatliche Realität der Bundesrepublik und ihrer Länder in ihrer konkreten Gestalt als freiheitliche repräsentative Demokratie fehlt. Deutliche Anhaltspunkte für einen Mangel der Fähigkeiten, Realitäten wahrzunehmen, auch soweit sie dem eigenen ideologischen Weltbild widersprechen, ergeben sich sowohl aus dem Inhalt der in der Dokumentation veröffentlichten Erklärung der Angeschuldigten wie auch aus ihren späteren teils allein, teils gemeinsam abgegebenen

Stellungnahmen zu den Gründen für die Herausgabe der Dokumentation. Die von ihnen in der Erklärung u. a. behaupteten Fakten können schon deshalb keine Basis für eine von den Angeschuldigten angestrebte sinnvolle Diskussion sein, weil sie offenkundig für jeden Unvoreingenommenen klar ersichtlich falsch sind. [. . .]

Dem Verdacht der Unfähigkeit, Realitäten wahrzunehmen, haben sich die Angeschuldigten weiter durch die Häufung ihrer Fehlinterpretationen des ›Mescalero-Artikels‹ ausgesetzt. [. . .] Wer aber wie die Angeschuldigten bereits bei der Auslegung des Inhalts des ›Mescalero-Artikels‹ versagt, setzt sich dem Verdacht aus, unfähig zu sein, die ungleich komplizierteren gesamtgesellschaftlichen Verhältnisse zutreffend erfassen und analysieren zu können. [. . .]

Diesen Verdacht vermag auch die Tatsache nicht zu entkräften, daß es sich bei den Angeschuldigten um Hochschullehrer handelt. Ausbildung und Intellekt allein bieten, wie andere Beispiele von Realitätsblindheit aus der jüngsten deutschen Zeitgeschichte deutlich gezeigt haben, keine Gewähr für die Fähigkeit zur objektiven Beurteilung eines Sachverhaltes.«[18]

Es soll indes nicht nur der Wissenschaftler, sondern auch die Wissenschaft selbst an die freiheitlich-demokratische Grundordnung gebunden werden. Zwar hat das Bundesverfassungsgericht 1973 geurteilt:

»Das in Art. 5, Abs. 3 GG enthaltene Freiheitsrecht schützt als Abwehrrecht die wissenschaftliche Betätigung gegen staatliche Eingriffe und steht jedem zu, der wissenschaftlich tätig ist oder tätig werden will. Dieser Freiraum des Wissenschaftlers ist grundsätzlich [. . .] vorbehaltslos geschützt [. . .] In ihm herrscht absolute Freiheit vor jeder Ingerenz öffentlicher Gewalt. In diesen Freiraum fallen v. a. die auf wissenschaftlicher Eigengesetzlichkeit beruhenden Prozesse, Verhaltensweisen und Entscheidungen bei dem Auffinden von Erkenntnissen, ihrer Deutung und Weitergabe [. . .] Damit ist zugleich gesagt, daß Art. 5, Abs. 3 GG nicht eine bestimmte Auffassung von der Wissenschaft oder eine bestimmte Wissenschaftstheorie schützen will.«[19]

Und 1978 hat der BGH dieses Urteil mit denselben Worten bekräftigt, dabei nach Güterabwägung mit anderen Grundrechten noch unterstrichen:

»Zugunsten der Wissenschaftsfreiheit ist stets der diesem Freiheitsrecht zugrundeliegende Gedanke mitzuberücksichtigen, daß gerade eine von gesellschaftlichen Nützlichkeits- und politischen Zweckmäßigkeitsvorstellungen befreite Wissenschaft dem Staat und der Gesellschaft im Ergebnis am besten dient.«[20]

Aber im Einzelfall hindert dies weder die Administration noch die Justiz, zensurierend in die Inhalte von Wissenschaft einzugreifen. Notfalls wird zu diesem Zweck eine »Kontaktschuld der Sprache« (Peter Brückner) konstruiert:

Es sei, so wird in einem Berufsverbotverfahren gegen einen Sozialkundelehrer anhand seiner Examensarbeit bemängelt, »kein Abstand mehr zu einer Haltung erkennbar, die von einem Lohndiktat der Unternehmer spricht«, denn »er stilisiert Tarifstreitigkeiten [Streik- und Aussperrung in der Druckindustrie] zu Streitigkeiten zwischen verschiedenen sozialen Klassen oder Schichten hoch«.[21] Oder im

Falle des schon erwähnten Tomczak: »Die in beiden Schriften enthaltenen fachlichen Beiträge sind sowohl in ihrer Wortwahl als auch in Grundtenor und Zielsetzung absolut einseitig orientiert und offensichtlich dazu bestimmt, die kommunistische Ideologie propagandistisch auszubreiten.«[22]

In den verschiedenen »Mescalero«-Urteilen berufen sich die Gerichte dabei auf einen fiktiven »unvoreingenommenen« oder gar »unverbildeten Durchschnittsleser«, den es vor Mißverständnissen und gesinnungsmäßigen Fehlentwicklungen zu bewahren gälte.

Zum anderen wird der Wissenschaft qua Obrigkeit Praxisferne aufgezwungen. So heißt es in einer in diesem Punkt zentralen Entscheidung des Berliner Oberverwaltungsgerichtes:

»Die Wissenschaft als solche kann daher in Übereinstimmung mit der Klägerin [die Universität zugunsten des abgelehnten Wolfgang Lefevre] niemals gegen die freiheitlich-demokratische Grundordnung verstoßen, auch wenn sie zu einer Prognose künftiger gesellschaftlicher Entwicklungen führt. Der durch Art. 5, Abs. 3 GG geschützte Freiheitsraum endet aber dort, wo wissenschaftliche Erkenntnisse in die politische Wirksamkeit umgesetzt werden sollen und zu politischem Handeln aufgerufen wird. Die Grenzen zwischen wissenschaftlicher Theorie und politischem Ziel liegen dort, wo die betrachtend gewonnenen Erkenntnisse zu Bestimmungsgründen politischen Handelns gemacht werden [...] Für Wissenschaftler in politikbezogenen Disziplinen – wie im vorliegenden Fall – mag sich ein Eingehen auf tagespolitische Fragen im Rahmen des Art. 5, Abs. 3 GG halten, wenn es in sachlicher Form und sorgsamem Abwägen des Für und Wider geschieht. Sobald ein solcher Wissenschaftler die politische Aktivität des Hörers oder Lesers anspricht – gleichgültig ob innerhalb oder außerhalb von Lehrveranstaltungen – oder sich die Äußerungen in politischer Propaganda verlieren, ist der Freiheitsraum Art. 5, Abs. 3 GG überschritten.«[23]

Abgesehen davon, daß das Gericht hier falsch aus der KPD-Verbotsentscheidung von 1956 zitiert (die die Grenzen für die Berufung auf die Freiheit der Wissenschaft immerhin erst da ansetzt, wo eine politische Partei sich auf sie beruft), stellt es selber dankenswert klar, welche Wissenschaft es mit der freiheitlich-demokratischen Grundordnung für unvereinbar hält:

»Gerade dies ist das Wesen des Marxismus, der sich nicht darin erschöpft, rein wissenschaftlich die Gesetzmäßigkeiten der Gesellschaft und der Welt zu erklären, sondern fordert, diese Erkenntnis zur aktiven Umwandlung der Gesellschaft auszunutzen. Der Marxismus ist nicht nur Dogma, sondern auch Anleitung zum Handeln.«[24]

Das Gericht begründet die Ausgrenzung weiter: Hochschullehrer »nehmen Funktionen wahr, bei denen in besonderem Maße die Gefahr besteht, daß im Rahmen des Bildungsauftrages der Hochschule politische Einseitigkeit verbreitet oder gar agitiert wird. Die Berufe im Hochschuldienst, die die nächste Generation weitgehend in ihrem politischen Denken zu bestimmen vermögen, bieten nichtverfassungstreuen Dozenten hervorragende ›Multiplikationschancen‹, ihren politischen Auffassungen Geltung zu verschaffen; dabei können sie die Begeisterungsfähigkeit junger Menschen für ihre Zwecke ausnutzen«.[25]

Das Gericht materialisiert sein Diktum schließlich in jenem oben zitierten Tübinger AStA-Fall, indem es eine Sachaussage über die Lebensbedingungen der nordamerikanischen Indianer (»Diese Bedingungen haben ebenso wie die sich zuspitzenden Plünderungen der Reservate zur Formierung einer breiten und teilweise äußerst militanten Widerstandsbewegung beigetragen, die sich immer mehr zu einem festen Bestandteil des antirassistischen und antimonopolistischen Kampfes in den USA entwikkelt«[26]) zum Anlaß für das Verbot eines Universitäts-Seminars nimmt, »weil wissenschaftliche Betätigung ihrer Natur nach in erster Linie auf Erkenntnis, nicht dagegen auf ein Handeln zur Erreichung eines bestimmten politischen Erfolges gerichtet ist«.[27]

Dann aber heißt es:

»Die aufgestellte Behauptung gibt sich durch ihre distanzlose und polemische Form als Teil einer tendenziösen Propaganda zu erkennen, die vorgefundene gesellschaftliche Mißstände nicht deshalb aufgreift, um den jeweils Benachteiligten unmittelbar wirksame Hilfe zukommen zu lassen, sondern um die bestehenden Konflikte ohne Rücksicht auf die Anliegen der Betroffenen zu verschärfen und sie als Zündstoff für grundlegende gesellschaftliche Umwälzungen auszunutzen. Die beanstandete Aussage kennzeichnet sich daher als bloße Agitation, die keinen Anspruch auf Wissenschaftlichkeit erhebt, selbst wenn ihr weitgehend unstreitige historische Tatsachen als Anknüpfungspunkt zugrunde liegen mögen.«[28]

Damit erliegt das Gericht unversehens eben jenem Widerspruch, der notwendigerweise alle Versuche, verfassungskonforme Wissenschaft im Begriff von Wissenschaftlichkeit selber zu verankern, kennzeichnet: Die abgekoppelte Praxis wird fallengelassen zugunsten der richtigen Praxis. Hier nun muß das vom Bundesverfassungsgericht bekräftigte Dauerargument der Krise herhalten:

»Namentlich bei Berücksichtigung politischer, sozialer oder wirtschaftlicher Krisen, deren Eintritt nie ausgeschlossen werden kann, erweist sich die Forderung nach Verfassungstreue der öffentlichen Bediensteten als notwendig. [. . .] Denn gerade in derartigen Situationen muß Verlaß darauf sein, daß wenigstens nicht die Universitätsbediensteten selbst innerhalb der Hochschule verfassungsfeindliche Aktivitäten entfalten, derartige Bestrebungen unterstützen oder ihrer Durchsetzung infolge einer gleichgültigen Haltung gegenüber der freiheitlich-demokratischen Grundordnung den Boden bereiten.«[29]

Es dient die Krise als »Legitimationsressource« (Offe) eines Herrschaftssystems, dessen Verpflichtung auf kapitalistisches Wachstum aus materieller sozialer Gerechtigkeit und Lebensqualität sich nicht mehr legitimieren kann. Die im zunehmenden Maße aufgeherrschte Versagung realer Bedürfnisse macht den Konsens der Bürger mit dem als freiheitlich-demokratische Grundordnung deklarierten, ökonomischen, sozialen und politischen Status quo im wachsenden Maße brüchig; ihr Denken und Fühlen selbst wird zur Gefahrenquelle. Wo Loyalität zunehmend repressiv (Polizei, Geheimdienste) und manipulativ (Terroristen-Hysterie, Sympathisanten-Hetze) hergestellt wird, gewinnt nicht nur die Kontrolle über die Verläßlichkeit des politischen Apparates (Radikalenerlaß), sondern auch der Bereiche, die Sinn- und Normensysteme produzieren und vermitteln, an Bedeutung. »Der Begriff der *inneren Sicherheit* enthüllt seine doppelte Bedeutung: die Sicherung gegen innere Bedrohungen ist vor allem die präventive Sicherung der Herrschaftsverhältnisse vor der inneren Einstellung der Masse der Bevölkerung.«[30] Um solche Herrschaftssicherung wenigstens dem Anschein nach mit dem Verfassungsgebot von Wissenschaftsfreiheit zu verbinden, wird quer durch die Parteien der *wertrelativistische Wissenschaftspluralismus* des Kritischen Rationalismus à la Popper als einzige, wahre Wissenschaft deklariert.

»Tatsächlich sollte man nur den Wissenschaftler nennen, der diesen Pluralismus als praktische Toleranz gegenüber anderen in sich selbst trägt.«[31]

Hier wird ein möglicher Wissenschaftsbegriff, für den Wissenschaft nichts ist als Methode, neutral gegen gesellschaftliche Wertungen und abstinent gegen Handeln, zum einzig wissenschaftlich denkbaren erhoben und damit allen anderen Begriffen Wissenschaftlichkeit wie Verfassungskonformität abgesprochen. Eben dies bekräftigt die Justiz.

Dies freilich ist ein Begriff von Wissenschaft, der auch von bürgerlichen Wissenschaftstheoretikern längst kritisiert wird – nicht zuletzt, weil er dem Charakter der Wissenschaft als auch und gerade von den Herrschenden benötigtes »Verfügungswissen«, das »der Rationalisierung und besseren Beherrschbarkeit technischer und sozialer Prozesse dient«[32], elementar widerspricht. Der angediente Popper erweist sich mithin als zensurierendes Korrelat eines Herrschaftsinteresses, das die Wissenschaft mehr als je in seinen Dienst genommen hat.

Eine Wissenschaft, die praktisch wird, nicht im Sinne der Herrschenden, sondern die aktuell und potentiell bedeutungsvoll ist für Gegenwehr, auch nur Gegendenken – eine solche Wissenschaft produziert allerdings »Erkenntnisse«, welche die Herrschenden zu Recht fürchten.

Günther Rager / Theo Rombach

Rundfunkzensur

1. Zum geschichtlichen Hintergrund: Der Kampf der Parteien um Mikrofon und Kamera

1974 besaßen schon 95 % aller Haushalte in der BRD ein Fernsehgerät und nahezu alle ein oder mehrere Radiogeräte. Vier Fünftel der Deutschen sitzen alltäglich vor der Mattscheibe.[1] Von der Allgegenwart wurde zu Unrecht auf die Allmacht der Wirkung vor allem des Fernsehens geschlossen.[2] Beides hat die Mächtigen nicht ruhen lassen. »Politiker träumen vom Fernsehen, das sie alle in Großaufnahme zeigt und alle zugleich.«[3] Das Interesse der Herrschenden liegt darin, sich und ihre Sache möglichst oft in möglichst positiver Weise medial zu präsentieren. Schon lange, bevor das Medium Fernsehen derart ubiquitär war, strebten die Politiker danach, Einfluß auf Hörfunk und Fernsehen zu gewinnen. Aber sie stießen mit ihren Versuchen zunächst auf Widerstand. Zu unheilvoll war die Rolle des Reichsrundfunks Ende der Weimarer Republik und unter den Nationalsozialisten gewesen, als daß die Siegermächte den Politikern gleich das Mikrofon überlassen wollten. Propagandaministerium und NSDAP hatten die Möglichkeiten des Rundfunks perfekt genützt. Nicht nur durch Hitlers und Goebbels Propagandaauftritte versuchten sie, über die Volksempfänger der Bevölkerung bis zum Schluß den Glauben an den Endsieg einzuhämmern. Vom Wunschkonzert bis zum einzelnen Schlager und den ersten Fernsehversuchen hatte alles den jeweiligen Parolen zu dienen. Die Wiederholung dieses Zustands wollten die Alliierten für alle Zukunft verhindern:

»Es ist die grundsätzliche Politik der US-Militärregierung, daß die Kontrolle der öffentlichen Meinungsbildung, wie Presse und Rundfunk, verteilt werden soll und von jedem herrschenden Regierungseinfluß freigehalten werden muß.«[4]

Ganz anders dachten darüber die großen Parteien. In der Reihe »Kritik am NWDR« konnten sie 1947 Stellung beziehen zu dessen Programm. Dabei stellte Dr. Leo Schwering, CDU, fest:

»Man weiß zur Genüge, daß der Rundfunk auch die Propagierung der Abschaffung des § 218 sich zur Aufgabe gemacht hat, [. . .] jeder weiß, daß die Abschaffung des Abtreibungsparagraphen eine alte Forderung des Marxismus jeglicher Richtung ist. [. . .] Das jetzige System ist, um es möglichst drastisch auszudrücken, nichts anderes als eine Wahlpropaganda zu Nutzen des Marxismus [. . .]«[5]

Um Derartiges in Zukunft zu vermeiden, schlug die CDU – wie übrigens, wenn auch mit anderer Begründung, die SPD – eine politische Überwachung der Sender durch Volksvertreter vor. Auf diese Weise sollte der Einfluß der Parteien auf die Sender gesichert werden.

Die Auseinandersetzung zwischen den Parteien und den Siegermächten führte schließlich zur Konstruktion der »öffentlich-rechtlichen« Anstalt. Grundgedanke dieser Rechtsform war, daß nicht Staat oder politische Parteien bzw. Parlamentarier, sondern die »gesellschaftlich relevanten Gruppen«, die die Allgemeinheit repräsentieren sollten, die Rundfunksender zu kontrollieren haben. Darin scheint sich ein erhebliches rundfunkpolitisches Mißtrauen gegen die repräsentativ gewählten Parlamentarier auszudrücken. Die Sender sollten also möglichst frei von staatlichen und parteipolitischen Eingriffen sein. Man wird im folgenden immer wieder sehen, daß dieser Grundgedanke nur teilweise verwirklicht wurde: Direkte staatliche Eingriffe in erheblichem Umfang sind zwar kaum nachweisbar, aber die Einflußmöglichkeiten der Parteien – vor allem der CDU/CSU und der SPD – auf die Sender sind ebenso wirksam wie vielfältig.

Diese Parteien nutzten in wachsendem Maße die Zugriffsmöglichkeiten, die ihnen die öffentlich-rechtliche Organisationsstruktur bot; auch auf die Gefahr hin, die Rundfunkgesetze einseitig zu interpretieren, sie zu ihren Gunsten zu ändern oder gar zu übertreten.[6] Oder, wie es sich derzeit am Beispiel des NDR abzeichnet, das öffentlich-rechtliche System insgesamt zu gefährden.

Um den Tatbestand Zensur insgesamt eingrenzen zu können, ist es daher nötig, zunächst die organisatorische Struktur der Rundfunkanstalten und die politischen Eingriffsmöglichkeiten zu beleuchten, auch wenn diese zweifellos nicht ohne weiteres unter »Zensur« zu fassen sind, ihr allenfalls den Boden bereiten. Als Zensur wird hier nur die vorläufige oder endgültige Absetzung produzierter Sendungen oder die Verhinderung von Produktionen aus politischen oder moralisch-ethischen Bedenken bezeichnet.

2. Die öffentlich-rechtliche Organisationsstruktur: Hierarchie der Verantwortung oder institutionalisierte Zensur?

Die Sender der Arbeitsgemeinschaft der Rundfunkanstalten Deutschlands (ARD) sind auf der Grundlage der jeweiligen Landesgesetze organisiert. Diese Gesetze weichen zum Teil voneinander ab. In unserem Zusammenhang interessiert jedoch das Gemeinsame. An der Spitze der Anstalten steht ein Intendant, der die alleinige Programmverantwortung trägt. Er hat sich nach den Gesetzen und der Satzung seines Senders zu richten. Wie er dies tut, wird vom Rundfunkrat kontrolliert, in dem die »gesellschaftlich relevanten Gruppen« vertreten sein sollen.[7] Der Rundfunkrat wählt meist den Intendanten[8], außerdem obliegt ihm die Kontrolle des Programms *nach* der Ausstrahlung. *Vor* der Ausstrahlung liegt die Verantwortung beim Intendanten. Die Gesetze verpflichten den Intendanten darauf zu achten, daß die Sendungen

- sich innerhalb des Rahmens des Grundgesetzes befinden;
- ausgewogen sind;
- nicht irgendeiner Gruppe oder einer Weltanschauung dienen;
- keine Vorurteile fördern;
- das sittliche Empfinden der Zuschauer nicht verletzen usw.[9]

Diese gesetzlichen Vorschriften sind freilich interpretationsfähig. Die Liberalität des Intendanten bzw. Rundfunkrates wird – das ist die Folge des streng hierarchischen Aufbaus der Anstalten – zur Kennmarke, an der die Mitarbeiter der Rundfunkanstalten sich zu orientieren haben. Die Aufsichtspflicht des Intendanten stellt das spezifische Problem dar, vor dem eine Abhandlung über die Zensur in den Rundfunkanstalten steht: Es ist falsch, a priori von Zensur zu reden, wenn der Intendant eine Sendung absetzt. Wenn z. B. diese Sendung gegen bestehende Gesetze verstößt, so hat er mit der Absetzung nicht mehr als seine Pflicht getan. Wer die bestehenden Rundfunkgesetze akzeptiert, muß auch diese Konsequenz akzeptieren. Wer diesen Zustand nicht akzeptieren kann oder will, muß sich für die Veränderung der Gesetze einsetzen: etwa für die Abschaffung des Intendantenprinzips und verstärkte Demokratisierung der Entscheidungsprozesse innerhalb der Rundfunkanstalten (vgl. Anm. 7, 8).

Es muß also von Fall zu Fall geprüft werden, ob eine legitime Ausübung der Aufsichtspflicht oder ein Verstoß gegen Artikel 5,1 GG vorliegt. Zu diesem vom Gesetz vorgesehenen Rahmen, den ein Intendant abzustekken hat, kommt noch der nicht kodifizierte und wohl auch kaum kodifizierbare Anspruch auf journalistische Qualität. Alois Rummel ist in diesem Punkt zuzustimmen, wenn er schreibt:

»Eine Rüge wegen Schlampigkeit, wegen schlechter Sprache und Grammatik, wegen unzulänglicher Recherche oder wegen mangelnder Sachkunde ist noch lange kein Verstoß gegen die Meinungsfreiheit. Dem Intendanten oder den zuständigen Direktoren lediglich die Funktion der Rechtmäßigkeitskontrolle zuzubilligen hieße, sie zum Programmnotar degradieren.«[10]

Natürlich kann ein Intendant seine Aufsichtspflicht nicht für jede Sendung wahrnehmen, er muß seine Verantwortung delegieren an Direktoren, Chefredakteure, Ressortleiter usw. Gerade diese übliche und gesetzeskonforme Auslegung bringt jedoch nicht zuletzt wegen des hierarchischen Organisationsaufbaus viele Probleme mit sich. Sendungen von vermuteter Brisanz haben viele Hindernisse zu überwinden: Zunächst begutachtet sie – wie immer – der verantwortliche Redakteur, dann der Redaktionsleiter. Die Stufen darüber sind der Chefredakteur bzw. der jeweilige Programmdirektor (Hörfunk oder Fernsehen), schließlich der Intendant.

Diese Hierarchie zeigt, daß Zensurakte im allgemeinen nicht nötig werden dürften, sofern die Programm-Mitarbeiter rechtzeitig »betreut« werden. Sie sind eher als eine Betriebspanne zu betrachten: Denn es gibt viele Möglichkeiten, unliebsame Beiträge zu Fall zu bringen. Auf das Exekutionsmittel Zensur kann verzichtet werden, solange das erwünschte Spektrum an politischer Meinung – und *nur* das – erhalten bleibt. Weil jedoch in keinem Sender bisher (?) diese Sicherheit gewährleistet ist, sind Kontrollmechanismen und Personalentscheidungen der besonderen Aufmerksamkeit der Parteien ausgesetzt bzw. auch deren Eingriffen. Die Fragestellung scheint also zu sein: Wie erreiche ich zensurähnliche Ergebnisse, ohne Zensur ausüben zu müssen?

Die Antworten sind: 1. durch Druck *innerhalb* der Anstalten auf a) *die Themenauswahl* und b) die Auswahl der *Mitarbeiter*; 2. durch Druck *von außen* auf die Redaktionen und Senderleitungen. Auch wenn andere Gruppierungen der Gesellschaft versuchen, Einfluß auf die Rundfunkanstalten zu gewinnen – am leichtesten erreichen sie ihr Ziel stets über die Parteien.

Zu 1.a) Aus der Fülle der journalistischen Themen werden nur wenige für Nachrichten, Features, Filme, Hörspiele usw. ausgewählt. Dies versteht sich von selbst. Was aber, wenn nun bestimmte Themenkomplexe nahezu völlig aus dem Programm ausgespart werden oder verschwinden? Nebensächlich beinahe, ob die Redaktionen sie nicht (mehr) vorschlagen oder ob sie in den Programmkonferenzen von den oberen Etagen der Hierarchie abgeblockt werden. Versagt journalistisches Können z. B. regelmäßig bei Themen aus der Arbeitswelt? Es muß angenommen werden, daß hier gut funktionierende Filter eingebaut worden sind, die politisch unliebsame Themen erfolgreich aussondern.

Zu 1.b) Die Spitze der Hierarchie wählt aus den möglichen Programmmitarbeitern aus, wenn Stellen neu zu besetzen sind. Meistens erhalten dabei seit Mitte der siebziger Jahre Parteigänger den Zuschlag. Journalisten, deren Weltbild nicht der SPD-Mitte, der CDU oder CSU wenigstens zugeordnet werden kann, haben selbst bei erwiesener Qualifikation nur relativ geringe Chancen. Derart ermöglicht die ganz normale Besetzung freigewordener Stellen gezielte parteipolitische Einflußnahmen, die deshalb so gefährlich sind, weil sie spätere Zensurmaßnahmen unnötig machen wollen. Eine Grauzone deutet sich an: Entscheidungen, die ob ihrer Alltäglichkeit kaum je ans Licht der Öffentlichkeit geraten, ziehen oft Konsequenzen nach sich, die sie viel gefährlicher machen als so manchen spektakulären Zensurfall.

Aus der Kombination der beiden Möglichkeiten kann sich leicht ergeben, daß etwas den Parteien Mißliebiges nur noch schwer thematisierbar wird und daß die vielen Standpunkte, unter denen Probleme gesehen werden können, auf zwei oder drei Standpunkte der herrschenden Parteien reduziert werden.

Daß diese Möglichkeiten nicht nur Theorie sind, kann mit vielen Beispielen belegt werden.[11] Ihnen gemeinsam ist das Bestreben, den Spielraum Andersdenkender einzuengen, meist durch sanften Druck innerhalb der Anstalten.

Paradebeispiel einer geglückten Machtergreifung in einer Rundfunkanstalt ist die Politik der CSU im Bayerischen Rundfunk. Innerhalb von wenigen Jahren wurden von 1971 an in dem bisher eher liberalen Sender alle führenden Stellen mit CSU-Anhängern besetzt. Dies wurde möglich durch eine Fernseh-Strukturreform im Februar 1971. Der damalige Intendant Christian Wallenreiter wehrte sich noch gegen die Machtergreifung der CSU, aber er wurde nach Ablauf seiner Amtszeit von dem CSU-Parteipolitiker Reinhold Vöth (Landtagsabgeordneter) abgelöst.

Parallel dazu lief die Kampagne der CSU für die Änderung des bestehenden Rundfunkgesetzes. Die Willfährigkeit des Senders sollte hauptsächlich durch zwei Maßnahmen gesichert werden:

1. Heraufsetzung der Zahl der Parteipolitiker im Rundfunkrat von 9 auf 21 (von insgesamt 59 Rundfunkratsmitgliedern);
2. Anstellung leitender Angestellter nur für 5 Jahre.

Das Gesetz wurde am 1. 3. 1972 verabschiedet. Hörfunkdirektor Alexander von Cube trat daraufhin von seinem Amt mit dem Kommentar zurück:

»Ein demokratisches Gesetz ist kein Freibrief, sondern ein Freiheitsbrief. Aber eben diese verbriefte Freiheit, wie sie für den Rundfunk auch in Artikel 5 der Bundesverfassung verankert ist, droht in Gefahr zu geraten, und zwar einfach dadurch, daß der Versuch gemacht wird, sie durch eine Art legaler Machtergreifung im Rundfunkrat parteipolitisch zu monopolisieren ...«[12]

Aber die Gesetzesänderung war nur der Anfang: Die CSU holte die nie vergessenen Pläne vom Privatrundfunk hervor. Damit ging die Partei jedoch zu weit. Im »Volksbegehren Rundfunkfreiheit« wurde durchgesetzt, daß der private Rundfunk in Bayern per Gesetz unmöglich gemacht wurde. Der neue Artikel 111a beinhaltet, daß Rundfunk nur in öffentlich-rechtlicher Verantwortung betrieben werden und höchstens ein Drittel des Rundfunkrats aus Partei- und Staatsvertretern bestehen darf.

Konsequente Personalpolitik ergänzte die Strategie der Machtergreifung. Eine Organisationsreform führte dazu, daß das engagierte CSU-Mitglied Rudolf Mühlfenzl sämtliche politischen Fernseh-Sendungen des BR – in ARD, Regionalprogramm und 3. Programm – kontrolliert.[13]

Diese Entwicklung kennzeichnet ein Verfahren, das die Parteien einschlagen, um die im Grundgesetz garantierte Meinungs- und Informationsfreiheit einzuschränken. Das Verfahren hat den Vorteil, daß es Zensur tendenziell unnötig macht: Die internen Anpassungsmechanismen fördern das Ausbleiben unbequemer Beiträge.

Allerdings nur, solange sich die beteiligten Parteien einig sind oder, im Sonderfall des BR, wenn eine Partei den Apparat vollständig beherrscht. Im wesentlichen besteht diese Einigkeit vor allem in der Abwehr sogenannter »extremer« (radikaler, was meist marxistischer meint) Positionen, auch wenn diese durch das Grundgesetz abgedeckt sind.

Betroffen davon sind in erster Linie die unteren Stufen der Hierarchie –

die Redaktionsleiter, Redakteure und Freien Mitarbeiter, die eigentlich die Programmvielfalt garantieren sollten. Von ihrem Standvermögen hängt es oft ab, was noch machbar ist und was nicht. Daher verlagern die Parteien den Proporz immer weiter die Stufen hinunter. So sind 96 % der Redakteure des NDR und BR der Auffassung, daß ihre Karriere von ihrem politischen Wahlverhalten abhängt, 93 % wünschen sich weniger Einfluß von seiten der Parteien.[14]

Die Besetzung leitender Posten nach dem Parteibuch und nicht nach journalistischer Qualifikation birgt die Gefahr, daß die untergebenen Redakteure dem – vermeintlichen oder tatsächlichen – Druck nachgeben. Anpassung an die Chefs kann zur Unterdrückung unbequemer Informationen – zur Selbstzensur führen. Der »Innendruck«, der durch parteipolitisch gebundene Direktoren und Chefredakteure besteht, wird oft harmonisch ergänzt vom »Außendruck«, den mächtige Gruppen auf die Sender auszuüben trachten, sei es durch persönliches Kontaktieren des Intendanten oder durch die Rundfunkräte oder durch Kampagnen in mächtigen, ihnen zugänglichen Presseorganen.[15]

Ein gutes Beispiel hierfür ist die Kampagne gegen das Magazin »Panorama«. Ursprünglich im Zweiten Programm der ARD angesiedelt, schaffte das politische Magazin 1962 den Sprung in das 1. Programm. Federführend waren Rüdiger Proske und Gert von Paczensky. Die Sendung stand der Adenauer-Regierung kritisch gegenüber. Binnen kurzem wurde sie das meistgesehene Polit-Magazin im deutschen Fernsehen.[16] Eine Pressekampagne setzte ein. Die »Welt« attackierte Paczensky unter der Überschrift »Drehen, umdrehen, verdrehen« mit Vorwürfen wie »schreckliche Vereinfachungen, ... ausgekochte Dramaturgie«. Paczensky war zuvor für eben diese Zeitung jahrelang Auslandskorrespondent gewesen. Als Panorama die Bild-Zeitung angriff, kommentierte das Massenblatt: »Das war Fernseh-Hetze.« Bild wußte auch ein Allheilmittel: »Echte Konkurrenz zum Monopol-Fernsehen. Ein privat geleitetes Fernsehen tut not.«[17] Doch nicht nur die Presse fuhr massive Angriffe gegen Paczensky/Proske. Der Intendant des Saarländischen Rundfunks warf der Sendung »unredlichen Journalismus« vor.

Die CDU beobachtete das Magazin und legte schließlich in einem Sonderdienst eine Liste von 14 Sendungen aus dem Zeitraum 1961-63 vor, mit der sie belegen wollte, daß Paczensky nicht Kritik, sondern Polemik betreibe. Schließlich hatte die CDU Erfolg. Durch die Drohung, den Verwaltungsrat zu verlassen, wurde erreicht, daß Paczenskys Vertrag nicht verlängert wurde.[18]

Konnte Paczensky noch in manchen Fällen journalistisches Fehlverhalten nachgewiesen werden, so mußten seine Nachfolger Wocker, Proske, Kogon und Merseburger weichen, ohne daß ihnen handwerkliche Fehler nachgewiesen worden wären. Und dies, obwohl der Intendant des NDR sich permanent gegen die Pressionsversuche gewehrt hatte.[19]

Derart massiven Kampagnen sind natürlich nur wenige Redakteure ausgesetzt.[20] Dennoch entsteht durch den massiven Druck auf eine spezielle Redaktion eine Atmosphäre, die Anpassung fördert. In einem Klima der Angst sieht sich der kleine Redakteur in der dauernden Gefahr, von den Mächtigen angegriffen und zermalmt zu werden.[21]

3. Die Angst der Journalisten – die Macht der Herrschenden?

In einer Untersuchung, die im SDR veranstaltet worden ist, antworteten 72,1 % der Befragten, es gäbe so etwas wie Selbstzensur. Diese Selbstzensur führten 64,7 % der Befragten auf Anpassung zurück, 13,2 % auf Druck der Redaktionsleitungen und der Programmdirektion.[22]

Horst Eberhard Richter stellte in einer Fragebogenaktion bei 195 Journalisten des BR und des NDR fest, daß Ängstlichkeit und Selbstzensur zunehmend die Arbeit der Fernsehjournalisten kennzeichnen. So geben 73 % der sich als »links« bezeichnenden Redakteure zu, daß sie bei ihrer Arbeit Selbstzensur praktizierten. 50 % dieser Gruppe wirft sich selbst im Vergleich zu früher größere Fügsamkeit vor.[23]

Beispiele aus dem Alltag der Selbstzensur gibt es in großer Zahl: Da stellt eine Redaktion dem Juristen mit DKP-Mitgliedschaft, den sie einen Kommentar zur Verfassungsmäßigkeit des Radikalenerlasses abgeben läßt, noch einen »unverdächtigen« Experten zur Seite. Da schneidet eine andere aus dem Lied eines Straßensängers, das sie senden will, einen Angriff auf den Versicherungsboß Gerling heraus: die Gesetze verlangen dies alles nicht.[24]

> »Nachzensur, ständige und systematische Beobachtung, die jede angebliche oder wirkliche Unausgewogenheit zum Anlaß nimmt für Pressionen, Diffamierung einzelner Sendungen und Journalisten, pausenloser Beschwerdeterror – das ist die gegenwärtige Situation. Die Folgen: Angst und Unsicherheit, die Journalisten gefügig machen, breiten sich aus.«[25]

Diese Angst ist nicht allein auf Funk- und Fernsehjournalisten beschränkt. Doch in den Massenmedien sind ihre Folgen besonders verheerend: Kritik am Status quo droht zu verschwinden, wichtige Informationen werden unterdrückt. Nicht mehr die Wahrheit bzw. Richtigkeit der Information ist entscheidendes Kriterium journalistischer Arbeit, sondern die Konformität mit der herrschenden Meinung. Die Angst ist die Folge eines verstärkten Drucks, den die herrschenden Kräfte auf Andersdenkende ausüben und der seine spektakulärste Form in den Berufsverboten gefunden hat. Doch so verständlich sie bei den Journalisten ist: die festangestellten Redakteure, deren Existenz relativ gut gesichert ist[26], hätten immerhin Möglichkeiten zur Gegenwehr:

> »Der im deutschen Rundfunk herrschende, nur mit den Privilegien der Beamten zu vergleichende Kündigungsschutz sollte [. . .] besonders den fest angestellten Redakteuren genügend Rückendeckung im Kampf gegen unzulässige Eingriffe geben.«[27]

Anders steht es mit den Freien Mitarbeitern. Sie sind tarifrechtlich kaum abgesichert und können mundtot gemacht werden, indem man ihnen keine neuen Aufträge erteilt.[28] Die Überwindung der Angst, der Mut, brisante Themen aufzugreifen, kann jedoch die Folge haben, daß herrschende Unterdrückungsmechanismen für eine breitere Öffentlichkeit durchschaubarer werden. Die Journalisten könnten auf diesem Weg ihren Beitrag dazu leisten, die Ursachen der Angst zu beseitigen.

Bisher war vor allem von Mechanismen die Rede, die normaler politischer Auseinandersetzung entsprächen (vgl. etwa die Stellenbesetzung in anderen Bereichen), wären sie nicht im besonders empfindlichen »Sicherheitsbereich« eines demokratischen Kräftefeldes – eben der Medien – angesiedelt. All diese Mechanismen sind zwar gewiß nicht »Zensur«, können aber ähnliche Auswirkungen wie Zensur haben: Ob ein Beitrag gar nicht erst produziert wird, weil er politisch nicht ins Kalkül paßt, oder ob er »bloß« nicht gesendet wird, ist schon fast nebensächlich – den Rezipienten erreicht die ihm zugedachte Information nicht. Der »mündige Bürger« wird von seinen Erfindern zum Erziehungsobjekt erklärt. Die spektakulären Zensurfälle in Funk und Fernsehen sind daher nur die Spitzen eines Eisberges.

4. Der harte Kern: Zensurfälle in den Rundfunkanstalten

Die Möglichkeiten zur Zensur sind mannigfach und reichen vom Verbot einzelner Begriffe über das Herausschneiden bestimmter Sendeteile bis zum Absetzen ganzer Sendungen und Sendereihen.[29] So verbot der Verwaltungsrat des WDR am 2. 7. 75 die Verwendung des Begriffes »Berufsverbot«. Der Live-Mitschnitt eines Degenhardt-Konzertes wurde strekkenweise mit einem Pfeifton überlagert, als er auf die Nazitradition des Berufsverbotes verwies.[29a]

WDR-Hörfunkdirektor Fritz Brühl setzte die Besprechung des Stückes *Bambule* von Ulrike Meinhof ab, ehe er die Besprechung überhaupt kannte. Begründung: Jede Besprechung wäre eine Förderung der Arbeit von Frau Meinhof.[30] Dieser Fall ist interessant, weil hier nicht nur verhindert wurde, daß eine künstlerische Äußerung einer straffällig gewordenen Person über den Sender ging, sondern weil eine *noch nicht einmal bekannte* Äußerung über Aussagen von Ulrike Meinhof zensiert wurde. Kein Zweifel, daß dies in keiner Weise mehr mit der Aufsichtspflicht zu begründen ist. Es paßt ins Bild, daß die *Bambule*-Verfilmung des SWF nie gesendet wurde.

Aus dem Film *Rote Fahnen sieht man besser*, der die Schließung der Phrix-Werke in Krefeld dokumentierte, wurde ein Text von Dieter Süverkrüp herausgeschnitten. Mit dem Song war der Film bereits im 3. Programm des HR und WDR gelaufen. Vor der Ausstrahlung im Gemeinschaftsprogramm der ARD protestierten – erfolgreich – der Pressechef der »Landesvereinigung der industriellen Arbeitgeberverbände Nordrhein-Westfalens«.[31] Der Text, der zensiert wurde, lautete:

»Große Pläne haben die Konzerne und darum überlebensgroßen Appetit. Die fressen erst mal alles, und was zu trocken ist, wird wieder ausgespuckt. Phrix war zu trocken, mit ausgespuckt: ein paar tausend Arbeiter. Ja, das ist eben dieser Zug ins Große, da wird eben alles größer, der Konzern, der Profit und die Macht der großen Herren, und die Wirtschaftsstrategie und der Arbeiterbeschiß, das wächst eben alles mit [. . .] Euch bleibt nur eins, ihr bleibt mal nicht mehr stille. Ihr schmeißt mal Sand in die verdammte Mühle des Kapitals, das euch zu Geld verrührt [. . .]«[32]

Süverkrüp hatte dieses Lied anläßlich einer Kundgebung vor den entlassenen Phrix-Arbeitern gesungen. Hier wurde also ein Ausschnitt aus der Wirklichkeit einfach weggeschnitten mit der Begründung, das Zeigen von Agitation sei selbst Agitation.

Der Vorwurf der mangelnden Ausgewogenheit wurde herangezogen zur Begründung eines der spektakulärsten Zensurfälle in der BRD: der Absetzung der Fernsehserie *Der Betriebsrat – ein Kurs für Arbeitnehmer*.

Der Zensur voraus ging ein Protest der Vereinigung schleswig-holsteinischer Arbeitgeber, die dem Redakteur der Sendereihe, Jürgen Schröder-Jahn, vorwarfen, der Film sei »einseitig aus der Sicht der IG Metall gestaltet worden«. Besonders moniert wurden Sätze wie »der Betrieb ist nämlich nicht jener Ort, wo Unternehmer und abhängig Beschäftigte friedlich in einem Boot sitzen, wie das die Unternehmer gerne darstellen«. Diesem Protest schloß sich NDR-Programmdirektor Friedrich Wilhelm Räuker an und erhob den Vorwurf, die Serie sei nicht nach dem Gedanken der Partnerschaft konzipiert worden, sondern »marxistisch und klassenkämpferisch« angelegt. Anderer Ansicht waren die verantwortlichen Redakteure und die Rechtsabteilung des NDR. Die Redaktion hatte die Beiträge abgenommen, die Rechtsabteilung befand, die Reihe sei mit dem NDR-Staatsvertrag vereinbar.[33] Auch Intendant Martin Neuffer teilte dem Unternehmerverband mit, er habe keine rechtlichen Bedenken. Allerdings gab er die Sendung dennoch nicht frei, weil »die partielle Interessenidentität von Arbeitgebern und Arbeitnehmern am Betriebsergebnis vernachlässigt werde«. Neuffer ließ die Filme um 5 Minuten kürzen und den Abteilungsleiter im Bonner Arbeitsministerium Karl Fitting einen Kommentar dazu sprechen. Die Redaktion war der Meinung, Inhalt und Tendenz der Filme seien erhalten geblieben. In dieser veränderten Fassung lief die Serie im Frühjahr 1977. Die Vorgänge um die Serie führten allerdings zu einer gerichtlichen Auseinandersetzung zwischen dem Intendanten und dem NDR-Verwaltungsrat, die mit dem Urteil endete, der Verwaltungsrat habe sich rechtswidrig verhalten.[34] – Obwohl die Serie ausgestrahlt wurde, fällt der Fall dennoch unter den Begriff Zensur, da der Intendant gegen den Willen der Redaktion Änderungen an der ursprünglichen Konzeption durchgesetzt hatte. Es ist zu fürchten, daß die Auseinandersetzungen, trotz des erfolgreichen Abschlusses, bei den Redakteuren nicht folgenlos blieben, sondern die Tendenz zur Selbstzensur verstärkten.

Warum wurde gerade diese Serie zensiert? Die Argumente, die zur Legitimierung des Eingriffs vorgetragen wurden, zielten alle auf ein und dieselbe angebliche Schwäche der Serie ab: die Gegenseite sei nicht in ausreichendem Maße gehört worden. Das Gebot der Ausgewogenheit sei verletzt. Um diesen vermeintlichen oder wirklichen journalistischen Mangel zu verhindern, nahm der Verwaltungsrat offensichtlich gern eine Rechtswidrigkeit in Kauf.

Mit einer ganz ähnlichen Begründung wurde auch eine *Glashaus*-Sendung zensiert. *Glashaus* war konzipiert als Forum der Kritik am Fernsehen. In Erfüllung dieses Auftrags filmten die Redakteure eine 6stündige Diskussion mit Gewerkschaftlern der IG Druck und Papier zum Thema »Strukturreform der ARD 1976 und was Arbeiter vom Fernsehen erwarten«. 35 Minuten dieser Diskussion wurden ausgewählt und, durch kurze Filme gegliedert, zu einer Sendung montiert. Am 5. 12. 1976 sollte sie ausgestrahlt werden. Aber WDR-Direktor Höfer ließ es soweit nicht kommen. Die Sendung sei aus »inhaltlichen und formalen Gründen« nicht dem Thema angemessen. Außerdem soll Höfer gesagt haben, die sieben diskutierenden Betriebsräte seien nicht repräsentativ für eine Behandlung des vorgesehenen Themas und die Sendung sei agitatorisch gewesen.[35] Da Höfer es nicht für nötig hielt, ausführlich zu begründen, warum er die Sendung absetzte, seien hier Zitate aus der Fernsehdiskussion angefügt, die einige wesentliche Kritikpunkte der Gewerkschaftler beinhalten:

»Ich meine, es gibt in unserer bestehenden Gesellschaft so viel zu kritisieren, daß das Fernsehen den absoluten Auftrag hätte, sogar einen Verfassungsauftrag, Lösungen aufzuzeigen, die möglicherweise sogar über den gesellschaftlichen Rahmen, innerhalb dessen wir uns heute bewegen, hinausgehen.«

»[. . .] ich muß wieder auf diese leichten Unterhaltungsfilme oder überhaupt speziell auf Unterhaltung zurückkommen. Damit wird doch versucht, die eigentlichen Probleme, die 83 % unserer Bevölkerung, nämlich die arbeitenden Menschen, bewegen, gar nicht sichtbar werden zu lassen.« – »Ja, im Grunde genommen Verschleierungstaktik und das ist noch viel zu schwach ausgedrückt, ich muß sagen, man betrügt uns. Regelrecht Betrug ist das.«

»Das Fernsehen ist bestimmt von Leuten, die kein Interesse daran haben, daß das Fernsehen bewußtseinsbildend wirkt.«

»Dazu stellt sich aber immer wieder die Frage, wer beeinflußt entscheidend die Programmgestaltung, und da kommen wir immer wieder zu dem Schluß, daß es in dieser Gesellschaft, ich sag's mal so, die Herrschenden sind.«[36]

Beiden Fällen ist gemeinsam: Es ging um die Darstellung gewerkschaftlicher Positionen. Ein Fall, bei dem die Darstellung von Unternehmer-Positionen zensiert worden wäre, ist den Autoren nicht bekannt.

Den Eingriffen der Zensoren sind auch die Sendungen für Jugendliche oft ausgesetzt. Bekannt sind die ständigen Querelen um die ZDF-Sendung *direkt*, aber es gibt auch andere Fälle.

Im Sommer 1971 nahm der Bayerische Rundfunk seine Jugendsendung *Zoom* aus dem Programm. Agitation war auch hier der Verwurf, der als Vorwand diente. Die fragliche Sendung enthielt tatsächlich Agitation, nämlich einen Beitrag zu selbigem Thema: Ausschnitte aus einem Wahlkampf, ein Protestmarsch, ein Hungerstreik, Agitationslyrik, Brieftexte und eine Glosse über Leghennen, die sich mittels Agitation ihrer Ausbeutung bewußt werden, sollten diese Form der Kommunikation erläutern. Fernsehdirektor Helmut Oeller vom BR betonte, der Film sei zwar sehr gut gemacht, entspräche aber nicht seiner Vorstellung von »gesellschaftlicher Kommunikation durch das Fernsehen«. Die Sendung eines Films über Agitation, der nur einen einzigen Standpunkt berücksichtige, sei nicht opportun.[37]

Die vom BR ins Leben gerufene Jugendsendereihe *Bildstörung* wurde nach einem Jahr ausgesetzt. *Bildstörung* hatte den Versuch gemacht, das eigene Medium zu demokratisieren: Schüler produzierten die Beiträge selbst. Die Sendung wurde gestoppt, als sie sich der Medienkritik zuwandte. Nachträglich wurde den Schülerredakteuren von der Jury des renommierten Adolf-Grimme-Preises »besondere Anerkennung« zuteil.[38]

Von den künstlerischen Ausdrucksformen ist besonders die Satire immer wieder Pressionen und Zensurversuchen der Programmverantwortlichen ausgesetzt. Ein Beispiel für viele:

In einem Feuilleton des SFB sollte der Kabarettist Dieter Hildebrandt eine Glosse sprechen zur TV-Übertragung der Verleihung der »Goldenen Kamera 1972« durch »hör zu«. Hildebrandt griff diese Form der Schleichwerbung für Springer und »hör zu« mit dem Satz an: »Das Privatfernsehen in Deutschland braucht nicht mehr gegründet zu werden: Es hat seinen Betrieb schon aufgenommen.« Diese Kritik am eigenen Sender wollte SFB-Intendant Franz Barsig nicht durchgehen lassen und erzwang, daß der Satz aus der Sendung herausgeschnitten wurde. Redakteur Werner Rhode gab diese »Schnittauflage« den Hörern bekannt. Die Presse griff die so der Öffentlichkeit bekanntgewordene Maßnahme auf. Kultur-Hauptabteilungsleiter Herbert Hausen hatte dem Intendanten die Absetzung empfohlen »aus medienpolitischen Erwägungen«. Außerdem habe er nicht den Eindruck gehabt, es handle sich bei der Glosse um ein »publizistisches Jahrhundertereignis«. Selbstverständlich sei dies keine Zensur gewesen: »Zensur übt – bei uns gottlob nicht – der Staat.«[39]

Ein Beispiel aus neuester Zeit ist die (nach zahlreichen Absetzungen, Verschiebungen und Kürzungen im Laufe der letzten Jahre) nun erfolgte definitive Einstellung der satirischen ZDF-Serie *Notizen aus der Provinz* von Dieter Hildebrandt.

Zum Abschluß der Darstellung sei noch auf eine besondere – zumeist bayerische – Variante der Fernseh-Zensur eingegangen: das Ausscheren aus dem gemeinsamen ARD-Programm. Es wurde erstmals 1960 von den Intendanten des BR, WDR, SWF, SDR und SR praktiziert, die sich weigerten, das Fernsehspiel *Die Sendung der Lysistrata* (nach der Komödie von Aristophanes) auszustrahlen.

Fritz Kortner hatte das Stück als deftigen Spaß inszeniert, der in unterhaltsamer Weise die Atomrüstung anprangert. Sein engagiertes Eintreten für den Pazifismus war dem Fernseh-Koordinator Münster zuviel: »Die Verfechter einer Atomrüstung werden auf eine Weise karikiert, die einfach unfair ist.«[43] Spiegel-Kritiker Telemann hatte mit seiner Analyse wohl recht: »Nicht hellenistische Deftigkeit, sondern Kortnersche Atomwaffenfeindlichkeit heißt der Dorn, der den Ärgernisnehmern aus dem Auge ragt.«[44] Zwar heißt es im Gesetz über den WDR (und ähnlich steht es in allen Rundfunkgesetzen): »Der Westdeutsche Rundfunk soll die internationale Verständigung fördern, zum Frieden und zur sozialen Gerechtigkeit mahnen ...«[45], aber größer als die Achtung vor diesem Gesetzesauftrag schien bei den Intendanten die Angst vor Parteilichkeit und engagierter Meinungsäußerung zu sein.

Die Chefs des BR haben das Ausscheren aus dem Gemeinschaftsprogramm seither öfter praktiziert. Besondere Aufmerksamkeit widmeten sie dabei dem Thema Homosexualität; so enthielten sie dem bayerischen Fernsehvolk 1973 Rosa von Praunheims Film *Nicht der Homosexuelle ist pervers, sondern die Situation, in der er lebt* und 1977 Wolfgang Petersens Film *Die Konsequenz* vor. Begründung in beiden Fällen: Schutz der betroffenen Minderheit. Bei dem allgemein für gut befundenen Film *Die Konsequenz* meinte der BR, seine Ausstrahlung im Fernsehen sei geeignet, die Voreingenommenheit gegenüber Homophilen zu bestärken – eine Begründung, die Dieter Lattmann als »geradezu absurd« qualifizierte.[46]

Dieser knappe, alles andere als vollständige Überblick über die »harten« Fälle von Rundfunkzensur macht deutlich, daß Begriffe wie »einseitig«, »agitatorisch«, »parteilich« und »unausgewogen« immer wieder herhalten müssen als Begründungen für das Absetzen von Sendungen. Sie alle können unter dem Vorwurf der »mangelnden Ausgewogenheit« zusammengefaßt werden.

5. Ausgewogenheit – das Vehikel der Zensur

Die Rundfunkgesetze verpflichten die Anstalten und ihre Mitarbeiter zur »Objektivität« und »Überparteilichkeit«.[47] Von Ausgewogenheit ist in diesem Zusammenhang zum ersten Mal im »Fernsehurteil« des Bundesverfassungsgerichts vom 28. 2. 1961 die Rede:

»Artikel 5 GG verlangt jedenfalls, daß dieses moderne Instrument der Meinungsbildung weder dem Staat noch einer gesellschaftlichen Gruppe ausgeliefert wird. Die Veranstalter von Rundfunkdarbietungen müssen also so organisiert werden, daß alle in Betracht kommenden Kräfte in ihren Organen Einfluß haben und im Gesamtprogramm zu Wort kommen können, und daß für den Inhalt des Gesamtprogramms Leitgrundsätze verbindlich sind, die ein Mindestmaß von inhaltlicher Ausgewogenheit, Sachlichkeit und gegenseitiger Achtung gewährleistet. Das läßt sich nur sicherstellen, wenn diese organisatorischen und sachlichen Grundsätze durch Gesetz allgemein verbindlich gemacht werden. Artikel 5 GG fordert deshalb den Erlaß solcher Gesetze.«[48]

In den Richtlinien für die Sendungen des ZDF vom 11. Juli 1963 heißt es unter Ziffer III,5:

»Die Anstalt ist zur Überparteilichkeit verpflichtet. Die Ausgewogenheit des Gesamtprogramms bedingt jedoch nicht Überparteilichkeit in jeder Einzelsendung. Sendungen, in denen bei strittigen Fragen ein Standpunkt allein oder überwiegend zur Geltung kommt, bedürfen eines entsprechenden Ausgleichs. Wenn in Einzelsendungen zu strittigen Fragen eine bestimmte Meinung vertreten wird, so ist in ihnen möglichst auf die ergänzende(n) Sendung(en) hinzuweisen.«[49]

Was Ausgewogenheit aber nicht bedeuten kann, deutet schon das Bundesverfassungsgericht an:

»Der Rundfunk ist mehr als nur ›Medium‹ der öffentlichen Meinungsbildung; er ist ein eminenter ›Faktor‹ der öffentlichen Meinungsbildung. Diese Mitwirkung an der öffentlichen Meinungsbildung beschränkt sich keineswegs auf die Nachrichtensendungen, politischen Kommentare, Sendereihen über politische Probleme der Gegenwart, Vergangenheit oder Zukunft; Meinungsbildung geschieht ebenso in Hörspielen, musikalischen Darbietungen, Übertragungen kabarettistischer Programme bis hinein in die szenische Gestaltung einer Darbietung. Jedes Rundfunkprogramm wird durch die Auswahl und Gestaltung der Sendungen eine gewisse Tendenz haben, insbesondere soweit es um die Entscheidung darüber geht, was nicht gesendet werden soll, was die Hörer nicht zu interessieren braucht, was ohne Schaden für die öffentliche Meinungsbildung vernachlässigt werden kann, und wie das Gesendete geformt und gesagt werden soll.«[50]

In der Einzelsendung sind demnach zweifellos Parteilichkeit und Einseitigkeit erlaubt[51], ja letztlich nicht nur erlaubt, sondern sogar gefordert:

»[. . .] die Ausgewogenheitsforderung findet darin ihre Grenze, daß auch in sich real ›unausgewogene‹ soziale Tatbestände im Rundfunkprogramm objektiv und kritisch behandelt werden müssen [. . .] Eine ›unausgewogene‹ soziale Realität ausgewogen darzustellen, hieße nichts anderes, als Konflikte und Interessengegensätze zu verschleiern und veränderungsbedürftige soziale Mißstände oder politische Fehlentwicklungen zu tabuisieren.«[52]

Kriterium ist also nicht Ausgewogenheit, sondern sachliche Richtigkeit bzw. die in Rundfunkgesetzen bemühte Objektivität oder Wahrheit.

Die oft benutzte Formel der Ausgewogenheit ist ein Begriff, der vielleicht zu politischer Polemik taugt, nicht aber inhaltlicher Auseinandersetzung standhält. Sollte sich diese Formel durchsetzen, so wäre in den Rundfunkanstalten ein Stück zensurähnlicher Tabuisierung geradezu zum Prinzip erhoben. Der Versuch, nicht mehr auf die Rundfunkgesetze selbst abzuheben, sondern auf die Formel der Ausgewogenheit zu rekurrieren, verdient besondere Aufmerksamkeit. Ob einzelne Personen von der Berichterstattung zu bestimmten Themen ausgeschlossen werden, ob ganze Programmsparten massiv verändert werden, ob der NDR insgesamt neu organisiert werden soll – immer wird als Grund mangelnde Ausgewogenheit angegeben. Der Begriff täuscht vor, es gäbe die Möglichkeit, Argumente und Gegenargumente so darzustellen, daß ihre Ausgewogenheit empirisch überprüfbar wäre, also abwägbar. Dabei wird vergessen, daß es nicht nur zwei Seiten (Argument und Gegenargument) geben kann, sondern eine Fülle von Argumenten und Gegenargumenten, die sich nicht in das (parteipolitische) Links-Rechts-Schema einfügen lassen. Ganz abgesehen davon, daß die in manchen Rundfunkgesetzen angesprochenen Wahrheitspostulate nicht unbedingt mit Ausgewogenheit in Einklang zu bringen sind.

Die Forderung nach Ausgewogenheit stellt den politisch ernstzunehmenden Versuch dar, den Rundfunk unter ein von CDU/CSU und SPD (Mitte) abgedecktes und kontrollierbares Meinungsjoch zu zwingen. Welche Folgen das haben könnte, wurde am Beispiel der Brokdorf-Berichterstattung bereits skizziert.[53] Der Rundfunk wäre dann nicht mehr eigenständiger Faktor der Meinungsbildung und unabhängig von den Parteien, wie es im BVG-Urteil von 1961 formuliert wurde.

6. Zensur ohne Ende?

Welche Sendungen das Veto des Intendanten oder der Programmdirektoren trifft, ist nach all dem offensichtlich: Es sind entweder jene, die durch das realistische Zeigen der Realität in ihrer Unausgewogenheit Bestehendes – vielleicht sogar grundsätzlich – in Frage stellen, oder aber jene, die ein für die Legitimation des politischen Systems nützliches Instrument, nämlich das Medium Fernsehen kritisieren. Sendungen, die etwa gar für eine andere Wirtschaftsordnung oder für grundsätzliche Veränderungen des politischen Systems eintreten, scheinen gegenwärtig undenkbar, obwohl sie durch den Programmauftrag durchaus zu rechtfertigen wären.

Zusammenfassend kann gesagt werden: Die Rundfunkfreiheit muß vor ihren Beschützern geschützt werden. Der zunehmende Druck der Parteien, auch über das Instrument der Gebührenbewilligung, ist längerfristig sicher gefährlicher als einige »unausgewogene« Sendungen. Der Druck innerhalb der Anstalten schafft ein Klima, das Journalismus, wie ihn das BVG-Fernsehurteil formulierte, zur täglichen Mutprobe werden läßt und Selbstzensur zum alltäglichen Vorgang. Nur eine gründliche und sorgfältig durchdachte Strukturreform scheint dieser Entwicklung Einhalt gebieten zu können.

Allerdings muß vor hochgeschraubten Erwartungen gewarnt werden: auch über Strukturänderungen entscheiden die Parteien. Die dreißigjährige Praxis der Parteien in der Bundesrepublik hat gezeigt, daß Strukturänderungen keinesfalls im Sinne der öffentlich-rechtlichen Anstalten ausfallen müssen. Es wird sich zeigen, ob die Veränderung der Organisationsstruktur im Sender Bremen mit einer veränderten Handhabung von Zensurmaßnahmen einhergeht. Ein Ende der Zensur wird nur durch eine gemeinsame Anstrengung aller Betroffenen inner- und außerhalb der Rundfunkanstalten erreichbar sein.

Rolf Sülzer

Pressezensur

Im folgenden werde ich über ein presserechtliches Un-Ding sprechen, nicht jedoch von Zensur im Pressebereich. Denn sie gibt es gar nicht, wie schon das Grundgesetz ebenso lapidar wie apodiktisch feststellt: »Eine Zensur findet nicht statt.«

Was also nicht stattfindet – die Amerikaner nennen das in der politikwissenschaftlichen Forschung (s. u.) »non-events« – kann auch nicht erörtert werden. Und so schützt dieser magere Fünf-Worte-Satz uns davor, ein Terrain der Rechtspflege zu betreten, von dem schon Tucholsky sarkastisch vermutete, daß hier das Recht zu Tode gepflegt wird.

Der Zaun um dieses Terrain ist gleichsam die presserechtliche Spruchweisheit (genannt: die herrschende Meinung), daß unter Zensur *Vorzensur* zu verstehen sei, also ein Genehmigungsverfahren, »das die Herstellung oder Verbreitung von Geisteswerken von einer vorherigen behördlichen Prüfung ihres Inhaltes abhängig macht«.[1]

So definiert, setzt sich jeder ins Unrecht – und kommt dem Strafrechtsparagraphen 90a StGB (»Verunglimpfung der verfassungsmäßigen Ordnung«) gefährlich nahe –, der im Pressebereich von Zensur spricht. Für die breite Mehrheit der presserechtlich Geschulten – für Journalisten, Verleger usw. – wird er zudem unglaubwürdig, die nachfolgenden Aussagen und Argumente natürlich ebenso.

Nun gibt es freilich ein landläufiges Verständnis von Zensur, das sich durchaus nicht mit dem juristischen Zensurbegriff deckt und das darauf hinausläuft: etwas wird unterdrückt, weggelassen, jemand wird an einer Meinungsäußerung gehindert.

Juristisch und presserechtlich gesehen ist das, wie gesagt, keine Zensur; und die Juristen haben mit ihrer Definition einem gesellschaftlich vermittelten Konsens Ausdruck verliehen. Damit haben sie aber auch – wie schon die Verfasser des Satzes im GG – wirksam *verhindert*, daß man über Zensur sprechen kann.

»Wenn *ich* ein Wort gebrauche, sagte Goggelmoggel in recht hochmütigem Ton, dann heißt es genau, was ich für richtig halte – nicht mehr und nicht weniger. Es fragt sich nur, sagte Alice, ob man Wörter einfach etwas anderes heißen lassen kann. Es fragt sich nur, sagte Goggelmoggel, wer der Stärkere ist, weiter nichts.« (Lewis Carroll)[2]

Die Frage also, ob wir uns mit Zensur im Pressebereich befassen können, ist eine Machtfrage. Und was diese Frage zum Gegenstand hat, ist ebenfalls eine Frage der Macht, der Durchsetzung bestimmter Äußerungen, der Verhinderung anderer.

Und weil Zensur so eindeutig definiert wird – ganz gegen das allgemein darunter Verstandene –, findet die Auseinandersetzung darüber viele neue Begriffe wie: »vorausschauender Gehorsam« (Brückner), »Realismusverbot« (Negt), »Tabus der bundesdeutschen Presse« (Spoo), »Öffentlichkeitskastration« (Sonnemann), »Gefälligkeits-, Kompliziertheits-, Drohungs- und Bedrohungszensur« (Eschenburg) usw. Mit allen diesen Begriffen werden Tatbestände, tatsächliche Eingriffe in die Meinungsäußerungs- und Pressefreiheit beschrieben. Eingriffe, die sich allerdings nur schwer fassen lassen, denn einmal werden sie als Selbstzensur ausgeübt (die »Schere im Kopf«)[3], das andere Mal auf dem Wege über das Strafrecht erzwungen (als Verfolgung eines kriminellen Verhaltens).[4]

Zwischen diesen beiden Polen spielt sich ab, was immer wieder eindeutig zu beschreiben ist: Es wird abgewogen, geschätzt, gemessen, gezählt – ganz so, wie es Aufgabe des altrömischen *Censors* war, in dessen Zuständigkeitsbereich u. a. auch die »Sittenkontrolle« fiel. Die bloße Existenz eines solchen Vorgangs führt bei den davon Betroffenen tendenziell zur Unterlassung oder Selbstzensur. Und wenn dieser Vorgang lange genug erfolgt, ohne von einer Gegenkraft aufgehalten zu werden, dann gerät eine Kontrollinstanz wie die des Censors aufs funktionale Abstellgleis: Sie erübrigt sich, weil das zu Zensierende unterbleibt.

Kernfrage der folgenden Untersuchung ist daher, ob mit dem Verschwinden einer bürokratischen Institution in der Entwicklung eines Staates und in der Entwicklung der Presse auch der Tatbestand verschwindet, für den die Institution »zuständig« war.

Rechtsverhältnisse – historische Skizze

Historisch gesehen ist das Medienrecht Ergebnis einer langandauernden Auseinandersetzung zwischen der Staatsgewalt und den wirtschaftlichen Interessen einzelner Unternehmer. In ihrer objektivierten und sachlichen Form wird uns diese Auseinandersetzung zumeist als eine Konfrontation von »Volk« und »Staat« geschildert. Historisch genauer jedoch geht man vor, wenn man die Rechte und Interessen der Unternehmer von denen des »Volkes« abtrennt. Denn weder haben Unternehmer und »Volk« gleiche Interessen, noch haben sie die gleichen Möglichkeiten, Rechte wahrzunehmen.

Entscheidende Prägungen unserer Rechtsauffassung finden sich zu Zeiten der Machtkämpfe des Bürgertums mit dem feudalistischen und absolutistischen Staat; in der Erkämpfung von Rechtsgarantien (z. B. der Gewerbefreiheit) und im Abbau auch der politischen Zensur, die eine uneingeschränkte Distribution von Presseerzeugnissen erschwerte (vgl. im Detail Kramer[5] und Hutz[6]).

Zwar waren Bestimmungen über die Pressefreiheit bereits in der Bundesakte von 1815 (Art. 18d vom 18. Juni) in Aussicht gestellt worden, die *Forderung* nach Pressefreiheit wird aber von *nicht*-literarischer Seite erst um 1848/50 erhoben. Zuvor waren es vornehmlich die politischen Schriftsteller wie z. B. Heinrich Heine, die den Druck der Zensur vermerkten.[7] Die bürgerlichen Liberalen, zu denen auch die von der Zensur bedrängten Verleger zu rechnen waren, reagierten denn auch erschreckt, als sie während einer Versammlung am 6. 3. 1848 in Elberfeld von den Arbeitern lautstark korrigiert wurden: »Was geht uns die Preßfreiheit an. Freßfreiheit ist es, was wir verlangen!«[8]

Eine *wirkungsvolle* Forderung nach Pressefreiheit und Aufhebung der Zensur wurde erst um 1870 erhoben[9] – und zwar durch die *Produktionsmittelbesitzer.* Zu dieser Zeit bestanden auf dem Gebiet des deutschen Reiches erstmalig die technischen Voraussetzungen in anwendbarer Form (Holzschliff, Rotation, Setzmaschine), um einen Massenabsatz von Zeitungen und Zeitschriften sicherzustellen.

So entwickelt sich zunächst eine Gewerbeordnung als praktische Ausführung des liberalen Gedankens von der Gewerbefreiheit; diese Gewerbeordnung wird dann auf dem Markt der Nachrichten alsbald erweitert um die gesetzlich garantierte »Preßfreiheit« (§ 4 Reichspressegesetz von 1874), die nicht mehr den einschränkenden Bestimmungen der Gewerbeordnung unterworfen ist.[10]

Damit war sichergestellt, daß vorhandene Betriebsanlagen krisensicher ausgelastet werden konnten; darüber hinaus tat sich ein Feld für Investitionen auf, in welches Kapital gewinnträchtig abfließen konnte. Insbesondere die Entwicklung der Generalanzeigerpresse macht die ungeheure Finanzkraft des frühen Kapitalismus deutlich. In der Zeit nach 1870 kauften die Besitzer von Schriftgießereien (z. B. August Huck), von Papierfabriken (z. B. G. P. Leonhardt) oder Buchbindereien (z. B. Wilhelm Girardet) nahezu »wahllos« alle ihnen erreichbaren Zeitungen auf.[11]

Die »Rechtsgarantie« steht somit, wie Max Weber schreibt, »in weitestem Umfang direkt im Dienst ökonomischer Interessen. Und soweit dies scheinbar oder wirklich nicht *direkt* der Fall ist, gehören ökonomische Interessen zu den allermächtigsten Beeinflussungsfaktoren der Rechtsbildung«.[12]

Diese Voraussetzung für die kapitalistische Warenproduktion – Berechenbarkeit, Zugänglichkeit und fixierte Rechtsordnung, die vorgibt, der Idee des klassischen Liberalismus von der uneingeschränkten Entfaltung des freien Bürgers Rechnung zu tragen – bedeutet in Wirklichkeit jedoch etwas ganz anderes. Es ist die Absicherung der Besitzenden als einer herrschenden Klasse durch eben diese Rechtsordnung. Sie bedeutet den Schutz des Betriebes vor staatlichem Eingriff – aber auch Schutz vor allzuviel Wettbewerb (da die »Preßfreiheit« an das Verlegerkapital gebunden bleibt) sowie den Übergang der bisher nebenberuflichen Redakteurstätigkeit in eine hauptberuflich und lohnabhängig ausgeübte Arbeit.

Was die spezifische Situation der BRD betrifft, so muß man sich – neben anderem – zwei grundlegende Prozesse vergegenwärtigen: 1. die noch »aktuelle« Geschichte der Nachkriegsentwicklung und 2. die Entwicklung des Staats- und Gesellschaftsbewußtseins in der deutschen Bevölkerung während der letzten anderthalb Jahrhunderte.

Am 21. September 1949 wurde in der neugegründeten Bundesrepublik die Lizenzpflicht für die Nachrichten-, Unterhaltungs- und allgemeinen Publikationsmedien aufgehoben (Gesetz Nr. 5 der Alliierten Hohen Kommission); vorher mußte jegliche Veröffentlichung von den Alliierten genehmigt werden.[13]

Mit der Aufhebung der Genehmigungspflicht waren auch die offiziellen Zensoren abgeschafft. Die »Lizenzverleger« traten nun in Konkurrenz zu den »Altverlegern« (Unternehmer, die vor 1945 Presseerzeugnisse herausgegeben hatten und zumeist noch im Besitz der Produktionsmittel = Druckereien etc. waren, die sie an die Lizenzverleger vermieteten), die nun wieder auf den Markt drängten. Bereits Ende 1949 standen den vormals 169 lizenzierten Zeitungen in der BRD 588 Neugründungen der Altverleger gegenüber.[14]

Damit hatte die Pressepolitik nach dem Zusammenbruch des Faschismus – in eindeutiger Parallelität zur gesamtpolitischen Entwicklung – ihre entscheidende Wende vollzogen: Die Restauration des Kapitalismus war gelungen, die anfangs begonnene wirtschaftliche und politisch-soziale Neuordnung war verhindert (vgl. für die Presse Richter[15] und allgemein Schmidt[16]). Diese Übergabe der gerade konstituierten Bundesrepublik an einen kapitalistischen Entwicklungsweg war sowohl im allgemeinpolitischen wie auch im pressepolitischen Bereich durch eine ganze Reihe von Grundsatzentscheidungen der Alliierten – besonders der Amerikaner – vorbereitet worden.

Im *pressepolitischen* Bereich hatten die Amerikaner – geschürt durch einen hitzigen Antikommunismus im eigenen Land, aufgeschreckt durch Artikel z. B. in der New York Herald Tribune, die Westdeutschland und die westdeutsche Presse bereits in den Händen der Kommunisten sahen – bis August 1948 bereits allen kommunistischen Lizenzträgern in ihrer Zone die Genehmigung wieder entzogen; in den beiden anderen Westzonen war die KPD-Presse ohnehin in einer eindeutigen Minderheitsposition (vgl. die material- und detailreiche Darstellung bei Belfrage[17] und die statistischen Angaben bei Bitter[18]).

Im *allgemeinpolitischen* Bereich hatte die angespannte Finanzsituation Großbritanniens zunächst dazu geführt, daß die USA die Finanzierung aller Maßnahmen in der Bi-Zone allein trugen, sich dafür in einem Vertrag aber auch politisch und wirtschaftlich die größeren Einflußmöglichkeiten zusichern ließen.[19] Systematisch wurde die Eingliederung der drei Westzonen in das westeuropäische Wirtschaftssystem betrieben (Gründung der OEEC = Organisation für europäische wirtschaftliche Zusammenarbeit und Mitgliedschaft Deutschlands am 16. April 1948); diese Abtrennung von der sowjetischen Zone führte u. a. zum Auseinanderfallen des Alliierten Kontrollrates in Berlin (20. März 1948) und zur Berliner Blockade (Juni 1948 bis Mai 1949).

Parallel dazu wurden antifaschistische Kräfte und Tendenzen bekämpft – auch innerhalb der Gewerkschaftsbewegung. Während Emil Carlebach (KPD), einem der Lizenzträger der Frankfurter Rundschau, die Lizenz mit der Begründung entzogen wurde, er vertrete unangebrachte politische Ansichten[20], notierte das Protokoll des DGB-Vorstandes (britische Zone) im September 1948 das »zersetzende Treiben der KPD in den Gewerkschaften«.[21]

Auch gesetzgeberische, parlamentarische und plebiszitäre Initiativen zu einer Neuordnung wurden von den Alliierten planmäßig verhindert. Das Sozialisierungsgesetz des Landtages von NRW (Januar 1947) wurde von der britischen Militärregierung nicht bestätigt; ein erneuter Anlauf (Juni 1947) des NRW-Ministerpräsidenten Karl Arnold (CDU) für eine »Gemeinwirtschaft« im Sektor der Kohle (seine Begründung: das kapitalistische Wirtschaftssystem habe sich an seinen eigenen Gesetzen totgelaufen) wurde von amerikanischer Seite (General Clay, August 1947) eindeutig zurückgewiesen (»Keine Experimente mit Sozialisierung!«).[22] Das wirtschaftliche Mitbestimmungsrecht in den Betriebsrätegesetzen der Länder wurde ebenso suspendiert wie der verbindliche Sozialisierungsartikel 41 der Hessischen Verfassung vom 11. Dezember 1946. Dieser Text – beschlossen mit den Stimmen der CDU-Abgeordneten – wurde von der amerikanischen Militärregierung einer gesonderten Volksabstimmung unterworfen. Ergebnis: 72,2 % Wahlbeteiligung; 72 % Ja-Stimmen, 13,4 % ungültige Stimmen. Ungeachtet dieses »Plebiszits« untersagte die amerikanische Militärregierung alle Durchführungsmaßnahmen bis zum Inkrafttreten eines Grundgesetzes für ganz Deutschland.[23]

Daß diesen Entwicklungstendenzen, diesen Untersagungen nicht entschiedener widersprochen wurde (wobei nicht übersehen wird, daß die Auseinandersetzungen der damaligen Zeit heftiger und grundsätzlicher waren als das heute oftmals der Fall ist), hängt nicht allein mit der Machtposition der Besatzungsmächte zusammen. Zum Teil wurde hier auch eine Staats- und Gesellschaftsauffassung restauriert, die in der Bevölkerung selbst eine recht dauerhaft verankerte Tradition hatte und hat. Auch das ist ein Ausdruck des kollektiven, sozialen Gedächtnisses.

System-Strukturen und Zensur

Die Rechtsgarantien stellen somit – ungeachtet aller idealen Anstrengungen – das Rechtsgut »Presse- und Zensurfreiheit« von den Tatsachen her auf die Stufe kommerzieller Unternehmungen.

Diese Gleichsetzung ist der Ausgangspunkt für das Wirksamwerden eines neuen Funktionsmechanismus: in der Übergabe formaler Rechtspositionen (vergleichbar den formalen Beteiligungsrechten wie »Allgemeines Wahlrecht«, »Assoziationsfreiheit« usw.) spiegelt sich die Entwicklung des bürgerlich-kapitalistischen Staates wider.

Aus dem Kampf um individuelle Bürgerrechte, d. h. aus dem Kampf um das Recht *jedes* einzelnen Bürgers (insbesondere im Zeitalter der Aufklärung), wird der Kampf um das Recht auf Massenvervielfältigung. Meinungsfreiheit und Pressefreiheit werden voneinander getrennt. Man kann eine Meinung haben; das jedoch hat rechtlich gesehen nichts mit ihrer Verbreitung zu tun. Meinungsfreiheit bleibt ein individuelles Bürgerrecht, solange niemand auf die Idee kommt, Verbreitungsfreiheit hinzuzufügen.

Pressefreiheit wird rechtlich an der technisch-materiellen Seite ihrer Herstellung und Verbreitung festgemacht, nicht etwa an Grundwerten wie Meinungsfreiheit, Informationsfreiheit usw. (vgl. auch die an der bloßen Technik fixierten Definitionen der Presse – vom § 2 des Reichspreßgesetzes von 1874 bis zu den Pressegesetzen der Bundesländer).[24] In der weiteren Entwicklung (im Pressebereich ebenso wie in der Entwicklung der Industriegesellschaft kapitalistischer Prägung) kommt es schließlich zu einem weitgehenden Zusammenfall von politischen und wirtschaftlichen Interessen.

Aus zwei vordem weitgehend getrennten Systemen entsteht in immer zahlreicher werdenden Verknüpfungen im Laufe der Zeit das einheitliche System der kapitalistischen Gesellschaft. Hier ist nicht mehr die Macht einzelner Personen von entscheidender Bedeutung, sondern wichtiger ist die Herstellung eines Grundkonsensus, auf den sich die Einzelhandlungen hin ausrichten können. Diese grundsätzliche Übereinstimmung in der Zielsetzung hält schließlich die Gesamtstruktur des Systems aufrecht, sie beeinflußt durch die wechselseitigen (generalisierten) Verhaltenserwartungen auch diejenigen, die gegen dieses System opponieren: Um wirksam werden zu können (über einen Selbstversorgungsgrad hinaus), müssen sie sich (z. B. Alternativzeitungen) den Kriterien des Systems (kapitalistische Gesellschaft und Marktwirtschaft) in zahlreichen Beziehungen aussetzen: Beziehungen zu Banken, zum Postzeitungsdienst, zur habitualisierten (eingeschliffenen) Erwartung der Leser an Form *und* Inhalt einer Zeitung, zu den Rechtsformen dieser Gesellschaft (BGB, HGB usw.) und letztlich auch zu den Produktionsmitteln (Maschinen, Papier usw.), die unter kapitalistischen Marktgesetzen hergestellt wurden.

Die zunehmende Verflechtung aller gesellschaftlichen Bereiche (Wirtschaft, Recht, Politik, Kultur) führt letztlich dazu, daß autonome, die anderen Bereiche nicht berührende Entscheidungen gar nicht mehr möglich sind; eine Entscheidung in einem Bereich (z. B. Kultur) ist funktional unauflöslich mit anderen Bereichen verbunden (ob es sich um die Eröffnung einer Galerie, die Realisierung einer Filmidee oder um Plakatkunst handelt).[25]

Diese Verflechtung führt aber auch dazu, daß a) keine Person (oder Institution) mit Äußerungen oder Verhaltensweisen aus dem System ausbrechen kann, wenn sich diese im Grundsatz gegen das etablierte Netzwerk richten – es sei denn um den Preis der Wirkungslosigkeit, um den Preis, abgestoßen zu werden; b) die Aufrechterhaltung der Gesamtstruktur von den verschiedenartigsten Funktions-Institutionen des Systems geleistet werden kann.

An die Stelle der besonders beauftragten Aufsichtsbehörden, der »Censur«-Kommissionen, der »Raths-Collegien«, der Ortspolizeibehörden, der Innen- und Außenministerien bis hin zu den Verbotsvorschriften über das allgemeine Polizei- und Verwaltungsrecht in der Weimarer Republik (227 Verbote periodischer Druckschriften allein im Jahre 1931)[26], tritt schließlich eine Fülle von faktischen *Einwirkungshandlungen*, durch die – auf den verschiedensten Ebenen – mittelbar oder unmittelbar eine »Aussage« inhaltlich geprüft und unterbunden werden kann.

Dieses *Unterbinden* von Aussagen geschieht nicht mehr durch den »Censor« bzw. eigens dazu bestellte Behörden, sondern a) durch *passive* Unterbindung, d. h. durch die strukturellen Selektions- oder Selektivitäts-Regeln des politischen Systems, also durch stillschweigende Nicht-Thematisierung, Ausklammerung, Weglassung etc.[27]; b) durch *aktive* Unterbindung, d. h. durch beobachtbare, manifeste Einwirkungen und Repressionen, die das Unterlassen von Aussagen, die Unterdrückung von Kommunikation zum Ziel haben.

So schwer es ist, die Selektivitätsregeln eines politischen Systems aufzudecken, die »non-events« als strukturell erforderlich zu kennzeichnen (nicht als zufällige Leerstellen, sondern als Ergebnis der notwendigen Reduktion von Komplexität etc.), so leicht ist es andererseits, die *aktive* Einwirkung und Unterbindung festzustellen; dies insbesondere dann, wenn – wie im Bereich der Pressezensur – diese aktive Einwirkung relativ gleichgerichtet ist, wenn die inkriminierten Inhalte strukturelle Ähnlichkeit aufweisen.

Wie diese Ähnlichkeit aussieht, soll im folgenden anhand von Beispielen aus den verschiedensten gesellschaftlichen Bereichen belegt werden: gemeinsam ist jeweils a) die Intention der »Kommunikation«: sie richtet sich auf Aspekte der Herrschaft, der Macht in dieser Gesellschaft – auf politische und mehr noch auf wirtschaftliche, kulturelle, rechtliche Macht; b) die Reaktion der Inhaber von Machtpositionen: sie fühlen sich bedroht und geben das Teilsystem, dem sie angehören, oder das Ganze als bedroht aus; kritisieren nicht etwa ihre Kritiker, sondern versuchen, aktiv einzuwirken.

Die *passive* Unterbindung, die »systematische« Erzeugung von Ausschließungsregeln, kann nicht Gegenstand der weiteren Betrachtung sein.

Diese Form der Selektivität ist keine Nachfolge-Institution der »klassischen« Zensur – wohl aber entwicklungsgeschichtlich notwendiger Vorläufer aktueller Zensur-Mechanismen.

Denn das heutige Verständnis von Pressefreiheit und Zensur, von Meinungsäußerungsfreiheit und Grundrechten etc. ist u. a. auch das Ergebnis

– einer einseitigen Wissenschaftsentwicklung: die Zeitungskunde an den Universitäten wurde nicht soziologisch fundiert, sondern von den Standesorganisationen der Verleger und Journalisten getragen, die ihre kommunikationspolitischen Vorstellungen verwirklicht sehen wollten;

– einer einseitigen Ausbildung, die in ihrer Frühphase nach 1917 – bis auf wenige Ausnahmen – historisierend und Persönlichkeiten heroisierend wenig von den gesellschaftspolitischen Aufgabenstellungen sozialer Kommunikation vermittelte[28];

– einer zutiefst liberalen aber zugleich realitätsfernen Staats- und Gesellschaftsauffassung, in der Korrekturen von einzelnen, verantwortlichen Politikern geleistet werden können (vgl. die beredten Briefauszüge von Theodor Heuss und Carlo Schmid an den ehemaligen Chefredakteur von dpa, in denen sie den Art. 5 des GG als »Verpflichtung« interpretieren, als Recht *jedes* Bürgers).[29]

Ohne diese und weitere Vorbedingungen (Wirtschaftssystem, Demokratieverständnis, Obrigkeitsorientierung etc.) könnte nicht wirksam werden, was sich als Zensur fein verästelt durch die ganze Gesellschaft hindurchzieht: überall vorhanden, nirgends greifbar; sozusagen ein Formprinzip: wirksam, aber unsichtbar!

Wie Zensur praktiziert wird

Die aktive Unterbindung, die nicht Kritik gegen Kritik setzt, nicht Argument mit Argument beantwortet, sondern Meinungsäußerung mit Strafandrohung, Kritik mit Entlassung aus dem Betrieb, alternative Konzepte mit wirtschaftlicher Übermacht bekämpft – diese Form der Einwirkung ist die direkte Nachfolge-Institution der Zensur; sie ist beobachtbar.

Als Zensur-*Instanzen* treten dabei Personen wie Institutionen gemeinsam auf (hier und bei den folgenden Aufzählungen auf der Grundlage von Literaturauswertungen ist keineswegs Vollständigkeit erreicht!): Verleger bzw. Herausgeber / Unternehmer, Industriebetriebe, Banken / Chefredakteure, Ressortchefs / Staatsanwälte und Polizeibehörden / Regierungen und ihre Behörden / Stadtdirektoren, Presseämter / Schulbehörden / Richter / Bundespost / Bundesprüfstelle / Presserat / früher die Selbstkontrolle der Presse und der Illustrierten.

Charakteristisch für diese Seite des Zensur-Mechanismus ist die Tatsache, daß hier nicht Einzelpersonen die Einwirkung erzwingen wollen, sondern Funktionsträger. Noch die – gegebenenfalls – einfache Beleidigung eines Richters durch einen Journalisten wird durch Berufung auf den »unbefangenen Durchschnittsleser« oder den »unbefangenen Durchschnittshörer« (gleichsam die »Knüppel aus dem Sack« der deutschen Justiz) zu einer »Ehrverletzung«, die die Grenzen der Meinungsfreiheit übersteigt (Geldstrafe bis zu 60 Tagessätzen à 50 DM[30]; vgl. auch den unten S. 143 zitierten Fall Engelken[31]).

Um eine Aussage vor oder nach ihrer Veröffentlichung zu unterbinden oder in ihrer Wirkung zu schmälern, müssen die Eingriffsabsichten durch Herrschaftsakte und/oder durch Berufung auf Rechtsgüter untermauert werden. Die wiederkehrend auftretenden Sanktionsmechanismen, die angedroht bzw. angewandt werden, sind folgende Zensur-*Arten:* moralische Appelle / Boykott-Maßnahmen / Schreibverbote / Vertriebsverbote, Indizierungen / Informationsverbote, Informationsverweigerung / Einstampfen gedruckter Zeitungsexemplare / Zurücknahme von Artikeln aus dem Satz / Drohung mit Anzeigenentzug / Ausschluß von der Landespressekonferenz /Beleidigungs- und Verleumdungsklagen / Kündigungen / Versetzung auf einen anderen Posten /Beschneidung von Kompetenzen / Beschlagnahme und Unbrauchbarmachung / Ausschluß vom Postzeitungsdienst / Strafprozesse wegen Befürwortung von Gewalt (§ 88a), Bruch des Gemeinschaftsfriedens (§ 130a), Verunglimpfung des Staates und verfassungsfeindlicher Verunglimpfung von Verfassungsorganen (§ 90a und b), Störung des öffentlichen Friedens (§ 126), Volksverhetzung (§ 130), Billigung von Straftaten (§ 140) etc.

Mit Hilfe dieser Zensur-Mechanismen wird ein Gewebe, ein Netzwerk geschaffen, dessen Maschen von äußerster Sensibilität sind, wenn bestimmte Inhalte auftauchen, die sich gegen Funktionen und Prozesse dieses Staatssystems richten. Das Netzwerk – vornehmlich mit »Gemeinwohl«-Absichten konstruiert und auch begründet, stellt gleichsam ein »Meta-Grundrecht auf Erhaltung des politischen Status quo«[32] dar, eine Art *Vorwärtssperre* gegen Veränderungen.

Diese Vorwärtssperre wird nun auf die unterschiedlichsten Inhalte angewandt, so daß augenscheinlich nicht allein Inhalt oder Thema Auslöser für ein Wirksamwerden von Eingriffsmaßnahmen ist, sondern vielmehr die *Stoßrichtung* der Kritik.

Als Zensur-*Gegenstände* lassen sich finden: die Verletzung der Ehre »öffentlicher« Personen durch Berichterstattung über ihre politische Vergangenheit / der Versuch, die Folgen nicht hinreichender Sicherheit im Atombereich zu schildern / die unzureichenden Katastrophenpläne der Behörden / der Einbau von Sprengkammern in Brücken etc. / Fragen des Verbraucherschutzes / der Umgang mit dem § 218 StGB / das Fotografieren bei Demonstrationen / die kommunalpolitische Berichterstattung / menschengefährdende Zustände an Arbeitsplätzen /öffentliche Rechts- und Richterkritik / Politik von Banken gegenüber ihren Kunden usw.

So vielfältig wie die Zensur-Instanzen, -Arten und -Gegenstände sind auch die *Angriffsebenen* der Medieneinwirkung. Mal richtet sich die aktive Unterbindung *direkt* auf den Inhalt eines Artikels (Unterdrückung seiner Publikation, Einstampfen etc.), häufiger wird jedoch die *indirekte* Einwirkung gesucht, mit der langfristig und methodisch Produktionsmöglichkeiten ausgeschaltet, Personen außer Gefecht gesetzt, die Verbreitung behindert, Informationen verweigert und Organisationsstrukturen beeinflußt sowie die personelle Zusammensetzung von Redaktionen faktisch verändert werden.[33]

Mit umfassender Sorgfalt und Schnelligkeit wird im Bereich der öffentlich geäußerten und verbreiteten Meinung/Tatsachen reagiert. Presse ist (und war) ein *sicherheitsempfindlicher Bereich.* Das »privat« Gesagte: »öffentlich« wird's zum Risiko für das System. Denn Öffentlichkeit bedeutet Gefahr! Die Gefahr, daß Presse *anstiften* könnte zur *Kommunikation* unter den Lesern; die Gefahr, daß Resonanzen ausgelöst werden, die sich unter den Lesern selbsttätig verbreiten, einen Schneeball-Effekt auslösen, der nicht mehr durch Medieninformation kontrolliert wird, sondern durch die Alltagserfahrung.

Das Netzwerk: Aufrechterhalten durch die kleinen Einzelhandlungen

Die vorangestellte Übersicht zur Praxis der Medieneinwirkung und der Einwirkung auf die Meinungsäußerungsfreiheit gibt einen ersten Eindruck davon, wie engmaschig das Netzwerk geknüpft ist. Kaum ein Bereich unserer Gesellschaft ist auszumachen, in dem nicht schon einmal mit hoher Sensibilität Verletzungen und Bedrohungen registriert worden sind. Die systematische Übersicht fördert aber auch zutage, daß in einer kapitalistischen Industriegesellschaft die Steuerungs- und Beeinflussungsmechanismen grundsätzlich andere Formen annehmen.

Weder gibt es einen begrenzten Kanon von »zensuranfälligen Themen« (die man nur zu meiden hätte, wollte man sich unangefochten äußern) noch gibt es bestimmte Personen oder Funktionsträger, die gleichsam als »Vorreiter« die Exempel statuieren, nach denen weithin gehandelt wird.

Zensur- und Eingriffsmaßnahmen entzünden sich jeweils an aktuellen Themen: am Alltäglichen. Vorbedingung scheint lediglich zu sein, daß diese Themen eine breite Resonanz gefunden haben, daß sie *tatsächlich* Stoff für Kommunikation der Leute untereinander sind, daß über sie beständig gesprochen wird – Tagesgespräch: sei es nun die Frage der Atombewaffnung, des § 218 oder die Verschärfung der strafrechtlichen Handlungsmöglichkeiten in der Einführung des § 88a StGB.

Wenn diese Vorbedingung erfüllt ist, wird eine Stellungnahme (die öffentliche Aussage zum Tagesgespräch) *dann* als Bedrohung empfunden (und entsprechend geahndet), wenn sie in charakteristischer Weise von anderen Stellungnahmen abweicht.

Diese *charakteristische Abweichung* löst bei sehr vielen Personen Reaktionen aus; bei Personen, die untereinander zumeist in keiner Beziehung stehen, die sich nicht etwa absprechen, die nicht vorplanen. Die Reaktionen erfolgen (Sanktionen usw.), weil in der betreffenden Stellungnahme die Rechtmäßigkeit des Handelns angegriffen scheint, weil nicht diffuse Loyalität gezeigt wird. Als charakteristische Abweichung erscheint bereits, wenn die pauschale Status-quo-Bestätigung verweigert wird, wenn statt dessen Einzelheiten eines Geschehens herausgegriffen werden und sorgfältig auf ihr Funktionieren, auf ihre Auswirkungen hin untersucht werden.

Auf solche Fälle soll im folgenden näher eingegangen werden, um die seismographischen Fähigkeiten der vielen sich angegriffen fühlenden Funktionsträger kennenzulernen.

a) Schreibverbot

1958 erhielt der Klever Historiker Dr. Friedrich Gorissen von der Chefredaktion der Rheinischen Post, Düsseldorf, Schreibverbot; er wurde von der Mitarbeiterliste gestrichen und mußte seine seit 1957 laufende heimatgeschichtliche Serie abbrechen. Der parteilose Historiker hatte zusammen mit 27 anderen Klever Persönlichkeiten eine Protesterklärung gegen die atomare Aufrüstung der Bundeswehr verfaßt.[34]

Nachdem der Journalist Eckart Spoo aus der Frankfurter Rundschau (Schreiben vom 15. 11. 1971) entlassen worden war, gründete sich in Westberlin eine »Aktion Pressefreiheit«. U. a. erschien am 18. 12. 1971 – nach erheblichem Widerstand der Anzeigenredaktion – eine Protestanzeige in der FR. Einem der Unterzeichner, dem langjährigen FR-Mitarbeiter Prof. Imanuel Geiss, schrieb FR-Chef Gerold: »Auf Ihre Mitarbeit in der Frankfurter Rundschau verzichte ich.« Ebenso wurde darauf verzichtet, die Leserbriefe zu diesen Vorgängen in der FR abzudrucken.[35]

b) Informationsverweigerung

Ende 1977 erschien im Buxtehuder Tageblatt ein scharfer Kommentar zur Verhandlungsführung eines Richters. Wegen »nicht objektiver Berichterstattung« und »persönlicher Herabsetzung des Richters« beschloß das Schöffengericht daraufhin den Ausschluß des betreffenden Journalisten von allen weiteren Sitzungen (Fall Engelken).[36]

Fotoreporter werden seit 1966/67 immer wieder von Polizeikräften daran gehindert, den Polizeieinsatz gegen Demonstranten im Bild festzuhalten. Am 2. Januar 1978 versuchte ein Polizeiobermeister in Freiburg, einem dpa-Fotografen bei einer Demonstration die Kamera zu entreißen.[37]

Obwohl das Bundesverfassungsgericht wiederholt darauf hingewiesen hat, daß die Pressefreiheit auch die Freiheit der Informationsbeschaffung umfasse (BVerfGE 20, 162 ff.), wird gerade die »linke« Presse, werden Vertreter von

Alternativzeitungen etc. immer wieder von Pressekonferenzen und anderen Informationsveranstaltungen ausgeschlossen. So war es z. B. üblich, daß in Baden-Württemberg die Ministerien, Behörden, Parteien und Verbände die Landespressekonferenz als Informationsorgan nach Art eines »beliehenen Unternehmens« nutzten. Diese Landespressekonferenz hatte und hat damit ein landespolitisches Nachrichten-Monopol; da sie als e. V. organisiert ist, kann sie über ihre Mitglieder entscheiden und verwehrt z. B. Journalisten der DKP-Wochenzeitung UZ die Mitgliedschaft. Dieser Ausschlußtatbestand wurde auch vom Oberlandesgericht Stuttgart (11. 5. 1971, AZ 6 U 99/1970) für Recht erkannt.[38]

c) Entfernung bereits gesetzter Artikel

Diese Maßnahme, die relativ häufig ergriffen wird, das sogenannte »Kippen« ganzer Artikel beim Umbruch, wird zumeist mit Argumenten begründet wie »unjournalistisch, alles kalter Kaffee, interessiert niemanden mehr« (aus der Begründung für die Herausnahme einer schon fertiggestellten Sonderseite über Sprengkammern in Brückenbauwerken im Raum Wetzlar).[39] Abgesehen davon, daß unsere Zeitungen vermutlich recht dünn wären, wenn alles »Unjournalistische«, alle schlecht geschriebenen Artikel unterdrückt würden, werden solche Vorgehensweisen schon fast als Routinemaßnahmen in der Branche behandelt.

Auffälliger und eindeutiger ist es freilich, wenn ausgedruckte Auflagen eingestampft werden.

Im Mai 1973 ließ der Verleger des Kölner Stadt-Anzeigers 140 000 Exemplare der ausgedruckten Wochenendausgabe vom 26./27. 5. 1973 einstampfen. In einem Artikel »So werden die Verbraucher mißbraucht – wie König Kunde zum Bettler wird« wurden Thesen erläutert, die aus dem Buch des Sprechers der Verbraucherzentrale Baden-Württembergs, Siegfried Bluth, stammten: »Die deutsche Wirtschaftsmafia – Praktiken am Rande der Legalität.«

Die Gegenwehr der Redaktion (und des Deutschen Journalisten-Verbandes) erlahmte bald, als der Justitiar des Hauses urteilte, daß der Bericht durch »pauschale Verurteilungen einzelner Berufsgruppen straf- und zivilrechtliche Konsequenzen in einem nicht überschaubaren Ausmaß nach sich ziehen könnte«.[40]

Somit »zweifelsfrei« belehrt, läßt sich das Einstampfen rechtfertigen.

Ähnlich um »Schutz« der Leser bemüht war der Chefredakteur der Frankfurter Neuen Presse, der Ende September 1976 26 000 Exemplare der Zeitungs-Beilage »Taunus-Report« einstampfen ließ, weil dort Beiträge gegen den § 218 StGB abgedruckt waren. Nur noch als Satire kann man es würdigen, wenn an die Stelle der vorgesehenen Artikel dann Werbe-Artikel für Parfüm und Haarpflege eingerückt wurden.[41]

d) Disziplinarmaßnahmen und Wirtschaftsdrohungen

Oberstudiendirektor Uffrecht bemängelte in einem »offenen Brief« im Buxtehuder Tageblatt, daß die Öffentlichkeit unzulänglich über die Risiken des Atomkraftwerks Stade unterrichtet werde. Die Schulbehörde (!) leitete daraufhin Vorermittlungen ein: Verdacht eines Dienstvergehens. »Er habe, rügte das Amt, beim Leser den Eindruck erweckt, daß die zuständigen staatlichen Organe weder gewillt noch in der Lage sind, den Sicherheitsinteressen der Bevölkerung Rechnung zu tragen!«[42]

Im privatwirtschaftlichen Bereich stehen den Disziplinarmaßnahmen vergleichbare Aktionen an: der Streik in einem Steingutunternehmen wegen betrieblicher Mißstände war Anlaß für eine Volontärin der Alfelder Zeitung, »über eine Sache zu berichten, die die Leute wirklich interessiert und angeht«. Doch ein Anruf seitens des Unternehmens bei der Chefredaktion rückte die Verhältnisse wieder richtig – der Artikel wurde gänzlich umgeschrieben. Die Volontärin verließ die Alfelder Zeitung.[43]

Aber nicht nur Unternehmen praktizieren die direkte Einwirkung auf Zeitungsredaktionen (vgl. die Beispiele für Drohungen mit Anzeigenentzug bei Wallraff[44]), sondern auch städtische Behörden. Gegenstand einer »Kampagne« des Buxtehuder Stadtdirektors war das dortige Tageblatt, das über den mit Stadtrats Hilfe billigen Grundstückserwerb eines wichtigen »Einkommenssteuerzahlers« u. ä. berichtet hatte. Den Verleger erreichte anderntags ein Brief des Stadtdirektors: »Ich bedaure, daß der Artikel erschienen war, obwohl ich Sie vorher mündlich gewarnt hatte.« Bald darauf verschickte der Stadtdirektor eine »Auflistung der Ärgernisse mit dem Buxtehuder Tageblatt« an Handelskammer, Unternehmen, Bundeswehr, Sparkassen, Banken usw.; der Zeitung wurde darin »offensichtlich blinder Haß gegen die Unternehmer« vorgeworfen.[45]

e) Indizierung, Beschlagnahme, Kriminalisierung

Im Gegensatz zu der bloß angemaßten, wenngleich wirkungsvollen aktiven Unterbindung von Äußerungen durch Privatpersonen (unter Berufung auf das *Gemeinwohl,* höherwertige Interessen etc.) steht die Reihe der staatlichen Vorsorge-Mechanismen, die gegen veröffentlichte Aussagen angewandt werden können.

Die Möglichkeiten beginnen mit der inhaltlichen Überprüfung von Presseorganen anhand der Postzeitungsordnung und mit der Indizierung von Veröffentlichungen anhand des Gesetzes über die Verbreitung jugendgefährdender Schriften (GjS) – d. h. dem Verbot des öffentlichen Auslegens von Presseorganen.

Die von der Bundesprüfstelle vorgenommenen Indizierungen richten sich vornehmlich auf den Bereich der Sexualität und der Verherrlichung von Gewalt – allerdings nach Kriterien, die offenbar sadistische Comics, Landser-Hefte, Zeitschriften über Waffentechnik und »Siegeszüge« der Hitler-Armeen etc. nicht berühren.[46]

Die durchgreifendsten staatlichen Maßnahmen gegen die Presse finden sich jedoch eindeutig im Versuch der zunehmenden Pressionen gegen »links«. Unter Berufung auf die Strafrechtsparagraphen 88a, 90, 126, 130 und 140 StGB werden immer wieder Durchsuchungen von Redaktionsräumen und Beschlagnahmen einzelner Ausgaben »linker« Zeitungen erwirkt.[47]

Hier ebenso wie in der Auflistung oppositioneller Zeitungen und Zeitschriften durch den Bundesgrenzschutz sowie in der amtlichen Registrierung ihrer Abonnenten tritt der klassische Obrigkeitsstaat am massivsten zutage.

Es ist allerdings nicht leicht auszumachen, in welchem Umfang solche staatlichen Praktiken von einem Konsens der Bürger getragen werden, bzw. inwieweit der Konsens eher »erzwungen« ist; z. B. durch eine Kriminalisierung der »linken« Presse (die von der weit überwiegenden Mehrheit der Bürger ohnehin nicht zur Kenntnis genommen wird) oder durch eine Stigmatisierung derjenigen, die sich angesichts dieser demokratiefeindlichen Praktiken engagiert zur Wehr setzen. Daß eine oppositionelle Haltung in der bundesrepublikanischen Öffentlichkeit auf so wenig positive Resonanz stößt, beruht freilich auf dem schlichten Tatbestand, daß unserer Demokratie die wichtigste Grundlage fehlt: eine ausreichende Anzahl Demokraten (so Heinrich Albertz).[48]

f) Gerichtlich sanktionierte Kündigung

In mehreren Arbeitsgerichtsprozessen ist in bezug auf die Anwendung des Art. 5 Abs. 2 GG festgestellt worden, daß das Recht auf Meinungsäußerungsfreiheit seine Schranke in den Grundregeln über das Arbeitsverhältnis findet (vgl. BAG 1,185 und BAG 7,256 sowie das Urteil des BAG vom 24. 8. 1972, dazu Ladeur[49]). Diese Grundregeln werden eindeutig interpretiert: den Interessen des Arbeitgebers darf nicht zuwidergehandelt werden, auch nicht außerhalb der Arbeitszeit.

Wenn z. B. ein Bankangestellter in seiner Freizeit und während des Wahlkampfes ein Extrablatt seiner Partei (DKP) verteilt, in dem Banken und insbesondere Fusionierungspläne »seiner« Bank angegriffen werden, dann – so entschied das Bundesarbeitsgericht – ist die Kündigung durch die Bank rechtens.[50]

Wie stark die Rechtsposition des Unternehmers ist, wie durchgreifend er seine Interessen auch gegen das Grundrecht auf Meinungs- und Pressefreiheit wahrnehmen darf, das hat zuletzt in aller Klarheit das Landesarbeitsgericht Saarland entschieden.[51] Ein Hauer auf der Zeche Ensdorf hatte in der Saarbrücker Zeitung vom 17. 8. 1968 über schlechte Arbeitsbedingungen auf der Grube berichtet. »Grobe Treuepflichtverletzung« war der Grund für die fristlose Kündigung. Das Landesarbeitsgericht Saarland teilte diese Ansicht und stellte sich hinter die Interessen des Unternehmens; es befand, daß solche Berichte nicht durch den Art. 5 GG gedeckt seien und markierte in seinen Entscheidungsgründen eine Rechtsbastion, die jede Zensur-Behörde überflüssig macht:

»Die Verpflichtung zur Treue äußert sich für den Arbeitnehmer in erster Linie in dem Gebot, alles zu unterlassen, was sich für den Betrieb schädigend auswirken oder sonst den Interessen des Arbeitgebers zuwiderlaufen könnte. Im Vordergrund steht dabei die Pflicht, jedes den Betriebsfrieden störende Verhalten zu vermeiden. Die sich aus diesem Treuegedanken ergebenden Unterlassungspflichten sind nicht auf den Bereich des Arbeitsplatzes beschränkt. Auch außerhalb des Betriebes darf der Arbeitnehmer Dritten keine Mitteilungen machen, die dem Ruf des Unternehmers oder des Arbeitgebers abträglich sein könnten, gleichgültig, ob es sich dabei um wahre oder unrichtige Tatsachen handelt.«[52]

Schlußbilanz

Die Zensur als *behördliche* Vor- oder Nachprüfung eines Inhalts erweist sich in der Tat als überflüssig: auf der einen Seite finden bestimmte Ideen und Ansichten keinen Nährboden für ihre Verbreitung, auf der anderen Seite existieren eine Fülle von Selektionsregeln und juristischen Möglichkeiten, um die Verbreitung von Ansichten und Meinungen zu verhindern, die sich kritisch und radikal (= an die Wurzel gehend) mit dem Gesellschaftssystem der BRD befassen.

Die Entwicklung der Bundesrepublik Deutschland in den letzten dreißig Jahren läßt erkennen, daß sich wenig im Verhältnis der Bürger zum Staat und zur Verfassung geändert hat. Der Staat (d. h. die Regierungen und Institutionen) organisiert das Zusammenleben der Bürger, die Verfassung ist politische Fassade, keineswegs etwas, was jeden einzelnen berührt, worauf er sich in seinem konkreten Handeln beruft.

Die tiefe Krise von 1945 begünstigte sicher zunächst die Vorstellungen, daß eine grundsätzliche Neuorientierung und Reorganisation erforderlich und machbar sei. Gerade die »Bürgerlichen« waren sich darin einig, daß durchgreifende Änderungen eingeleitet werden mußten; ebenfalls einig aber war man sich auch darin, daß diese Änderungen keineswegs vom »Volk« ausgehen durften. Die Furcht vor populistischen Initiativen, vor nicht institutionengebundenen Massenbewegungen (Streiks der Jahre 1945 und 1946) einte die Alliierten und die Vertreter der bürgerlichen Parteien sowie der Gewerkschaften: solche Bewegungen standen im Widerspruch zum »Reedukationsprinzip«, bedrohten die Stabilität der Institutionen (auch die der Parteien und Gewerkschaften) und der gesellschaftlichen Eliten.[53]

Bereits in der Anfangsphase schimmert hinter den Neuordnungsbestrebungen erneut der »autoritäre Staat« durch; was getan werden muß, wird direktiv vorgeschlagen; wer sich artikulieren will, muß sich hinter Vertreter der gesellschaftlich relevanten Gruppierungen stellen; der Konsens der Bürger in diesem Staat besteht eher in einer diffusen, unpolitischen Loyalität als in einer kämpferischen, interessenbezogenen öffentlichen Auseinandersetzung um zentrale politische Fragen.

Widerspruch wird konsequent an den Rand der Gesellschaft verdrängt, sowohl in der Etikettierung und »geistigen Einordnung« (als Untergrundpresse, linke Presse, alternative Drucker, außerparlamentarische Opposition, Umweltschützer, linke Spinner etc.) wie auch in den Kontrollmechanismen (Zensurmaßnahmen).

Zum einen dient die Existenz solch abweichender Ansichten als Beleg für die Offenheit des Systems, als anregendes Material für eine – oft unterschwellig denunziatorische – Berichterstattung (vorwiegend im kulturellen Bereich) über den »Formenreichtum« unserer Gesellschaft; zum anderen wird die oppositionelle Haltung in dem Augenblick kontrolliert und gegebenenfalls kriminalisiert, wo sich Resonanzen in der Bevölkerung abzuzeichnen beginnen (Erklärung der Göttinger Professoren gegen Atombewaffnung, Reformbewegung 1967/68, Streiks im Ruhrgebiet 1968, Kindertheater mit gesellschaftspolitischen Themen, Sexualaufklärung statt Pornographie . . .).

Anhand der zahlreichen Beispiele zur Geschichte der Zensur (nicht nur im Pressebereich) läßt sich anschaulich vorführen, wie diese Gesellschaft in den letzten dreißig Jahren sich selbst kontrolliert hat, wie politische und wirtschaftliche Interessen – wenn sie den einzuschlagenden Weg gemeinsam bestimmen – sich im Bewußtsein der Gesellschaft und ihrer Mitglieder so festsetzen können, daß den Zensur- und Eingriffsmaßnahmen nicht entgegengetreten wird.

Immer wieder gab es Momente, in denen sich der Randbereich der Gesellschaft vergrößerte, nach innen auf den Kern zudrang (zu Beginn dieser Republik, in einigen großen Streikbewegungen in Baden-Württemberg, in der Diskussion um die Auswirkungen der Pressekonzentration am Beispiel des Springer-Konzerns, in der Folge der Rezessionen von 1954, 1958, 1963, 1967, 1972 und 1975).[54]

Die Berichterstattung des überwiegenden Teils der Presse und der übrigen Medien griff diese krisenhaften Entwicklungen zwar nur zum Teil auf, aber die betroffenen Bürger hatten durchaus die Möglichkeit, die Diskrepanz zwischen der »Medienwirklichkeit« und der eigenen Situation zu begreifen (siehe die Resonanz z. B. auf Theatergruppen in Fabriken, auf Liedersänger bei Streiks und Demonstrationen etc.). Doch die Auseinandersetzung damit, die an die Grundlagen unserer Gesellschaft zu gehen und ihre Geschichte zu reflektieren versuchte – diese Auseinandersetzung fiel der jeweiligen Zensur zum Opfer.

Zensur also: im Prinzip und in der historischen Ableitung gleichbleibend, in der konkreten Erscheinungsform immer wieder überraschend.

Gunar Hochheiden

Filmzensur

I.

Eine Filmzensur gemäß der herrschenden juristischen Definition, also: gesetzlich legitimierte *Vor*zensur einer staatlichen oder einer in staatlichem Auftrag handelnden Institution, wird in der Bundesrepublik nicht ausgeübt.

Dennoch werden nach wie vor Filme verboten, verstümmelt und verfälscht, werden Projekte verhindert und Filmemacher unter Druck gesetzt, wenn sie nicht konform gehen mit den wirtschaftlichen wie politischen Interessen der Sachwalter und Nutznießer jener gesellschaftlichen Strukturen, die der Film tendenziell zu sprengen droht in seinen avanciertesten Momenten. Ökonomische Abhängigkeit zwingt zum Arrangement mit denen, die über die Mittel verfügen, einen Film zu produzieren und in die Kinos zu bringen – oder dies zu verhindern.

Zensur sorgt dafür, daß diese Arrangements auch eingehalten werden, und sie ist um so entwickelter, je früher sie in den Produktionsprozeß einzugreifen imstande ist. Mit dieser Verlagerung ins Vorfeld wird sie freilich auch weniger leicht faßbar, ihre Methoden werden subtiler und von der Öffentlichkeit kaum mehr wahrnehmbar, ihre Kulmination erreicht sie in der Selbstzensur, der Schere im Kopf der Filmemacher, die den Eingriff von außen überflüssig macht: »Viele Filme sind schon vernichtet, ehe sie überhaupt einer denkt.«[1]

Finanzielle Austrocknung und schleichende Absorption als Mittel der Verhinderung sind nicht nur wirkungsvoller, unauffälliger und eleganter als krude Verbote und Schnittauflagen, sondern garantieren vor allem die Effizienz der investierten Kapitalien: Es wird kaum noch etwas produziert, was das Schneiden, die Zensur begründen könnte, der Anschein von Freiheit bleibt gewahrt.

Gerade die für die Herstellung eines Films notwendigen Kapitalien, mit deren Höhe gewöhnlich auch der Grad der Abhängigkeit des Filmemachers steigt, lassen die Zensur als dem Film immanent erscheinen, denn inhaltliche und ästhetische Extravaganzen kann nur sich erlauben, wer in seiner Differenz zur Konvention dem kulturindustriellen System sich eingliedert und seine Besonderheit als Warenzeichen kultiviert.[2]

Zensur – weniger ein moralisches oder künstlerisches als ein gesellschaftliches Problem[3] – ist Ausdruck einer Stabilisierungstendenz[4], die auch jenen Gesellschaften innewohnt, die sich – wie die bundesrepublikanische – viel zugute halten auf ihre Offenheit, dabei »auf einer verfestigten und verfilzten, nach außen hin allerdings weniger deutlich spürbaren Machtstruktur beruhen«[5], die solange tolerant bleibt, wie man ihr nicht an die Wurzel geht. Diese »politische Herrschaftssicherung besteht im Kommunikationsbereich vor allem in der Sicherung der Normstabilität des Publikums«[6], das mit einer »freiwilligen Beschränkung seines Erfahrungshorizonts«[7] bei der Filmrezeption seinerseits eine Form sozialer Zensur etabliert.

Jede Zensur geht davon aus, daß Filme die Zuschauer in irgendeiner Weise beeinflussen können, unterstellt also dem Medium Film pauschal und prinzipiell einen suggestiven Charakter, aus dem sie ihre Existenzberechtigung herleitet[8], auch wenn ein einzelner Film, bei entsprechender Prädisposition des Publikums[9], allenfalls im Verbund seiner »seriellen Zugehörigkeit«[10] – innerhalb des Genres etwa – eine Wirkung zu zeitigen vermag.

Da ist denn auch nicht zuzuwarten, bis der Film durch die (öffentliche) Projektion als Film sich realisiert[11] und vielleicht gar tradierte Denk- und Verhaltensmuster des Zuschauers erschüttert, also gesellschaftliche Auseinandersetzungen tendenziell einleitet – zumal eine Kollision mit verfassungsmäßigen Grundrechten, der nur mit formaljuristischen Argumenten noch zu begegnen ist, um so wahrscheinlicher wird, je später der Eingriff erfolgt. Wo die Zensur in der Grauzone von Produktion und Distribution so lautlos und geschmeidig arbeitet, daß sie nicht einmal mehr als solche zu erkennen ist, unterstützt deshalb »die Fixierung auf das Endprodukt Spielfilm die Herrschaft gerade jener, in deren Händen die eigentliche Macht der Regelung, Kontrolle, Kalkulation von Verwertung liegt«.[12]

Der Aufstellung von Tabus adäquat ist die immer neue Fixierung stabilisierender Normen: »Die Kulturindustrie legt, wie ihr Widerpart, die avancierte Kunst, durch die Verbote positiv ihre eigene Sprache fest, mit Syntax und Vokabular.«[13] Filmverhinderung setzt sich, produktiv gewendet, fort in der Filmförderung, deren repetiv schematisierte Produkte der positive Abzug jener sind, die nur Gedanke bleiben: »Das Nicht-Gefilmte kritisiert das Gefilmte.«[14]

II.

Die Einflüsse, denen ein Film ausgesetzt ist auf dem langen Weg ins Kino, die Veränderungen, die an ihm vorgenommen werden, sind gewiß nicht alle als Zensur zu bezeichnen – ist das integrale Kunstwerk doch ohnehin nur Fiktion bei einem arbeitsteiligen industriellen Produkt, wie es zumal der Spielfilm nun einmal darstellt. Gerade aber die kostenintensive, langwierige Herstellung, die Unterteilung in viele verschiedene, meist auch personell voneinander getrennte Arbeitsgänge, die Divergenz der Interessen: all das läßt aus dem Einfluß, der fast immer auf finanzielles Engagement sich gründet, leicht einen klammheimlichen Eingriff werden.

So könnte die Entwicklung eines Filmprojekts sich folgendermaßen darstellen: Schon beim Schreiben des Drehbuchs orientiert der Autor sich an jener Konvention, die eine reibungslose, großzügige Finanzierung als wahrscheinlich erwarten läßt. Die Grundlage jeder Finanzierung ist der kleinste gemeinsame Nenner aller Beteiligten: Produzent, Filmförderung, Fernsehen, private Investoren, ausländische Co-Produzenten, Verleiher, der Autor/Regisseur selbst, dessen künstlerischer Freiraum durch die Grenzen abgesteckt wird, innerhalb derer diese Interessen untereinander differieren. Nun verlangt einer dieser Finanzierungspartner Änderungen: Das Drehbuch muß umgeschrieben, die Besetzung geändert werden, die Realisierung verzögert sich.

Ist die Finanzierung gesichert, so kann gedreht werden: Eine Phase, in der am wenigsten Eingriffe von außen zu befürchten sind – obwohl es auch schon vorgekommen ist, daß der Regisseur während der Dreharbeiten ausgewechselt wurde.

Ist die letzte Klappe gefallen, wird der Film geschnitten, vertont und gemischt; ist er fremdsprachig aufgenommen, in den meisten Fällen auch synchronisiert. In diesem Stadium der Produktion sind Manipulationen in besonderem Maße möglich und üblich, zumal die Verantwortung oft von einer Hand in die andere übergeht. Im Dunkel der Schneideräume und Synchronstudios werden zumeist aus wirtschaftlichen, gelegentlich auch aus juristischen oder politischen Gründen Szenen geschnitten und Dialoge entschärft, werden Retuschen angebracht und Kürzungen vorgenommen. Auf diese Weise wird auch den unterschiedlichen Rezeptionsbedingungen des Weltmarkts schöpferisch Rechnung getragen. Enthält ein Film z. B. gewalttätige Szenen, so ist es mitunter üblich, von vornherein drei Fassungen herzustellen: eine unverfängliche für den europäischen, eine brutale für den amerikanischen, und eine ultrabrutale für den japanischen Markt.

Als nächstes gilt es, einen Verleih für den Film zu finden – sofern dies nicht schon längst geschehen ist, denn oft ist der Verleih durch finanzielle Garantien an der Produktion beteiligt. Der Verleih sorgt dafür, daß der nun fertige Film ins Kino kommt. Er kauft vom Produzenten die Aufführungsrechte und vermietet den Film an den Kinobesitzer. Er läßt Kopien ziehen, konzipiert die Werbung und erhält dafür in der Regel etwa 40 % vom Einspielergebnis. Da das Interesse des Verleihs auf eine möglichst schnelle Amortisation der Ware Film gerichtet ist, haben besonders die anspruchsvolleren Filme, die erst nach längeren Laufzeiten in kleineren Theatern ihr Geld wieder einspielen, Schwierigkeiten, in die Staffel eines Verleihs aufgenommen zu werden. Denn der relativ geringe Umsatz der meisten Verleihfirmen hat zur Folge, daß kein Geld vorhanden ist, um das Risiko eines zwar künstlerisch interessanten, doch geschäftlich unsicheren Films zu übernehmen – manchmal bewirkt schon der Mißerfolg eines einzigen Films den Ruin eines Verleihs. So fühlen sich nicht selten auch die Verleiher dazu berufen, die Marktchancen eines Films zu verbessern, indem sie ihn nach ihrem Geschmack zurechtstutzen.

Doch noch ist der Film nicht im Kino – davor hat die Branche die Vorführung vor der FSK gesetzt, der »Freiwilligen Selbstkontrolle der Filmwirtschaft«. Dieses Gremium prüft, ab welchem Alter Kinder und Jugendliche einen Film sehen dürfen, und ob auch bei der Erwachsenenfreigabe Schnitte ratsam sind. Geläufige Praxis ist es hier, im Einvernehmen mit dem Verleih brutale und sexuell betonte Sequenzen zu kürzen, um die Freigabe des Films für eine niedrigere Altersgruppe zu erreichen, wodurch eine weitere Besuchergruppe erschlossen wird. In besonders heiklen Fällen prüft eine »Juristenkommission« die strafrechtliche Relevanz des Films.

Der Film hat – ob mit oder ohne Schnitte – die Prüfung der FSK überstanden, nun entscheidet (auf Antrag) die FBW, die »Filmbewertungsstelle Wiesbaden« (eine staatliche Institution), ob ihm das Prädikat »wertvoll« oder »besonders wertvoll« zu attestieren ist – ein Diktum, das sich auch und vor allem finanziell auf den Produzenten auswirkt, denn das System der Grund- und Zusatzförderung (ein Bestandteil des Filmförderungsgesetzes) belohnt die Filme, die ein Prädikat der FBW vorweisen können.

Seine öffentliche Uraufführung aber hat der Film immer noch nicht erlebt, geschweige denn einen gezielten, mehrere Kopien umfassenden Einsatz, der allein eine Amortisation ermöglichen könnte – es ist keineswegs einfach, ausreichend Abspieltermine in genügend vielen Kinos zu erhalten, schon gar nicht in den wichtigen Erstaufführungstheatern der Großstädte. 80 % aller Einnahmen werden an den Kassen von nur 500 Kinos (insgesamt gibt es etwas mehr als 3000 in der Bundesrepublik) gemacht, die überdies in einigen wenigen Kinoketten zusammengeschlossen sind. Großverleiher und Kinoketten tendieren dazu, den Markt zu monopolisieren, d. h. das Angebot an Filmen und Sitzplätzen zentral zu steuern. Der Effekt ist nicht selten eine Blockierung der Abspieltermine, die durchaus als strukturelle Zensur bezeichnet werden kann, mit deren Hilfe Verleiher und Kinobesitzer im Zweifelsfall jederzeit »die Unverkäuflichkeit bestimmter künstlerischer Richtungen beweisen«[15] können. So kommt es z. B. vor, daß eine Kinokette sich einen Film beim Verleih zur Auswertung in einer bestimmten Stadt reservieren läßt, ihn dann aufgrund anderer Abspielverpflichtungen zwar nicht spielen kann, seinen Einsatz durch ein Konkurrenzunternehmen aber durch ihr Vetorecht verhindert. Eine Verknappung des Angebots erfolgt auch durch die in Großstädten immer mehr zur Regel werdende Praxis, besonders gewinnträchtige Filme gleichzeitig in mehreren Kinos zu starten. Auf diese Weise kommen auch wichtige Filme mitunter nicht oder nur spät in die Kinos.

Ein letzter Notriegel, mißliebige Filme vom Markt fernzuhalten, besteht in der Anwendung der §§ 131 und 184 StGB. Sie besagen, daß der Staatsanwalt Filme vorläufig – d. h. bis zur richterlichen Entscheidung – beschlagnahmen kann, wenn sie seiner Meinung nach gewaltverherrlichende bzw. pornographische Passagen enthalten. Da dies aber weitgehend eine Frage der Auslegung ist, kommt es – selten, aber immerhin – auch vor, daß nicht nur die Sumpfblüten der Branche, sondern auch künstlerisch bedeutende Filme zeitweise verboten werden. Von den Gerichten allerdings wurden sie bislang sämtlich wieder freigegeben. Im Interesse einer reibungslosen Auswertung des Films einigt man sich jedoch meist früher: Der Staatsanwalt bestimmt die Schnitte, der Verleih akzeptiert sie, der Kinobesitzer führt sie durch – der Einsatz des Films bleibt ungestört.

Nun sind zwar bei kaum einem Filmprojekt offene und geheime Manipulationen in solcher Massierung zu erwarten. Es ist ja gerade typisch für die Mechanismen von Kontrolle und Zensur, daß sie zwar konsequent aufeinander aufbauen (auch was die FSK kürzt und nicht für Jugendliche freigibt, kann der Staatsanwalt noch verbieten), aber dennoch teilweise in Widerspruch zueinander stehen: was gefördert wird, findet nicht immer auch einen Verleih. Andererseits gibt es nur sehr wenige Filme, deren Produktions- und Verwertungsprozeß ganz frei ist von Eingriffen, welcher Art auch immer. Doch auch wenn der Film darüber zum Torso wird – er kommt immerhin ins Kino, wird gesehen und zeugt selbst in seiner entstelltesten Form noch von dem, wie er war und was aus ihm (vielleicht) hätte werden können. Viel verbreiteter und effektiver ist deshalb jene Form der Verhinderung, die Filme erst gar nicht über das Stadium der Planung hinauskommen läßt: Ökonomische Zensur – »mangelnde Wirtschaftlichkeit« ist das Standardargument, mit dem Projekte abgeschmettert werden – ist viel umfassender und weitgreifender als eine, zum Beispiel, nur politische Zensur.

III.

Im Lauf der Jahrzehnte hat die Praxis von Kontrolle und Zensur in der Bundesrepublik einen stetigen Wandel durchgemacht, insofern die Bedeutung der *institutionell gebundenen Formen von Zensur* (z. B. FSK, Interministerieller Ausschuß) sich immer mehr verringerte (allein die Staatsanwaltschaften waren eine Zeitlang aktiver denn je), während die *diffusen Formen der Zensur* (z. B. durch Subventionen, durch die Verleiher) nach wie vor aktuell sind und die *internalisierte Zensur* (die Selbstzensur) heute das eigentliche Problem darstellt: Die Tendenz geht dahin, daß »die institutionalisierte Selbstzensur das Phänomen Zensur abschafft«.[16] Diese Rückverlagerung der Zensur in den wenig manifesten

»Werkbereich«[17], die das Eingreifen öffentlicher Kontrollinstanzen tendenziell überflüssig macht, ist ein Prozeß, der mit der politischen Entwicklung der Bundesrepublik seit 1949 in ebenso engem Zusammenhang steht wie mit dem wirtschaftlichen Niedergang der Filmbranche. Die in der Restaurationsphase der fünfziger und zum Teil noch sechziger Jahre etablierten staatlichen, halbstaatlichen und privaten Institutionen, mit denen eine höchst effiziente »Gruppenzensur«[18] ausgeübt wurde und die »praktisch jede Filmherstellung zu einem Hindernisrennen über moralische, politische, soziale, ideologische, religiöse und sonstige Tabus«[19] werden ließen, verloren in dem Maße ihre Bedeutung, wurden demontiert und stillgelegt – aber keineswegs abgeschafft! –, wie die politische und gesellschaftliche Konstellation, die zu affirmieren sie ins Leben gerufen worden waren, sich wandelte. So erschien etwa der militante Antikommunismus des Interministeriellen Ausschusses, dem seit 1954 alle aus dem Ostblock importierten Filme zur Begutachtung vorgelegt werden mußten, nicht mehr opportun angesichts der Ostpolitik der sozialliberalen Koalition, und die Schamhaarspaltereien der FSK waren seit dem Aufkommen größerer sexueller Freizügigkeit ohnehin nur noch Gegenstand allgemeinen Spottes.

Diese direkten Formen von Kontrolle und Zensur erwiesen sich andererseits auch infolge der ökonomischen (und künstlerischen) Talfahrt der Filmwirtschaft spätestens dann als überflüssig, als kaum ein bundesdeutscher Film seine Herstellungskosten mehr einspielte und Filmproduktion in der Bundesrepublik vollends zum Subventionsfall wurde. Jetzt konnte bereits in der Phase der Finanzierung Einfluß genommen werden durch eben jene »gesellschaftlich relevanten Gruppen«, deren Geschäft die Verhinderung schon seit zwei Jahrzehnten gewesen war. Die öffentlich-rechtlichen Fernsehanstalten – laut Staatsvertrag zur Ausgewogenheit verpflichtet – gewannen zunehmende Bedeutung als Co-Produktionspartner, die Gremienwirtschaft verfestigte sich als bürokratischer Apparat, der Wohlverhalten mit der Gewährung finanzieller Mittel belohnte und die risiko- und belanglosen Filme des kleinsten gemeinsamen Nenners favorisierte. Nicht nur Filme wurden und werden mithin auf diese Weise gefördert, sondern auch die internalisierte Zensur: Es entstehen Tabus, die die Filmemacher selbst sich auferlegen, wollen sie eine Chance haben, der angepaßten Konkurrenz gegenüber zu bestehen.

Kein Wunder »in Zeiten, wo geistige Kühnheiten unerwünscht sind, weil intellektuelle Radikalität in Verdacht gerät, mit politischem Radikalismus gemeinsame Sache zu machen«.[20] Die Art, wie Volker Schlöndorff mit der »Rote Armee-Fraktion« öffentlich in Verbindung gebracht wurde[21], hat Tradition und Methode in Deutschland, genauso wie die Filmzensur[22]: »Den Anfängen zu wehren, ist es zu spät. Die Anfänge sind schon gemacht.«[23] Die Folge dieser Produktionsbedingungen, dieses kulturellen Klimas ist nicht selten eine Resignation, die Emigrationsgedanken nährt: »Daß so wenig möglich ist, finde ich so bedrückend, daß ich manchmal an Emigration denke. Wir haben eine ganze Phase der Restauration durchgemacht, ohne wirklich effektiven Protest, ... aber wenn geschlagen wird in diesem Land, dann wird auf links geschlagen, dann wird nicht auf rechts geschlagen.« (Wolfgang Staudte)[24] Allüberall: »Es herrscht Ruhe im Land.«[25]

IV.

Wie der Film am wirkungsvollsten unter Kontrolle zu bringen sei, war schon lange, bevor die Bundesrepublik gegründet wurde, Gegenstand von Verhandlungen. Nach Kriegsende hatten die alliierten Militärbehörden zunächst eigene Prüfungsstellen eingerichtet; das Lichtspielgesetz von 1934, das auch die Filmzensur geregelt hatte, wurde durch Kontrollrats-Gesetz Nr. 60 vom 19. 12. 1947 außer Kraft gesetzt. Da man die nationalsozialistische Staatszensur noch frisch in Erinnerung hatte, liefen die Bestrebungen von Anfang an auf eine Selbstkontrolle der Filmwirtschaft hinaus. Treibende Kräfte waren der frühere UFA-Produzent Erich Pommer, damals Filmoffizier in der amerikanischen Armee, und der Dokumentarfilmer Curt Oertel, der bereits im März 1947 den ersten, bis heute im wesentlichen unverändert gebliebenen Entwurf der FSK-Grundsätze vorlegte. Langwierige Beratungen mit den Innen- und Kultusministerien, den Landesjugendbehörden der zwölf Länder, drei verschiedenen Filmwirtschaftsverbänden (Produzenten, Verleiher, Kinobesitzer), den Kirchen sowie den drei Militärregierungen folgten, nach der Verabschiedung des Grundgesetzes am 23. Mai 1949 kündigte Erich Pommer das Auslaufen der amerikanischen Militärzensur zum 15. Juli des Jahres an, am 17./18. Juni schließlich beschlossen die vereinigten Filmwirtschaftsverbände die definitive Arbeitsaufnahme der FSK.[26]

»Der erste geprüfte Film war eine noch 1944 gedrehte Verwechslungskomödie *Intimitäten.* Bis zum Jahresende 1949 hatte die FSK bereits drei Verbote von Spielfilmen ausgesprochen: Geza von Bolvarys *Stradivari* (wegen Romantisierung des Krieges), eine neue österreichische Produktion *Der Leberfleck* (der teilweise geeignet sei, das natürliche Schamgefühl zu verletzen), und der englische Farbfilm *Vier Federn* (weil er im Augenblick geeignet sei, militaristische und imperialistische Tendenzen zu fördern).«[27] Der Aufklärungsfilm *Schleichendes Gift* wurde, im selben Jahr, nur »getrennt nach Geschlechtern« zur Besichtigung freigegeben.[28]

1951 bereits kam es zum ersten Skandal: Anlaß war der Film *Die Sünderin* von Willi Forst mit Hildegard Knef in der Hauptrolle. Sie spielt darin eine Prostituierte, die einen langsam erblindenden Maler (Gustav Froehlich) liebt, ist in einer winzigen Szene für einen Moment nackt zu sehen und bereitet ihm am Ende, als er tatsächlich nichts mehr sehen kann, auf sein Verlangen hin den Schierlingsbecher, den sie in der Schlußeinstellung selbst bis zur Neige leert – kein Stoff, der heute noch Aufsehen, geschweige denn öffentliches Ärgernis erregen würde.

Obwohl sie den Film bereits vorher im Rohschnitt gesehen und für gut befunden hatten, erhoben die beiden Kirchendelegierten in den Prüfungsverhandlungen Einspruch gegen *Die Sünderin* und traten, als der Hauptausschuß den Film gegen ihre Stimmen ungekürzt freigab, aus der FSK aus. Mit 50 Kopien wurde der Film im Bundesgebiet gestartet, daraufhin kam es in mehreren Städten zu Demonstrationen und Tumulten: Störtrupps zwangen die Kinobesitzer, die Vorstellungen zu unterbrechen, in Düsseldorf warfen katholische Jugendgruppen mit dem Pfarrer Carl Klinkhammer an der Spitze Stinkbomben, um auf diese Weise ein Verbot des Films zu provozieren, in anderen Städten wurden von Demonstranten die Kinoeingänge vermauert, tätliche Auseinandersetzungen mit der Polizei waren an der Tagesordnung. Der Kardinal von Köln erklärte in einer Predigt, dieser Film gehöre »auf den Mülleimer«, in mehreren Städten sprachen die Polizeibehörden ein Verbot aus, das von zwei Landesverwaltungsgerichten (Koblenz und Osnabrück) bestätigt wurde: der Film zeige verfassungswidrige Tendenzen und wende sich gegen Sitte, Ordnung und strafrechtliche Bestimmungen, ein Kabinettsbeschluß der nordrhein-westfälischen Landesregierung vom Februar 1951 bezeichnete Inhalt und Darstellung der »Sünderin« als unvereinbar mit dem Sittengesetz. Im Dezember 1954 endlich hob das Bundesverwaltungsgericht alle örtlichen Aufführungsverbote auf: Der Spielfilm, so hieß es in dem Urteil, sei ein Kunsterzeugnis und unterliege deshalb dem Kunstvorbehalt des Grundgesetzes.[29]

Innerhalb der FSK war der Streit relativ rasch wieder beigelegt worden, nachdem ein zahlenmäßiges Gleichgewicht zwischen den Prüfern der Filmwirtschaft – die bis dahin ein leichtes Übergewicht besessen hatten – und denen der »Öffentlichen Hand« (also der Länder, Kirchen und Jugendverbände) hergestellt worden war.

Ins Gerede aber kam die FSK weniger durch das, was sie tolerierte, als durch die Verbote, Änderungen und Schnittauflagen, die sie verfügte. Dabei wurden die Richtlinien, die ihre Arbeitsgrundlage bilden, »stets so weit oder so eng ausgelegt, wie es politisch, gesellschaftlich und wirtschaftlich opportun war«.[30] Insofern war die FSK, zumindest in jenen Jahren, sowohl in ihrer personellen Zusammensetzung als auch in ihren Entscheidungen durchaus repräsentativ für die jeweils herrschende Meinung in der Bundesrepublik – die Meinung der Herrschenden.[31] Ein brancheninternes System von Zwängen – Verweis, Geldstrafe, Boykott – sorgte dafür, daß auch wirklich *jeder* Film diese Gesichtskontrolle der Türhüter gesellschaftlicher Konformität passierte, was die behauptete Freiwilligkeit der Filmprüfung zumindest als fragwürdig erscheinen ließ.[32]

Wo »antifaschistisch« oft mechanisch mit »antideutsch« gleichgesetzt wurde, nahm es nicht wunder, daß vorzugsweise jene Filme zum Gegenstand zensoralen Bemühens wurden, die sich kritisch mit der nationalsozialistischen Vergangenheit auseinandersetzten.

So wurden »grundsätzlich Szenen, die KZ-Greuel oder barbarische Maßnahmen deutscher Truppen zeigten, geschnitten«[33], während andererseits »Glorifizierung und Sentimentalisierung des Krieges *(Wenn das Blut kocht)*, authentische NS-Propaganda *(Schicksalswende)*, Verniedlichung und selbst Verherrlichung des Faschismus *(Solange du lebst)*«[34] ohne Bedenken freigegeben wurden. Der langjährige Vorsitzende der FSK, Dr. Ernst Krüger, bemerkte hierzu: »Es kann von der FSK nicht verlangt werden, Filme nur unter dem Gesichtspunkt pazifistischer Tendenzen freizugeben. Eine reale Darstellung des Krieges, ferner die Schilderung positiver männlicher und menschlicher Eigenschaften im Krieg wie Mut, Opfersinn, Entschlossenheit und Einstehen für seinen Mitmenschen ... können keinen Verbotsgrund abgeben.«[35]

Roberto Rossellinis *Rom – offene Stadt* (1944/45) hingegen – eines der Meisterwerke des italienischen Neorealismus, das die Grausamkeiten der deutschen Besatzungstruppen und SS-Einheiten sowie den Widerstand gegen diese schildert – wurde erst 1960 mit einem »ebenso läppischen wie peinlichen Vorspruch«[36] von der FSK freigegeben: Der Film, so hieß es darin, richte sich nicht gegen das deutsche Volk und klage nicht den deutschen Soldaten an. Und Vittorio de Sicas *Die Eingeschlossenen von Altona* – nach dem Stück von Jean-Paul Sartre – ließ die FSK 1963 nur mit folgenden Auflagen passieren:

»In der Textstelle ›*Glaubst du, ich schätze, wonach Vater strebt? Und ich bewunderte Flick, Krupp und Vater? Jedesmal, wenn ich einen Mercedes-Benz sehe, rieche ich den Gestank eines Gasofens*‹ müßten die Namen Flick, Krupp und Mercedes-Benz entfernt werden. Der Ausschuß war der Auffassung, es sei nicht tragbar, Namen wie Flick, Krupp und Mercedes-Benz, die heute in der ganzen Welt durch eindrucksvolle Leistungen auch in den unterentwickelten Ländern hochangesehen seien und einen guten Klang hätten, in die fatale Assoziation zu den unmenschlichen und verbrecherischen Geschehnissen der Nazi-Zeit zu bringen ... Es komme hinzu, so urteilte der Ausschuß, daß diese Textpassage sich nicht abhebe von dem ostzonalen Jargon kommunistischer Hetzparolen, die etwa zum Ausdruck brächten, solche und ähnliche Namen, die sich am Weltkrieg schuldig gemacht hätten, säßen heute wieder in höchsten und einflußreichsten Positionen Westdeutschlands, führen Wohlstandswagen und seien dieselben, die in der Nazi-Zeit Menschen umgebracht hätten ...[37]

Sorge hatte die FSK auch um »die Beziehungen der BRD zu anderen Staaten«[38], genauer: zu mit der Bundesrepublik befreundeten Staaten.

1961 etwa »mußte aus dem Dokumentarfilm *Die Diktatoren* eine Szene entfernt werden, die eine (recht harmlose) Kritik an Franco«[39] enthielt – die Sequenz schilderte »die mit mittelalterlichem Pomp vollzogene Hochzeit der Tochter des ›Caudillo‹«.[40] Wenige Monate zuvor war der Kurzfilm *Wen kümmert's?*, der unter anderem auf die Algerienkrise anspielte, mit einem Totalverbot belegt worden: Er sei geeignet, »das angebahnte gute Verhältnis zu Frankreich zu trüben«.[41]

Weniger skrupulös war die FSK, wenn es um die Beziehungen der Bundesrepublik zu kommunistischen Ländern ging. Hier sah sie, in vergleichbaren Fällen, nie einen Grund, »zur Schere zu greifen«.[42]

V.

Indessen war die FSK schon damals Teil eines Verbundsystems aus Kirchen, Staat und Filmwirtschaft, das auf eine ebenso lautlose wie effektive

Weise dafür sorgte, daß Szenen, Dialoge oder auch ganze Filme, die den Interessen eines der drei heimlichen Partner zuwiderliefen, die Kinos nicht erreichten. Die FSK diente lediglich als letzte Kontrollinstanz, die in ihren Prüfungsverhandlungen nur dann einschritt, wenn die Eingriffe nicht ohnehin längst vorher – oft mit ihrem fachlichen Beistand – vorgenommen worden waren.

Luis Buñuels *Viridiana* z. B. erlebte 1961 seine Vorpremiere »in den Räumen des erzbischöflichen Sitzes zu Köln«. Hinterher war der Film rund 300 Meter kürzer. Hauptamtliche Prüfer der FSK waren als Gutachter um ihre Meinung befragt worden, »was denn in der FSK so üblich sei. So konnte in der FSK vergleichsweise mühelos der Torso freigegeben werden.«[43]

Ähnliche Aufmerksamkeit wurde 1963 auch Nanni Loys *Die vier Tage von Neapel* – der einen Aufstand der neapolitanischen Bevölkerung gegen die deutsche Besatzungsmacht thematisiert – zuteil:

»Die amerikanische Verleihfirma Metro-Goldwyn-Mayer war geneigt, den Film auch in bundesdeutsche Kinos zu bringen. Bevor sie ihn an die FSK reichte, gab es eine interne Vorführung im Bonner Auswärtigen Amt ... Beamte der Ministerien und Bundeswehroffiziere bildeten das ›Publikum‹. Die einen hatten die politischen Konsequenzen des Films, die anderen die eventuelle ›Wirkung auf die Truppe‹ zu prüfen. Das Ergebnis der geheimen staatlichen Vorzensur: Der Film fiel beim Auswärtigen Amt und den Offizieren durch.«[44]

Diesem Vor-Urteil entsprechend, hatte der Film denn auch bei der FSK prompt die größten Schwierigkeiten. Erst vom Rechtsausschuß, der höchsten und letzten, selten angerufenen Instanz, erhielt er nach langen Verhandlungen den Freigabestempel.

Was in dem einen Netz nicht hängen blieb, zappelte dafür mit um so größerer Sicherheit im anderen.

Bei Jean-Pierre Melvilles *Eva und der Priester* schnitt der Verleih zunächst »alle Szenen heraus, in denen der ›Hintergrund‹ des Geschehens, nämlich die Zeit der deutschen Okkupation Frankreichs, evoziert wurde – angeblich, um den Film auf ›abendfüllend‹ zu trimmen und weil just diese ›handlungsarmen‹ Szenen entbehrlich« seien. Die FSK stellte dann fest, »daß der Film ›das religiöse Empfinden weiter Bevölkerungskreise‹ verletze« und verfügte eine Reihe von Schnittauflagen: »Eine Absolutionsszene und der spätere Hinweis auf sie im Dialog mußten gekappt werden, denn: ›da zum Bestandteil der Beichte Reue gehört (die Eva nach ihren eigenen Worten nicht empfindet), könne die Beichte nicht als solche anerkannt werden und die Erteilung der Absolution sei unmöglich‹. Daß die Heldin des Films sich zu dem Abbé hingezogen fühlt, war der FSK ebenso ein Ärgernis, wie der Umstand, daß der Abbé den Charakter dieser Zuneigung erkennt; weder darf in der deutschen ›Fassung‹ die junge Frau während eines Besuches des Abbé einen Blick auf ihr Bett werfen und damit ihre ›gefühlsmäßige Einstellung zu dem Abbé in einer (so) drastischen Form ... zeigen‹, noch darf der Abbé ihr auf den Kopf zusagen: ›Sie brauchen einen Mann.‹«[45]

Oft wurde der FSK die Arbeit bereits von den Verleihern abgenommen. Nicht nur politische Rücksichtnahmen sowie der Übereifer, den FSK-

Normen dadurch zu genügen, daß man sie selbst um so strenger durchsetzte, spielten hier eine Rolle, sondern in fast noch größerem Maß »schlichte Unkenntnis, Verständnislosigkeit und mangelndes Interesse«[46] den Filmen gegenüber, mit denen man handelte. Unversehrtheit war kein Kriterium, der Film kein Kunstwerk und das Publikum ohnehin verachtenswert: »›Haben Sie denn gemerkt, was fehlte? Ja? Na, da sind Sie aber der einzige!‹ (Verleihermund)«[47]

So wurde – um nur einige der bekannteren Fälle zu zitieren – aus Luchino Viscontis *Senso* die Sequenz der Schlacht von Custozza entfernt und das politische Stück zu einer privaten Liebesgeschichte umgedichtet; von Roberto Rossellinis *Paisà* bekamen die deutschen Zuschauer jene der sechs Episoden nicht zu sehen, in der deutsche Soldaten eine Partisanengruppe füsilieren; Federico Fellinis *La Strada* kam um einige »Längen« gekürzt in die deutschen Kinos, bei *I Vitelloni* war der Verleiherschere immerhin schon ein Viertel des Films zum Opfer gefallen[48], und Michelangelo Antonionis *L'avventura* war sogar nur in einer um 45 Minuten gekürzten Fassung zu besichtigen.[49]

Weitaus subtilere und vor allem unauffälligere Steuerungsmöglichkeiten, als sie durch das simple Kappen von Szenen gegeben waren, boten sich den Verleihern jedoch von Anfang an in der Synchronisation. Die Tendenz, in der Anpassung an den vermuteten Publikumsgeschmack und die internalisierten Wertmaßstäbe der FSK »konformitätsstörende Faktoren im Laufe der Synchronisation aus den Filmen herauszufiltern«[50], ließ die vorgenommenen Manipulationen »in ihrer Bedeutung weitaus über den Veränderungen liegen, die aus dem künstlerischen und technischen Übertragungsvorgang resultieren«.[51] Bei einer 1969 durchgeführten Umfrage gaben 80 % der befragten Synchronisateure an, »daß der überwiegende Einfluß auf die Synchronisation von der Freiwilligen Selbstkontrolle genommen«[52] werde. In besonders heiklen Fällen geht dies (auch heute noch) so weit, daß – »um spätere Änderungen und das heißt erhöhte Kosten zu vermeiden«[53] – der FSK die Originalfassung des Films mit einer Rohübersetzung zur Prüfung vorgelegt wird, um die Änderungswünsche gleich in die Synchronisation mit einarbeiten zu können. Änderungen, die kaum ein Zuschauer je bemerkt – wie sollte er auch? »Aus einem grausamen Mörder in einem Kriegsfilm kann der über Pazifismus diskutierende Außenseiter werden, aus einem amerikanischen Gangsterboß ein russischer Spion, aus der Gangsterbraut eine Polizeiagentin, und aus einem deutschen Gauner im beliebigen Ausland ein krimineller Emigrant mit polnischem Akzent.«[54]

Solche abenteuerlichen Verdrehungen kamen tatsächlich vor: In Alfred Hitchcocks *Notorious*, in der Bundesrepublik unter dem Titel *Weißes Gift* in den Kinos, machte man in der deutschen Synchronfassung aus unverbesserlichen Nazis vergleichsweise harmlose Rauschgifthändler, in Claude Chabrols *Les Cousins* »aus einem jungen Juden einen Ungar und aus seinen Erinnerungen an KZ-Foltern solche an den stalinistischen Terror«[55]; in Michael Curtiz' *Casablanca* fehlte nach der deutschen

»Bearbeitung« sogar eine ganze Hauptrolle (die des SS-Majors Strasser), ein Widerstandskämpfer war zum Wissenschaftler umfunktioniert, der ganze Film konsequent entpolitisiert worden. Textprobe:

»Wir waren kaum verheiratet, als Victor die Delta-Strahlen entdeckte. Und du weißt, was dann passierte, ich war schon nach Paris vorausgefahren. Ich ahnte, daß sie ihn verhaften würden, aber eins hab' ich nicht erwartet – er bekam 20 Jahre wegen Sabotage ...«
(Synchronfassung von 1952)

»Kurz nachdem wir geheiratet hatten, ging Victor zurück in die Tschechoslowakei. Sie brauchten ihn in Prag, aber dort wartete die Gestapo auf ihn. Nur zwei Zeilen in der Zeitung: Victor Laszlo verhaftet, in ein Konzentrationslager gebracht ...«
(Synchronfassung von 1978)

Mit dem Lauf der Jahre und dem neu erstarkenden Selbstbewußtsein der Bundesrepublik jedoch erledigte sich derlei ängstliche Bemühtheit, die Erinnerung an die nazistische Vergangenheit nicht allzusehr zu strapazieren[56], von selbst.

Heute beherrscht allein eiskaltes ökonomisches Kalkül den Umgang mit der Ware Film: »Man kann sagen, daß wir ca. 50 % der Filme, die wir synchronisieren, verändern, und zwar aus den verschiedensten Gründen. Wenn wir z. B. die chinesischen Action-Filme nehmen, so werden die Filme mit einer Laufzeit von drei Stunden angeliefert. Diese Zeit ist dem deutschen Publikum nicht zumutbar. Darum werden die Filme auf eineinhalb Stunden zusammengeschnitten ...«[57]

VI.

Ungeachtet des Zensurverbots im Grundgesetz gab es auch auf staatlicher Seite immer wieder Versuche, direkten Einfluß auf den Film zu nehmen – durch Verbote, durch geheime Vorprüfungen, durch die Gewährung (und Verweigerung) von Subventionen.

Die erste Intervention rief *Die Sünderin* hervor, die zweite, 1953, der Dokumentarfilm *Bis fünf Minuten nach zwölf.* Am Tag der Uraufführung verbot der damalige Bundesinnenminister Schröder im Einvernehmen mit den nach Bonn zitierten Innenministern der Länder die öffentliche Vorführung, weil der Film den Nationalsozialismus verherrliche und deshalb »den inneren Frieden des deutschen Volkes sowie die öffentliche Ordnung und Sicherheit« gefährde.[58] Der SPD – Pressedienst sah die »Gefährdung« freilich eher in der Parallele, die zwischen Hitlers Wehrmacht und der gerade im Aufbau befindlichen Europäischen Verteidigungsgemeinschaft – aus der dann später die Nato wurde – gezogen wurde.[59] Nach einigen Wochen wurde, da eine juristische Legitimation nicht gegeben war, das Verbot wieder aufgehoben.

1954 forderte der damalige Bundesfamilienminister Würmeling die Einführung einer »Volkszensur« und die Vergabe von Bürgschaften nur noch an solche Projekte, »die den Wert von Ehe und Familie nicht herabsetzen«.[60] 1951 und 1953 hatte der Bund zwei Bürgschaftsaktionen ins Leben gerufen – eine Art Vorläufer der heutigen Filmförderung –, die nicht wenig zum künstlerischen Niedergang des bundesdeutschen Films in den darauffolgenden Jahren beitrugen. Finanzielle Risiken gab es nicht für Produzenten und Verleiher, »künstlerische Freiheiten auch nicht«.[61] Ministerialbeamte entschieden darüber, welche Filme mit Bürgschaften rechnen konnten (35 % der Herstellungskosten) und verbanden die Bewilligung der Gelder nicht selten mit restriktiven Auflagen: Von Wolfgang Staudte etwa verlangten sie die definitive Erklärung, daß er nie wieder einen Film für die Ostberliner DEFA drehen würde (was von Staudte abgelehnt wurde). Die Produzenten erfüllten die geforderten inhaltlichen und ästhetischen Kriterien nur allzu willig, die derart geförderten, künstlerisch durchweg belanglosen Filme »hießen bald ›Bundes-Schnulzen‹ (Musterbeispiel: *Meines Vaters Pferde*)«.[62]

Die Filmkontrolle der Adenauer-Exekutive begann sich im geheimen einzurichten, auffällige Aktionen – wie 1956, als das Auswärtige Amt die Aufführung von Alain Resnais' KZ-Film *Nacht und Nebel* auf dem Festival von Cannes verhinderte[63] – blieben die Ausnahme. In den Prüfungsausschüssen der FSK saßen ohnehin schon mehr staatliche Vertreter »als in den Kammern des Lichtspielgesetzes von 1920«.[64] 1954 nahm »auf Betreiben des Verfassungsschutzamtes«[65] der später so genannte »Interministerielle Ausschuß für Ost/West-Filmfragen« seine Tätigkeit auf, für die es zunächst keine gesetzliche Grundlage gab: »Sie war absolut illegal.«[66] Dieser Ausschuß, ein anonymes Gremium Bonner Ministerialbeamter, prüfte jeden aus den Ostblockländern importierten Film, ob er nach seinem Inhalt dazu geeignet sei, »als Propagandamittel gegen die freiheitliche demokratische Grundordnung oder gegen den Gedanken der Völkerverständigung zu wirken«, wie es im »Gesetz zur Überwachung strafrechtlicher und anderer Verbringungsverbote« vom 24. 5. 1961 formuliert wurde.[67] Jeder Importeur von Ostblockfilmen war seitdem auch offiziell gehalten, innerhalb einer Woche dem »Bundesamt für gewerbliche Wirtschaft« eine Kopie zu übergeben, die zur Prüfung an den Interministeriellen Ausschuß weitergeleitet wurde. Das Zensurverbot des Grundgesetzes glaubte man mit der Argumentation zu umgehen, daß der Importeur ja die Möglichkeit habe, den Film innerhalb der Woche, die die Vorlagepflicht als Toleranz zugestehe, öffentlich zu zeigen – was zwar theoretisch möglich, in der Praxis jedoch völlig absurd war.

Die Entscheidungen des Ausschusses – die nicht begründet und zumeist telefonisch mitgeteilt wurden[68] – eliminierten alles, was »die Verfassungszustände im freien Teil Deutschlands«[69] hätte gefährden können.

»Ein russischer Film, welcher russische Arbeiter als ›zufrieden‹ abbildete, wurde beanstandet, weil er ›sowjetische Arbeitsverhältnisse idealisierte‹. Ein Film, in dem jetzt polnische, bis 1945 aber deutsche Gebiete als ›polnisch‹ bezeichnet wurden, kam aus diesem Grunde nicht auf die Leinwand. Ein Film über Nordvietnam verfiel dem Bannspruch, weil er nach Meinung der mit Nordvietnam offensichtlich besonders vertrauten Beamten eine ›unwahre Darstellung der heutigen wirtschaftlichen Verhältnisse im kommunistischen Nordvietnam‹ gab.«[70]

Bei Sergej Eisensteins *Alexander Njewski* empfand der Ausschuß 1963 »verschiedene Passagen des Films als ›deutschfeindlich‹ und verlangte die Entfernung aller Szenen, in denen die deutschen Kreuzritter ihr Unwesen treiben. So kam von dem fast zweistündigen Film nur ein Fragment von 78 Minuten zur Aufführung, das mit dem Gegenschlag der Russen beginnt und an dessen Ende der nun märtyrerhafte Tod der Kreuzritter steht. Dem Interministeriellen Ausschuß war ›das Unglaubliche geglückt: aus einem angeblich antideutschen einen antikommunistischen (Film) zu machen.‹«[71] Erst 1966 war der Film ungekürzt in der Bundesrepublik zu sehen.

Einer heftigen Kritik war der Interministerielle Ausschuß zwar immer schon ausgesetzt gewesen, aber erst 1966 wurde sie auch gerichtsnotorisch. Anlaß war der aus der DDR eingeführte Dokumentarfilm *Der lachende Mann* (eine entlarvende Selbstdarstellung des berüchtigten deutschen Söldners Siegfried Müller, genannt »Kongo-Müller«), den der Ausschuß nicht zur Aufführung freigab. Der Importeur reichte gegen diesen Bescheid Klage beim Verwaltungsgericht ein, nach mehr als fünf Jahren schließlich, 1972, bestätigte das Bundesverfassungsgericht in einer umstrittenen Mehrheitsentscheidung[72] die Verfassungskonformität des »Verbringungsgesetzes«, das zu dieser Zeit allerdings auch politisch schon längst überholt war – eine Folge der neuen Ostpolitik erst der Großen, dann der sozialliberalen Koalition. Seit 1967 war kein Film mehr vom Interministeriellen Ausschuß zurückgehalten worden, im Zuge der Novellierung des Filmförderungsgesetzes 1974 schließlich wurde die Vorlagepflicht endgültig aufgehoben.[73]

Höchstrichterlich bestätigt wurde – in mehreren Verfahren – auch die Verfassungsmäßigkeit einer anderen staatlichen Institution, der »Filmbewertungsstelle Wiesbaden« (FBW).[74] 1957 von den Bundesländern durch eine Verwaltungsvereinbarung ins Leben gerufen und dem Hessischen Kultusministerium unterstellt, verleiht sie auf Antrag künstlerisch herausragenden Filmen das Prädikat »wertvoll« oder »besonders wertvoll«. Die Auszeichnung bringt dem Produzenten im Rahmen des Filmförderungsgesetzes finanzielle Vorteile und verhilft außerdem zum Nachlaß der (in sukzessivem Abbau befindlichen) Vergnügungssteuer, mit der öffentliche Filmvorführungen belegt sind – dies auch dann, wenn nur der Vorfilm ein Prädikat aufweist. Von wirtschaftlich existenzieller Bedeutung ist die Einrichtung der FBW deshalb für den *Kurz*film, der praktisch nur in prädikatisierter Form eine Chance hat, ins Kino zu kommen: als »Steuerschinder« für den Hauptfilm oder durch die vom Filmförderungsgesetz vorgeschriebene Koppelung geförderter Filme (bis 110 Minuten Länge) mit einem prädikatisierten Kurzfilm.

Daß sie durch die Verweigerung von Prädikaten die Aufführung von

Kurzfilmen faktisch verhindere und auf diese Weise eine mittelbare Zensur ausübe, ist der FBW oft vorgeworfen worden, insbesondere von Produzenten, die bei der Prädikatsverteilung leer ausgegangen waren. Verschiedentlich kam es zu Prozessen, in deren Folge (denn die Entscheidungen der FBW unterliegen, da sie Verwaltungsakte sind, der richterlichen Kontrolle) die Bewertungsausschüsse der FBW erneut über die inkriminierten Filme zu urteilen hatten – was mitunter die nachträgliche Verleihung eines Prädikats nach sich zog: So geschehen 1961 bei dem Dokumentarfilm *Notizen aus dem Altmühltal*, bei dem die FBW »einige Gesetze des menschlichen Taktes verletzt« sah.[75]

Schnittauflagen, von deren Befolgung die Erteilung der Prädikate abhängig gemacht wurde, schaffte die FBW mit der Verfahrensordnung vom 1. Januar 1963 ab.[76]

Vorher hatte diese Praxis z. B. dazu geführt, daß der Schluß von Konrad Wolfs *Sterne*, in dem ein deutscher Soldat »Kontakt zur bulgarischen Widerstandsbewegung aufnimmt«[77], gekappt wurde.[78] Und der Dokumentarfilm *Vom Zaren bis zu Stalin* erhielt das Prädikat »besonders wertvoll« erst nach Streichung des Satzes: »Aber geweihtes Wasser ersetzt keine Waffen, auch kann man durch Beten keine mangelnde Feldherrnkunst wettmachen.«[79]

Heftiger Kritik aber war die FBW vor allem ihrer mitunter zweifelhaften Bewertungspraxis wegen ausgesetzt. Prädikate für so faschistoide Filme wie John Waynes *Alamo* oder Gualtiero Jacopettis *Africa addio* nährten den Verdacht, die FBW wolle »die Gesinnungstüchtigkeit der Bundesbürger stärken«[80], von »politisch wie ästhetisch reaktionären Beckmessereien«[81] war die Rede und von »Schranken politisch-ideologischer Art«[82], in denen die FBW befangen sei. Tatsächlich hatten künstlerisch rigorose und innovative Filme etwa von Pier Paolo Pasolini, Jean Marie Straub, Jean-Luc Godard oder Nagisa Oshima meist größere Schwierigkeiten, ein Prädikat zu erhalten, als konventionelle Ware (während andererseits der Neue deutsche Film ohne die begleitende Unterstützung der FBW wohl kaum einen solchen Aufschwung hätte nehmen können). Indes ist eine solche Institution stets nur so legitim wie die fachliche Qualität ihrer Entscheidungen. Wenn daher der Eindruck entsteht, daß die Prädikate »wahrscheinlich ausgewürfelt«[83] werden, so ist dies eine Folge der fachlich nicht immer gleichermaßen kompetenten Zusammensetzung der Bewertungsausschüsse. Freilich: »Gefährlich und bedenklich wird es, wenn immer wieder die Relationen nicht stimmen«[84], um so mehr, als die FBW ja kraft des wirtschaftlichen Nutzeffekts ihrer Entscheidungen »ein wichtiges Steuerungsinstrument für die deutsche Produktion«[85] darstellt.

Konkurrenz bekamen die institutionalisierten Zensoren jedoch sehr bald von privater Seite. Daß 1960 der Reisekonzern »Touropa« Walter Krüttners Tourismussatire *Urlaub von der Stange* mit allen Rechten kaufte, um eine öffentliche Aufführung zu verhindern[86], gehört eher zu den pittoresken Randerscheinungen des Phänomens Zensur. Gewichtiger waren da schon jene öffentlich organisierten Proteste gegen die »Schlamm- und Schmutzflut scham- und sittenloser Filme«, denen die Krawalle um *Die Sünderin* die Richtung gewiesen hatten: 1964 wurde in Schweinfurth – als Reaktion auf die ungekürzte Freigabe von Ingmar Bergmans *Das Schweigen* durch die FSK – die »Aktion Saubere Leinwand« gegründet, die sich schnell über ganz Süddeutschland ausbreitete und lautstark eine strengere Filmzensur forderte. Unterschriftenlisten waren »unter anderem in städtischen Ämtern, Finanzämtern, Sparkassen, Buchhandlungen und an Sonntagen auch in den Kirchen ausgelegt«, in oberbayerischen Städten lautete der Text der Petition:

»Ich will, daß das Filmgeschäft mit Schamlosigkeit und Sexualität aufhört. Ich will, daß Kinder, Jugendliche und Heranwachsende vor der Werbung für gefährliche und sittlich zerstörende Filme geschützt werden. Künstlerische, sozialkritische und andere angebliche Absichten dürfen nicht zum Vorwand und zum Mißbrauch der Freiheit dienen ...«[87]

Bundespräsident Lübke nahm derlei mit Wohlgefallen zur Kenntnis (»Ich freue mich darüber, daß zum ersten Male aus der Jugend und aus dem Volke selbst Proteste in Erscheinung treten gegen Filmwerke, die zweifellos zur Gefährdung der Jugend führen.«), seine Frau Wilhelmine forderte auf der Generalversammlung des Katholischen Deutschen Frauenbundes die »Durchsetzung der inneren Ordnung, in der destruktive Kräfte keine Chance mehr haben«.[88] Die »Aktion« wurde zunehmend militanter.

»In Landau organisierte die Aktion eine eigene Polizei und ließ die Besucher eines unliebsamen Films fotografieren. In St. Wendel im Saarland sahen Filmbesucher den Ausgang ihres Filmtheaters durch Stöcke und Transparente versperrt. Die Protestierenden ballten ihre Fäuste und beschimpften mit unflätigen Worten lautstark die Kinogänger.«[89]

Derweil hatte in Bernkastel-Kues an der Mosel der Landrat Krämer den Film *Das Schweigen* verboten: »Zur Abwendung einer bevorstehenden Gefahr für die öffentliche Ordnung.« Der Film sei geeignet, »die Lebensführung sittlich nicht gefestigter Personen zu verwahrlosen und das Schamgefühl zahlreicher Bürger gröblich zu verletzen«. Der Trierer Bischof Wehr zollte Beifall, der Kinobesitzer aber klagte gerichtlich gegen das Filmverbot[90] und gewann.[91] In Duisburg, dem Sitz des Verleihs, »registrierte die Staatsanwaltschaft 108 Anzeigen empörter Zuschauer, stellte allerdings alle 108 Verfahren wieder ein«[92], sogar der Bundestag beschäftigte sich in einer Fragestunde mit dem Film[93], und die Kirchen stellten wieder einmal Überlegungen an, ob sie aus der FSK austreten sollten.[94]

Der nächste Eklat ließ nicht lange auf sich warten: Obwohl die FSK Vilgot Sjömans *491* vorsorglich »durch dreißig Schnitte entschärfte« und auch die Dialoge ändern ließ[95], den Film also total verstümmelte, gab es massive Proteste – vorzugsweise von Leuten, die den Film noch gar nicht gesehen hatten:

»In Murnau wurden die Kirchenglocken nicht mehr geläutet; einem Oberstdorfer Kino wurden telefonisch Handgranaten angedroht; der bayrische Landwirtschaftsminister Alois Hundhammer forderte auf einer Tagung des Katholischen Männerbundes in Tuntenhausen: ›Das Sauglocken-Läuten in Film und Kino muß aufhören.‹«[96] Auch der »Verein für deutsche Schäferhunde« meldete sich zu Wort und protestierte – komischer Höhepunkt der Kampagne – gegen eine Sodomieszene, ein harmloses »Schäferstündchen mit einem Schäferhündchen«.[97]

Versuche Übereifriger, konservativ-katholische Normen durchzusetzen, waren in der Kinoprovinz schon lange an der Tagesordnung.

In Arnstein wollte 1959 der Pfarrer Scheber jeder Familie »ein Jahr den Gottesdienst verweigern«, die einen von der Katholischen Filmkommission als »abzuraten« (Note 3) oder gar »abzulehnen« (Note 4) eingestuften Film besuchte.[98] In Straubing wurde »ein generelles Verbot und Einfuhrsperre für Filme der Klasse 4 der kirchlichen Filmdienste«[99] gefordert, und verschiedenenorts waren die Filmtheaterbesitzer so eingeschüchtert von den Maßnahmen der »Aktion«, daß sie freiwillig auf die Vorführung der beanstandeten Filme verzichteten.[100]

Der CDU-Bundestagsabgeordnete Adolf Süsterhenn schließlich stellte 1965 – unterstützt von 167 Fraktionskollegen – einen Antrag auf Änderung des Grundgesetzes: »Kunst und Wissenschaft, Forschung und Lehre« sollten danach ausdrücklich an den »Rahmen der allgemeinen sittlichen Ordnung« gebunden werden.[101] Die dafür notwendige Zweidrittelmehrheit freilich fand sich erwartungsgemäß nicht.

Doch nicht nur konservative Kreise bedienten sich der Methode, durch Störung der Vorstellungen die Aufführung mißliebiger Filme zu verhindern – es gab auch eine »Stoßrichtung von links«.[102]

1963 wurde der offen rassistische Film *Africa addio* nach Demonstrationen, bei denen einiges »Mobiliar in Brüche gegangen« war[103], in Berlin und anderen Städten vom Spielplan abgesetzt; 1968 kam es zu handfesten Auseinandersetzungen um John Waynes Vietnamkriegs-Apologie *Die Grünen Teufel*; 1976 brachten Frankfurter Feministinnen anläßlich des französischen Pornos *Die Geschichte der O* »Buttersäure und Schweineschwänze unters Publikum«; 1977 legten »Revolutionäre Zellen/Kämpfer für ein freies Palästina« zwei Kinos zur Vorstellung von *Unternehmen Entebbe*, einem »israelischen Militär- und Heldenschmarren«, Bomben ins Parkett[104]; 1979 schließlich war Rainer Werner Fassbinders Terroristen-Farce *Die Dritte Generation* das Ziel mehrerer Anschläge: Filmkopien wurden mit Salzsäure zerstört, Kinos mit Stinkbomben bedacht.[105]

Unfreiwillige Folge von derlei Aktivitäten war indes noch in jedem Fall ein verstärkter Werbeeffekt für den inkriminierten Film, wodurch die Absicht nicht nur diskreditiert, sondern vor allem ad absurdum geführt wurde.

VIII.

Seit Ende der sechziger Jahre – mit dem Aufkommen der sogenannten »Sexwelle« und dem damit verbundenen Wandel gesellschaftlicher Moralvorstellungen – hatte die FSK immer mehr an Bedeutung verloren. Durch Streitfälle wie Oswalt Kolles *Zum Beispiel Ehebruch*, der 1969 fünfmal die Instanzen der Selbstkontrolle durchlaufen hatte bis zur endgültigen Freigabe durch den Rechtsausschuß[106], waren den FSK-Partnern die Grenzen der Gemeinsamkeit offenbar geworden: Während die Kirchen von ethisch-moralischen Grundsätzen ausgingen, war das Interesse der Filmwirtschaft stets rein wirtschaftlicher Natur – der Schutz des investierten Kapitals vor der Staatsgewalt. Als deshalb zum 1. Januar 1972 Kirchen, Bund, Länder und Jugendverbände ihre Mitarbeit bei der Erwachsenenfreigabe der FSK aufkündigten (wenn über die Jugendfreigabe entschieden wird, sind sie nach wie vor vertreten), verlor die FSK den halbamtlichen Charakter, der ihren Entscheidungen über mehr als zwei Jahrzehnte hinweg Autorität verliehen hatte.[107] Zwar richtete sie sogleich eine »Juristenkommission« ein, die die strafrechtliche Unbedenklichkeit besonders harter Ware prüfte, konnte aber nicht verhindern, daß sich alsbald in verstärktem Maße sittenstrenge Staatsanwälte dazu berufen fühlten, die Kinozuschauer vor ihrer Meinung nach pornographischen und gewaltverherrlichenden Filmen zu bewahren.

Schon des öfteren waren auch in den Jahren zuvor Filme beschlagnahmt und wieder freigegeben worden – entweder mit Polizeirecht (*Die Sünderin, Das Schweigen*, einige Underground-Filme, z. B. von Otto Muehl, während des Kölner Kunstmarkts 1968), oder aufgrund des § 184 StGB: Hellmuth Costards Kurzfilm *Besonders wertvoll* erschien 1970 einem Hamburger Staatsanwalt, nicht aber dem Richter als »unzüchtig«, 1971 wurde in München die Beschlagnahme des Sexfilms *Liebesmarkt in Dänemark* gerichtlich aufgehoben. Auszugsweise Begründung:

> »Wenn in einer Szene drei Männer drei kleine Pfeile mit Gummisaugern auf die nackten Gesäße dreier nackter Mädchen abschießen, ohne diesen erkennbar weh zu tun, ... kann eine Verherrlichung der Gewalt darin genauso wenig erblickt werden wie in der Szene, in der sich im Massagesalon ein Mann mit der Hand auf das bekleidete Gesäß klatschen läßt.«[108]

Erst die im November 1973 und Januar 1975 erlassenen bzw. modifizierten Gewalt- und Pornoparagraphen 131 und 184 StGB jedoch animierten die Staatsanwälte auf breiter Front dazu, sie »aus der trockenen Theorie in die vitale Praxis«[109] zu überführen. Danach kann ein Staatsanwalt die lokale oder die bundesweite Beschlagnahme eines Films beantragen und die Kopien vorläufig »sicherstellen«, innerhalb von drei Tagen muß der zuständige Amtsrichter entscheiden, ob auch seiner Ansicht nach strafrechtliche Bestimmungen verletzt werden: »Verherrlichung von Gewalt«

(§ 131) oder »Verbreitung von Pornographie« (§ 184). Da dies eine Ermessensentscheidung ist, kann es durchaus passieren, daß ein Film in der einen Stadt verboten ist und in der anderen nicht. Das »subjektive Verfahren« wird gegen den Kinobesitzer angestrengt und endet – da dieser fast immer die FSK-Freigabekarte als Beweis seiner lauteren Absichten anführen kann – in der Regel mit Einstellung. Das »objektive Verfahren« hingegen, das die endgültige und bundesweite Einziehung eines Films verfolgt, ist gegen den Verleih gerichtet und soll klären, inwieweit das inkriminierte Werk tatsächlich gewaltverherrlichend und/oder pornographisch ist.

Beide Seiten arbeiten dabei gewöhnlich mit Gutachtern, die eine Grenze zwischen Kunst und Pornographie zu ziehen versuchen. Denn wenn ein Film Kunst ist, dann fällt er unter den Kunstvorbehalt des Grundgesetzes und darf nicht verboten werden. Juristisch schließen sich Kunst und Pornographie also gegenseitig aus. Und um die Frage, was Pornographie denn nun eigentlich sei, haben sich Generationen von Juristen gestritten.

1969, bei der Verkündung des sogenannten »Fanny-Hill-Urteils«, gab der Bundesgerichtshof folgende Definition: Pornographie muß »aufdringlich vergröbernd oder anreißerisch« sein, und sie muß ihren Gegenstand, etwa: die »Verherrlichung von Ausschweifungen oder Perversitäten«, »ohne Sinnzusammenhang mit anderen Lebensäußerungen« vermitteln.[110]

Die staatsanwaltliche Praxis jedoch machte auch weiterhin aus dem »Kriterium, ob Kunstwerk oder Porno, ein Lotteriespiel«.[111]

Staatsanwälte beschlagnahmten nicht nur so banale Sexfilme wie *Gefährlicher Sex frühreifer Mädchen, Heiße Fingerspiele* und *Laß jucken im Heu* oder französische Soft-Pornos wie *Emanuela* und *Die Geschichte der O,* sondern auch Pier Paolo Pasolinis *Salò oder die 120 Tage von Sodom,* einen gewiß schwer erträglichen Film nach dem Roman des Marquis de Sade, und Nagisa Oshimas nicht weniger radikalen *Im Reich der Sinne,* letzteren sogar während der Berliner Filmfestspiele 1976. Zwar wurden beide Filme nach langen Auseinandersetzungen vom Bundesgerichtshof 1978 freigegeben, doch offenbart die Tatsache, daß sie überhaupt in die Netze übereifriger Staatsanwälte geraten konnten, einmal mehr die Fragwürdigkeit der ganzen Beschlagnahmepraxis.

Zumal auch die Aktionen aufgrund des § 131 ähnlich unbedarft durchgeführt wurden: Eben nicht nur *Wang Yu – Sein Schlag war tödlich, Karate, Küsse, blonde Katzen* und *Die unerbittlichen Fünf,* sondern auch z. B. Sam Peckinpahs *Bring mir den Kopf von Alfredo Garçia.*

Für die Staatsanwaltschaften war die Freigabe sämtlicher Filme durch die Gerichte jedoch nur vordergründig eine Niederlage. Hinter den Kulissen verstanden sie es sehr wohl, ihre Interessen durchzusetzen:

»In den Fällen, in denen Staatsanwälte aus strafrechtlichen Gründen mehr Schnitte verlangen, als sie von der FSK vorgenommen worden sind, habe ich, soweit ich die

Firma vertreten habe, immer Wert darauf gelegt, daß man sich möglichst schnell an den Schneidetisch begibt, um dort mit dem Richter, mit dem Staatsanwalt und mit der Verteidigung die Filme zu besichtigen. Hierbei wurde dann über die eventuellen zusätzlichen Schnitte diskutiert, und sie wurden durchgeführt, um den Film schnell wieder in die Kinos zu bringen, denn für die betroffene Firma ist ein schneller Wiedereinsatz, auch mit Einschränkungen, wichtiger als ein gewonnener Prozeß nach Jahren.«[112]

Von derlei »Schnitten im Dunkel« erfahren die Kinobesucher jedoch nur selten etwas. Wo ökonomisches Interesse sich die Hand reicht mit der losgelassenen Sittlichkeit, bleibt auf der Strecke allemal der Film, und die Frage, ob Kunst oder Porno, erledigt sich von selbst:

»Anstatt, in frisch-fröhlichem Drauflosdenken, die Frage an falsche Tiefe oder radikale Flachheit zu verraten, müßte die Jurisprudenz erst einmal das fortgeschrittenste Niveau des psychologischen und gesellschaftlichen Wissens erreichen.«[113]

IX.

Zu welchen Eiertänzen indes bundesdeutsche Richter fähig sind, wenn es um die Unterdrückung von Filmen und Filmemachern geht, erwies sich deutlicher als je zuvor am Fall »Urbs 71«, in dessen Verlauf drei Berliner Filmemacher der »mangelnden Ausgewogenheit« ihrer prononciert sozial- und gesellschaftskritischen Filme wegen zur Rückzahlung der bereits erhaltenen (und ausgegebenen) Produktionsgelder verurteilt wurden – obwohl mit dem Auftraggeber, der Stadt Wuppertal, »volle künstlerische und konzeptionelle Freiheit« vereinbart worden war.[114] Und ein Berliner Gericht erklärte 1975 die polizeiliche Beschlagnahme von Videoaufnahmen für rechtens, die die Filmemacherin Helke Sander während einer Demonstration gegen den § 218 gemacht hatte – die Polizei wollte mit Hilfe des Materials Demonstrationsteilnehmerinnen identifizieren.[115] Was nur bedeutet: »Die Kunst ist frei, aber nicht der, der sie macht.«[116]

Oder anders: »Die Gedanken sind frei. Ihre Äußerung ist jedoch auf jeder Stufe mit den Geboten der Finanzierung verquickt. Hinter dieser Koppelung verbirgt sich heute die Zensur.«[117] Und in den Köpfen verbirgt sich – insgeheim und gern entschuldigt, wegrationalisiert, wenn überhaupt wahrgenommen – die Selbstzensur. Ihr eignet »der Glaube, man sei von ihr nicht betroffen«[118], sie ist nicht konkret, nicht faßbar, nicht beweisbar, allenfalls abzulesen an ihrem Gegenbild, der laufenden Produktion.

Daß das Zensurverbot des Grundgesetzes »auch im Rahmen der öffentlichen Filmförderung strikt beachtet«[119] werde, konnte 1977 der damalige parlamentarische Staatssekretär Baum blauäugig und mit Recht deshalb behaupten, weil die »Abtreibungspolitik« in den Gremien stets

»indirekt«[120] geschieht mit dem beruhigenden Wissen, »daß ein Grundrecht zu Makulatur wird, wenn die Mittel fehlen, es zu verwirklichen«.[121] Filmförderung ist immer zugleich auch Filmverhinderung, und »künstlerische Prinzipien, die den Gutachtern gefallen, sind jene, die in den Köpfen das anrichten, was das Arbeitsleben der Menschen verheert«.[122] Gefragt sind »gute, originelle, junge Designer«[123], geübt »in der Kunst des Sichanpassens, des klugen Lavierens, des Mit-den-Wölfen-Heulens«[124], und keine Frage: »Ein Gekaufter wird gern ein Überzeugter.«[125] Wer trotzdem opponiert, wer sich jener Euphorie des Mittelmaßes verschließt und den Pfründen des Proporzes ihr Opfer verweigert, der wird, sofern er nicht ohnehin resigniert in diesem »Klima von Einschüchterung, Opportunismus und jener Selbstzensur, die in Deutschland allzu häufig Zivilcourage verdrängt«[126], mit anderen Mitteln zur Räson gebracht. Daß Jean-Luc Godard sein Projekt *Kann man in Deutschland heute noch Filme machen?* in der Bundesrepublik nicht realisieren konnte[127], ist nicht nur symptomatisch, sondern auch konsequent.

Martin Walsdorff
Bibliothekszensur

1. Die Funktion der Bibliotheken und ihre Probleme bei der Literaturauswahl

Eine Repräsentativumfrage des Buchhandelsmagazins »Buchreport« ergab im August 1978, daß 45 % der Bevölkerung ab 14 Jahre mit unterschiedlicher Intensität öffentliche Bibliotheken benutzen, um dort zu lesen oder nachzuschlagen, und immerhin 27 % das auch mit einiger Regelmäßigkeit tun, unter ihnen vor allem die Altersgruppe der 14-29jährigen.[1] Eine einheitliche und vollständige Benutzungsstatistik für die Bibliotheken der Bundesrepublik gibt es nicht. Die Zahl der Ausleihen in den rund 600 erfaßten öffentlichen Bibliotheken, den reichlich 700 konfessionellen Büchereien und den ca. 100 Universitäts-, Staats-, Landes- und größeren Spezialbibliotheken kann gegenwärtig auf rund 300 Millionen Medieneinheiten pro Jahr geschätzt werden.[2] Dazu kommen die nicht quantifizierbaren Benutzungen der Präsenzbestände von Seminar- und Institutsbibliotheken an Hochschulen sowie den nichtöffentlichen Einrichtungen (Firmen-, Behördenbibliotheken u. a.).

Diese Zahlen allein vermögen nicht, den bildungs- und wissenschaftspolitischen Stellenwert von Bibliotheken deutlich zu machen; hierzu bedürfte es auch einer eingehenden Untersuchung über die Anschaffungspraxis von Bibliotheken. Bei der Anschaffungspolitik *öffentlicher* Bibliotheken ist zu berücksichtigen, daß diese Bibliotheken freiwillige Einrichtungen der Kommunen und bisweilen sehr unmittelbarer politischer Einflußnahme ausgesetzt sind. Außerdem sind sie insofern öffentlich, als sie so gut wie jedermann und damit öffentlicher Kritik zugänglich sind, d. h. sie verfügen nicht über den Freiraum, den z. B. Fachbibliotheken beanspruchen und in der Regel auch konzediert bekommen.[2a]

Die Kontrolle der Buchbestände in öffentlichen Bibliotheken durch Amtsträger, Politiker oder selbsternannte Elternvertreter – oftmals nicht einmal Benutzer der Bibliothek, sondern gestützt auf den Anspruch, die Öffentlichkeit zu vertreten – hat zu deren Lasten erschreckend zugenommen.

Anschaffungskontrolle und politische Einflußnahme manifestieren sich nicht erst in Form der Nachzensur, worüber in Abschnitt 3 zu berichten sein wird, und daraus folgend in der Selbstzensur von Bibliothekaren (vgl. Abschnitt 4), sondern bereits im personalpolitischen Vorfeld. Die Antwort, die der Bürgermeister einer hessischen Gemeinde mit 8000 Einwohnern auf die Frage gab, warum er die Leitung der Gemeindebücherei keinem Bibliothekar übertragen habe, dürfte nicht untypisch sein: »Bloß keine Bibliothekarin. Bleiben Sie mir vom Leib mit den Bibliothekaren. Die versuchen nur, andauernd die Leser zu beeinflussen.«[3]

Über die Buchauswahl als das »wichtigste Geschäft« ihres Berufes[4] befinden sich Bibliothekare in einer ständigen Diskussion, deren Hauptmerkmal ihr am gesellschaftlichen Wandel orientierter bildungspolitischer Anspruch ist. Es ist daher nicht verwunderlich, daß diese Diskussion über eine entsprechende Tradition verfügt, deren Höhepunkte mit den wichtigen politischen und sozialen Einschnitten dieses Jahrhunderts zusammenfallen.

Schon im Ersten Weltkrieg begann der »Richtungsstreit« unter den Bibliothekaren[5], der sich vornehmlich auf das Problem der »unteren Grenze« konzentrierte, d. h. auf die Frage, welchen Trivialitätsgrad Literatur in Bibliotheken nicht überschreiten dürfe, ohne den zunehmend erkannten Bildungsauftrag von Bibliotheken zu gefährden. Nach dem Zweiten Weltkrieg konnte der Berliner Bibliothekar Franz Schriewer zu einer vollständigen Revision der bibliothekarischen Vorstellungen auffordern, da den Bibliotheken durch Lesemappen, Buchgemeinschaften u. ä. die Versorgung des »literarischen Konsumsektors« abgenommen war und sie nunmehr verstärkt ihre Aufmerksamkeit einem »sozialpolitischen Nutzeffekt«, der »Hebung des Lebensstandards« und anderen »lohnenderen« Aufgaben zuwenden konnten.[6] Inzwischen stellt sich das Problem der »unteren Grenze« nicht mehr allein im Bereich der Unterhaltungsliteratur, sondern zunehmend für den mindestens ebenso gefragten Sektor der sogenannten Sachbücher.

Über eigene Lektorate für eine qualifizierte Buchauswahl verfügen nur die größeren Bibliotheken; das Gros der Bibliotheken stützt sich auf die Angebote der »Einkaufszentrale für öffentliche Bibliotheken GmbH« (ekz) in Reutlingen, die ihre Kunden nicht nur, je nach Bibliotheksgröße abgestuft, mit verschiedenen Angebots- und Besprechungsdiensten beliefert, sondern ihnen auch die Bücher beschafft, sie in Schutzfolie einschlägt und mit den fertigen Kartensätzen für die Kataloge zur Verfügung stellt – und das alles außerordentlich preiswert. In diesem umfassenden Angebot liegt zugleich die Gefahr einer solchen Zentraleinrichtung.

Die Besprechungen stammen überwiegend von Bibliothekaren und werden vom Besprechungsdienst der Zeitschrift »Buch und Bibliothek« (BuB), dem Organ des Vereins der Bibliothekare an öffentlichen Bibliotheken e. V. (VBB), koordiniert. Nicht selten werden Einzelbesprechungen und die in ihnen enthaltenen Empfehlungen Gegenstand einer besonderen Kritik und Gegenkritik in den Spalten von BuB. Die Größenordnung des ekz-Besprechungsangebots kann (für 1975) mit folgenden Zahlen angegeben werden[7]: In dem Jahr wurden reichlich 9000 Medieneinheiten besprochen, davon knapp 7400 durch BuB-Rezensenten; 230 Bücher wurden uneingeschränkt abgelehnt. Erstmals hat 1978 eine ablehnende Rezension eine in erster Instanz erfolgreiche Beleidigungsklage des Autors gegen den Rezensenten ausgelöst.[8] Als problematisch ist inzwischen erkannt worden, daß ablehnende Besprechungen nur noch über den vollständigen Informationsdienst größeren Bibliotheken zugänglich gemacht werden, die bei strittigen Fällen ohnehin über eigene Lektorate verfügen, während etwa zwei Drittel der öffentlichen Bibliotheken, die nur Auswahldienste beziehen, von dieser Information abgeschnitten sind.[9] Gerade bei diesen Bibliotheken ist aber davon auszugehen, daß sie besonders anfällig auf die durch Werbung, Bestsellerlisten usw. manipulierte Benutzernachfrage reagieren.

In jüngster Zeit ist am Reutlinger »Informationsmonopol« Kritik geäußert worden. Die »Bundesdeutschen Lesebücher« aus dem Verlag Atelier im Bauernhaus in Fischerhude wurden offenbar in den Reutlinger Diensten überhaupt nicht erwähnt, wie das Lesebuch zum Berufsverbot, oder, wie im Falle der Strafjustizsammlung, als »überflüssige Justizkritik unterhalb und oberhalb der Gürtellinie« abqualifiziert; das Lesebuch »Frieden und Abrüstung« mit 180 Autoren, darunter Alfred Andersch, Hap Grieshaber, Helmut Gollwitzer, wurde »Vereinigungen zweifelhaften politischen Rufes« zugeschrieben und damit politisch eindeutig denunziert.[10]

Indirekt und aus ganz anderer Richtung gab es Zweifel an der Besprechung des DDR-Kinderlexikons »Von Anton bis Zylinder«, das laut Reutlinger Buchanzeiger vom Dezember 1974 »ungeachtet propagandistischer Züge in den Informationsständen schon von Mittelstadtsbüchereien zu finden sein« sollte, wobei besonders auf die »auffallend vielen Begriffe aus Mathematik, Naturwissenschaft und Technik« abgehoben wurde. Auf Antrag der CDU-Fraktion in der Lübecker Bürgerschaft verschwand Anfang 1977 dieses Buch aus der Kinder- und Jugendbuchabteilung der Öffentlichen Bücherei, um ein Jahr danach, nachdem sich durch die Kommunalwahlen die Mehrheitsverhältnisse in der Bürgerschaft geändert hatten, wieder an seinen alten Platz zurückgeschafft zu werden[11] – zugleich ein Beispiel dafür, was die jeweils Herrschenden vom vielbemühten Meinungspluralismus halten.

Es ist jedenfalls nicht allein den Reutlinger Diensten anzulasten, wenn Bibliotheken über das gängige und konforme Literaturangebot nicht hinausgehen; wenn z. B. in einem Auswahlverzeichnis »Sexualwissenschaft« der Stadtbibliothek einer größeren westfälischen Stadt als einziger progressiver Sexualpädagoge Helmut Kentler auftaucht, ansonsten aber die katholische Morallehre in Autoren wie Theodor Bovet, Kurt Seelmann u. a. überwiegt[12], oder wenn in einer großen süddeutschen Stadtbibliothek zum Thema Frauenemanzipation nur die bekannten »Renner« wie Simone de Beauvoir, Alice Schwarzer, Esther Vilar usw. zu finden sind, nicht aber z. B. Luise Rinser und schon gar nicht Autorinnen aus den Pressen der Kleinverlage.[13] Wenn sich schon der etablierte Buchhandel nicht der Alternativliteratur aus den Minipressen annimmt und auch nicht der Produktion, die ihren Ursprung in Bürgerinitiativen hat – mithin diese Literatur über die marktgängigen Wege die Öffentlichkeit nicht erreicht –, wiegt das Versäumnis der Bibliothekare, die diese Literatur ebenfalls nicht bereitstellen, besonders schwer.

In der Erwerbungspolitik von Bibliotheken spiegelt sich ihre kulturpolitische Funktion wider, der sich neuerdings auch wieder Autoren stärker bewußt zu werden scheinen.

Autoren haben angefangen, in Bibliotheken nicht mehr Konkurrenten für den Verkauf ihrer Bücher auf dem Markt zu sehen, sondern »Verbündete« und »geistige Multiplikatoren« (Max von der Grün); sie erkennen als Aufgabe der Bibliothek, »das ganze Spektrum der intellektuellen und literarischen Produktion offenzuhalten« (Max Frisch); sie setzen ihre Hoffnungen in die »Zähigkeit der Bibliothekare, wenn es darum geht, sich gegen Einschüchterungen, Schwarze Listen« usw. zu wehren (Hans Magnus Enzensberger). Besonders wichtig erscheint uns die Aufforderung an die Bibliothekare, »ihre Unabhängigkeit von den Mechanismen des Marktes« und ihre »Unabhängigkeit von den politischen Aufsichtsgremien« zu bewahren« (Jürgen Lodemann).[14] Bibliotheken in ihrer Gesamtheit gelten als »Gedächtnis der Zeit«[15]; ohne sie könne, wie Carl Amery glaubt, die Nationalliteratur »nicht bewahrt werden«, und er fordert, daß die Verleger »einen zivilisierten Anschaffungsetat« bei den Bibliotheken einkalkulieren können.[16]

Bibliothekare täten gut daran, aus dem Grundrecht der freien Meinungsäußerung die Informations*pflicht* und damit auch die Subventionspflicht der öffentlichen Unterhaltungsträger herzuleiten[17] und den so begründeten Freiraum auch voll zu nutzen.

2. Gesetzliche Zensurvorgaben und ihre Folgen für Bibliothekare

In der Zeit seit dem Zweiten Weltkrieg hat es nur einen kurzen Abschnitt gegeben, in welchem Bibliotheken ausdrücklich dazu angehalten wurden, Schrifttum zu sekretieren, ja zu vernichten. Noch heute findet man in einigen Bibliothekskatalogen entsprechende Hinweise aus dieser Zeit.

Zunächst war laut Kontrollratsbefehl Nr. 4 vom 13. 5. 1946 die vollständige Abgabe/Vernichtung von NS-Literatur einschließlich der dazugehörigen Katalogkarten angeordnet worden. Am 10. 8. 1946 wurde diese rigide Vorschrift gelockert: Für Forschungs- und Studienzwecke konnte eine begrenzte Anzahl der verbotenen Schriften von der Vernichtung ausgenommen und unter strengen Auflagen für die Benutzung freigegeben werden. Mit Gesetz Nr. 16 der Alliierten Hohen Kommission vom 16. 12. 1949 wurden die Vorschriften der Alliierten endgültig aufgehoben.[18]

In welchem Umfang Bibliotheken die Auflagen der Besatzungsmächte befolgten, ist – jedenfalls schriftlich – kaum überliefert worden. Zumindest in wissenschaftlichen Bibliotheken dürften sich die Verluste in erträglichen Grenzen gehalten haben; auf jeden Fall sind sie geringer als die Verluste infolge nationalsozialistischer Vernichtungspolitik gegen »entartetes« Schrifttum und als Folge der Kriegsschäden.

Artikel 5 Abs. 1 des Grundgesetzes verhieß in radikaler Abkehr von der NS-Praxis das Recht auf freie Äußerung und Verbreitung von Meinungen in Wort, Schrift und Bild sowie die Freiheit, sich aus allgemein zugänglichen Quellen ungehindert zu unterrichten. Freilich sollten diese Rechte nach Abs. 2 ihre »Schranken in den Vorschriften der allgemeinen Gesetze«, in den »gesetzlichen Bestimmungen zum Schutze der Jugend und in dem Recht der persönlichen Ehre« finden. Hierdurch waren die nachfolgenden exzessiven Grundrechtseinschränkungen – zumal in einem

Land des »Das Nähere regelt ein Gesetz«[19] – bereits in der Verfassung vorgegeben. Daß in den einschränkenden Gesetzen Bibliotheken, deren Bestände als »allgemein zugänglich« im Sinne Art. 5 Abs. 1 GG zu gelten haben[20], nicht erwähnt wurden, dürfte dazu beigetragen haben, daß Bibliothekare zunächst mit erstaunlicher Ignoranz, später jedoch mit Unsicherheit auf sie betreffende Strafrechtserweiterungen reagiert haben.

Die in Art. 5 Abs. 2 erwähnten Bestimmungen zum Schutze der Jugend fanden ihren Niederschlag im Gesetz über die Verbreitung jugendgefährdender Schriften (GjS) vom 9. 6. 1953 in der Fassung vom 29. 4. 1961.[21]

Dieses Gesetz soll immerhin ein knappes Viertel der Bevölkerung der Bundesrepublik, nämlich Kinder und Jugendliche unter 18 Jahren, schützen. Es gibt denjenigen, die Jugendlichen Schriften »zugänglich machen«, einen konkreten Index[22] in die Hand. Die Zahl der Indizierungsanträge bei der Bundesprüfstelle für jugendgefährdende Schriften (BPS) ist vom Rekordjahr 1967 mit insgesamt 494 Anträgen auf 61 Anträge im Jahre 1977 zurückgegangen, obwohl bekannt ist, daß die Zahl der Veröffentlichungen, die den Index im wesentlichen füllen, nämlich pornographischen und gewalt-(insbesondere kriegs- und rassismus-)verherrlichenden Inhalts, im umgekehrten Verhältnis zugenommen hat. Für Bibliothekare war und ist der Index ziemlich irrelevant. Eine Durchsicht der Listen macht deutlich, daß die in ihnen aufgeführten Titel allenfalls versehentlich in Kinder- und Jugendbibliotheken gelangen können. Bedenklicher ist die Bestimmung des § 6 GjS, wonach Schriften auch ohne Indizierung Beschränkungen unterliegen, sofern sie geeignet scheinen, »Kinder oder Jugendliche offensichtlich sittlich schwer zu gefährden«.[23]

Die in Art. 5 Abs. 2 GG angelegten strafrechtlichen Schranken gaben Bibliothekaren und anderen »Verbreitern« von Schriften überhaupt keine konkreten Anhaltspunkte zur Verfahrensweise – ein Umstand, der dazu führte, daß Bibliothekare sich allenfalls zu § 86 StGB (Verbreiten von Propagandamitteln verfassungsfeindlicher Organisationen)[24] durch besondere Verfahren Schutz verschafften.

Eine Umfrage unter Bibliotheken ergab 1970[25], daß diese Verfahren von der gesonderten Aufstellung (»Giftschrank«) über gesonderte Kennzeichnung bis zur Befragung des Benutzers über seine Zwecke und ein besonderes, gegenüber dem Benutzer ausgesprochenes Verbot zur Weitergabe an Dritte reichte, daß aber eine große Anzahl von Bibliotheken überhaupt keine Unterschiede zwischen strafrechtlich relevanter und anderer Literatur machte.

Daß es neben dem Verbreitungsverbot nach § 86 StGB noch rund 20 andere ebenfalls beachtenswerte Verbreitungsstraftaten gibt (u. a. § 90 bis 90b StGB: Verunglimpfung des Bundespräsidenten, des Staates und seiner Symbole sowie von Verfassungsorganen; § 103: Beleidigung von Organen und Vertretern ausländischer Staaten; § 111: Aufforderung zu Straftaten; § 131: Verherrlichung von Gewalt; § 187a: Üble Nachrede und Verleumdung gegen Personen des politischen Lebens), war Bibliothekaren offenbar gar nicht bewußt.

Erst 1976 hat Werner Jütte beim Bibliothekartag der wissenschaftlichen Bibliothekare das ganze Spektrum der freilich inzwischen erweiterten strafrechtlichen Verbreitungstatbestände aufgezeigt[26] und kritisiert, daß der »Trend einer zunehmenden Pönalisierung der Verbreitung von Schriften nicht behandelt oder stark verharmlost wird.« Zu diesem Zeitpunkt war das 14. Strafrechtsänderungsgesetz[27] bereits in Kraft getreten, auf das hier nicht erneut eingegangen zu werden braucht.[28]

Die Tendenz zur Verharmlosung führte Jütte darauf zurück, daß bisher vermutlich noch kein Bibliothekar strafrechtlich belangt worden sei (»obwohl das vielleicht nur ein glücklicher Zufall ist«), daß der Gesetzgeber in den entsprechenden Strafbestimmungen Bibliotheken nicht ausdrücklich benannt und an sie offenbar auch gar nicht gedacht habe und daß schließlich der Gesetzgeber den Begriff des »Verbreitens« von Schriften noch nicht eindeutig definiert habe. Daneben wird auf die neue Fassung von § 86 Abs. 3 StGB verwiesen, wonach die Verbreitung dann straffrei bleibt, wenn die Schrift u. a. der staatsbürgerlichen Aufklärung, der Kunst, Wissenschaft, Forschung und Lehre, der Berichterstattung über Vorgänge des Zeitgeschehens oder der Geschichte oder ähnlichen Zwecken dient. Allerdings wurde diese sogenannte Sozialadäquanzklausel bereits mehrfach bei Verfahren gegen Verleger und Buchhändler beiseitegeschoben; für § 140 StGB gilt sie von vornherein nicht.

Bibliothekare an öffentlichen Bibliotheken haben sehr viel empfindlicher auf das 14. Strafrechtsänderungsgesetz reagiert als ihre Kollegen an wissenschaftlichen Bibliotheken. Aus ihren Reihen kam lange vor Inkrafttreten der neuen Gesetze der erste warnende Hinweis von Hans-Peter Mieslinger[29], der auch gleich die beiden Hauptgefahrenpunkte benannte: daß Bibliothekare fortan verstärkt der Gefahr der Selbstzensur ausgesetzt sein und daß sie viele Bücher nicht mehr unbefangen ausleihen würden.

Eine Berufsgruppe wie die der Bibliothekare, die sich auf ihre Sensibilität im Umgang mit Kulturgütern viel zugute hält, hätte schon längst die Gefahren eines ausufernden Staatsschutzstrafrechts erkennen müssen. Denn daß die Staatsschutzbehörden ihre Verfolgungsmaßnahmen nicht allein auf Veröffentlichungen von Terroristen beschränken würden, war allein schon aus der Unbestimmtheit der Tatbestände und Rechtsbegriffe des neuen Strafrechts herzuleiten, die der Verfolgung jedweder Staatskritik kaum noch Schranken setzten.

Richard Schmids hoffnungsvolles Vertrauen auf die deutsche Richterschaft, daß sie – zumindest bei der Wiederveröffentlichung historischer Texte – das Strafrecht nicht zu extensiv auslege, wurde, kaum daß es ausgesprochen war[30], von einem Landshuter Richter widerlegt, der die (erst in zweiter Instanz wieder aufgehobene) Beschlagnahme des bei Wagenbach erschienenen Buches »1886. Haymarket« wegen des Zitierens anarchistischer Texte von 1885 verfügte.[31] Trotz der sehr weit gefaßten Vorbehalte nach § 86,3 StGB (Sozialadäquanzklausel) bleibt es offenbar jedem Richter freigestellt, festzustellen, daß Kunst-, Wissenschafts- oder Forschungsanspruch einer Veröffentlichung nur als Tarnung für die Verbreitung umstürzlerischer Texte dienen.

Derartige richterliche Eingriffe brauchen nur exemplarisch vorgenommen zu werden, um ihren Zweck – die allgemeine Verunsicherung und Verängstigung – zu erreichen. Welcher deutsche Verleger wird sich fortan noch trauen, Texte deutscher Anarchisten in den USA wie Johann Most zu veröffentlichen, welcher Buchhändler, sie zu vertreiben, welcher Bibliothekar, sie zu erwerben und auszuleihen?[32] Wie sollen danach noch Bibliotheken ihrer Aufgabe, als »Gedächtnis der Zeit« zu funktionieren, d. h. Informationen zur aktuellen Diskussion und Quellen für zukünftige Forschung bereitzustellen, gerecht werden können, wenn sie sich kaum noch trauen dürften, die umfangreiche Edition der RAF-Texte[33] zu erwerben und zugänglich zu machen, nachdem sich nicht einmal mehr der Verband des Linken Buchhandels an eine Gemeinschaftsausgabe heranwagte[34] und das Buch schließlich in Schweden erscheinen mußte, um danach in der Bundesrepublik ständig beschlagnahmt zu werden!

Die Beispiele kennzeichnen die typische Abfolge der Einschüchterung. Sie beginnt als Nachzensur beim ruinösen Vorgehen gegen kleinere Verlage, führt auf der Ebene der Autoren und Verleger zur Risikoscheu und damit zu einer kulturellen Verarmung, deren Folgen noch gar nicht abzusehen sind; diese Selbstzensur wird schließlich in den Bibliotheken, die in ihrer Gesamtheit immerhin das Institut eines nationalen Literaturarchivs bilden, fortgesetzt, wenn sich ein Bibliothekar kaum noch traut, »riskante« oder auch nur »verdächtige« Veröffentlichungen zu erwerben.[35]

3. Zensurformen in Bibliotheken

Selbstzensur in Bibliotheken ist nicht nur eine Folge der Verschärfung des politischen Strafrechts und der Literaturverbote außerhalb der Bibliotheken, sie ist nicht minder das Ergebnis vielfältiger Zensurarten[36] und zahlreicher Einzelfälle von Nachzensur, denen sich öffentliche Bibliotheken zunehmend ausgesetzt sehen. Viele Fälle sind inzwischen dokumentiert worden, doch dürfte die Zahl der nicht bekannt gewordenen Fälle erheblich höher liegen. Dabei muß man sich klarmachen, daß wichtiger noch als einzelne spektakuläre Fälle ihre Folgen sind, nämlich, wie Dieter Richter formulierte, daß »als Verinnerlichung der äußeren Kontrolle bei so vielen so etwas entsteht wie eine freiwillige Selbstkontrolle«.[37]

Der vermutlich »erste große Fall einer literarischen Zensur« (Gerhard Zwerenz)[38] in der Bundesrepublik war das Verbot von Klaus Manns »Mephisto«-Roman durch den Bundesgerichtshof 1968.[39] Der Roman verschwand daraufhin aus den Ausleihbeständen der Bibliotheken und wurde auch in wissenschaftlichen Allgemeinbibliotheken sekretiert. Ob man den Roman gemeinsam mit dem Urteil weiterhin hätte zugänglich halten können, scheint überhaupt nicht geprüft worden zu sein. Der Roman ist auch außerhalb des Geltungsbereichs der Zivilprozeßordnung verlegt worden (u. a. in der Schweiz und in der DDR), ein Umstand, der in einem späteren Fall ein Landgericht bewog, Unterlassungsansprüche abzulehnen. Dabei ging es um das 1969 in der DDR verlegte Buch »Hermann-Josef Abs – Porträt eines Kreuzritters des Kapitals« von Eberhard Czichon, gegen das Abs und die Deutsche Bank ebenso Unterlassungsanträge stellten wie gegen das 1970 in der Bundesrepublik veröffentlichte Buch desselben Autors »Der Bankier und die Macht«. Nur im Falle dieses Buches hatten Anträge Erfolg. Dennoch verlangte die Deutsche Bank in gleichlautenden Schreiben an Bibliotheken in der Bundesrepublik, beide Bücher »aus der allgemeinen Ausleihe zu selektieren«. Dieser Aufforderung sind Bibliotheken gefolgt, obwohl sie beim DDR-Buch unzulässig war und es im Falle der zweiten Veröffentlichung genügt hätte, die vom Gericht ausgesprochenen Unterlassungen dem Buch anzufügen.[40]

Die vermutlich größte öffentliche Bibliothek in Deutschland, die Amerika-Gedenkbibliothek (AGB) in Berlin, magaziniert nicht nur wenig verlangte Literatur, sondern nach einer internen Anweisung vom Mai 1974 auch mit der Absicht, Bücher »der Reichweite des Unkritischen« fernzuhalten. Zusätzlich erhielten Bücher »aus Ostverlagen mit aggressiver kommunistischer Tendenz, die sich überwiegend oder teilweise gegen die BRD richtet und meist auch schon im polemisierenden, unsachlichen Vokabular niederschlägt« den Vermerk BP (bibliotheca politica).[41] Die Bibliotheksleitung hat inzwischen zugegeben, daß ziemlich wahllos die meisten Veröffentlichungen aus DDR-Verlagen den BP-Vermerk erhalten hätten. Dieser Fall verdankt seine Publizität[42] vermutlich allein hausinternen Querelen (sein Bekanntwerden hat auch prompt Disziplinierungen zur Folge gehabt). Man muß jedenfalls davon ausgehen, daß hier nur zufällig eine allgemein gebräuchliche Praxis bekannt geworden ist. Ob nun solche Richtlinien andernorts schriftlich oder formlos bestehen: DDR-Literatur wird in vielen Bibliotheken der Bundesrepublik überhaupt nicht geführt oder allenfalls wie ein rohes Ei behandelt.

Kinder- und Jugendbuchbestände sind bevorzugtes Objekt von Kontrollen durch selbsternannte Elternvertreter und Kulturpolitiker der Kommunen. Bei neun von Birgit Dankert im Sommer 1977 aufgelisteten Fällen[43] haben sechsmal Eltern, zweimal CDU-Politiker und einmal ein Pfarrer Kinderbuchbestände beanstandet. Die Liste ist natürlich nicht vollständig, aber wohl repräsentativ im Hinblick auf die Kontrolleure.

Beanstandet wurden u. a. von Heike Hornschuh: »Ich bin 13«; von Günther Stiller und Irmela Brender: »Streitbuch für Kinder«; von Horst Bastian: »Gewalt und Zärtlichkeit«; von Yaak Karsunke und Riki Hachfeld: »Die Apotse kommen« (dieses Buch wurde am häufigsten beanstandet); in einem Fall nahmen Eltern sogar an Astrid Lindgrens »Pipi Langstrumpf« Anstoß.

Wie im bereits erwähnten Fall »Von Anton bis Zylinder« wird von der vorgesetzten Behörde die »Verbringung« solcher Bücher vom Jugend- in den Erwachsenenbestand angeordnet. Noch bedenklicher ist, wenn Bibliothekare von sich aus solche Bücher dem Jugendbuchbestand entziehen; sei es auf Grund aktueller Beschwerden einzelner Eltern oder sei es vorsorglich, um solchen Beschwerden aus dem Wege zu gehen. Die Probe kann leicht bei Sexualkundebüchern gemacht werden: Bücher wie die von Claesson, Kunstmann, Amendt usw. dürften in vielen, wenn nicht den meisten Bibliotheken ihren Adressaten nur eingeschränkt zur Verfügung stehen. Wer diese Praxis rügt, muß sich klarmachen, daß Nichtanpassung von Bibliothekaren zu ihrer Arbeitslosigkeit führen kann.

Im folgenden Fall besteht ein nicht wegzuleugnender Zusammenhang zwischen der Nichtverlängerung des Arbeitsvertrages einer Bibliothekarin und ihrer Anschaffungspraxis: Ein CDU-Politiker, in idealtypischer Ämterhäufung Landtagsabgeordneter, Kreistagsabgeordneter und Bürgermeister zugleich, nahm die Fahrbücherei des Landkreises Wesermünde (heute Cuxhaven) unter Beschuß. Er fand ihr Niveau »zum Himmel schreiend« und brachte nach einiger Zeit Beweise für seine Behauptung vor; sein Privatindex bestand aus: »Die Wirklichkeit des Hauptschülers« von Konrad Wünsche, »Schüler machen Politik« von Ulrich Konitzer, »Oma« von Peter Härtling (1976 mit dem Deutschen Jugendbuchpreis ausgezeichnet) und Joachim Fuhrmanns Gedichtanthologie »Tagtäglich« (auf der Liste zum Deutschen Jugendbuchpreis).[44] Bei den bestehenden Mehrheitsverhältnissen im Kreistag hatte die Bibliothekarin keine Chance für eine Verlängerung ihres Arbeitsvertrages. (Dieser Fall gelangte in die überregionale Presse, weil die Berichterstattung über ihn und andere Zensurfälle in Bibliotheken in einer »Aspekte«-Sendung des ZDF dem Autor einen Eintrag in die Personalakte verschaffte.[45])

Zwar keinem Bibliothekar, aber einem Kieler Wissenschaftler verschaffte bibliothekarische Tätigkeit ein Berufsverbot. Dem renommierten Meereswissenschaftler wurde die schriftliche Anfrage einer Schülerin zum Verhängnis, die Literatur zur Zukunft der Meeresforschung suchte. Er schickte ihr eine Veröffentlichung der »Roten Zelle Meereskunde« und eine weitere der »Gesellschaft zur Unterstützung der Volkskämpfe« (GUV) mit der Übersetzung eines Beitrages von Johan Galtung, den die Welternährungsorganisation FAO der Vereinten Nationen 1974 veröffentlicht hatte. In seinem Antrag an das Arbeitsgericht Kiel behauptete der Kultusminister, daß beide Schriften »allein und ausschließlich dazu bestimmt sind, die kommunistische Ideologie propagandistisch auszubreiten«. Der Kieler Kultusminister entließ mit Billigung des Arbeitsgerichts den ihm unbequemen, dem KBW nahestehenden Wissenschaftler schließlich auch mit der Begründung, daß er beide Schriften »kommentarlos« weitergegeben habe. Eine solche Begründung sollte Bibliothekaren zu denken geben.[46]

Politisch-administrative Eingriffe und bibliothekarische Selbstzensur nehmen auch auf dem Gebiet der Öffentlichkeitsarbeit von Bibliotheken zu. Dazu gehören Auswahlverzeichnisse, die Bibliotheken über Neuerscheinungen oder zu einzelnen Themen herausgeben, Publikumszeitschriften und Veranstaltungen, darunter bevorzugt Dichterlesungen.

Das Bezirksamt Charlottenburg untersagte der dortigen Stadtbücherei eine Lesung des Schriftstellers Peter O. Chotjewitz.[47] Die Volkshochschule Gerlingen lud Luise Rinser wieder aus, nachdem die Schriftstellerin kurz zuvor von einer Illustrierten »als Sympathisantin der Terrorszene« verleumdet worden war.[48] Die Stadtbibliothek Bremen und die Bremer Schulen wurden angewiesen, Plakate für eine Dichterlesung mit Erich Fried nicht auszuhängen; die Plakate benannten den Anlaß dieser Lesung, nämlich eine Äußerung des CDU-Fraktionsvorsitzenden in der Bremischen Bürgerschaft, daß er Werke wie die von Fried »lieber verbrannt sehen«(!) würde.[49]

4. Zwischen Anpassung und Widerstand: Die Zensurdiskussion der Bibliothekare

Die Anfälligkeit für Selbstzensur ist, wie ein Bibliothekar (Dietrich Walther) mit Recht hervorgehoben hat, gegenwärtig »das wirklich Gefährliche im Bereich der Bibliotheken«.[50] Wenn ein Zustand erreicht ist, der den Eingriff von außen als Vor- oder Nachzensur nicht mehr erforderlich macht, ist das Ziel jeder Zensurpolitik, nämlich die Unauffälligkeit, optimal erreicht. Selbstzensur äußert sich in drei Formen: als unbewußte Anpassung, als (schließlich nur noch scheinbar bewußtes) Taktieren und im Legitimieren von Zensur. Diesen drei Formen begegnet man auch im Bereich der Bibliotheken.

Die erste Form (Anpassung) ist naturbedingt am schwersten zu greifen. Daß sie durch kritische Selbstbeobachtung bewußt gemacht werden kann, beweisen persönliche Erfahrungsberichte wie der »einer Bibliothekarin in der Provinz«.[51]

> Erstmals stellt sie am Tag der offenen Tür bei sich so etwas wie Selbstkontrolle fest, als sie ein Buch über Chile, Sartres Buch über den Mai 68 und Peter Schneiders ». . . schon bist Du ein Verfassungsfeind« doch noch aus der Ausstellung nimmt und in den Bestand zurückstellt. Danach fällt ihr auf, daß sie in den Neuerwerbungsanzeigen »auffallende Titel« einfach wegläßt. Sie hat sich noch immer nicht entschließen können, »Schweine mit Flügeln« in den Bestand einzustellen, will nun aber dieses Buch zum Anlaß nehmen, das Problem Zensur/Selbstzensur bei einer Buchvorstellung zur Diskussion zu stellen. Denn sie hat erkannt, daß jede weitere Entscheidung gegen ein problematisches Buch immer leichter fällt, »man wird immer mehr zum Meister der Selbsttäuschung, die in dem Satz gipfelt: für dieses Buch lohnt sich eine Auseinandersetzung wirklich nicht!«

Auch die Überlegung, ob nicht ein anderes, weniger verdächtiges Buch »denselben« Zweck erfüllen kann, gerät zur Selbsttäuschung. Auf der Ebene des bereits ängstlichen Taktierens bewegte sich auch der Kongreß der Bibliothekare an wissenschaftlichen Bibliotheken unmittelbar nach Inkrafttreten des 14. Strafrechtsänderungsgesetzes, als die Empfehlung ausgesprochen wurde, »zur Vermeidung von Risiken im Zweifelsfall das Opus des möglichen Delikts zu sekretieren«.[52]

Inzwischen hat es nicht an Versuchen gefehlt, bibliothekarischer Zensur und Selbstzensur den Überbau zu verpassen. Zensur wird als etwas durchaus Richtiges erkannt, womit die Befreiung des Bibliothekars von Skrupeln erreicht werden soll. Indem man Beschränkungen als etwas Notwendiges beschreibt und die Anstößigkeit des Zensur-Begriffs allein auf historische Ereignisse reduziert, wird der Begriff für die aktuelle Diskussion als nicht mehr brauchbar zurückgewiesen: Tatsachenverdrängung durch Begriffsleugnung. Als Theoretiker dieser Form von Selbstzensur haben sich Hansjörg Süberkrüb[53] und Engelbert Plassmann[54] hervorgetan.

Süberkrüb huldigt einem Staatsverständnis, das den Staat als etwas Personales (als Staats-»Wesen«) ansieht. Dieses spezifisch deutsche Staatsverhältnis findet bekanntlich seinen Niederschlag in den eigentümlichen 90er Paragraphen des Strafgesetzbuches, die den Staat, seine Symbole und Institutionen für »verunglimpfungs«-fähig halten und damit das Verhältnis zwischen Bürger und Staat mit Affektwerten besetzen, die normalerweise allein menschlichen Beziehungen vorbehalten sind. Offensichtlich sind bestimmte Traditionen aus den Zeiten der Majestäten- und schließlich Führerherrschaft nie ernsthaft unterbrochen worden.

In Süberkrübs Diktion ist der Bibliothekar in erster Linie ein durch Gelöbnis gebundener Bediensteter des Staates, dazu gehalten, einseitigen Herabwürdigungen des Staates, seiner Organe und Einrichtungen entgegenzutreten. An die Stelle einer durchaus wünschenswerten Verfassungstreue tritt die Forderung nach bedingungsloser Verteidigung der »in unserem Staat praktizierten Ausprägung« der Verfassungsordnung, an die Stelle der in der Verfassung vorgegebenen Freiräume für Veränderungen die Fixierung auf den gegenwärtigen Zustand.[55]

Im Gegensatz zu Süberkrüb bemüht Plassmann eine – sozusagen – destruktive Methode, um zu ganz ähnlichen Ergebnissen zu kommen. Er verstümmelt den Zensur-Begriff, indem er ihn so weit reduziert, bis er getrost feststellen kann, daß es eine Zensur bei uns nicht gibt. Unter Zensur fällt für ihn nur staatliche Vorzensur, und die gibt es nicht. Diese definitorische Beschränktheit muß man kennen, um Plassmanns Auseinandersetzung mit der Selbstzensur nicht als makabre Parodie mißzuverstehen: »Wie kann jemand gegenüber sich selbst eine behördliche Vorprüfung des Inhalts einer Schrift durchführen, wie kann jemand sodann sich selbst eine amtliche Genehmigung erteilen?«!

Plassmanns Thesen, auf dem Stuttgarter Bibliothekskongreß 1978 vorgetragen, fanden in der überregionalen Presse ein angemessenes, nämlich negatives Echo.[56] Dieser Kongreß, als Gemeinschaftsveranstaltung aller Sparten und Fachverbände des Bibliothekswesens veranstaltet, war selber zum Zensuropfer seiner Funktionäre geworden, die das ursprüngliche Generalthema »Zensur und Selbstzensur« in eine Podiumsdiskussion unter dem keimfreien Thema »Freiheit und Bindung des Bibliothekars bei der Informationsvermittlung« einzuzwängen versuchten, dann aber schon beim Vorspruch des Präsidenten (»Und ich wiederhole nochmal: eine Zensur findet nicht statt«) höhnisches Gelächter ernteten und bei Kongreßbeobachtern bestenfalls ungläubiges Staunen über so viel Einfalt auszulösen vermochten.

Während die Zeitschrift der Bibliothekare an wissenschaftlichen Bibliotheken (»Zeitschrift für Bibliothekswesen und Bibliographie«) alles, was mit Zensur zu tun hat, geflissentlich tabuisiert, verdanken Zensurfälle in Bibliotheken ihre Publizität unter Bibliothekaren der Zeitschrift »Buch und Bibliothek«, dem Verbandsorgan der Bibliothekare an öffentlichen Bibliotheken. Diese Publizität kann freilich in Einzelfällen das genaue Gegenteil dessen bewirken, was sie zweifellos bezweckt.

Auf Grund der schon erwähnten Vorfälle in Lübeck um das Kinderlexikon »Von Anton bis Zylinder« wurde in der Stadtbücherei Wiesbaden Selbstzensur geübt: In dem Lexikon wurden Wörter eingeschwärzt und ganze Absätze überklebt. Der

Vorfall wurde noch rechtzeitig entdeckt, bevor das Lexikon zugänglich gemacht wurde.[57]

Die Gefahr, daß Beschreibung von Zensur zu ihrer Verstärkung beiträgt, wird allerdings dadurch reichlich aufgewogen, daß Öffentlichkeit den einzelnen Bibliothekar aus seiner Isolierung befreien und ihm Rückendeckung gegen einzelne Kontrolleure verschaffen kann. Es wird ja auch über Beispiele berichtet, in denen ein bedrängter Bibliothekar von sich aus wirkliche Öffentlichkeit – und nicht die von einzelnen Benutzern für ihre persönlichen Interessen in Anspruch genommene – herstellte und dadurch zu Verbündeten kam.[58]

Was in öffentlichen Bibliotheken der Bundesrepublik fehlt, sind Benutzerbeiräte nach ausländischem Vorbild, die, als ständige Institution funktionierend, den Bibliothekar vor willkürlichen Angriffen einzelner Benutzer schützen können.[59] Freilich hat eine solche Forderung, als sie auf dem Stuttgarter Kongreß vorgetragen wurde, sofort die offenbar spezifisch bundesrepublikanischen Gefahren deutlich gemacht: Von der Schriftstellerin Ingeborg Drewitz als Mitbestimmungsinstrument für Leser gedacht, wurden Benutzerbeiräte von der Kultusministerin Hanna-Renate Laurien in ein Instrument zur »Nachprüfbarkeit der Erwerbungsentscheidungen« umfunktioniert und danach von dem Bibliothekar Günther Wiegand als das hinreichend bekannte Aufsichtsorgan der »gesellschaftlich relevanten Kräfte« identifiziert.[60]

5. Benutzerkontrolle: Möglichkeiten einer Zensur des Leserverhaltens

Die Frage lautet: Gibt es Bibliotheksbenutzer, die sich nicht mehr trauen, bestimmte Bücher auszuleihen? Jene Zahnärztin, die aus unerfindlichen Gründen in die Kartei des Verfassungsschutzes geriet, dessen Beamte in der Bibliothek, die sie benutzte, vorsprachen und sich den Computerausdruck mit den entliehenen Büchern der Frau geben ließen – diese Benutzerin wird ganz sicher nicht mehr unbefangen Bücher ausleihen. Anton-Andreas Guha, der über diesen und andere vergleichbare Fälle berichtete, zitiert auch Äußerungen von Bibliothekaren, denen zufolge diese Fälle »nur die Spitze eines Eisberges« seien.[61]

Bei diesem Zensurbereich ist ebenso wie bei den bisher erörterten anzunehmen, daß Zensur nicht nur in spektakulären Einzelfällen sichtbar wird, sondern vielmehr als Folge solcher Einzelfälle eine weitergehende Selbstzensur von Benutzern auslöst. Benutzerängste können sich zudem auf zwei Tatsachen stützen: Den zunehmenden, Kontrolle dieser Art überhaupt erst ermöglichenden Einsatz neuer elektronischer Technologien auch in Bibliotheken und das offenbar unausrottbare Credo von

Staatsschutzbehörden, daß aus der Lektüre auf die Gesinnung von Lesern geschlossen werden könne.

Die Bundesrepublik liegt in der Dichte der Datenbanken hinter den USA bereits an zweiter Stelle.[62] Erst Datenbanken, zumal in dieser Dichte und bei zunehmender Standardisierung und den damit geschaffenen Verbundmöglichkeiten, machen eine verwertbare Erfassung des einzelnen Bürgers möglich. Das gilt auch für Daten, die von größeren Bibliotheken in Datenbanken eingegeben werden. Diese Bibliotheken verfügen nicht über eigene Banken der erforderlichen Größenordnung, sondern nehmen die Dienste zentraler Computersysteme in Anspruch – natürlich nicht, um ihre Benutzer zu »melden«, sondern um die Abwicklung der Massenbenutzung zu rationalisieren. Was über diese Absicht hinaus mit den abgegebenen Daten geschieht, entzieht sich weitgehend dem Einfluß und der Kontrolle der Bibliotheken. Für sie verliert der einzelne Speichervorgang jedes Interesse, wenn ein ausgeliehenes Buch zurückgegeben ist oder der Benutzer aufgelaufene Gebühren bezahlt hat. Der on-line-Dialog mit dem Rechenzentrum, aber auch ausgedruckte Listen geben nur zeitlich begrenzte Auszüge wieder. Daß solche Listen aus Bibliotheken geschafft werden können, ist bewiesen.[63]

Benutzer größerer Bibliotheken, die ihre Ausleihverbuchung auf Datenverarbeitung umgestellt haben, müssen wissen, daß damit die technischen Voraussetzungen dafür geschaffen worden sind, Millionen von Ausleihvorgängen unbefristet aufzubewahren und mit geringem Aufwand gezielt abzufragen, und daß solche Möglichkeiten zu Mißbrauch einladen.

Dieser Umstand allein ist bedrohlich genug. Es kommt hinzu, daß ein Interesse von Staatsschutzbehörden an Lesegewohnheiten und damit an Ausleihdaten von Bibliotheken besteht. Um das zu wissen, bedurfte es nicht der Aufdeckung der Checklisten, anhand derer der Bundesgrenzschutz Personen registrierte.[64] Immerhin wurden Bodenlosigkeit und Totalität eines solchen Interesses deutlich: Wenn Reisende an Grenzübergängen und Flughäfen registriert wurden, die als Mitglied einer der 239 sogenannten »linksextremistischen« oder »linksextremistisch beeinflußten« Organisationen identifiziert wurden, desgleichen alle, die eines der 287 ebenso bezeichneten Periodica, darunter »Kursbuch«, »links«, »konkret«, bei sich hatten – dann kann mit Fug und Recht von einem Anspruch auf totale Erfassung gesprochen werden. Nichts liegt näher, als davon auszugehen, daß Bibliotheken ein wichtiges Glied in einem derartigen Erfassungssystem darstellen können; denn wieviel leichter und unauffälliger ist es, derartige Erfassungen über behördeneigene Datenbanken, denen Bibliotheken angeschlossen sind, zu erhalten!

Bibliothekare scheinen vor einem ähnlichen Dilemma zu stehen wie mancher liberale Politiker[65]: Wie dieser erstaunt reagiert auf die Wirkung einzelner von ihm getragener Gesetze, so ist der Bibliothekar ganz offensichtlich überfordert bei der Einschätzung nicht beabsichtigter, aber dennoch kalkulierbarer Folgen seiner neuen Vorliebe für die schrankenlose Verwendung der elektronischen Datenverarbeitung – nicht nur im Bereich der Ausleihverbuchung.

»Prüfliste«

Die folgenden zwölf Veröffentlichungen gehören nach Ansicht des Verfassers in jede größere wissenschaftliche (Universitäts-, Landes-, Staats-, Stadt-)Bibliothek. Diese Auffassung stützt sich allein auf die Kompetenz eines Fachreferenten für Politik an einer Universitätsbibliothek; aus diesem Grunde werden keine Veröffentlichungen für besondere Benutzergruppen wie z. B. Kinder und Jugendliche angeführt (hierzu vgl. die Hinweise im Text). Auf Anm. 32 und die beiden dort genannten Titel wird zusätzlich verwiesen.

88a in Aktion oder wie man Bücher verbrennt, ohne sich die Finger schmutzig zu machen. Dokumentation zu den Staatsschutzaktionen gegen den linken Buchhandel. Hrsg. v. Verband des linken Buchhandels, (Frankfurt/M.): Selbstverl. 1976, 48, 12 S.
1886. Haymarket. Die deutschen Anarchisten von Chicago. Reden und Lebensläufe. Hrsg. v. Horst Karasek, Berlin: Wagenbach 1975, 190 S. (Wagenbachs Taschenbücher 11).
Baumann, (Michael) »Bommi«: Wie alles anfing, München: Trikont 1975, 141 S.; 2., um eine Einl. erw. Ausg. als Nachdruck, Frankfurt/M. 1976.
Brückner, Peter: Die Mescalero-Affäre. Ein Lehrstück für Aufklärung und politische Kultur, Hannover: Internationalismus Buchladen 1977, 80 S.
»Buback – ein Nachruf«. Eine Dokumentation. Hrsg. v. J. Agnoli u. a., Berlin: Selbstverl. (1977), 21 S.
Czichon, Eberhard: Hermann Josef Abs. Porträt eines Kreuzritters des Kapitals, Berlin (Ost): Union-Verl. 1969.
Czichon, Eberhard: Der Bankier und die Macht. Hermann Josef Abs in der deutschen Politik. Vorw. v. George W. Hallgarten, Köln: Pahl-Rugenstein 1970, 13, 314 S.
Holger, der Kampf geht weiter. Dokumente und Beiträge zum *Konzept Stadtguerilla,* Gaiganz: Politladen 1975, 345 S. (Reihe Gegendrucke 1).
Der Kampf gegen die Vernichtungshaft. Hrsg. v. Komitees gegen Folter an politischen Gefangenen in der BRD, ohne Ort, ohne Verl. (vermutl. Gaiganz: Politladen um 1975), 284 S.
Mann, Klaus: Mephisto. Roman einer Karriere, München: Nymphenburger Verlagshandlung 1965, 398 S. (und andere deutsche Ausgaben).
Texte: der RAF, Lund: Cavefors 1977, 600 S.
Über den bewaffneten Kampf in Westeuropa. Kollektiv RAF, Berlin: Wagenbach 1971, 70 S. (Rotbuch 29) (mit Blatt S. 65/66).

Dirk Mende
Theaterzensur

> Wie machen wir's, daß alles frisch und neu
> Und mit Bedeutung auch gefällig sei?
> *Theaterdirektor im Vorspiel zu Goethes* Faust

1. Prolog

»Zensur findet statt in unserem Lande!« – selbst Kulturdezernenten geben das zu.[1] Sie wächst proportional zur befürchteten Öffentlichkeit: nach den Statistiken des »Deutschen Bühnenvereins« wurden 1978 immerhin ca. 25 Millionen Eintrittskarten verkauft. Zensur korreliert mit dem Umfang an Öffentlichkeit: was als gedruckter Text unzensiert bleibt, kann als Bühnenaufführung zensiert werden, was als Bühnenaufführung unbeanstandet bleibt, kann als Fernsehaufzeichnung verboten werden.[2] Dieses Zensurgefälle läßt sich innerhalb des Theaterbetriebes noch differenzieren. Was im Großen Haus beanstandet oder nicht aufgeführt wird, wird auf den (kleinen) Experimentierbühnen des gleichen Theaters geduldet.

Theater kann die demokratischste wie auch politischste Form der Literatur sein und ist von daher tendenziell gegen die bestehenden Verhältnisse gerichtet. Je aktueller das Stück (z. B. der Typus des Zeit- und Dokumentarstücks), je aktualisierter die Inszenierung, desto wahrscheinlicher der zensorische Eingriff. In Überschätzung der Möglichkeiten von Kunst wird Zensur um der befürchteten subversiven Wirkungen willen praktiziert. Sicher gibt es keine Vorzensur im klassischen Sinne, doch Maßnahmen und Strukturbedingungen, die wie Zensur sich *auswirken.*

2. Stichworte zu einer Systematik[3]

Theater realisiert sich im Spannungsfeld verschiedener Faktoren, von denen einzelne zensorisch wirksam werden *können:*

Zensur-Subjekte

etwa: der Staat (Bund/Länder) und seine Kontrollorgane (Rechnungshöfe, Kulturausschüsse, Polizei) / die Gerichte / halbstaatliche Institutionen und Interessenverbände (Arbeitgebervereinigungen, Gewerkschaften u. a.) / die Kirchen / Autoren / Theaterverlage / der Intendant / theaterinterne Gremien (Verwaltungsausschüsse, Beiräte) / Publikum(sorganisationen).

Zensur-Objekte
etwa: das Theater als Institution (»Theatersterben«) / der Spielplan / einzelne Stücke bzw. Inszenierungen / Programmhefte und öffentliche Werbung /das Theaterpersonal / Autoren / Publikum / bestimmte Themen.

Zensur-Mittel
etwa: Subventionskürzungen oder -verweigerungen (bzw. die Drohung damit) / Boykott(-Drohungen) / Raumverbote / (lokale) Aufführungsverbote (vor allem bei Freien Gruppen) / Zensur über die Stückauswahl, die Bearbeitung und Inszenierung / Verschieben der Produktion ins Ungewisse / Abschieben der Produktion auf Studiobühnen / arbeitsrechtliche Sanktionen (Kündigungen u. a.) / Verurteilungen durch die Gerichte (Verbot bestimmter Textpassagen u. a.) / Diffamierungskampagnen.

Zensur-Begründungen
etwa: mangelnde Rentabilität / Verstoß gegen die Wirtschaftlichkeit / unausgewogener (zu moderner / linker) Spielplan / nicht stückgerechte Realisation / Leugnen des Kunstcharakters (damit Aufheben der Kunstfreiheit) / gegenwärtig nicht spielbar / Verstoß gegen Straf- und Zivilgesetze.

Strukturelle Vorbedingungen

Je nach *Sparte* (Oper, Operette, Schauspiel u. a.), nach *Zielgruppe* (Jugendtheater u. a.), nach inhaltlicher *Tendenz* (Politisches Theater, Zeitstück u. a.) und nach *Rechtsform* (institutionalisierte bzw. subventionierte Theater, z. B. Staatstheater, Landesbühnen oder Freie Gruppen) ergeben sich besondere zensorische Voraussetzungen. Das Musiktheater etwa ist weniger zensurbedroht als das Sprechtheater, allein dank der textverfremdenden Musik und des Repertoires. Zensorische Eingriffe richten sich hier gegen nonkonformistische Inszenierungen und Darstellungsweisen (Nacktheit z. B.). Das politische Bewußtsein der Zielgruppen findet in den Sparten seine Entsprechung:

Als Harry Buckwitz, Intendant der Städtischen Bühnen Frankfurt, mit seinem Ensemble während der Debatten um die Notstandsgesetze am 27. 5. 1968 die drei Sparten seines Hauses aufsuchte, um eine Erklärung des Theaters gegen die Notstandsgesetze zu verlesen, gab es folgende Reaktionen: im Schauspiel Beifall, im Ballett laues Klatschen und unwilliges Murren, in der Oper tumultuarische Empörung.[4]

Weniger Möglichkeiten, über die Rechtsform zensorisch in den Betrieb der öffentlichen Theater eingreifen zu können, bieten Theater, die in einer Gesellschaftsform des privaten Rechts (AG oder GmbH) betrieben werden, da die Länder bzw. Gemeinden lediglich neben anderen Trägern (z. B. den Gewerkschaften) Gesellschaftsanteile besitzen. Zensurmaßnahmen lassen sich leichter durchsetzen in Organisationsformen, in welchen die Bühnen unmittelbarer Teil der Staatsverwaltung bleiben, eng ans Gemeindehaushaltsrecht gebunden oder der Weisungsbefugnis bestimmter gemeindlicher Organe (z. B. den Kulturausschüssen) unterworfen sind.[5]

Zensurmodalitäten werden gleichfalls durch die interne Theaterstruktur vorgeprägt. In der monokratischen Intendantenverfassung funktioniert Zensur anders als in Organisationsformen, in denen Kollektive das Theater leiten. In Mehrspartentheatern ergeben sich zensurträchtige Konflikte aus der Konstruktion Generalintendant – Schauspieldirektor bzw. Intendant – Verwaltungsdirektor in Theatern mit dieser Führungsstruktur.

Zensur und Urheberrecht

Daß Zensur sich nicht als Veränderung von Texten (z. B. durch Streichen, Hinzufügen, Umstellen etc.) hinlänglich definieren läßt, belegt die Theater-Praxis. Jede Aufführung verändert den Text, oft aus technischen, oft aus besetzungsbedingten Gründen, oft aus künstlerischen Erwägungen, ohne darum Zensur zu sein. Auf Zensur hin abzuwägen ist die Bearbeitungsfreiheit des Regisseurs (samt dem möglichen urheberrechtlichen Anspruch auf seine Inszenierung) und der urheberrechtliche Anspruch des Autors auf sein Werk.[6]

Das Urheberrecht wird bestimmt vom Änderungsverbot: »Zulässig sind unwesentliche Änderungen« (§ 39 Urhebergesetz). Der BGH hat im *Maske in Blau*-Urteil vom 29. 4. 1970 die schutzwürdigen Interessen von Regisseur und Werk abzustecken versucht:

Gegen die Bremer Inszenierung der *Maske in Blau* am 30. 3. 1967 hatte der Bühnenverlag Felix Bloch Erben, der die Aufführungsrechte vergeben hatte, Einspruch erhoben und Schadensersatz verlangt. Der BGH, welcher der Klage stattgab, stellte zwar fest, daß der Regisseur nicht nur der »Gehilfe des Dichters« sei (so das Reichsgericht 1923), sondern Tätigkeiten entfalten könne, »deren Eigenwert neben dem der Schöpfung des Schriftwerks anzuerkennen ist«. Maßgebend sei jedoch die Auffassung des Autors, »wenn die vom Regisseur gewünschte Aufführungsform das Werk in seinem wesentlichen Aussagegehalt verändert«. Unterstellt wird also, daß es einen *einzigen* Aussagegehalt geben müsse, und unterschlagen, daß sich Kunstwerke zwar nicht beliebig, doch unbegrenzt interpretieren lassen. Zumindest steckt in dem Urteil, neben anderen bedenklichen allgemeinen Ausführungen, ein Parodie-Verbot: die Inszenierung war konzipiert als »gekonnte Verhohnepiepelung der *Maske in Blau*«.[7] Auf seiten der Regisseure wurde das Urteil als »eine groteske und einschneidende Beschränkung der künstlerischen Freiheit des Regisseurs« empfunden (so Alfred Kirchner, Hansgünther Heyme, Hans Neuenfels).[8]

Schwieriger als bei historischen Bühnenstücken stellt sich die Problematik bei Texten, deren Autoren noch leben. »Noch lebende Autoren«, so Rolf Hochhuth, »sind selbstverständlich durch Inszenierungen zu vernichten.«[9] Bühnenautoren, dies nebenbei, können von ihren Einnahmen nicht leben; die veraltete Regelung der Tantiemisierung (besser geregelt ab 1976/77) bewirkt – und darin liegt der Zensureffekt –, was im Interesse des Systems liegt: »das Sterben der aktuellen Dramenproduktion« (Hartmut Lange).[10] Die Grenze aber, wo Bearbeitung in Zensur umschlägt, ist *allgemein* schwer zu fassen. Ein Beispiel:

Wenn Piscator, der sich bei Streichungen in zeitgenössischen Stücken immer mit den Autoren absprach, Hochhuths *Stellvertreter* um Nebenepisoden kürzt, dann ist das legitim. Wenn er aber Stellen streicht, »die zur Substanz des Stückes gehören«[11], dann ist das eine Form von Zensur – etwa wenn er im zentralen Schlußsatz »[. . .] wurden die letzten Häftlinge von den Russen befreit« das »von den Russen« mit »Rücksicht« auf die Berliner Verhältnisse streicht.

Versuche von Autoren, Inszenierungen zu verbieten oder zu verändern, hat es mehrfach gegeben:

Genet ließ 1964 gegen die Inszenierung seines Stückes *Neger* am Landestheater Darmstadt eine einstweilige Verfügung beantragen, weil es von Weißen und nicht von Negern, für die er das Stück geschrieben habe, gespielt werde.[12] Edward Albee und der S. Fischer Verlag verhinderten 1969 die Aufführung von *Alles im Garten* wegen der Inszenierung von Hans Neuenfels.[13] Günter Grass erzwang 1969 die Rücknahme von drei Regieeinfällen in seinem Stück *Davor* am Münsterer Theater.[14] Tennessee Williams versuchte 1974 durch das Berliner Kammergericht, eine Aktualisierung von *Endstation Sehnsucht* untersagen zu lassen.[15] Hansgünther Heyme wurde 1975 wegen einer Aktualisierung der *Dreigroschenoper* die Erneuerung eines Aufführungsvertrages durch die Erben Bert Brechts verweigert.[16]

Das Urhebergesetz dient aus der Sicht der Regisseure dazu, als Mißinterpretation des Werks ausgegebene Inszenierungen verändern und verbieten zu können. Der Werktreuebegriff des Urhebergesetzes und des *Maske in Blau*-Urteils des BGH läuft auf eine »Nivellierung der Inszenierung« (Peter Palitzsch) hinaus.[17] Aus der Sicht der Autoren kann es *auch* dazu dienen, zensurähnliche Eingriffe durch die Inszenierung juristisch zu konterkarieren.

Theater und Staat

Art. 5 Abs. 3 GG gewährt »nicht nur ein individuelles Grundrecht auf die freie künstlerische Betätigung, sondern auch die institutionelle Garantie eines Freiheitsraumes für die Kunst«[18] ohne staatliche Intervention und staatlichen Dirigismus. Aus dieser aktiven, nicht nur passiven Freiheitsgarantie ergibt sich die Verpflichtung »des Staates [. . .], schützend und fördernd einer Aushöhlung dieser Freiheitsgarantie vorzubeugen«.[19] Verwirklicht ist hiervon wenig: »Kunst bzw. die Künstler (konnten und können) bestenfalls mit Wohlwollen, nicht aber mit einer auf Breitenarbeit angelegten öffentlichen Förderung rechnen.«[20]

Als Repräsentant des feudalen Staates stand im Weimarer Hoftheater die Polizei neben der Bühne. Das Publikum sollte über der Fiktion die realen Machtverhältnisse nicht vergessen. In den Theatern der BRD steht die Polizei zwar nicht mehr neben der Bühne, dafür saß sie verschiedentlich im Publikum. In den fünfziger Jahren forderte sie das »Recht auf Bereitstellung von Dienstplätzen«, vor allem um »die Wirkung des Stücks auf das Publikum« zu beobachten.[21] Polizeiliche Präsenz sollte die freie Meinungsäußerung des Publikums erschweren: 1963 ließ B. Barlog, Intendant des Berliner Schiller-Theaters, von »buh«-rufenden Zuschauern die Personalien durch einen Polizeibeamten notieren.[22] Als 1968 vor Verabschiedung der Notstandsgesetze viele Theater zu Diskussionsforen umfunktioniert werden sollten (und z. T. wurden), wurde dies mehrfach, häufig im Einvernehmen mit der Intendanz, durch polizeilichen Einsatz unterbunden. Er sollte dazu dienen, die Erkenntnis zu verhindern, daß die Trennung von Kunst und Politik nur den herrschenden Interessen dient. Die Hauptaktivitäten der Polizei konzentrierten sich allerdings auf Aktionsformen, mit denen am radikalsten Tabus gebrochen wurden: auf Happenings (etwa der Wiener Aktionisten).[23]

Theaterdemontage

Die radikalste Form staatlicher Theaterzensur ist die ersatzlose Auflösung der Institution selbst. Zwischen 1969 und 1975 etwa sollten oder mußten über zwei Dutzend Bühnen ihre Orchester auflösen, ihre Ensembles austauschen oder ganz ihre Häuser schließen.[24] »Seit Kriegsende«, so die Bühnengenossenschaft, stehe sie »fast unaufhörlich im Kampf gegen Kulturdemontage und Theaterschließungen«.[25] Bereits am 24. 1. 1950 gab es die erste große Kundgebung der Bühnengewerkschaft (GDB) gegen die Herrschaft der »Abbauhysteriker«.[26]

Als »Theaterkrise« wurde und wird von den Trägern ausgegeben, was in Wirklichkeit eine Wirtschafts- bzw. Finanzkrise der Öffentlichen Hand ist. Ausgaben für Kultur werden als Grund für die hohe kommunale Verschuldung herangezogen, obwohl der Kulturanteil lediglich zwischen 3 und 6 % des Gesamthaushalts ausmacht:

1964 war in Oberhausen das Ballett abgeschafft worden, 1967 die Oper und das Städtische Orchester. Kurz nach der pompösen Feier zum 50jährigen Bestehen des Theaters wurde das Schauspiel 1972 aufgelöst. Eingespart wurden dadurch jährlich 300 000 DM, das sind 0,13 % des Gesamtetats.[27]

Zensur tarnt sich als Demontage immer dann, wenn die Bühnen nicht affirmatives, sondern innovativ-kritisches Theater zu spielen versuchen, das den schönen Schein von der Unverbindlichkeit der Kunst zerstört und ihre gesellschaftspolitische Verbindlichkeit im Appell für eine zu verändernde Praxis aufzeigt:

1971 forderte die Berliner CDU, die Schaubühne am Halleschen Ufer zu schließen. Der Vorwurf: unter dem Vorwand der Kunst werde primitiver kommunistischer Agitationsunterricht erteilt. Bis zur Klärung der Vorwürfe blieben 1 Million DM (von insgesamt 1,8) an Subventionen gesperrt.[28] Ähnlich argumentierte die CDU im Frankfurter Stadtparlament, als sie 1979 die Auflösung des Theaters am Turm (TAT) beschloß.[29]

Das Interesse der Träger tendiert dahin, den Schein von der Unverbindlichkeit aller Kunst zu konservieren; daher die wiederholten Forderungen nach bloßem Entertainment-Theater: den Arbeitern in Oberhausen bleibt die Operette.

Subventionszensur und Rechnungshöfe

Die Subventionen für die Spielzeit 1976/77 betrugen ca. 1 Milliarde DM, die Theater nahmen 213 Millionen DM ein und gaben 1,3 Milliarden DM aus.[30] 1975 lag der Anteil an gemeindlichen Kulturausgaben bei 1,46 %, 1977 dagegen lediglich bei 1,3 %. Die Folgen dieser schon länger anhaltenden Reduktion: von 1966/67 bis 1976/77 sind die Premieren um 10,3 % zurückgegangen. Dieser Rückgang – und darin liegt der Zensureffekt – geht zu Lasten des politisch-aktuellen Theaters.[31]

Da die unter Einspielzwang stehenden Theater immer weniger einnehmen als sie ausgeben, kann je nach (politischem) Bedarf der Vorwurf mangelnder Wirtschaftlichkeit erhoben werden, wenn ein fiktives Einnahmesoll nicht erreicht wird. Drohungen mit Subventionskürzungen können ausreichen, daß Spielpläne im Sinne der Träger sich verändern – überdies nötigt der Einspielzwang die Theater zu einem Abonnentensystem, das sie oft zu anbiedernden Spielplänen zwingt. Spektakuläre Vorwürfe der Mißwirtschaft haben schließlich *den* Nebeneffekt, von der kommunalen Mißwirtschaft der Träger abzulenken.[32]

Die wirtschaftliche Führung und Verwaltung der Theater wird von den Rechnungshöfen kontrolliert. Den Punkt auszumachen, an dem (berechtigte) fiskalische Beanstandungen und Vorschläge umschlagen in (unberechtigte) Eingriffe, die wie Zensur wirken, ist nicht leicht. Mit den Mitteln der Rechnungsprüfung läßt sich unter vorgetäuschten rechnungstechnischen Beanstandungen eine »Geschmackszensur, eine politische Zensur und eine kommerzielle Zensur«[33] betreiben. Für die Arbeit der Rechnungshöfe gilt z. T. der Grundsatz der Nichtöffentlichkeit, was das Belegen zensorischer Eingriffe erschwert. Verstärkt greifen die Rechnungshöfe, deren Kompetenz sich *nicht* auf den künstlerischen Bereich des Theaters erstreckt, seit Mitte der siebziger Jahre in die künstlerische Theaterpraxis ein: »Häufig werden ausdrücklich Änderungen der Spielplangestaltung bis hin zum Abbau des Repertoire-Theaters angeregt.«

Jedes vierte Theater war 1977 von einer Kritik des Rechnungshofes betroffen, die »den Freiheitsraum des Theaters tangiert«.[34] Ein Beispiel:

Der Bayerische Oberste Rechnungshof drohte 1977 den Städtischen Bühnen Nürnberg, daß Zuschüsse nicht mehr gewährt werden könnten, wenn nicht mehr eingenommen bzw. vorrangig beim Personal stärker eingespart würde. Mit vorgeschobener rechnungstechnischer Begründung wurde ein Theater bedroht, weil es eine »provozierend-revolutionäre Konzert- und Theater-Plan-Struktur« entwickelt hatte.[35]

Zwar prüfen die Rechnungshöfe nur und schlagen vor. Kunstfreiheit aber wird »nicht erst durch Entscheidungen, sondern schon im Vorfeld, durch Mahnungen und Nichtentscheidungen oder Anregungen de facto eingeschränkt«[36] – schon weil die Kulturverwaltungen und parlamentarischen Gremien den Einsparungsvorschlägen, die »praktisch wie eine Anordnung«[37] wirken, in der Mehrzahl folgen. Und auch wenn ihnen nicht gefolgt wird: »Prüferberichte schüchtern ein.«[38]

Der Intendant als Zensurobjekt

Dem Rechtsträger verantwortlich ist in der Regel der Intendant, der auch von ihm berufen wird. Abgeschlossen wird ein zumeist befristeter Vertrag, der bei Wohlverhalten verlängert werden kann. So ist es nur konsequent, wenn versucht wird, wie 1976 an den Hessischen Staatstheatern, dieses Wohlverhalten von vornherein vertraglich abzusichern.[39]

Kulturdezernenten schalten sich, so bereits 1953 vermerkt, »gern in die künstlerische Konzeption« ein[40], obschon diese allein dem Intendanten zusteht. Solche Einflußnahmen geschehen eher verdeckt und werden zumeist geleugnet, nur manchmal werden sie öffentlich zugegeben:

»Ab heute kommt kein Stück mehr in dieser Stadt auf den Spielplan, das nicht vom gesamten Kulturausschuß genehmigt und gebilligt ist«, so 1956 ein Kulturdezernent.[41] »Es gibt doch in Deutschland noch Einflußnahmen der Kulturreferenten auf Spielpläne«, so 1975 der Hamburger Senator für Wissenschaft und Kunst, Biallas.[42]

Wer als Intendant an einer Verlängerung seines Vertrages interessiert ist, muß sich arrangieren:

»Die Praxis geht dahin, daß man sich bei positiver Einstellung zu einem bestimmten Stück [. . .] zu fragen hat, ob es aus diesen oder jenen Gründen nicht doch inopportun ist, das Stück zu machen. Es wird dann auskalkuliert, daß z. B. die Partei, die sehr positiv zur Wiederbewaffnung steht, im Stadtparlament die Mehrheit hat und eine Aufführung des *Braven Soldaten Schweijk* nicht gerade sehr begrüßen würde. So unterbleibt dieses Vorhaben von vornherein [. . .].«[43]

Die zahlreichen Stückverschiebungen und Absetzungen im Herbst 1977 durch die Intendanzen erklären sich aus einer Mischung aus Angst, mangelnder Courage und massivem äußeren Druck. Als häufigste Sorge der Theaterleiter der BRD wird 1979 angegeben: »die zunehmende Tendenz Außenstehender, insbesondere von Politikern, in die künstlerische Arbeit der Theater hineinzuwirken [. . .]. Diese Feststellung ist zuweilen mit Kritik an der diesbezüglichen Anpassungsbereitschaft der [. . .] Theaterleiter verbunden.«[44]

Fälle, in denen Intendanten aus politischen Gründen ihren Vertrag nicht verlängert bekamen oder sie durch Kampagnen dazu gebracht wurden, ihn von selbst aufzukündigen, lassen sich mehrfach belegen:

Istvan Bödy, dem Schauspieldirektor am Badischen Staatstheater in Karlsruhe, wurde 1978 sein Vertrag nicht mehr verlängert. Begründung: der Spielplan sei zu linkslastig.[45] Claus Peymann, Schauspieldirektor in Stuttgart, war mehrfach das Ziel von Kampagnen: im Zusammenhang mit dem Programmheft zu Wedekinds *Frühlings Erwachen*, mit dem Stammheimfilm im Finale von Camus' *Die Gerechten* und mit der beabsichtigten Inszenierung von Ulrike Meinhofs *Bambule*. Der Aushang des Bittbriefs der Mutter von Gudrun Ensslin, für die Zahnschäden der in Stammheim einsitzenden Terroristen Geld zu spenden, ließ die CDU Peymanns fristlose Kündigung fordern, der er dadurch zuvorkam, daß er auf die Verlängerung seines Vertrages verzichtete.[46] Gegen Peter Palitzsch, Schauspieldirektor in Frankfurt, wurde strafrechtlich wegen der Programmzeitschrift zur *Antigone* ermittelt (Verdacht der Verherrlichung von Terror und Gewalt). Es werde wohl klar sein, so die CDU, warum die Stadt Palitzschs Vertrag nicht verlängere.[47]

Sperrt sich der Intendant gegen die Auflagen der Träger, ist die künstlerische Produktion des Theaters gefährdet:

Ivan Nagel, Intendant am Hamburger Schauspielhaus, wurde zu verstehen gegeben, daß die künstlerische Arbeit des Theaters erschwert, ja verhindert werden könnte, wenn er sich weigere, Texte von P. P. Zahl und Marieluise Becker u. a. aus einer Materialsammlung zu Kleists *Prinz von Homburg* und Brechts *Fatzer Projekt* herauszuschneiden.[48]

Der Intendant als Zensor

Das Vertragsrecht, zumeist orientiert am Intendantenmustervertrag des Deutschen Bühnenvereins, gibt dem Intendanten theaterintern alle entscheidenden Rechte: er trägt die künstlerische, wirtschaftliche und administrative Verantwortung. Die hierarchische, auf den Intendanten zugeschnittene Struktur der meisten Theater bietet, allein von der Konstruktion her, die Basis für zensorische Eingriffe über die Intendanz. Zahlreich sind die Fälle, in denen Intendanzen ohne erkennbaren äußeren Druck Inszenierungen verhindert oder verboten haben[49], wobei nicht immer klar auszumachen ist, wann »Rücksichten« in die Zone von Zensur geraten (etwa wenn Gustaf Gründgens 1950 darauf verzichtete, die ihm von Sartre angebotene Erstaufführung der *Fliegen* zu spielen, und dies mit der stark katholischen Bevölkerung Düsseldorfs begründete).

Die Kontrolle des Intendanten erfaßt jedoch nicht nur den Spielplan. Gegenüber den Bühnenmitgliedern nimmt er eine »arbeitgeberähnliche Rechtsstellung«[50] ein, die es ihm ermöglicht, in Rechte vor allem des künstlerischen Personals einzugreifen, die ihnen über das GG, Art. 5 Abs. 3, verbürgt sind:

»Die Künstler müssen faktisch die Chance haben, ihre Vorstellungen über die Gestaltung von Werken und Aufführungen durchzusetzen [. . .] soweit ein Künstler als Direktor an ihrer Spitze steht, ist die Weisungsunterworfenheit der anderen Künstler nicht selbstverständlich, sondern eine entsprechende Anwendung von Mitbestimmungsprinzipien kommt auch bei der Konkurrenz verschiedener Träger der Kunstfreiheit in Betracht.«[51]

Die Mehrheit der Intendanten hält fest am autokratisch-privilegierten Führungsmodell; allenfalls Mitsprache wird konzediert. Zwar wurden einige Mitbestimmungsmodelle erprobt (Berliner Schaubühne, Schauspiel Frankfurt u. a.), doch wurden deren Schwierigkeiten, wie sie sich notwendigerweise aus jeder neu zu erlernenden Praxis ergeben, zum Vorwand genommen, die alte Intendantenverfassung als die einzig praktikable zu verteidigen.

Belegen lassen sich nicht nur Fälle innerhalb des Theaterbetriebes, in denen Schauspielern etwa wegen harmlos-opponierender Äußerungen während der Probe ihr Engagement nicht verlängert werden sollte oder versucht wurde, sie zu kündigen.[52] Entmündigungstendenzen, die über das Theater hinausgreifen, werden vor allem dann virulent, wenn eine Politisierung der Betroffenen sich abzeichnet:

B. Barlog, Intendant des Berliner Schiller-Theaters, ließ während der Vietnam-Demonstrationen 1968 seine Mitarbeiter per Anschlag wissen: »Ich bitte Sie, alle politischen Abzeichen vor dem Passieren der Pförtnerloge zu entfernen« (gemeint war das Vietminh-Abzeichen). Die »Empfehlung« wurde ausgesprochen, »keine politischen Gespräche an der Arbeitsstätte zu führen«.[53]

Ziel und Ergebnis vielfältiger Reglementierungen ist der »Darstellungsautomat«[54], zu dem Schauspieler verkommen können. Das Hinnehmen zensorischer Eingriffe verdankt sich nicht bloßer Passivität, sondern erklärt sich aus der Notwendigkeit zur Anpassung. Arbeitsrechtlich leben die Solo-Künstler in frühkapitalistischen Verhältnissen. Ihre Zeitverträge können ohne Angabe von Gründen gekündigt werden.[55] (Massen-)Entlassungen beim Wechsel von Intendanten sind keine Seltenheit. Die Arbeitslosenquote der Schauspieler ist eine der höchsten unter allen Berufen in der BRD (1974 ca. 15-20 %)[56], der Zwang, sich immer wieder auf dem übersättigten Markt anzubieten, unausweichlich. All dies trifft auf einen Sozialisationstyp, der gelernt hat, sich mit Rollen permanent zu identifizieren wie von ihnen zu distanzieren. Die Zwänge werden derart verinnerlicht, daß die Schauspieler »in masochistischer Weise die Notwendigkeit zu buckeln, zu kriechen und zu heucheln in ihr vermeintliches Bohème-Los« aufnehmen.[57] Ein Problembewußtsein vom autoritären Theater wurde bei den Betroffenen erst im Zuge der Studentenbewegung 1967/68 entwickelt und formuliert: »Wie kann das Theater Diskussionspartner der Gesellschaft sein, wenn die Diskussion innerhalb jener Gesellschaft, die das Theater ist, nicht stattfindet?«[58] Findet sie einmal statt, wird dieser

Politisierungsprozeß spätestens von den Trägern zu unterbinden versucht (vgl. Schaubühne, TAT u. a.).

Regisseur und Schauspieldirektor sind gegenüber dem (General-)Intendanten zwar relativ unabhängig, aber sie können selber, kraft ihrer Stellung in der Theaterhierarchie, wie Zensoren fungieren. Unter Berufung auf ihre rechtliche Verantwortung sind die Intendanten trotzdem in der Lage, Schauspieldirektoren im Sinne einer Zensur zu beeinflussen[59], ebenso die Regisseure:

Generalintendant Harry Buckwitz ließ 1966 in Frankfurt nach nur drei Vorstellungen die Inszenierung von Rossinis *Barbier von Sevilla* (Regie: Hans Neugebauer) absetzen, weil sie ihm zu non-konformistisch war.[60] Karl Heinz Stroux, Intendant des Düsseldorfer Schauspielhauses, hatte nach der Premiere neun Eingriffe in die sozialkritische Inszenierung von Shaws *Pygmalion* (Regie: Maximilian Schell) vorgenommen. Stroux: der Intendant habe das Recht, »in die Regie einzugreifen, dem Regisseur Weisungen zu erteilen und die Inszenierung zu ändern«.[61]

Die Kontrollbefugnis des Intendanten erstreckt sich schließlich auch auf die Dramaturgie. Der Dramaturg etwa, der u. a. das Programmheft erstellt, bleibt weisungsabhängig vom Intendanten.[62]

Zwei Randfaktoren: Presse und Publikums-Organisationen

Keine Frage: oft genug hat die Presse die Freiheit der Kunst verteidigt. Insbesondere aber die rechte Presse hat mehrfach mitgewirkt, die Theaterfreiheit einzuschränken: voran der Springer-Konzern und gleichermaßen eine stark konfessionelle, vor allem katholisch orientierte Presse sowie lokale Presseverbände (vgl. etwa die Kampagnen der Springer-Presse gegen Brecht, Peymann u. a., die Kampagnen der katholischen Kirche gegen Hochhuth, Genet und gegen die Aufklärungsstücke der Kindertheater). Über den Kreislauf von Einspielzwang der Theater – Angriff der Presse – verminderte Einnahmen – Maßnahmen der Rechtsträger wird Zensur potentiell gefördert. Kartenverkauf und Kritik können, wie der Wicclair-Test des Berliner Instituts für Kunstsoziologie erbracht hat[63], eng zusammenhängen. Einem Verriß von Friedrich Luft »am Sonntagmorgen vor dem beliebten Bim Bam der Freiheitsglocke folgt eine verheerende Wirkung auf die Kasse«.[64] Kritik – und das meint nicht die rational und argumentativ begründete, nachvollziehbare Kritik, die den Leser nicht bevormundet – wird von den Rechtsträgern nur beachtet, »wenn diese der jeweiligen Diffamierungsstrategie dienstbar gemacht werden kann«.[65] Den Theatern müßte, um den kulturpolitischen Mißbrauch von Kritik einzuschränken, die Möglichkeit gegeben werden, sich in denselben Presseorganen angemessen äußern zu können, wo sie angegriffen worden sind. In der Presse und im Theater ausgetragene Kontroversdiskussionen, eventuell auch zweite, revidierte Kritiken, wären nicht das Ende der Kritik, sondern erst deren Beginn.

Theaterorganisationen (z. B. Die Freie Volksbühne, der Bund der Theatergemeinden) haben ihren Verdienst beim Aufbau und Erhalt der Theater nach Kriegsende. Doch schon Anfang der fünfziger Jahre wurde auf die mögliche de-facto-Zensur durch große Besucherorganisationen hingewiesen, die »längst zu einer Gefahr der wirtschaftlichen wie der geistigen Theaterfreiheit geworden« waren.[66] »Einflußnahme auf die künstlerischen Leistungen des Theaters«, wie sie die Volksbühne proklamierte, braucht nach deren Vorsitzendem Siegfried Nestriepke »nicht auf einen Eingriff in die Rechte des Intendanten hinauszulaufen«.[67] Aber sie kann es: die Volksbühne »kann ein ihr nicht genehmes Stück abwürgen« (W. Karsch im Berliner Tagesspiegel).[68] Sie beeinflußt, so Barlog, »die Spielpläne der Theater nicht direkt, aber indirekt, indem sie gewisse Aufführungen nicht beschickt. Manchmal denke ich schon jetzt bei Stücken, bevor ich sie annehme: da wird die Volksbühne aber bocken.«[69] Frank Lothar, Leiter der Berliner »Tribüne«, gab zu, daß er sich, bevor er ein Stück annimmt, mit Nestriepke berät.[70] Die Gefahr der Vereine liegt darin, daß wenige Funktionäre zensorischen Einfluß auf die Spielpläne nehmen können, kaum aber die in den Vereinen organisierten Mitglieder.[71]

3. Materialien zu einer Geschichte der Theaterzensur

Bereits am 30. 9. 1956 wurde die erste öffentliche Bilanz über Theaterzensur auf der IV. Dramaturgentagung der Dramaturgischen Gesellschaft gezogen. Eines ihrer Themen: »Die geheime Zensur«.

Absetzungen (z. B. Pirandellos *Sechs Personen suchen einen Autor*) und zeitweilig verhinderte Aufführungen (z. B. Lessings *Nathan der Weise* in Kleve und Freiburg) hatten den Anlaß zu einer Podiumsdiskussion geboten, in der weitere Fälle referiert wurden. Als Beschluß wurde gefaßt: »für die künstlerische Gewissensfreiheit [. . .] einzutreten und alle Fälle einer versteckten oder offenen Zensur oder Beeinflussung zu überprüfen und erforderlichenfalls der Öffentlichkeit bekanntzugeben«.[72]

Vier thematische Bereiche, das machte diese frühe Diskussion deutlich, sind (auch) in dramatischen Texten besonders zensurbedroht: Sexualität (§ 184 StGB), Gotteslästerung (§ 166 StGB), persönliche Ehre (§§ 185 ff. StGB) und Gewalt, d. h. jede Form von Gewalt gegen staatliche, kirchliche, wirtschaftliche u. a. Gewalt- bzw. Machtmonopole (§§ 88a, 126, 130a, 140 u. a. StGB).

Ein Sondertabu, erklärlich aus den Massenmorden an Juden im Hitler-Faschismus, ist die Figur des bösen Juden, selbst wenn sie bei den Klassikern auftritt: Shakespeares *Kaufmann von Venedig* wurde erst Ende der fünfziger Jahre wieder aufgeführt. Bekämpft wird die aktuelle Dramatik, wenn sie sich dieser Figur annimmt, wie die Vorgänge um Rainer W. Fassbinders Stück *Der Müll, die Stadt und der Tod* 1978 zeigen, das von einem jüdischen Grundstücksspekulanten handelt.[73] Grundsätzlich sollte gelten: »Es muß auch die Möglichkeit geben, böse Juden zu zeigen, ohne sofort des Antisemitismus verdächtigt zu werden.«[74]

Die Geschichte der Theaterzensur richtet sich seit Gründung der BRD gegen die Thematisierung von Sexualität. Vor Konstituierung der BRD kam es in Bayern zum ersten spektakulären deutschen Zensurakt[75] in Sachen Unzucht:

Kultusminister Alois Hundhammer verbot im Januar 1949 Werner Egks Ballett *Abraxas* trotz Artikel 108 der Bayerischen Verfassung (»Die Kunst [. . .] ist frei«), da es ihm zu »unanständig« war: wenn der Staat das Geld gebe, habe die Freiheit der Kunst aufgehört. Die beanstandete Szene hatte er nicht gesehen. Egks materieller Schaden: ca. 30 000 Mark.[76]

Der spektakulärste Zensurversuch nach § 184 StGB ereignete sich 1962; er verlief nur deshalb nicht erfolgreich, weil sich eine massive Opposition gebildet hatte.

Zensurobjekt: die aus galanten Rokoko-Genre-Bildern von Boucher collagierten Bühnenbilder zu Mozarts *Figaros Hochzeit* an der Oper in Augsburg. Aufgrund eines anonymen Hinweises wurden strafrechtliche Ermittlungen gegen den Intendanten Karl Bauer und den Regisseur Ulrich Schmückle eingeleitet. Erst nach zehn Wochen wurde das Verfahren eingestellt, nicht zuletzt deshalb, weil das Theater – ein einmaliger Vorgang in der Geschichte der Theaterzensur – zahlreiche prominente Gutachter zu einer Vorstellung ins Augsburger Theater geladen hatte.[77]

Anfang der sechziger Jahre war die in den fünfziger Jahren propagierte Ideologie des Konsumverzichts obsolet geworden: »Mit dem Auftreten des Massenkonsums erfolgte in der BRD ein rapider Abbau sexueller Tabus, die Sex-Welle setzte ein. [. . .] Die Konsumgüterwerbung bediente sich zunehmend sexueller Symbole als Reizmittel zur Propagierung ihrer Produkte.«[78] Mit der Studentenbewegung ab 1967 begann sich ein neues Verständnis von Sexualität zu entwickeln (Aufarbeitung Wilhelm Reichs u. a.). Nacktheit wurde öffentlich, oft schockartig als Kampfmittel eingesetzt, das die rigiden Sexualnormen aufbrechen und die Mechanismen der Vermarktung von Sexualität aufdecken sollte. Diese Entwicklung, eine Mischung aus Kommerz und Innovation durch den Abbau des Sexualtabus, erfaßte auch die Theater:

Arthur Maria Rabenalt eröffnete 1968 in München das »Theatron Eroticon«. Auf den etablierten Bühnen fiel das Nacktheits-Tabu, was u. a. die Möglichkeit eröffnete, Regieanweisungen nicht durch Zensur filtern zu müssen: Käthchen etwa liegt barbusig unterm Holunderbaum, da sie, nach Kleist, ihre Kleider zum Trocknen aufgehängt hat.[79]

Die erweiterte Enttabuisierung (z. B. Rotz- und Kotzsprache auf der Bühne) wurde unter dem Stichwort des Ordinären diskutiert und von denen gerechtfertigt, welche die Tarnung der Zensur als Realismusverbot/-einschränkung durchschaut hatten.[80] Trotz des Abbaus der Sexualtabus gab es zahlreiche Eingriffe:

CSU und katholische Kirche gingen 1972 gegen die Inszenierung von Peter Weiss' *Marat* am Stadttheater in Regensburg vor. Anstoß wurde genommen an Papp-Phalli und verfremdenden religiösen Symbolen. Die Inszenierung wurde entschärft.[81] Alexander de Montleart, Intendant am Lüneburger Stadttheater, verbot 1979 die Nacktauftritte in Franz Xaver Kroetz' *Mensch Meier.*[82]

Zwar hat sich das Verhältnis von Zensur und Sexualität seit der Änderung des Sexualstrafrechtes 1975 entspannt, allerdings nur vordergründig. Zahlreich sind die Pressionen, denen Kinder- und Jugendtheater ausgesetzt sind, die versuchen, sexuelle Aufklärung dramatisch-spielerisch zu versinnlichen, und die sich absetzen von einem Kindertheater, dessen Repertoire 1966 noch zu 98 % aus Weihnachtsmärchen bestand. Da Aufklärungsstücke von Freien Theatergruppen gespielt werden, die von der Zusammenarbeit mit Schulen etc. leben müssen, sind sie von Maßnahmen wie Subventionsentzug/-kürzung, Aufführungs- und Raumverboten in ihrer materiellen Existenz bedroht:

Kampagnen richten sich überwiegend gegen zwei Stücke der Gruppe »Rote Grütze«: *Was heißt hier Liebe?* und *Darüber spricht man nicht,* die von vielen Jugendtheatern nachinszeniert worden sind und nach einem Gutachten der Universität Hamburg »einen hervorragenden Beitrag zur Sexualkundeerziehung Jugendlicher« darstellen.[83] Die »Rote Grütze« erhielt mehrere Spielverbote (z. B. in NRW und Bezirken von W-Berlin). Gegen die »theaterwerkstatt hannover«, welche *Darüber spricht man nicht* nachinszeniert hatte, wurde im Frühjahr 1976 eine von der katholischen Kirche und ihrer Presse gesteuerte Kampagne entfesselt. Werner Remmers, Kultusminister, regelte im »Rote-Grütze-Erlaß« vom 14. 9. 1976 u. a.: die Eltern müßten vor Schultheateraufführungen unterrichtet und gehört werden, die Teilnahme der Schüler müsse freiwillig sein. Die Folgen: 30 Vorstellungen wurden nach dem Erlaß abgesagt. Bereits *ein* Schüler, der sich weigert, in das Stück zu gehen, macht den Besuch der ganzen Klasse sinnlos, weil es nicht mehr mit Vor- und Nachbereitung in den Unterricht integriert werden kann.[84]

Abendländische Sexualnormen werden bis ins 20. Jahrhundert hinein von der katholischen Kirche geprägt, die Zensur auch außerkirchlich initiiert, sofern sie ihre Herrschaft bedroht fühlt:

Im Frühjahr 1962 versuchte das erzbischöfliche Ordinariat in Berlin die Aufführung von Whitings *Teufel* zu verhindern, in welchem Vorgänge des religiösen Massenwahns während der ersten Hälfte des 19. Jahrhunderts thematisiert werden. Vorzugehen versuchte sie mehrfach gegen Genets *Der Balkon* und Anouilhs *Thomas Becket oder Die Ehre Gottes,* z. T. mit Erfolg: im Düsseldorfer Schauspiel wurde Anouilhs »anstößige« Papst-Szene bei der Premiere weggelassen.[85]

Höhepunkt der militanten kulturpolitischen Offensive des Katholizismus war Anfang der sechziger Jahre die Kampagne gegen Hochhuths »christliches Trauerspiel« *Der Stellvertreter,* in welchem die passive Haltung von Papst Pius XII. während des Hitler-Faschismus und sein Schweigen zu den Judendeportationen und den Vergasungen dramatisiert wird. Im August 1962 hatte der Verlag Rütten und Loening (seit 1960 zu Bertelsmann gehörig) das Stück angenommen. Es war bereits gesetzt, als Order von Bertelsmann erging, es aus der Produktion zu nehmen. Begründung: es sei »zu gewagt«[86], »die Firma sei auf das Wohlwollen christlicher Leserfreunde geschäftlich angewiesen«.[87] Juristen hatten Hochhuth überdies geraten, den Namen Krupp nicht in Verbindung mit Auschwitz zu nennen.[88] Der Rowohlt Verlag übernahm das Manuskript, die Uraufführung erfolgte am 20. 2. 1963 unter Piscator (am gleichen Tag wurde die Buchausgabe ausgeliefert). Außer mit gezielten Fehlinformationen über das Stück[89] versuchte die katholische Kirche, auch juristisch gegen den *Stellvertreter* vorzugehen (über die §§ 166 und 189 StGB).[90] Die Reaktion der kritischen Presse: »Wenn solche Pressionen Brauch werden sollten [...], dann hätten wir bald unsere Freiheit der Meinungsbildung verloren – auch im Theater.«[91] Sogar die Bundesregierung mißbilligte am 3. 5. 1963 die »Angriffe gegen Papst Pius XII«.[92] Diese offizielle Mißbilligung hat mit dazu beigetragen, daß es zu verhältnismäßig wenigen Inszenierungen des Stückes gekommen war, davon keine südlich der Mainlinie. Auch das Fernsehen hat bis 1975 kein Stück von Hochhuth gezeigt.

Bei den *Stellvertreter*-Kampagnen ging es um den inkriminierten *Text*. In den Kampagnen um Brecht ging es um die politische Gesinnung des *Autors*. Brechts Stücke wurden ihres Verfassers wegen ein Opfer der Kalten-Kriegs-Dramaturgie und des militanten Antikommunismus der fünfziger Jahre.

Zum ersten Brecht-Boykott in der BRD kam es durch Brechts mehrdeutige Reaktion auf die Arbeiterdemonstrationen am 17. Juni 1953 gegen das DDR-Regime, die militärisch niedergeschlagen wurden. Brecht hatte an Ulbricht ein Schreiben gerichtet, das als Solidaritätsadresse und Rechtfertigung der Maßnahmen zur Niederwerfung des Aufstandes gewertet wurde. Sämtliche Brecht-Inszenierungen in der BRD wurden daraufhin von den Intendanzen abgesetzt. »In dieser Phase der antikommunistischen, formierten Gesellschaft war der politisch-ideologische Druck so stark, daß ohne Dekrete, ohne Eingriffe des repressiven Staatsapparates eine Unterwerfung unter das Aufführungsverbot erwartet werden konnte.«[93] Der Boykott dauerte fast zwei Jahre. Zwar gab es danach zahlreiche Neuinszenierungen, doch die Angriffe auf Brecht wurden nun »von den Institutionen des repressiven Staatsapparates vorgebracht«, weil »freiwillig dem Gebot politischer Selbstachtung nicht mehr Folge geleistet wurde«. Dem Deutschen Theater in Göttingen etwa, das geschlossen den Offenen Brief Brechts gegen die Einführung der Wehrpflicht in beiden Teilen Deutschlands unterzeichnet hatte, wurde verwehrt, zu politischen Tagesfragen Stellung zu nehmen, eine geplante Inszenierung der *Mutter Courage* wurde von den Rechtsträgern zurückgestellt.

Der zweite Brecht-Boykott setzte ein mit den Ereignissen in Ungarn im Herbst 1956. Einige Theater nahmen Brecht aus dem Spielplan. Brecht war am 14. 8. 1956 gestorben.

Zum dritten Brecht-Boykott[94] kam es am 13. August 1961, als die Regierung der DDR die Mauer durch Berlin ziehen ließ. Der Aufruf, Brecht aus politischen Gründen nicht mehr zu spielen, ging aus von der Berliner Presse, die meisten Zeitungen der BRD zogen nach. Sämtliche Brecht-Aufführungen wurden von den

Intendanzen abgesetzt, die sich allerdings aus der Kampagne gegen Brecht heraushielten und ihre Absetzungen mit »vorerst«, »zum gegenwärtigen Zeitpunkt anders nicht möglich« begründeten. In zwei Fällen kam es zu einem direkten Verbot durch die Träger: in Lübeck (später zurückgenommen) und in Baden-Baden (am 28. 1. 1962!). Konstruiert wurde der Verdacht, daß jeder, der Brecht spiele, für den Bau der Mauer sei. Dem Publikum sollte Brecht vorenthalten werden, weil befürchtet wurde, daß »mit jeder Brecht-Premiere [. . .] ein wenig von der inneren Abwehrbereitschaft verlorengeht«, so die Bild-Zeitung. Andere DDR-Autoren wurden ebenfalls boykottiert (z. B. Peter Hacks, Erwin Strittmatter). Allmählich brach der Boykott zusammen (erste Inszenierung nach dem Mauerbau am 1. 9. 1961 in Ulm), außer in Westberlin, wo er vier Jahre dauerte. Die Reaktion des Publikums war immer die gleiche: kein Tumult, kein Skandal. Daß es nicht nur um Brecht ging, war den Intendanten bewußt. In einer von 66 Intendanten unterzeichneten öffentlichen Erklärung heißt es: die geistige und künstlerische Freiheit der deutschen Theater sei in einzelnen Fällen gefährdet. »Jeder vorgreifende Einspruch ist eine Bevormundung des Urteils der Öffentlichkeit und der Kritik.« Was heute Brecht geschehe, könne morgen jedem anderen Autor blühen.

An den Brecht-(Teil-)Boykotten und Kampagnen lassen sich paradigmatisch Zensurvarianten, Argumentationen, Verhaltensweisen und Oppositionsformen verfolgen, wie sie vor allem im Herbst 1977 wiederkehrten:

Formen von Vor-, Nach- und Selbstzensur / der repressive Staatsapparat, Presse, Verbände und Institutionen als Zensoren / Drohung mit Entzug der Subventionen / Entpolitisierung des Theaters und seiner Mitglieder / administrative Einschränkung des Diskussionsspielraumes / Absetzung auf Zeit / bei einigen Brecht-Verteidigern: die sog. ideologische Eingemeindung (Brecht als Antikommunist), anstatt sich auf die Meinungs- und Kunstfreiheit des GG zu berufen / Leugnen, daß überhaupt zensiert werde / die abverlangte Distanzierung / Antikommunismus als Rechtfertigung von Zensur / Skandalisierung und Panikmache / Entmündigung des Publikums (beispielhaft der Baden-Badener Oberbürgermeister, der die Aufführung der *Mutter Courage* in Baden-Baden verbot, als Gastspiel in Frankreich aber gestattete, woraufhin die Bürger in Scharen nach Straßburg reisten).

Die außerparlamentarische Opposition und Neue Linke unterzog die Ursachen der Systemkrise, die durch die Wirtschaftsrezession 1966/67 manifest geworden war, einer radikalen Kritik.[95] Der Konservatismus der etablierten Theater wurde mit der Parole attackiert: »Zerschlagt das bürgerliche Theater!«[96]

Die Politisierung auch des Theaters kulminierte in der Bewegung gegen die Verabschiedung der Notstandsgesetze im Frühjahr und Sommer 1968. Diese Bewegung wurde z. T. von den Theatern aktiv unterstützt, die sich als Diskussionsforen anboten. Der Versuch, die Trennung von Politik und Kunst aufzuheben, mußte mit den herrschenden Interessen kollidieren: es kam zu zahlreichen Diskussionsverboten durch die Träger bzw. die Intendanten und zu Konfrontationen mit der Polizei.[97] 200 Mitarbeiter sollten in Bremen »rausgeworfen« werden, weil sie sich im Theater gegen die Notstandsgesetze engagiert hatten.[98]

Der Politisierungsprozeß führte in den siebziger Jahren durch den Zuwachs an »Freien« Gruppen verstärkt zur Produktion dramatischer Texte, mit denen unmittelbar auf die Folgen wirtschaftlicher Krise (z. B. Jugendarbeitslosigkeit), ökologischer Fehlplanung (Umweltverschmutzung, Atomkraftwerke), politischer Repression (Radikalenerlaß), der Verrechtlichung zunehmender Entrechtung (z. B. 14. Strafrechtsänderungsreform) und anderer gesellschaftlich relevanter Probleme (§ 218, Sexualaufklärung) reagiert wurde. Da solche ästhetisch transformierte aktuelle Kritik direkt oder indirekt Handlungsappelle zu einer veränderten Praxis enthielt, die nicht mehr verstellt waren durch die historische Distanz des klassischen Dramenrepertoires, wurde eine Vielzahl zensorischer Maßnahmen eingesetzt:

1975 stellte die Frankfurter CDU den Antrag, das Berufsverbote-Stück *Vielen Dank, wir lassen von uns hören*, das von den Städtischen Bühnen gespielt wurde, zu verbieten.[99] In Nürnberg wurde die Aufführung des *Hansel Harlekin*, auch ein Stück gegen die Berufsverbote, vom städtischen Kulturdezernenten untersagt.[100]

Die 14. Strafrechtsänderungsreform hat die Entrechtung auch im Bereich der Künste vorangetrieben. Die sog. Sozialadäquanzklausel, welche die Kunst vom Zugriff über diese Gesetze ausnehmen soll (bis auf § 140 StGB!), ändert hieran wenig.[101] Die Vorgänge im Herbst 1977 haben gezeigt, wie diese Gesetze Theaterpolitik machen, ohne daß sie angewendet zu werden brauchen. Sie wirken einschränkend über die Verunsicherung, über das finanzielle und persönliche Risiko, Stücke mit Gewaltthematik in die Spielpläne aufzunehmen oder dort zu belassen:

Die Staatstheater Saarbrücken und Aachen sowie das Schauspiel in Marburg verzichteten auf die geplanten Aufführungen von Camus' Anarchismusdrama *Die Gerechten* aus dem vorrevolutionären Rußland von 1905. Die Oldenburgischen Staatstheater führten das Drama zwar auf, setzten es aber nach drei Aufführungen wieder ab.[102] Das Hamburger Thalia-Theater verzichtete auf die deutsche Erstaufführung von Fernando Arrabals Polit-Boulevardstück *Klau mir eine kleine Milliarde.*[103] Das Stadttheater Würzburg setzte die Inszenierung von Bölls *Die verlorene Ehre der Katharina Blum* vorläufig vom Spielplan ab.[104] In Münster wurde auf die Uraufführung von Frank Geerks *König Hohn* verzichtet.[105] Das Theater der Stadt Bonn setzte Charles Lecocqs Operette *Giroflé-Girofla* von 1874 (!) ab.[106] Dem Stuttgarter Schauspiel wurde es untersagt, Ulrike Meinhofs *Bambule* einzustudieren.[107]

Verfassung und Verfassungswirklichkeit werden ineins gesetzt, so daß jede Kritik an der Verfassungswirklichkeit als verfassungsfeindlich bzw. als Anschlag auf die fdGO umfunktioniert und mit Sanktionen geahndet werden kann:

Beispielhaft hierfür sind die Kampagnen gegen das »Grips-Theater« in Westberlin, das bekannteste deutsche Kindertheater. Die Beschuldigungen reichen, verbunden mit zahlreichen (lokalen) Aufführungsverboten, von »kommunistischer Indoktrination« bis zu »Unterstützungen der Zielvorstellungen der Baader-Meinhof-Bande«. Als *einzelne* Mitglieder des Theaters dann gar mit ihrer Unterschrift für menschlichere Haftbedingungen von Terroristen eintraten, drohte durch Subventionsentzug die Vernichtung des *ganzen* Theaters.[108] Julian Beck, der Leiter des New Yorker Living Theatres, wurde 1977 in München verhaftet, weil in seinen *Sieben Meditationen über den politischen Sado-Masochismus* der Staat verunglimpft worden sei (§ 90 StGB). [109]

Die Terrorismushysterie dient nicht nur zur Aktivierung von Antikommunismus und Antisozialismus. Sie muß dazu herhalten, den Verfall eben jener altbekannten Tabus als Ursache für den Terrorismus auszugeben, zu deren Schutz Zensur seit je aufgeboten wurde: Sexualmoral, Religion und herrschende Gewaltverhältnisse. Konsequent wird die Terrorismushysterie genutzt zur *Tabuaktivierung* durch zensorische Maßnahmen. Plötzlich gibt es wieder Kampagnen gegen Genet u. a.[110]

Wenn Dramaturgie »wieder eine Mutfrage geworden« ist, dann ist es schlecht um die Theater bestellt.[111] Denn Zensur zielt nicht nur auf die Absetzung oder Veränderung von Stücken, sondern auf die aus dem Hitler-Faschismus ererbte Bedrohung der materiellen Existenz, auf die Kriminalisierung und Isolierung all derer, die sich dieser Tabuaktivierung widersetzen: »Allein die Nachricht, ein Stück sei aus politischen Gründen abgesetzt worden, genügt, den Autor einen Terrorsympathisanten zu nennen.«[112] Daß mit Zensurmaßnahmen überreizt wurde, zeigt die erste Formierung einer *kollektiven* Opposition gegen Theaterzensur: die Gründung der IFTA, der Initiative für die Freiheit der Theaterarbeit, im Juni 1977.

4. Epilog

Zensurmaßnahmen gegen das Theater haben ein Positives: sie zeigen, daß es nicht tot ist. Aber: da Zensur immer auf Internalisierung abzielt, fragt es sich, so Frank Geerk, »ob wir, wenn wir mit der Selbstzensur fortfahren, nicht etwas tun, was schlimmer wäre als die schon gehabte Bücherverbrennung. Schlimmer, da wir selbst es wären, die das Feuer legten«.[113] Zensur sollte öffentlich gemacht werden: nicht nur außerhalb der Theater, sondern auch *in* den Theatern selbst (anstelle der beanstandeten Papp-Phalli in Weiss' *Marat* trugen die Schauspieler in Augsburg schwarze Zensurbalken). Die Kunst soll frei sein, ohne Wenn und Aber. Dies muß sie (auch politisch) offensiv nutzen.

Horst Herrmann

Kirchenzensur

Der Fachausdruck »censura«, wie man ihn offiziell in der römisch-katholischen[1] Kirche verwendet[2], ist uralt.[3] Dabei wird er eigentlich nicht in erster Linie im Sinne von »Beurteilung« oder »Überprüfung« gebraucht. Zwar ist die Rede von »Bücherzensur« (man denke nur etwa an die schlimmen Gewohnheiten zur Zeit des berüchtigten »Index librorum prohibitorum«, welcher – in bezug auf das deutsche Geistesleben – Namen wie Heinrich Heine, Leopold von Ranke, Ferdinand Gregorovius, Immanuel Kant, Gotthold Ephraim Lessing, Arthur Schopenhauer und Thomas Mann aufwies und inzwischen wenigstens de iure gefallen zu sein scheint[4], und man spricht auch noch von den sogenannten »theologischen Zensuren«, welche das Urteil beinhalten, ein die katholische Glaubens- oder Sittenlehre berührender Satz sei als glaubenswidrig oder wenigstens als bedenklich zu kennzeichnen.[5] Doch kann »censura« in den meisten Fällen als terminus technicus des kirchlichen Strafrechtes angesprochen werden. Als solcher meint sie eine »Beuge- oder Besserungsstrafe, welche einem Straftäter, der seine verstockte Willenshaltung nicht aufzugeben bereit ist, bestimmte Güter in der Kirchengemeinschaft entzieht«.[6] In diesem Sinne sind also etwa der Kirchenbann (Exkommunikation) oder die Dienstenthebung (Suspension) typische »Zensuren«, die im übrigen nie »von selbst entfallen«, sondern stets der obrigkeitlichen »Absolution« bedürfen, welche ihrerseits die anerkannte Aufgabe der Verhärtung des Täters zur Voraussetzung hat.

Es wäre nun gewiß lohnend, diesem fachtypischen Gebrauch des in Frage stehenden Begriffs und speziell dem Einfluß einer solch klerikalen Diktion auf unser neuzeitliches Verständnis von Zensur nachzugehen. Vielleicht ließe sich auch auf diesem Weg ein weiterer Nachweis für die Ansicht führen, unsere Moderne, so kirchen-emanzipiert sie sich auch gerieren mag, sei bis in die schlimmen Details hinein eine Erbin klerikaler Erfindungen von ehedem. Denn auch wenn die Kirche heute nicht mehr wie früher die wichtigste Sozialisierungsinstanz neben der – übrigens auch kirchlich dominierten – Familie darstellt[7], so wird man dennoch auch ohne detaillierten Nachweis kaum bestreiten mögen, daß die Kirche noch immer einen prinzipiellen Anspruch auf die »wahre Lehre« gegenüber der »Welt« aufrechterhält, daß sie noch immer ihre verbliebenen Möglichkeiten zur Indoktrination nutzt, daß sie noch immer vielfältig genug verflochten ist mit eben jenen Institutionen, die Meinungen (vor-)produzieren, wie etwa mit dem Medienapparat, mit den Schulen aller Richtungen und nicht zuletzt auch mit der Strafrechtspflege – und: daß die Kirche eben auch eine gediegene historische Erfahrung mit Zensuren aller Art (nicht nur mit dem erwähnten Spezifikum des Strafrechts) hat.

Es verwundert unter diesen Umständen kaum, daß die Zensur – als eine mit Zwang verbundene wie mit nachteiligen (Rechts-)Folgen versehene Kontrolle menschlicher Äußerungen – in dieser heutigen Kirche, welche sich auf die ungestörte Kontinuität zum eigenen Gestern soviel zugutehält, kein bloßes Akzidens ist, also nichts Hinzugekommenes, Nebensächliches, sondern ein Wesensmerkmal. Zensur gehört ganz einfach zum gegenwärtigen Kirchentyp. Sie ist nicht nur institutionalisiert, sie ist institutionell vorgegeben. Das kirchliche Selbstverständnis, welches davon ausgeht, daß der Stifter expressis verbis dieser Institution bestimmte, in sich verpflichtend abgrenzbare bzw. klar abgegrenzte, förmlich »definierte« Glaubenswahrheiten anvertraut und die Institution zur getreulichen Bewahrung wie zur authentischen Interpretation dieses »Glaubensgutes« verpflichtet hat[8], unternimmt denn auch gar nicht erst den Versuch, die Existenz kirchlicher Zensur zu leugnen. Im Gegenteil, die Zensur wird in all ihren Denominationen gerechtfertigt (man denke nur an die wechselseitigen Zitationen der einschlägigen Lehrbücher)[9], ja oft genug nicht einmal mehr das: Die Zensur wird als alltägliche Erscheinungsform des genuin Kirchlichen akzeptiert, und dies ohne jede weitere Diskussion.

Hat sich nun aber eine Institution erst einmal an diesen ihren Normalzustand gewöhnt, mehr noch, fühlen sich die Glieder der Institution an diesen ihren Status gebunden[10], ohne sich in aller Regel darüber aufzuregen[11], so ist ein ziemlich großer Teil der Bevölkerung als prinzipiell und chronisch zensurwillig bis zensurfreundlich anzusehen. Von spezifisch katholischer Seite wird man denn auch nicht viel Kritisches zur gegenwärtigen Situation in der BRD zu hören bekommen, solange die »Guten« jedenfalls davon ausgehen können, die Zensur beschäftige sich mit den »Bösen«, wie immer man diese auch des Näheren umschreiben möge[12]: Die meisten Katholiken, zumindest die »Praktizierenden« unter ihnen, sind eben im Ausüben wie im Ertragen von Zensur durchaus geübt; derlei Maßnahmen, Berufsverbote inbegriffen, gehören nun einmal zu ihrem Alltag[13], und die ständige Kontrolle von Abweichlern (die man noch vor nicht allzu langer Zeit einfach »Ketzer« und »Rebellen« nannte)[14] ist ein geradezu gottgefälliges Werk.

Es ist denn auch kaum als Übertreibung anzusehen, wenn man festhält: Kirchenglieder, die einen erratischen Block dieser »guten Art« inmitten der »bösen Umwelt« bilden, werden in der neuzeitlichen Gesellschaft beinahe per definitionem eine ständige potentielle Bedrohung der Toleranz gegenüber Andersdenkenden darstellen. Sie sind zudem stets, wenn auch vor allem in den Reizperioden der Wahlkämpfe, gegen alle möglichen Bedrohungen (von »links«) mobilisierbar, schon um die eigenen »Grundwerte« und Freiheiten zu schützen – und sei es mit Hilfe moderner

Massenvernichtungsmittel.[15] Sie neigen eben dazu, die Störenfriede, die Nein-Denker und Nein-Sager, kurz, »die da draußen«, die nicht so wollen, wie sie selber es gerne hätten, zu verfolgen oder zumindest, um der Sache des Guten und Wahren willen, zu »zensieren«.

Beredten Ausdruck gibt dieser Haltung etwa die Meinung des an der Universität Mainz lehrenden Kirchenrechtlers Georg May, der die Ansicht vertritt, ein »Führertum«, eine »starke Hand« sei, vor allem innerkirchlich, jeder Demokratisierung vorzuziehen; jegliches Wahlrecht beruhe auf obrigkeitlicher Konzession; jeder demokratische Zug in der Kirchenverfassung sei lediglich ein Zugeständnis, eine Selbstbeschränkung der Amtsträger; Mitbestimmung schwäche die kirchlichen Führungsenergien; Gleichheit stelle Nivellierungssucht dar; Räte begünstigten die Flucht aus der Verantwortung; Information bedeute eine bessere geistige Vergewaltigung und die unleugbare Autoritätskrise lasse sich allein durch eine »straffere Führung« lösen, zumal die Mehrheit der Gläubigen ohnedies kein Bedürfnis nach Demokratie, sondern nach Befehlserteilung verspüre.[16] Und wer den neuerdings wieder aufflammenden religiösen Fanatismus mit seinen politischen Implikationen beobachtet hat[17], der weiß, was sich da anbahnt, was da auf uns zukommen kann.

Die alltägliche Geschäftspraxis der Kirche widerspricht jedenfalls diesen Doktrinen nicht. Und wer – wie die Kirche – »nach innen« derart autoritätsfixiert und zensurwillig ist, der kann auch eine handfeste Zensur »nach außen« nicht lassen. Die Geschichte der Institution läßt sich am allerwenigsten gegen die Richtigkeit dieser Behauptung ausspielen. Über Jahrhunderte hinweg hatte es sich ja eine obrigkeitlich geförderte Schultheologie leisten können, den Menschen einzureden, gewisse Mitmenschen hätten ein bestimmtes »Wächteramt« nach innen wie nach außen auszuüben, um in der Welt, gleichsam als Flurschützen in Gottes ureigenstem Territorium, nach dem Rechten zu sehen, Zensur von Gottes Gnaden auszuüben. Zwar hatte sich dieses Überwachen zunächst noch auf eine Materie beschränken müssen, die man als theologisch klassifizieren durfte[18], doch weiteten sich im Laufe der Zeit die »Interessengebiete« der Kleriker immer mehr aus.[19] Und schließlich konnte sich die Vorstellung durchsetzen, es müßten alle Regungen eines Christen- und Menschenlebens von einigen geistlichen Besserwissern im Beamtenstand seismographisch exakt und zweifelsfrei registriert und endlich, als Norm für alle Eventualitäten, geregelt werden. Bald war das Leben des »guten« Christen (die weniger guten Mitmenschen kriegte man schon noch zu fassen!) allseits umgeben von einem immer kasuistischer geschlossenen Netz moralisch anspruchsvoller Normen. Der solchermaßen geradezu »lückenlos« umsorgte und sehr bald auch dementsprechend überwachte Mensch war schließlich nur noch darauf hinzuweisen, daß er, falls notwendig, »von oben« jederzeit Fürsorge erhalten würde, und sei es mit Hilfe von mundgerecht servierten »Hirtenbriefen« zu allen möglichen Themen.[20] Wehe aber, wenn dieser derart umsorgte Mensch es wagte, in diesem Fürsorgenetz auch nur Löcher zu entdecken, wehe, wenn er anfing, anders zu denken als seine Gouvernanten, anders zu handeln als seine Zensoren! Die ewige Verdammnis war früher oder später sein Lohn, denn der »Gott«, den die Zensurwilligen da zu preisen nicht müde wurden, war ein Gott der Ordnung, jedenfalls ein »Wächter« ganz besonderer Art, welcher jene Ausbruchsversuche, denen die Zensoren hienieden nicht gewachsen schienen, im Jenseits zu ahnden wußte – es sei denn, er erinnerte sich seiner »Barmherzigkeit gegenüber dem Sünder«.

Eine ähnliche Barmherzigkeit kannte man auf Erden in ungleich geringerem Maße. Hienieden wurde bestraft, häufig genug mit dem (stillschweigenden oder formellen) Ausschluß des Sünders aus der Gemeinschaft der Glaubenden. Diese letzte Konsequenz, kirchenrechtlich exakt eine »Zensur« zu nennen, nahmen freilich nur die wenigsten auf sich. Da schien es schon besser, der alltäglichen Zensur (oder auch der Selbstzensur) zu unterliegen und sich, koste es was es wolle, eben durchzulavieren.

Diese spezifische Christenhaltung, letztes Resultat einer geglückten Erziehung zu jenem Gehorsam, der »des Christen Schmuck« ist, schloß in der Regel eine ernsthafte Gefährdung der bestehenden Verhältnisse aus. Von derart überzeugten Kirchengliedern war keine Revolution zu erwarten (diese kam eher von den »Abständigen«, die sich von der Normenkirche gelöst hatten). Die totale Fürsorge bewahrte eben noch stets vor dem Aufbegehren, und die Infantilismen schützten vor dem denkerischen Reifwerden.[21] Ja, nicht einmal eine öffentliche Erörterung von Konflikten konnte innerhalb des Gettos der Gehorsamen stattfinden.[22] Es gibt schließlich keine »andere Wahrheit«, wo die Obrigkeit die »eine Wahrheit« verwaltet. Und wer es gewohnt ist, »die« Wahrheit gepachtet zu haben, und dies erklärtermaßen in göttlichem Auftrag, der kann sogar, wenn auch zutiefst kriterienscheu und unwissenschaftlich, ein für allemal festlegen und sanktionieren, was – auch bei anderen und für andere – »sittenwidrig«, was »jugendgefährdend«, was »gotteslästerlich« ist und bleibt.[23] Die Gesetzesuntertanen gehorchen, denn so sind sie es gewohnt. Sie gleichen ihr eigenes Denken und Fühlen der amtlichen Vorausinterpretation an.

Vielleicht ist es aber noch allzu wenig ins öffentliche Bewußtsein vorgedrungen, daß diese innerkirchlichen Verhältnisse sogar den Schutz des staatlichen Rechtes genießen. Zensur »nach innen« ist hierzulande völlig legal. Das Grundgesetz der BRD, welches zum einen keine Zensur »stattfinden« läßt, schützt andererseits die »inneren Angelegenheiten« der Religionsgesellschaften. Nicht mehr und nicht weniger. Aus der Weimarer Verfassung ist nämlich jener Artikel 137 (3) übernommen worden, der bestimmt, daß jede Religionsgesellschaft »ihre Angelegenheiten selbständig innerhalb der Schranken des für alle geltenden Gesetzes ordnet und verwaltet« (Art. 140 GG). Und an diesem Verfassungsgebot scheitern nach wie vor alle Vorschläge, die eine grundlegende Reform bezwecken. Denn unsere freiheitlich-demokratische Grundordnung erlaubt es – von Art. 140 GG abgesichert – den kirchlichen »Wächtern« geradezu, innerhalb ihrer eigenen »Religionsgesellschaft« zu schalten und zu walten, wie immer sie wollen. Von daher gesehen erscheinen plötzlich alle innerkirchlichen Zensurmaßnahmen, alle klerikalen Eingriffe in die Meinungs- und Wissenschaftsfreiheit, alle Verstöße gegen bundesrepublikanische Grundrechte als völlig »legal«. Das bedeutet, daß Kirchenobere in ihrer Eigenschaft als Chefs von »Tendenzbetrieben« arbeitsrechtlich bedenklich handeln können (Kündigung wegen »Lebenswandels«)[24], daß Bischöfe staatliche Beamte und Hochschullehrer wegen »Ketzerei« beanstanden können[25], daß Kirchenoffizielle Berufsverbote beinahe nach Belieben verhängen dürfen.[26] Diese Art von Zensur findet jedenfalls im Geltungsbereich des Grundgesetzes der Bundesrepublik Deutschland statt...

Im übrigen hat sich die Kirche auch völkerrechtlich abgesichert, um ihre Zensur nach innen wie außen durchhalten zu können. Sie stützt sich, nach wie vor fast unangefochten, auf die sogenannten »Konkordate« (beispielsweise auf jenes, das im Jahre 1933 mit Hitler abgeschlossen worden ist).[27] Diese Verträge räumen ihr einen unvergleichlich großen (Zensur-) Einfluß auf Schulen, Hochschulen, Militär usw. ein[28], wie man ihn sonst nur aus Spanien, Italien oder Lateinamerika kennt. Und als sei es auch damit noch nicht genug: Die strikte Auslegung der gesetzlichen Vorschriften genügt dem kirchlichen Wächteramt keineswegs. Im Gegenteil, immer wieder versuchen Bischöfe, mit Hilfe einer selbstgeschneiderten »extensiven Interpretation« und mit der Schützenhilfe bestimmter Staatskirchenrechtslehrer oder christlicher Politiker[29] aus den dürren Gesetzestexten soviel herauszuholen, wie irgend möglich ist.

Das Kirchenpapier der FDP, das sich gegen einige dieser Mißstände wandte[30], ist in der Zwischenzeit als inopportun in der Versenkung verschwunden. Die Zensur aber findet noch immer statt. Heinrich Böll hat vor ein paar Jahren einen Versuch unternommen, diesem unwürdigen Zustand ein Ende zu machen und in Sachen Zensur der theologischen Wissenschaftsfreiheit an die Politiker in allen Parteien zu appellieren.[31] Er fand keinerlei Resonanz, denn »mit der Kirche legt man sich nicht, noch nicht an«.

Die institutionalisierte – und vom Grundgesetz der BRD geradezu festgeschriebene – Kirchenzensur lebt also fröhlich weiter. Unter diesen Umständen ist es fast müßig, von einer spezifisch bundesrepublikanischen Geschichte der Kirchenzensur zu sprechen. Vielmehr darf festgehalten werden, daß sich – in Sachen Kirche – der Zustand vor Gründung der Bundesrepublik mit Hilfe willfährigster Regierungen hat perpetuieren lassen, bis in unsere Zeit hinein. Die Tradition ist dieselbe geblieben. Niemand scheint nach dem Ende der Hitlerbarbarei auf den Gedanken gekommen zu sein, auch der Kirche täte eine grundlegende Veränderung nur gut. Nein, die Geschichte der Kirchenzensur setzt nicht plötzlich ein, sie hat sich unverändert fortgesetzt, mitten im Geltungsbereich »des für alle geltenden Gesetzes«, im Zentrum also der freiheitlich-demokratischen Grundordnung.[32]

Ich bin der Ansicht, daß auf dem Hintergrund dieser institutionell abgesicherten und beinahe alltäglichen Bedrohung unserer Freiheiten durch die amtskirchliche Zensur die Erscheinungen von *Selbstzensur*, wie man ihnen immer wieder begegnet, beinahe als selbstverständlich zu gelten haben. Sie sind geradezu »natürliche Reaktionen« des unterdrückten Menschen auf amtliche Zensur innerhalb eines Gettos, dem er nicht ohne Existenzverlust und Rufschädigung entkommen kann. Ich nenne ein paar Beispiele: die Selbstzensur im Hochschulbereich, welche die Theologen dazu zwingt, als gebrannte Kinder, die sie nun einmal sind, nur noch das zu publizieren, was gegenwärtig als linientreu gilt, und den Rest in der Schublade zu lassen; die Selbstzensur bei katholischen Verlagen, welche sich verpflichtet fühlen, auf die Beiträge kritischer Autoren zu verzichten, um von kirchenoffizieller Seite lukrativere Aufträge (Katechismen, Gebet- und Gesangbücher) zu erhalten[33]; die Selbstzensur kirchlicher Akademien, welche bestimmte Autoren nicht einmal aus Gründen der »Ausgewogenheit« einzuladen wagen; die Selbstzensur staatlicher Rundfunkanstalten, welche es sich, jedenfalls im Rahmen des »Kirchenfunks«, nicht leisten können, auch »Außenseiter« zu Wort kommen zu lassen; die Selbstzensur vieler Studierender, die es sich – mit Rücksicht auf ihre späteren Berufschancen in der Kirche – nicht erlauben dürfen, mit bestimmten Hochschullehrern gesehen zu werden, geschweige denn deren Vorlesungen zu besuchen oder auch nur zu belegen (weil eben die Denunziation noch immer nicht schweigt, die zur Zensur gehört wie der Rüssel zum Schwein). Alle miteinander scheinen sie, die Selbstzensoren, Angst zu haben. Das kann man ihnen nicht verdenken, denn diese ihre Angst ist, wenn auch unmenschlich, so doch nicht unbegründet, wie die Leidensgeschichte der Betroffenen beweist, jener Betroffenen, die sich zu einer Institution zählen, der man immer wieder, aus welchen Gründen auch immer, die Bezeichnung »Asyl der Freiheit« und »Hort der Hoffnung« zugelegt hat.[34]

IV.
Irene Ferchl
Zensurinstitutionen und Zensurinitiativen

Bundesprüfstelle für jugendgefährdende Schriften (BPS)

In den fünfziger und sechziger Jahren spielte die BPS eine entscheidende Rolle bei der Bekämpfung unzüchtiger Schriften nach § 184 StGB.[1] Die BPS wurde 1954 als eine dem Bundesministerium des Innern (seit 1966 dem Bundesministerium für Jugend, Familie und Gesundheit – BMJFG) unterstellte Bundesbehörde zur Durchführung der Aufgaben des »Gesetzes über die Verbreitung jugendgefährdender Schriften« (GjS, zuerst auch nach seinem Vorläufer »Schmutz- und Schundgesetz« genannt) gegründet.

Der Bundestag hatte am 9. 6. 1953 das GjS beschlossen:

»Zum Schutz der heranwachsenden Jugend werden die im Grundgesetz Artikel 5 Absatz 1 genannten Grundrechte folgenden Beschränkungen unterworfen: § 1 (1) Schriften, die geeignet sind, Jugendliche sittlich zu gefährden, sind in eine Liste aufzunehmen. Dazu zählen vor allem unsittliche sowie Verbrechen, Krieg und Rassenhaß verherrlichende Schriften. Die Aufnahme ist bekanntzumachen.«[2]

Zunächst waren nur Schriften und Abbildungen betroffen. Die Neufassung von 1961 stellte den Schriften auch »Ton-, Bildträger und Darstellungen«[3] gleich; die BPS kann auch bei Fernsehsendungen tätig werden, ebenfalls bei Reklame in Schaukästen, Zeitungen, auf Plakaten sowie bei Kinofilmen.[4] In den Fassungen von 1953 und 1961 galt die »offensichtliche schwere Jugendgefährdung« auch für »Schriften, die durch Bild für Nacktkultur«[5] werben.

Organisatorisch ist die BPS eine selbständige Bundesbehörde mit eigenem Haushalt, dem BMJFG nachgeordnet und von diesem finanziert.[6] Ihre Mitglieder sind nicht an Weisungen gebunden. Sie besteht aus einem Vorsitzenden[7], der vom BMJFG bestellt wird, 29 Länder- und 36 Gruppenbeisitzern, die vom BMJFG auf Vorschlag ihrer Verbände für 3 Jahre berufen werden, und zwar aus Kreisen der Kunst, Literatur, des Buchhandels, der Verleger, Jugendverbände, Jugendwohlfahrt, Lehrerschaft, Kirchen und anderen Religionsgemeinschaften. Die Verantwortung für die Qualifikation der vorgeschlagenen Personen tragen ausschließlich diese Verbände, sie wird vom Ministerium nicht nachgeprüft.

»Bemerkenswert ist hierbei insbesondere, daß die Mitglieder der Bundesprüfstelle [. . .] nicht freie Sachverständige, sondern ausschließlich Interessenvertreter sind und keine Zuziehung von Wissenschaftlern, insbesondere von Soziologen, Sexualwissenschaftlern und Psychologen vorgesehen ist.«[8]

Insofern scheint die Ausführung des BVerwG-Urteils vom 16. 12. 1971 fragwürdig: »die Zusammensetzung des Spruchgremiums [. . .], bietet die Gewähr, daß bei der Entscheidung über die Aufnahme einer Schrift in die Liste die verschiedenen Gruppen unserer pluralistischen Gesellschaft wirksam werden.«[9]

Die BPS kann nur auf Antrag tätig werden, sie entscheidet im Antragsverfahren durch zwei Zwölfergremien, die monatlich einmal im Wechsel tagen oder durch das Dreiergremium im Eilverfahren.

»Stellt ein Gericht in einer rechtskräftigen Entscheidung fest, daß eine Schrift pornographisch ist oder den im § 131 StGB bezeichneten Inhalt hat, so nimmt der Vorsitzende der BPS die Schrift unter Hinweis auf die gerichtliche Entscheidung in die Liste auf. Eines Antrages [...] bedarf es nicht.« (§ 18 GjS)

Antragsberechtigt sind das BMJFG, die obersten Jugendbehörden der Länder und seit dem 13. 5. 1978 die etwa 600 Jugendämter. Jahrelang wurden immer wieder Forderungen nach einer Ausweitung der Antragsberechtigung, etwa auch auf die Kirchen, laut; die tatsächliche Neuregelung geht zurück auf eine Anfrage Wehners vor dem Bundestag. Die Bundesministerin für Jugend, Familie und Gesundheit Antje Huber begründete die Erweiterung am 19. 4. 1978 wie folgt: »Hauptziel dieser Verordnung ist es [...], die Aufmerksamkeit in erster Linie auf ›verrohend wirkende, zu Gewalttätigkeit oder Rassenhaß anreizende sowie den Krieg verherrlichende Schriften‹ und solche mit verfassungsfeindlichen Tendenzen [zu richten]. Ich hoffe, daß auch durch diese Verordnung die Abwehr jugendgefährdender nationalsozialistischer Schriften verbessert wird.«[10]

Wenn das Entscheidungsgremium der BPS zu der Auffassung gelangt, daß die gesetzlichen Tatbestandsmerkmale erfüllt seien, wird das betreffende Medium indiziert. Die Indizierung einer Schrift darf nach § 1 (2) GjS aber nicht erfolgen: »1. allein wegen ihres politischen, sozialen, religiösen oder weltanschaulichen Inhalts; 2. wenn sie der Kunst oder der Wissenschaft, der Forschung oder der Lehre dient; 3. wenn sie im öffentlichen Interesse liegt, es sei denn, daß die Art der Darstellung zu beanstanden ist.«

Im Falle der erfolgten Indizierung werden die betroffenen Medien in eine Liste aufgenommen: diese wird im Bundesanzeiger sowie im »Gesamtverzeichnis der in der Liste der jugendgefährdenden Schriften befindlichen Bücher, Hefte, Periodika und sonstigen Prüfobjekte«[11] veröffentlicht.

Die Schriften können dauerindiziert oder nach drei bis zwölf Monaten wieder freigegeben werden. Dauerindizierungen sind bei periodischen Druckschriften für drei bis zwölf Monate möglich (außer Tageszeitungen), wenn innerhalb eines Jahres zwei ihrer Nummern in die Liste aufgenommen wurden.

Indizierte Medien dürfen Kindern und Jugendlichen nicht angeboten, überlassen oder zugänglich gemacht werden, an Orten, die von Kindern und Jugendlichen eingesehen werden können, nicht ausgestellt, angeschlagen oder vorgeführt werden. (GjS § 3)

Als Verbotskatalog gilt: Anbietungs-, Überlassungs-, Ausstellungs-, (Film-)Vorführungs-, Werbe-, Kiosk-, Lesezirkel-, Leihbücherei-, Handels- und Versandhandelsverbot sowie Lieferungsverbote für Produzenten und Zwischenhändler. Zuwiderhandlung wird mit Freiheitsstrafe bis zu einem Jahr, Geldstrafe bis zu 10000 DM, Einziehung und Vernichtung der Objekte geahndet.

Insgesamt gab es seit 1954 8579 Indizierungen, jeweils etwa die Hälfte auf Antrag und aufgrund von Gerichtsurteilen, davon waren 488 Dauerindizierungen von Periodika.[12] Neben den Verbreitungsbeschränkungen bedeutet eine Indizierung eine zusätzliche materielle Bestrafung, da der sonst für Medien halbierte Mehrwertsteuersatz in der ganzen Höhe von nun 13 % bezahlt werden muß. Nach eigenen Angaben macht es sich die BPS zur Aufgabe[13], erstens mitzuhelfen, daß Verleger, Publizisten und Verbraucher sich das notwendige Maß an Zurückhaltung bei der Verbreitung von Massenmedien auferlegen, das eine sich ihrer Verantwortung bewußte Gesellschaft gegenüber Kindern und Jugendlichen brauche, um sich nicht selbst zu schaden; und zweitens eine Datenbank zu unterhalten, um Parlament, Regierung, Wissenschaft, Hochschulen, Schulen, Behörden, Lehrer und Erzieher über die Trends auf dem Markt jugendgefährdender Schriften und die neuesten wissenschaftlichen Kenntnisse hierüber zu unterrichten.

Den Vorwurf der Zensur kontert ihr Vorsitzender Stefen damit, daß die BPS nur auf Antrag tätig wird und ein pluralistisch zusammengesetztes Gremium entscheidet.[14] Das BVerwG sah das 1967 anders: »Die Indizierung einer jugendgefährdenden Schrift kommt [. . .] fast ihrem Verbot gleich. Sie bedeutet also einen schweren Eingriff in die Rechte des Verfassers und Verlegers. Darüber hinaus stellt sie eine empfindliche Beschränkung des Informationsrechts der Erwachsenen dar.«[15]

Tatsächlich bedeuten die einschneidenden Werbe-, Verkaufs- und sonstigen Verbreitungsbeschränkungen, daß eine indizierte Schrift auch für Erwachsene praktisch nicht mehr zugänglich ist. Die »Grundrechtsunmündigkeit« eines Viertels der Bevölkerung, der Minderjährigen nämlich, bildet so ein Alibi, trotz Kunstvorbehalt und wissenschaftlich keineswegs geklärter Wirkungszusammenhänge[16] Zensurmaßnahmen zu treffen.

Spektakuläre Fälle der BPS finden sich in den sechziger Jahren, als auch die Gerichte öfter über den Kunstcharakter von Literatur befanden. Wurde das betreffende Werk als »Kunst« bezeichnet, sah man von der Indizierung ab und begründete dies folgendermaßen: »die [. . .] als jugendgefährdend herausgestellten, derben und gewagten Darstellungen sind nicht Selbstzweck, sondern künstlerische Mittel zur Gestaltung eines vom Verfasser unverkennbar beabsichtigten Zwecks.«[17]

So geschehen nach der Antragstellung für Marcel Aymés *Die grüne Stute* (1962) und Henry Millers *Wendekreis des Krebses* (1964). »Ein anerkanntes Werk der Weltliteratur also hat es verhältnismäßig leicht (wobei wiederum die Bedeutung des Konversationslexikons als Maßstab künstlerischer Wertung für die staatliche Kunstanalyse bemerkenswert erscheint); das Erstlingswerk eines Schriftstellers, das keine oder nur wenige und zwiespältige Rezensionen aufzuweisen hat, wird weit weniger wohlwollend beurteilt.«[18]

Demzufolge wurde der Roman *Dein Sohn läßt grüßen* von Ulrich Schamoni 1963 indiziert, da er ein »nicht gelungener künstlerischer Versuch« sei und deshalb nicht unter den Kunstvorbehalt falle.[19] Ähnlich erging es 1965 dem Buch Barnowskys *Die Sünde ist unheilbar,* das auf Antrag des Bundesinnenministeriums (»es handelt sich um die Auslassungen eines Atheisten und Anarchisten«[20]) mit der Begründung indiziert wurde: »Bei dieser Schrift handelt es sich um den skandalösesten Versuch, die Grundpfeiler unserer gesetzlich geschützten Sittenordnung zu untergraben, der je in der BRD vorgelegt wurde.«[21]

Immer wieder wurden Zeitschriften indiziert, so 1968/69 *Pardon* und *Konkret,* 1969 *Twen, Neue Revue* , *Praline,* noch 1978 *Praline, Wochenend* sowie *Bravo* und *Rocky.*

1978 machte sich die Ausweitung der Antragsberechtigung in steigenden Zahlen bemerkbar: es kam zu 84 Indizierungen; darunter 23 Erzeugnisse wegen Verherrlichung des NS-Regimes und Kriegsverherrlichung, 25 wegen übertriebener Gewaltdarstellung und immerhin noch 36 wegen Pornographie.[22]

Deutsche Bundespost

Auch die Bundespost kann die Funktion einer Zensurbehörde ausüben: nach § 13 der Postordnung vom 16. 5. 1963 sind »Sendungen mit Vermerken politischen und religiösen Inhalts auf der Aufschriftenseite« von der Beförderung ausgeschlossen. Angewandt wurde dieser Paragraph etwa auf Aufschriften zu Kriegsdienstverweigerung oder Anti-AKW-Aufkleber.[23] Das Verbringungsgesetz vom 24. 5. 1961[24] ermächtigte die Post, Briefe aus den Ostblockländern zu öffnen und zu durchsuchen. Dies sei keine Zensur, sondern nur eine »Überprüfung durch die Zollbehörde«.[25] Im November 1971 weigerte sich das Postamt Berlin 41, den Wagenbach-Almanach *Das Schwarze Brett* als Massendrucksache zu versenden, da darin der *Rote Kalender 72 für Lehrlinge und Schüler* mit einem Zitat *subversiv* gemeinter Jugendstreiche vorgestellt wurde. »Die Entscheidung stützte sich auf die Postordnung, derzufolge die Post offene Sendungen von der Beförderung ausschließt, deren Inhalt gegen das Strafgesetz oder ›das öffentliche Wohl oder die Sittlichkeit‹ verstößt. [. . .] Von dem einsehbaren Inhalt der Sendung wäre also nur derjenige gefährdet, der den Drucksachencharakter der Sendung prüft.«[26]

Gegen den Aufpreis einer geschlossenen Sendung befördert die Post jegliche Inhalte.

Filmbewertungsstelle Wiesbaden (FBW)

Die FBW ist eine hoheitliche Einrichtung, die 1951 zur Schaffung einheitlicher Voraussetzungen für die steuerliche Behandlung von Filmen und zur »Förderung des guten Films«[27] geschaffen wurde. Diese Landesbehörde untersteht der Dienstaufsicht des Hessischen Kultusministers. Die FBW hat die Aufgabe, auf Antrag zur Aufführung bestimmte Filme zu begutachten, ob ihnen das Prädikat »wertvoll« oder »besonders wertvoll« zuerkannt werden kann. Mit Prädikat ausgezeichnete Filme erhalten Steuervergünstigung und weitere materielle Vorteile: ein Prädikatsfilm bekommt eine Grundförderung, wenn er innerhalb von zwei Jahren 300 000 DM eingespielt hat (nicht-prädikatisierte Filme müssen mindestens 500 000 DM einspielen); ein Prädikat ist weiterhin das erste Kriterium für eine Zusatzförderung. Das Geld bekommt nicht der Regisseur, sondern der Produzent. Die Begutachtung der Filme wird besonderen Ausschüssen übertragen: dem Bewertungsausschuß (Vorsitzender und drei Beisitzer), der in erster Instanz entscheidet, und dem nachgeordneten Hauptausschuß (Vorsitzender und fünf Beisitzer).[28]

Für die Inanspruchnahme der FBW werden Gebühren von DM 1.20 pro Filmmeter erhoben. Um die eventuelle Steuervergünstigung zu bekommen, muß eine ansehnliche Summe bezahlt werden, die von marktbeherrschenden Filmgesellschaften natürlich ungleich leichter aufgebracht werden kann.

Einen Zensureffekt erreicht die FBW insofern, als kaum ein Verleiher nichtprädikatisierte Filme in sein Programm aufnehmen wird. In einigen Bundesländern wird allerdings schon bei Vorführung nur eines (also z. B. des Vor-, Kurzfilms) prädikatisierten Films das ganze Programm steuerfrei. Eine Maßnahme, die zur Förderung guter Filme gedacht war, hat sich so zu einer Zensurform entwickelt, die unbequeme oder von den Prüfern (subjektiv) abgelehnte Filme quasi aus dem Verkehr zieht, da sie unprädikatisiert nicht verkauft werden können.

Ein Blick in die Verfahrensordnung zeigt, daß die Beurteilungskriterien keineswegs über alle Zweifel erhaben sind: »Für den ›wertvollen‹ Film werden ›wesentliche Entsprechung von Inhalt und Form‹ und ›überdurchschnittliche ästhetische Bedeutung‹, für den ›besonders wertvollen‹ Film ›Übereinstimmung von Inhalt und Form‹ und ›überragende ästhetische Bedeutung‹ verlangt.«[29]

»Die Prüfmaßstäbe geben nur Stichworte, deren Anwendung in das sach- und wertgebundene Ermessen des einzelnen Prüfers gestellt wird. [. . .] In diesem Sinne muß der Prüfer der FBW nicht bloß nach einem ästhetisch begründeten, sondern nach einem allgemein gültigen Urteil streben.«[30]

Gerade diese subjektive Einschätzung macht die Tätigkeit der FBW fragwürdig. Genausowenig kann die Qualität eines Films an seinem Einspielergebnis gemessen werden. Am 3. 12. 1967 wurde ein neues Filmförderungsgesetz mit einer Sittenklausel verabschiedet, die die Rückzahlungspflicht im Falle eines Verstoßes vorsieht.[31] Im Juni 1979 verlangten die Bundesländer, angeführt von Bayern, entscheidende Änderungen im neuen Entwurf eines Filmförderungsgesetzes, die für die progressiven Projekte mit geringem Budget eine entscheidende Verschlechterung bedeuten würde. Filme wie Herzogs *Woyzek* oder Fassbinders *Dritte Generation*, erfolgreich in Cannes 1979, könnten wohl nicht mehr produziert werden.[32] Die Überlegungen der Bundesländer laufen darauf hinaus, die Filmförderung noch stärker als bisher als eine Art Kontrollorgan des deutschen Filmschaffens zu nutzen.

Freiwillige Selbstkontrolle der Filmwirtschaft (FSK)

Die FSK folgte 1949 auf die militärische Filmzensur der Besatzungsmächte und wurde nach dem Vorbild der englischen und amerikanischen Kontrollorganisationen errichtet. Die FSK ist eine Einrichtung der SPIO, der Spitzenorganisation der Filmwirtschaft e. V., der Dachorganisation der drei Spartenverbände der Filmproduzenten, Filmverleiher und Filmtheaterbesitzer. Seit dem 18. 7. 1949 prüft die FSK alle deutschen und ausländischen Filme, die in der BRD und West-Berlin zur öffentlichen Aufführung[33] vorgesehen sind. Zu ihren Aufgaben gehört auch die Prüfung der Werbeunterlagen für die Filme sowie der Titel.

»Sie beruht auf dem Interesse der Filmwirtschaft, den einzelnen Veranstalter von Filmvorführungen davon zu entlasten, sich jeweils mit den örtlichen Behörden (Polizei, Gericht) einigen zu müssen, ob strafrechtliche Bestimmungen verletzt werden. Durch die FSK werden diese Entscheidungen zentralisiert.«[34]

Die Anpassung der FSK-Grundsätze an die strafrechtlichen Bestimmungen des GjS, des § 131 und § 184 StGB schützt allerdings den freigegebenen Film nicht vor dem Zugriff des Staatsanwalts.[35] Die FSK wird erst auf Antrag tätig. Zwar ist es Produzenten und Verleihern freigestellt, den Film der FSK vorzulegen, in der Praxis werden jedoch Kinos, die nicht-freigegebene Filme spielten, von den Verleihern nicht mehr beliefert.

Die FSK besteht aus einem Arbeitsausschuß (acht Mitglieder sind zuständig für die laufende Prüfung), einem Hauptausschuß (fünfzehn Mitglieder als Berufungsinstanz) und einem Rechtsausschuß (fünf Richter oder Jura-Professoren als zusätzliche Revisionsinstanz) sowie einem Überwachungsausschuß (zuständig für Pflichtverletzungen).[36] Die FSK hat die im Grundgesetz geschützten Werte, insbesondere die verfassungsgemäße Ordnung und das Sittengesetz zu beachten (§§ 1-3). Es dürfen nicht vorgeführt werden: Filme, die das sittliche oder religiöse Empfinden oder die Würde der Menschen verletzen, entsittlichend wirken, gegen den grundgesetzlich gewährten Schutz von Ehe und Familie verstoßen, im besonderen brutale und sexuelle Vorgänge in übersteigerter, anreißerischer oder aufdringlicher, selbstzweckhafter Form schildern, die Menschenrechte durch totalitäre oder rassenhetzerische Tendenzen mißachten[37], imperialistische oder militaristische Tendenzen fördern, das Kriegsgeschehen verherrlichen oder verharmlosen. Entscheidend für die Prüfung ist die Wirkung des Films insgesamt sowie einzelner Filmteile. Aus Gründen des Geschmacks oder der persönlichen Anschauung darf die Freigabe eines Films nicht abgelehnt werden.[38] Über jeden zu prüfenden Film ergeht eine Entscheidung, die den Film zur öffentlichen Vorführung freigibt bzw. nicht freigibt oder Ausschnitte, Änderungen oder Vorführungsbeschränkungen auferlegt. Außerdem wird bei jedem Film entschieden, ob er zur Vorführung an den nach landesgesetzlicher Regelung festgelegten stillen Feiertagen freigegeben wird. Daneben haben die Landesjugendminister ihr Filmfreigaberecht für Kinder und Jugendliche an die FSK delegiert, die in den um Jugendsachverständige erweiterten Prüfausschüssen über die Jugendfreigabe entscheidet und die Filme daraufhin prüft, in welcher Altersgruppe sie gezeigt werden dürfen.[39] Die Tätigkeit der Filmprüfung und Jugendfreigabe wird ergänzt durch ein Angebot der Manuskriptberatung: in den Grundsätzen der FSK wird den Filmherstellern empfohlen, »insbesondere in Grenzfällen die Filmentwürfe oder Drehbücher der FSK vorzulegen, um Fehlleitungen von Kapital und Material zu vermeiden«. Die aufgrund der Vorlage ausgesprochene gutachterliche Stellungnahme greift der späteren Prüfentscheidung nicht vor.[40]

Immer wieder wurde der FSK der Vorwurf einer Zensur gemacht, so schon 1958 von Johanne Noltenius[41], deren Auffassung aber von der SPIO als unzutreffend bezeichnet wurde, da die Verfassungsmäßigkeit der FSK-Tätigkeit wiederholt geprüft und bestätigt worden sei.[42] Ott belegt seinen Zensurvorwurf vor allem mit der Zusammensetzung der Gremien; »da es dem Staat nach Art. 5 (1) Satz 3 GG verboten war, selbst eine Zensur auszuüben, nahm er die Gelegenheit wahr, hier Vertreter in ein Zensurgremium zu entsenden und damit indirekt doch die Zensurentscheidungen mit zu beeinflussen«.[43]

Zunächst waren auch offizielle Kirchenvertreter an den FSK-Ausschüssen beteiligt, aber seit 1. 1. 1972 zogen Kirchen, Bund und Länder ihre Vertreter ab, so daß die Filmwirtschaftsvertreter allein über die Freigabe entscheiden und Verleiher und Produzenten Filme für Erwachsene über 18 Jahren nicht mehr zwangsweise vorlegen müssen.[44] Durch Schnittauflagen nahm die FSK jedoch auch Einfluß auf die künstlerische Gestaltung von Filmen.

»Als Beispiel für die Verstümmelung von Filmkunstwerken durch einschneidende Auflagen der Kunstzensoren in der FSK sei lediglich an Vittorio de Sicas Film ›Die Eingeschlossenen von Altona‹ nach dem gleichnamigen Stück von Sartre und an Vilgot Sjömans Film ›491‹ erinnert, dessen Inhalt in der freigegebenen Fassung nur noch verständlich wurde, wenn man das Programmheft nachlas.«[45]

Interministerieller Filmausschuß (IMF)

Zwischen 1954 und 1967 existierte der IMF, der über Zulassung und Ablehnung von Ostblock-Filmen entschied. Gegen seine Entscheidungen gab es keine Berufungsmöglichkeit in einer nachgeordneten Instanz, höchstens eine Klage vor dem Verwaltungsgericht. Während alle in der BRD vorgeführten Filme zunächst von der FSK zugelassen werden müssen, gilt für Filme aus Ostblockstaaten eine weitere Einschränkung: seit 1954 müssen sie auch dem Bundesamt für gewerbliche Wirtschaft in Frankfurt vorgelegt werden; sie benötigen eine devisenrechtliche Einfuhrgenehmigung. Über die Importerlaubnis entschied der IMF, bestehend aus Vertretern des Wirtschafts-, Justiz-, Innen- und Gesamtdeutschen Ministeriums, dem Auswärtigen Amt sowie dem Bundespresseamt.[46] Der Ausschuß wurde auf Betreiben des Verfassungsschutzes eingerichtet und begründete seine Zensurtätigkeit mit der juristischen Konstruktion, daß ein Beamter, der die devisenrechtliche Genehmigung für Filmimporte ausspricht, sich strafrechtlicher Verfolgung aussetzen würde, wenn sich einer der importierten Filme als verfassungsverräterisch erweist.[47] Der IMF empfahl – nach eigener Prüfung – dem Bundesamt für gewerbliche Wirtschaft dann Genehmigung oder Verbot der Filme. Bis 1961 war die Handhabe dieser Tätigkeit der § 93 StGB, der die Einfuhr von Schriften und anderen Medien, die den Bestand der BRD beeinträchtigen könnten, unter Strafe stellte. Am 25. 5. 1961 wurde er durch das »Gesetz zur Überwachung strafrechtlicher und anderer Verbringungsverbote« ersetzt, nach dem Filme, die in die BRD oder das Land Berlin »verbracht« werden, innerhalb einer Woche dem Bundesamt für gewerbliche Wirtschaft vorzulegen sind. »Durch Verordnung vom 12. 10. 1961 sind Filme mit Ursprung in anderen als Ostblockstaaten von dieser Vorlagepflicht befreit worden.«[48]

1967 wurde die Tätigkeit des IMF wegen Verfassungswidrigkeit eingestellt[49], das BVerfG entschied jedoch am 25. 4. 1972, »daß die Vorlagepflicht nach § 5 (2) des Überwachungsgesetzes nicht gegen das Zensurverbot des GG verstößt«.[50]

Zwei Filme, die aufgrund des Verbotes durch den IMF nicht in der BRD gezeigt werden durften, waren die beiden letzten Teile der Trilogie der russischen Verfilmung von Scholochows Roman *Der stille Don* und der polnische Film *Mutter Johanna von den Engeln* von Kawalerowicz.[51]

Kirchliche Kontrollinstanzen

Zentrum der katholischen Filmarbeit ist das »Internationale katholische Filmbüro« – OCIC – in Brüssel, in dem 40 Länder vertreten sind. Das Büro bewertet die Filme und übernimmt damit pädagogische Aufgaben, wie es schon 1936 in »vigilanti cura« von Papst Pius XI. formuliert wurde: Filmkunst müsse zu einem wertvollen Element der Erziehung werden und nicht zu einem der Zerstörung und des Untergangs der Kirche.

In der BRD obliegt die Beurteilung von Filmen der Filmkommission der »Katholischen Filmliga«, deren Prädikatisierungsausschuß aus 20 Mitgliedern besteht und die Filme nach einem Wertungsschema klassifiziert, das von »1 = tragbar auch für Kinder« bis zu »4 = der Film wird abgelehnt« reicht, »weil er geeignet ist, Grundanschauungen des Christentums in Glaube und Sitte zu zersetzen«.[52] Die Urteile der Filmkommission werden im *Filmdienst* veröffentlicht und an über 4000 Stellen (Aushangkästen, Zeitschriften etc.) bekanntgemacht. Im April 1954 faßte der Verband der Filmverleiher einen einstimmigen Beschluß gegen die »Nebenzensur« des katholischen Filmdienstes, da dessen Kritiken auf dem Lande zu einem Instrument des Gewissenszwanges geworden seien. Der Einfluß der Filmliga und anderer kirchlicher Stellen beschränkt sich im Grunde jedoch auf die versuchte Beeinflussung der Gläubigen.

Von der evangelischen Kirche werden alle in der BRD anlaufenden Filme im *Evangelischen Filmbeobachter* besprochen, auf Klassifikation wird verzichtet, jedoch sind Ratschläge enthalten, die in ihren formelhaften Erläuterungen oft mit den katholischen Bewertungen übereinstimmen. Seit 1951 existiert die »Evangelische Filmgilde«, die mit fünfköpfiger Jury den monatsbesten Film auswählt. 1955 wurde als Zentrale das »Filmwerk der evangelischen Kirche« gegründet, gleichzeitig entstand das »Internationale evangelische Filmzentrum« in Paris.[53]

Selbstkontrolle deutscher Romanheft-Verlage

Seit November 1963 existiert die Selbstkontrolle der deutschen Romanheft-Verlage unter Leitung von Rechtsanwalt Dr. Rieger in Köln. Dadurch soll angeblich gesichert werden, daß die Romane insbesondere nicht gegen Jugendschutzbestimmungen verstoßen. Die Kontrolle wird vor der Drucklegung durch Prüfung der Manuskripte ausgeübt, wobei die Funktion von Lektor und Prüfer durchaus in einer Person vereinigt sein kann.

Die Prüftätigkeit erfolgt anhand von Richtlinien für Autoren und Lektoren, deren Einhaltung durch Prüfer und den Vorsitzenden der Selbstkontrolle überwacht wird und die sich weitgehend am GjS orientieren. Die geprüften Romane tragen im Impressum den Vermerk: »Dieser Roman ist von der Selbstkontrolle deutscher Romanheft-Verlage geprüft und freigegeben worden«, sind jedoch durch diesen Vermerk nicht vor dem Eingriff der BPS geschützt.[54]

Selbstkontrolle der Illustrierten (SdI) und Selbstkontrolle Illustrierter Zeitschriften (SIZ)

Um Indizierungen durch die BPS zu entgehen, schlossen sich 1957, auf Initiative des damaligen Bundesinnenministers Schröder, fast alle großen deutschen Illustrierten zur SdI zusammen. Ein Beirat aus Vertretern von Kirchen und Erziehungsinstitutionen, in dem auch Staatsvertreter gastweise mitwirkten, wurde geschaffen. Die Beiratsmitglieder, die nicht stimmberechtigt waren, stellten die beanstandeten Beiträge und Bilder (vor allem aus dem sexuellen Bereich) zur Diskussion. Die Illustriertenvertreter rechtfertigten sich gegen die Vorwürfe. Es gab keinerlei Sanktionsmöglichkeit, und als die kommerzielle Auswertung sexueller Darstellungen einträglicher wurde, kündigte der Beirat 1964 seine Tätigkeit auf. Zwei Jahre später schlossen sich 25 Zeitschriften zu einer neuen Selbstkontrolle, der SIZ zusammen. Sie stellte sich die Aufgabe: Einhaltung des Prinzips der freien Presse, die eine publizistische Verantwortung gegenüber der Gesellschaft wahrnimmt, und im besonderen Vermeidung jugendgefährdender Darstellungen in den illustrierten Zeitschriften.

Die Struktur der SIZ unterschied sich von der SdI durch die veränderte Rolle des Beirats: er bestand nicht mehr aus Anklägern, sondern aus stimmberechtigten, »von den Zeitschriftenverlegern kooptierten unabhängigen, sachverständigen Persönlichkeiten des öffentlichen Lebens«.[55] Ergebnis waren Hinweise auf einen zu schaffenden Kanon, Sanktionen waren nicht möglich. Die Arbeit gründete auf dem Vertrauen, daß gute Argumente die Illustriertenverleger davon überzeugen würden, ihre Aussagen gewissen selbstgesetzten Normen zu unterwerfen. Kommerzielle Auseinandersetzungen, die Konzentration auf dem Illustriertenmarkt (die Mitgliedschaft bestand zuletzt nur noch aus den beiden Großverlagen Bauer und Gruner & Jahr) sowie die allgemeine Liberalisierung gegenüber sexuellen Darstellungen führten am 9. 10. 1971 zur Auflösung der SIZ.[56]

Volkswartbund (VWB)

In den fünfziger und sechziger Jahren spielte der Volkswartbund als »Moralwächter der Volksseele«[57] und Zulieferer für die BPS eine große Rolle. Allein zwischen 1959 und 1962 leitete er den Innenministerien der Länder 271 Indizierungsanträge zu, die in 91 Fällen Indizierungen bei der BPS nach sich zogen. Daneben stellte er über 700 Anzeigen bei den Staatsanwaltschaften.[58]

Der Volkswartbund konstituierte sich 1927 als privater katholischer Verein als Nachfolgeinstitution des 1898 gegründeten »Kölner Männervereins zur Bekämpfung der öffentlichen Unsittlichkeit« mit seinem Organ *Der Volkswart* (seit 1908). Er überstand die NS-Zeit unbeschadet. Seit 1951 nannte er sich »Bischöfliche Arbeitsstelle für Fragen der Volkssittlichkeit«, der die Fuldaer Bischofskonferenz »vor allem die Wahrnehmung des literarischen Jugendschutzes und die Bekämpfung der öffentlichen Unsittlichkeit« übertrug.[59] Die Vereinstätigkeit wurde in starkem Maße vom Kölner Erzbischof kontrolliert, der den Vorsitzenden des Vereins sowie den »geistlichen Beirat« ernannte.[60] Alle wesentlichen Beschlüsse, insbesondere die Wahl der übrigen Vorstandsmitglieder, bedurften der Zustimmung des Beirats. Der Volkswartbund bezeichnete sich selbst als Initiator des GjS, arbeitete zu Beginn mit mehreren Mitgliedern in der BPS mit, er beobachtete den Buchmarkt und belieferte, da selbst nicht antragsberechtigt, die Innenministerien der Länder mit ausgearbeiteten Indizierungsanträgen, die nur noch unterschrieben weitergeleitet zu werden brauchten.[61] Gelegentlich nahm er auch direkt Einfluß: etwa 1962, als in Saarbrücken nach dreiwöchiger Verkaufszeit die erste Ausgabe der neuen satirischen Monatsschrift *Pardon* wegen »Verdachts der Verbreitung unzüchtiger Schriften« beschlagnahmt wurde, nachdem er schon zuvor durch Strafanzeige erreicht hatte, daß zwei Seiten überklebt und drei Karikaturen unkenntlich gemacht wurden.[62] Weiterhin definierte er bestimmte Bücher als »unzüchtig«: Lawrences *Lady Chatterly*, Nabokovs *Lolita*, Rocheforts *Das Ruhekissen* und andere mehr[63] und erhob die Forderung, häufiger als bisher Strafanträge gegen Filme auch nach der Freigabe durch die FSK zu stellen.[64] Der Volkswartbund hielt regelmäßig Jahrestagungen unter bestimmten Themen ab, so 1962 über »Literatur und Sittlichkeit«[65], und erhielt noch auf seiner Tagung 1964 die Grußadresse des Bundesfamilienministeriums: er habe »eine wichtige Aufgabe zur Erhaltung unserer christlichen Wertordnung«.[66] Der Volkswartbund gab verschiedene Schriften heraus[67], ab 1965 die Zeitschrift *Concepte.* 1971 wurde er umbenannt in »Zentralstelle für Fragen der Sozialethik und Sozialhygiene e.V.«

Zentralstellen bei den Staatsanwaltschaften

»Die Zentralstellen zur Bekämpfung jugendgefährdender Schriften bei den Staatsanwaltschaften haben die Maßnahmen der Polizei und Staatsanwaltschaften gegen jugendgefährdende Schriften zu koordinieren, zu intensivieren und die überregionalen Interessen des Jugendschutzes im Bereich der Strafverfolgung zu betreiben. Sie sind zuständig zur Bekämpfung offensichtlich sittlich schwer jugendgefährdender Schriften (§§ 6, 21 GjS und § 15 JSchÖG) und für die Ahndung von Verstößen gegen Vertriebsbeschränkungen indizierter Schriften (§ 21 GjS).«[68]

Aktionen und Initiativen

Neben den genannten Kontrollinstanzen mit und ohne Sanktionsmöglichkeiten gab und gibt es offensichtlich immer wieder eine Reihe von Aktionen und Initiativen, die mehr oder weniger spektakulär agierten und meist schnell wieder von der Bildfläche verschwanden. Da eine Aufzählung fragmentarisch bleiben muß, stehen die im folgenden genannten auch stellvertretend für andere.

Anfang der 50er Jahre kam es zu Aktionen gegen die Aufführung des Films *Die Sünderin*: katholische Jugendliche warfen Stinkbomben oder fotografierten, behinderten Filmbesucher am Ausgang.[69]

Der »JUGENDBUND FÜR ENTSCHIEDENES CHRISTENTUM«, organisatorisch zwar von der Kirche unabhängig, jedoch die meisten der 10000 Mitglieder auch in der evangelischen Landeskirche, veranstaltete im Oktober 1965 in Düsseldorf eine Bücherverbrennung, der z. B. Grass' *Die Blechtrommel*, Camus' *Der Fall*, Nabokovs *Lolita*, Kästners *Herz auf Taille* wegen »Unsittlichkeit« zum Opfer fielen.[70]

Die »AKTION SAUBERE LEINWAND« (ASL) nahm 1965 von Schweinfurt ihren Ausgang, mit dem Ziel einer strengeren Kontrolle des Films durch FSK und FBW. In Bürgeraktionen wurden Unterschriften unter folgenden Aktionsaufruf gesammelt: »Wir Bürger der Stadt ... wollen sittlich saubere und moralisch vertretbare Filme. Wir verwahren uns dagegen, daß unter dem Deckmantel Kunst mit der Unmoral Geschäfte gemacht werden. Wir bitten den Herrn Bundespräsidenten und den Herrn Ministerpräsidenten, ihre Autorität dafür einzusetzen, daß sich die Verantwortlichen der Filmselbstkontrolle und der Filmbewertungsstelle ihrer Pflicht wieder bewußt werden und ihre Entscheidungen in strikter Einhaltung der Grundsätze ihrer Institution fällen.«[71] 23456 Unterschriften konnten dem Bundespräsidenten Lübke vorgelegt werden. In Süddeutschland sollen Kinobesitzer daraufhin Filme, die von den Kirchen die Note 4 bekamen, nicht mehr vorgeführt haben.

140 Bundestagsabgeordnete der CDU/CSU, angefeuert von Prof. Adolf Süsterhenn (dem Initiator der ASL), aufgeschreckt durch eine angebliche »Diktatur der Unmoral«[72] erklärten nicht nur die FSK für unzureichend, sondern forderten einen Zusatz zum Art. 5 GG, der die Freiheit von Kunst, Wissenschaft, Forschung und Lehre an die »Treue zur Verfassung« und die » Wahrung der sittlichen Ordnung« binden sollte.[73] Zwar wurde dieser Grundgesetzänderungsantrag zeitweise von der Hälfte der CDU/CSU-Fraktion unterstützt[74], hatte jedoch keinen Erfolg.[75]

Eine Sektion der »Gesellschaft zur Förderung öffentlicher Verantwortung e.V.« konstituierte sich zu Beginn der siebziger Jahre als »AKTION FUNK UND FERNSEHEN« (AFF). Ihre Kritik an den Rundfunkanstalten war politischer Art: sie fürchteten eine »Volksfront-Sozialisierung« und erklärten »niedergeschlagen«: »Hasch und Syphilis zerfressen Gehirn und Blut unserer Jugend. Kommunen unterlaufen die Ehe. Gesetzgeber bauen Sexualstrafdrohungen ab. Landesverräter werden begnadigt. Schleichende Sozialisierung greift nach der Macht in den Betrieben.«[76] Da die Funkanstalten diesen Entwicklungen ihrer Ansicht nach hilflos gegenüberstanden, sollten die Rundfunkräte durch Hörerparlamente ersetzt werden. In Rundbriefen, Broschüren sowie einer Jahrestagung in Bonn verbreitete die Aktion ihre Meinung und die Forderung nach der »uneingeschränkten Anwendung des Extremistenerlasses in den Funkhäusern« und der Verwehrung des Zutritts von »verfassungsfremden Kräften« zu den öffentlich-rechtlichen Medien.[77]

Zur gleichen Zeit gründete Otto Böger eine »INTERESSENGEMEINSCHAFT DER FERNSEHTEILNEHMER«, die den Sendern regelmäßig ausführliche Programmkritiken zustellen sollte.[78]

In Oberhausen entstand eine Gemeinschaft »FUNK- UND FERNSEHMITGESTALTUNG«, die eine »grundsätzliche Reform des Fernsehens« forderte sowie eine Umgestaltung des Programms: »sie möchte mehr alte deutsche Spielfilme sehen und weniger Kriminalreihen, mehr deutsche Sendungen und weniger ausländische Importe«, ein »einwandfreies Programm« und » absolut saubere Sendungen«, denn der »Rundfunk verseucht unsere Jugend«.[79]

Im Januar 1973 forderten mehrere katholische Vereinigungen, darunter »Pro Veritate«, »Una Voce Helvetica«, die »Bewegung für Papst und Kirche« und ein »Kirchlicher Ritterorden St. Mariae« die Absetzung des Fernsehfilms *Religion aus dem Untergrund* von Hans-J. Geppert und Ule Eith. Der Programmdirektor des NDR, Schwarzkopf, wurde unter Androhung eines Prozesses vor dem Internationalen Gerichtshof aufgefordert, die »schwarze Messe« vom Programm abzusetzen – Thema des Films war die Abkehr Jugendlicher vom ausschließlich aufs Diesseits bezogenen Leben und ihre Hinwendung zum »religiösen Trip«. Schwarzkopf beugte sich dem katholischen Diktat und verordnete die Absetzung.[80]

Der Fernsehdienst »Tele-control«, indirekt durch Abonnements von der CDU finanziert, erscheint in der Auflage von 1000 Stück im telcon-Verlag, der dem CDU-Mitglied Rainer von zur Mühlen gehört. »In erster Linie will ›Tele-control‹, wie es heißt, ›wirtschaftsfeindliche Tendenzen in Rundfunksendungen aufspüren und dabei auch auf verfassungsfeindliche Aktivitäten achten. [...] So wird dabei denn alles herausgesucht, was irgendwie kritisch mit dem Gesellschaftssystem umgeht.«[81] Schwerpunkt der Arbeit ist der Köln-Bonner Raum, betrifft also vor allem Sendungen des WDR, NDR und HR. »Aufgespießt werden immer nur ›linke‹ Sendungen oder ›linkskritische‹ Kommentare.«[82]

»Tele-control« lieferte den Grundstock zu der 1978 erschienenen CDU-Dokumentation über angeblich linkslastige Sendungen.[83]

Ein »Arbeitskreis Presse und Familie« wurde 1978 in Stegen bei Freiburg gegründet. Er propagiert die Selbsthilfe gegen »geistige Umweltverschmutzung«, d. h. gegen die » Reiz- und Sexpresse«.[84]

Susanne Wetterich
Opposition gegen Zensur

Widerstand gegen Zensur von Sexualität und Gotteslästerung

Am 8. Dezember 1952 protestierte das Deutsche PEN-Zentrum gegen die Einführung des »Gesetzes über die Verbreitung jugendgefährdender Schriften«, nannte es eine Neuauflage des »Schmutz- und Schundgesetzes« und bezeichnete es als »überflüssig, gefährlich und nicht durchführbar«.[1] 1961 gründeten Verleger von 22 Verlagen eine Verlegerschutzgemeinschaft. In einer hierzu verfaßten Erklärung protestierten sie »gegen Tendenzen, mit denen intolerante Machtgruppen über die BPS den Versuch zur schrittweisen Einschränkung der Freiheit von Kunst und Literatur in der Bundesrepublik unternehmen«.[2] Im folgenden wandten sich immer häufiger Schriftstellerverbände und wiederholte Male die »Humanistische Union« (HU) gegen die Zensur von Sexualität in Literatur und Filmen. 1963 richtete sie eine Petition gegen das Gesetz an den Bundestag mit dem Vorschlag, es neu zu fassen, da es ein »Instrument zur Einschränkung der Meinungs- und Informationsfreiheit und der Freiheit der Kunst« sei.[3] 1964 wandte sich die HU erneut mit einem Appell an die Öffentlichkeit, in dem sie vor der Degradierung der FSK zu einem »verfassungswidrigen Zensurinstrument«[4] warnte; 1966 ließ sie eine Studie zu der Frage »was ist jugendgefährdend« anfertigen[5], und 1968 unterstützte sie eine Verfassungsbeschwerde der Rechtsanwälte Hannover und Monnerjahn gegen die Entscheidung der FSK, den Film *Du* zunächst gar nicht und später nur mit Schnittauflagen zur öffentlichen Aufführung zuzulassen. Dies sei ein »Verstoß gegen das im Art. 5 Abs. 1 GG verbriefte Zensurverbot« und außerdem eine »Verletzung der Informationsfreiheit«.[6] Bereits im Vorfeld der Reform des § 184 StGB im Jahre 1973 nahmen die Proteste gegen diesen Bereich der Zensur ab.

In den Jahren 1959/60 wurden mehrere Redakteure von Studentenzeitungen wegen »Gotteslästerung« strafrechtlich verfolgt. Der Herausgeber der Heidelberger Studentenzeitung »forum academicum« wurde aufgrund katholischen Drängens im Herbst 1959 seines Postens als VDS-Pressereferent enthoben, weil in dieser Zeitung der Artikel »Eine Paradiesgeschichte« erschienen war. Am 20. 11. 59 wurde er außerdem wegen »Gotteslästerung und Verbreitung unzüchtiger Schriften« zu 500 DM Geldstrafe verurteilt.[7] Die Gutachten verschiedener Hochschullehrer erwirkten schließlich den Freispruch am 7. 7. 1960 vor dem OLG Karlsruhe. Noch mehr Staub wirbelte eine *Missa Profana* auf, die der Student Reinhard Döhl in der Göttinger Studentenzeitung »Prisma« veröffentlichte und über die fast die gesamte Presse verurteilend berichtete. Aufgrund verschiedener Gutachten lehnte das Amtsgericht Göttingen die Eröffnung des Verfahrens wegen Gotteslästerung zunächst ab. Als nach Beschwerde der Staatsanwaltschaft der Prozeß dennoch am 30. 9. 60 begann, verfaßten verschiedene Schriftsteller, unter ihnen Böll und Kästner, sowie Professoren wie der Stuttgarter Literaturwissenschaftler Martini, weitere Gutachten, die den Vorwurf der »Gotteslästerung« zurückwiesen. Am 11. 4. 61 wurde Döhl schließlich vor dem 5. Strafsenat des BGH freigesprochen.[8]

Widerstand gegen politische Zensur. Das 1. Strafrechtsänderungsgesetz. 1950 ff.

Das 1. Strafrechtsänderungsgesetz ergänzte das geltende Strafgesetzbuch in den Kategorien Hoch- und Landesverrat, verschärfte die Strafbedingungen, führte als neues Delikt die sog. »Staatsgefährdung« ein und wurde zur rechtlichen Grundlage der politischen Zensur von Zeitungen und der Verurteilung Tausender von Menschen. Das Gesetz bildete Anfang der fünfziger Jahre die Grundlage für die politische Verfolgung all derer, die nicht mit der Wiederbewaffnung, Restauration und Spaltung Deutschlands durch die Adenauersche Politik konform gingen. Allein zwischen 1952 und 1954 wurden aufgrund dieses Gesetzes 8000 politische Strafverfahren eingeleitet. Es wurde am 11. 7. 1951 mit den Stimmen aller Parteien (mit Ausnahme der KPD) im Bundestag auffällig schnell (»Blitzgesetze«) durchgepeitscht, obgleich sowohl der Strafrechtsausschuß der Deutschen Rechtsanwälte am 25. 8. 50 (»zu allgemein gefaßt«) als auch der 38. Juristentag am 15. 9. 50 (»Ein Abgleiten in das politische Strafrecht verhindern«) sich dagegen ausgesprochen hatten.[9] Das Gesetz traf auf eine anwachsende Bewegung gegen die geplante Remilitarisierung in Westdeutschland. In einer verbotenen Volksbefragung hatten sich über 9 Millionen Menschen gegen die Remilitarisierungspläne ausgesprochen.[10] Das Hauptergebnis der ersten Strafrechtsreform war die Schaffung einer politischen Justiz.

Außer bei der damals hauptsächlich davon betroffenen KPD und Organisationen in deren Umkreis[11] regte sich jedoch kaum Opposition. Verschiedene Zeitungen veröffentlichten kritische Kommentare, in denen sie auf die Gefährdung der »Freiheit der Meinung im politischen Leben«[12] hinwiesen und teilweise Vergleiche mit Nazigesetzen wie dem »Gesetz zum Schutze von Volk und Staat« oder gar dem »Heimtückegesetz« zogen.[13] Die SPD hatte trotz ihrer Oppositionsrolle im Bundestag der Verabschiedung der Gesetze zugestimmt. Obwohl teilweise Gewerkschafter, Linkssozialisten und SPD-Mitglieder sich mit den Kommunisten solidarisierten, konnte deren Widerstand zerschlagen werden. 1956 erfolgte das KPD-Verbot; ein breiterer Widerstand von Kräften verschiedener politischer Anschauung in gemeinsamem Handeln mit den Kommunisten blieb aus.[14]

Die oppositionellen Ansätze in den Anfangszeiten der Bundesrepublik ergaben sich eher in anderen Fragen als in der Verteidigung der Meinungsfreiheit. So gab es massive Proteste gegen das Betriebsverfassungsgesetz und insbesondere gegen die Remilitarisierung und die Außenpolitik der Adenauer-Regierung. Die ab 1954 aufkommende Kritik an den »Blitzgesetzen« lag vor allem in juristisch-fachlichem Gebiet und beruhte auf drei Aspekten: 1) Die Bestimmungen seien so weit gefaßt, daß praktisch jegliche Betätigung der Kommunisten strafrechtlich verfolgt werden könne. 2) Die rechtsstaatliche Organisation des Strafverfahrens verliere an Wirkung. 3) Der Grundsatz der »Verhältnismäßigkeit der Mittel« sei verletzt. Diese Kritiker erhofften sich eine Novellierung der Gesetze und setzten daher aufs Parlament und insbesondere auf die SPD, die sich auch prompt für die »Überprüfung des gesamten politischen Strafrechts einsetzen« wollte.[15] Auch die Kräfte um die 1955 entstandene »Paulskirchenbewegung«, die sich gegen die Remilitarisierung wandte, erhofften eine Durchsetzung ihrer innenpolitisch liberaleren Vorstellungen im Parlament. Ab 1954 stand das politische Strafrecht im Bundestag erneut zur Diskussion. Der SPD-Abgeordnete Adolf Arndt erklärte am 7. 2. 57, daß ihm seine »eigene Mitwirkung« am 1. Strafrechtsänderungsgesetz »das Gewissen drückt«. Er kritisierte jedoch vor allem die »Auslegung« des Gesetzes, ohne dessen Abschaffung zu fordern.[16] Bei der Lesung des 4. Strafrechtsänderungsgesetzes (»Maulkorbgesetz«) 1957 meldete Arndt ebenfalls Bedenken an, daß damit jede Kritik, auch die »sachliche«, unterdrückt werden könne.[17] Auch der sozialdemokratische »Vorwärts« verwandte radikale Worte: »Mit Vorschriften, die den Geist der Unfreiheit atmen, kann man die Freiheit nicht verteidigen.«[18] In den folgenden Jahren zeigte es sich, daß die SPD und die später ebenfalls in der Opposition stehende FDP »für eine nachhaltige Einschränkung der Politischen Justiz eintraten, die Regierungsmehrheit unter Führung der CDU/CSU eine derartige Maßnahme jedoch ablehnte. Auch später [Anfang der sechziger Jahre] setzten sich führende Repräsentanten der SPD wie Gustav Heinemann und Adolf Arndt für eine Verminderung der Politischen Justiz ein, während die CDU/CSU sich dagegen aussprach.«[19]

Die Göttinger Erklärung. 1957

Achtzehn Atomwissenschaftler, darunter drei Nobelpreisträger, veröffentlichten am 12. April 1957 in Göttingen eine »Erklärung gegen die atomare Bewaffnung der Bundeswehr«, in der sie schrieben, sie fühlten sich »verpflichtet, öffentlich auf einige Tatsachen hinzuweisen, die alle Fachleute wissen, die aber der Öffentlichkeit noch nicht hinreichend bekannt zu sein scheinen« – nämlich auf die ungeheure Zerstörungswirkung von Kernwaffen. »Wir kennen keine technische Möglichkeit, große Bevölkerungsmengen vor dieser Gefahr zu schützen.«[20] Eben weil die Öffentlichkeit darüber getäuscht worden war, sprach Bundeskanzler Adenauer den Wissenschaftlern das Recht ab, sich in die politischen Fragen der atomaren Aufrüstung einzumischen. »Die alarmierte Öffentlichkeit, die sich zu spontanen Kundgebungen zusammenfand, zwang Regierung und Parlament, sich den außerparlamentarischen Argumenten zu stellen.«[21] Die Auseinandersetzungen um die Göttinger Erklärung waren der Ausgangspunkt der »Ostermarschbewegung«, an der sich in den kommenden Jahren Zehntausende beteiligten.

Die Spiegel-Affäre. 1962

Breiter Widerstand gegen Zensur bildete sich erstmals anläßlich der »Spiegel-Affäre« Ende 1962. Im Spiegel Nr. 41/1962 war eine Analyse des NATO-Herbstmanövers »Fallex 62« erschienen, die eine harte Kritik am Verteidigungskonzept der CDU-Regierung enthielt und ein außenpolitisches Konzept befürwortete, das in Verteidigungsfragen eine größere Unabhängigkeit von den USA implizierte – ohne freilich das Prinzip der »Vorwärtsverteidigung« und die damalige Außenpolitik grundsätzlich anzugreifen.

Die wachsenden Schwierigkeiten der CDU-Regierung zeigten sich in der Reaktion des Verteidigungsministers Strauß: Gegen den Spiegel wurde der Vorwurf des »Landesverrats« und der »aktiven Bestechung« erhoben, seine Büros in Hamburg und Bonn wurden durch Staatsanwälte und Polizei besetzt und mehrere Redakteure kurzzeitig verhaftet. Der verantwortliche Redakteur Conrad Ahlers wurde illegal in Spanien verhaftet und saß zwei Monate in deutscher Untersuchungshaft, der Herausgeber Rudolf Augstein sogar insgesamt 103 Tage.

Die Reaktion der Öffentlichkeit auf dieses Vorgehen der Regierung war unerwartet scharf. »Auf jede Zeitung, welche die Regierung unterstützte, kamen drei, die sie verurteilten. Doch selbst die meisten von denen, die prinzipiell die Maßnahmen befürworteten, waren mit ihrem willkürlichen Charakter nicht einverstanden und prangerten die Art und Weise an, wie man den Justizminister umgangen und Ahlers in Spanien verhaftet hatte.«[22] Die meisten Zeitungen kritisierten die Maßnahmen als »verfassungswidrig« und »als einen ersten Schritt zur Diktatur«. Auch praktische Solidarität wurde geübt: »Den aus ihren Büroräumen vertriebenen Angestellten des Magazins wurden andernorts Räumlichkeiten zur Verfügung gestellt, und bekannte Journalisten und Fernsehkommentatoren offerierten ihre Dienste, um dem Spiegel unbehindertes weiteres Erscheinen zu ermöglichen.«[23] Der Deutsche Journalistenverband protestierte gegen die »Verletzung des in der Verfassung verankerten Zensurverbots«.

Erstmals in der Geschichte der Bundesrepublik waren auch die Studenten an der Opposition beteiligt. Sie konnten sich bei ihren spontanen Aktionen einer großen Publizität sicher sein. Bereits in den ersten Tagen fanden in Frankfurt, München, Berlin, Hamburg und Stuttgart aufsehenerregende Demonstrationen statt.[24] »Insgesamt kam es in den ersten vier Wochen der Spiegel-Affäre zu mindestens 23 Demonstrationen in 17 Städten der Bundesrepublik, meist mit Sitz einer Universität oder Hochschule. Am häufigsten ging die Initiative von politischen Studentenverbänden wie dem Liberalen Studentenbund Deutschlands (LSD), dem Sozialistischen Deutschen Studentenbund (SDS), dem Sozialdemokratischen Hochschulbund (SHB) oder gewerkschaftlichen Studentengruppen aus. Doch die Mehrzahl der Demonstranten bestand aus Studenten, die sonst nicht in politischen Studentenverbänden mitarbeiteten.«[25] Vereinzelt wurden die Demonstrationen auch von nichtstudentischen Jugendorganisationen durchgeführt. »Die politische Bedeutung der Demonstrationen bestand darin, daß die Eindeutigkeit ihrer Aussage dazu beitrug, einen Teil der Presse seinerseits zu deutlichen Meinungsäußerungen zu veranlassen.«[26] Ein anderes Mittel waren Veranstaltungen, die größtenteils als Diskussionen prominenter Politiker, Publizisten, Schriftsteller und Professoren durchgeführt wurden. Das breite Interesse ließ sie zu Formen politischer Kundgebungen werden. »Bis zum 18. 12. war es an den westdeutschen Universitäten und Hochschulen zu wenigstens 15, darunter 8 überregional beachteten Podiumsdiskussionen gekommen. [. . .] Es gab kaum eine örtliche Jugendgruppe oder Jugendeinrichtung, die die Spiegel-Affäre nicht bis weit ins Jahr 1963 hinein zum Thema einer Diskussion gemacht hätte.«[27]

Zahlreiche Protesterklärungen wurden von Schriftstellern und Künstlern abgegeben. Ihr Hauptmotiv war die Einschränkung der politischen Freiheitsrechte und der Meinungsfreiheit. Das PEN-Zentrum wandte sich in einer Erklärung gegen die widerrechtlichen Methoden des Verteidigungsministers. Besonderes Aufsehen erregte das am 28. 10. 1962 veröffentlichte »Manifest der Gruppe 47«. Es unterschied sich nicht nur im Ausmaß der erlangten Publizität von den Stellungnahmen anderer Schriftsteller und Künstler. Es ging über den bloßen Protest gegen das Fehlverhalten einzelner Politiker hinaus und erklärte: »Die Unterzeichneten drükken Herrn Rudolf Augstein ihre Achtung aus und sind mit ihm solidarisch. In einer Zeit, die den Krieg als Mittel der Politik unbrauchbar gemacht hat, halten sie die Unterrichtung der Öffentlichkeit über sogenannte militärische Geheimnisse für eine sittliche Pflicht, die sie jederzeit erfüllen würden.«[28] Gegen das Manifest wurde von seiten der CDU der Vorwurf erhoben, es enthalte eine »Aufforderung zum Landesverrat«, und es wurde in den Mittelpunkt einer Gegenkampagne gestellt, um die Oppositionsbewegung und besonders die »Linksintellektuellen« zu treffen – ganz im Sinne Erhards, der im Geiste seiner angestrebten »Formierten Gesellschaft« die Intellektuellen als »Pinscher« bezeichnete.

Völlig unerwartet für die CDU-Regierung war das Eingreifen der Professoren, die sich in der Bundesrepublik ansonsten politisch abstinent zu verhalten pflegten. »Wie eine Bombe [. . .] schlug die Erklärung ein, die 54 Professoren der Universität Tübingen am 19. 11. 62 abgaben.«[29] Weitere Erklärungen folgten in Heidelberg, Bonn und Stuttgart. Die Professoren wandten sich gegen »die politischen Fehler und Mißstände«, die (so die Bonner Erklärung) »nicht in gerichtlichen Verfahren geheilt und gesühnt werden können«. Kritisiert wurde, »daß bei dem Vorgehen der Bundesbehörden Regeln der parlamentarischen Demokratie und rechtsstaatliche Grundsätze mißachtet wurden« (Heidelberger Erklärung). Außerdem wurde protestiert gegen die »Mißachtung politischer Sitten« (Heidelberger Erklärung).[30] Auch die »Deutsche Liga für Menschenrechte« und die »Humanistische Union« gaben Erklärungen ab, in denen sie die Einschaltung des Parlaments als Kontrollinstanz forderten; desgleichen erklärte der DGB-Bundesvorstand am 6. 11. 62, es seien »entscheidende Schwächen unserer jungen Demokratie enthüllt« worden, rief jedoch zu keinerlei Aktionen auf. Dennoch kam es »zu zahlreichen Protestaktionen örtlicher Gewerkschaftsgruppen, die in der Form denen der Studenten ähnelten«.[31] Die SPD-Fraktion selbst beschränkte sich auf »kleine Anfragen« im Bundestag und blieb darauf bedacht, sich als »regierungsfähige Kraft« zu etablieren; in verschiedenen Fällen untersagte sie sogar dem SHB die Teilnahme an Protestdemonstrationen. Als unmittelbares Ergebnis brachte die Spiegel-Affäre eine schwere Regierungskrise der CDU und die Ablösung des Verteidigungsministers F. J. Strauß.

Widerstand gegen die Notstandsgesetze. 1966-68

Mitte der sechziger Jahre änderte sich die von Adenauer vertretene Politik der Abhängigkeit von den USA. 1966 trat die SPD in die Große Koalition mit der CDU ein; damit schwand die Hoffnung, die viele Oppositionskräfte bisher in die sozialdemokratische Bundestagsfraktion gesetzt hatten. Zugleich kam es 1966/67 zur ersten Wirtschaftskrise seit 20 Jahren. Vor diesem Hintergrund verschärften sich die Auseinandersetzungen um die von der Regierung geplanten Notstandsgesetze (NSG). Es entwickelte sich eine Gegenbewegung von neuer Qualität, an der sich breite Schichten der Bevölkerung, Gewerkschafter und Studenten beteiligten. Die »Außerparlamentarische Opposition« (APO) entstand. Ein wichtiges Element dieser Bewegung – die freilich weit darüber hinausging – war der Widerstand gegen Zensurpläne im Rahmen der NSG. Der erstmals 1962 verfaßte Regierungsentwurf sah für den Fall eines »Notstands« erhebliche Einschränkungen des Art. 5 GG vor. 1964 wurde ein Appell der Humanistischen Union gegen diesen Regierungsentwurf von über 1300 namhaften Persönlichkeiten des öffentlichen Lebens unterzeichnet.[32] Am 2. 10. 1965 lehnte der Deutsche Presserat die sogenannten »schweren« Maßnahmen ab »wie Beschlagnahmung, Vorzensur oder vorübergehendes Verbot von Druckschriften, die bei Veröffentlichungen von Nachrichten, die die Sicherheit der Bundesrepublik oder eines mit ihr verbündeten Staates betreffen, ohne richterliche Anordnung [. . .] verhängt werden können«.[33] Bereits im Oktober 1962 hatte der DGB-Bundeskongreß beschlossen, die Gesetze abzulehnen, weil sie geeignet seien, »elementare Grundrechte, besonders das Koalitions- und Streikrecht sowie das Recht auf freie Meinungsäußerung, einzuschränken und die demokratischen Kräfte in der Bundesrepublik zu schwächen«.[34] Im März 1965 appellierten 215 Universitätsprofessoren an den DGB, bei dieser Ablehnung zu bleiben. Im August 1965 wurde zur Vorbereitung des Kongresses »Notstand der Demokratie« ein Kuratorium gleichen Namens gebildet, in dem neben Vertretern der Studentenorganisationen SDS, LSD, SHB auch die IG Metall, die IG Chemie und zahlreiche Wissenschaftler und Kirchenvertreter zusammenarbeiteten. An dem Kongreß in Frankfurt nahmen 20 000 Personen teil.[35]

Aufgrund dieser Opposition wurden die Gesetzesentwürfe mehrfach geändert. Der Regierungsentwurf von 1967 sah zwar nicht mehr die Einschränkung des Art. 5 GG vor, jedoch blieb durch die Möglichkeit einer Zensur der Berichterstattung und Nachrichtenvermittlung weiterhin die Einschränkung der Meinungsfreiheit durch die NSG gegeben. Im Jahre 1968 gab es über 200 örtliche Kuratorien »Notstand der Demokratie«. Am 11. Mai 1968 beteiligten sich rund 80 000 Menschen an einem Sternmarsch gegen die NSG nach Bonn. In den letzten Tagen vor der Verabschiedung der NSG im Deutschen Bundestag (30. Mai 1968) erreichte die Auseinandersetzung ihren Höhepunkt. An den Universitäten wurden mehrere Institute besetzt, verschiedene Betriebe streikten und in zahlreichen Städten beteiligten sich Tausende von Menschen an Protestdemonstrationen.[36]

Widerstand gegen Springers Pressemonopol. 1967/68

Die Studentenbewegung führte, insbesondere nach der Erschießung des Studenten Benno Ohnesorg durch einen Polizisten (am 2. Juni 1967 während einer Demonstration gegen den Besuch des Schah in Berlin), den Mangel an politischem Bewußtsein in der Bevölkerung auf die Manipulation durch die Massenmedien zurück. Hierbei stand Axel Springers Bild-Zeitung im Mittelpunkt der Kritik. Der Springer-Konzern, der damals 32,7 % aller deutschen Zeitungen und Zeitschriften kontrollierte (in Westberlin sogar über 80 %), schüre geradezu eine Pogromstimmung gegen die Studenten und alle »Linken«. Springers wirtschaftliche Übermacht im Pressesektor wurde als Einschränkung der Informations- und Meinungsfreiheit verstanden, und nach dem Attentat auf den Studentenführer Rudi Dutschke (am 11. 4. 68 in Berlin), das sofort als Folge der von der Bild-Zeitung praktizierten »Volksverhetzung« interpretiert wurde (»BILD hat mitgeschossen«), kam es Ostern 1968 im ganzen Bundesgebiet zu Demonstrationen und Aktionen gegen den Springer-Konzern und insbesondere gegen die Bild-Zeitung, deren Auslieferung in mehreren Städten vorübergehend blockiert wurde. Mit den Studenten solidarisierten sich Teile der liberalen Öffentlichkeit. Bereits im Oktober 1967 hatten die Schriftsteller der »Gruppe 47« eine Resolution zu Springer verfaßt, in welcher sie jede weitere Mitarbeit in Springer-Zeitungen aufkündigten und »die Kollegen im PEN und in den deutschen Akademien« aufforderten, »zu überprüfen, ob sie eine weitere Zusammenarbeit mit dem Springer-Konzern noch verantworten können«.[37]

Sensibilisierung und Verbreiterung des Widerstands gegen Zensur. 1969 ff.

Das Bewußtsein, daß die Meinungsfreiheit zu verteidigen sei, hat seit dieser Zeit zugenommen. So erhob der Verband deutscher Schriftsteller (VS) bei seiner Gründung am 9. Juni 1969 »die Freiheit der Meinungsäußerung wieder zu einem seiner satzungsmäßigen Ziele, die er als Beitrag zur Praktizierung der Demokratie verstand. [...] Konsequent beteiligte er sich an keiner staatlichen Zensurbehörde mehr«.[38] Ebenso konsequent protestierte der VS auf seiner Delegiertenversammlung am 11. April 1970 gegen die Beschlagnahme von Ulrich Sonnemanns Buch *Der bundesdeutsche Dreyfuß-Skandal.* Als im Südwestfunk 1970 die Sendung *Bambule* von Ulrike Meinhof abgesetzt wurde, protestierten 122 Mitarbeiter des SWF in einer spontanen Unterschriftenaktion dagegen.[39] Als die Stadt Wuppertal 1971 die Kurzfilme von drei Filmemachern, die diese zu der Kulturwoche »urbs 71« hergestellt hatten, als »nicht ausgewogen« ablehnte, unterschrieben rund 1000 Kulturschaffende eine Protesterklärung, in der es heißt: »Wir stellen fest, daß sich in den letzten Jahren die Versuche mehren, [...] in die Freiheit der Kunst einzugreifen. Wir weisen alle diese Versuche entschieden zurück.«[40] Desgleichen protestierten 114 Teilnehmer des »Kongresses unabhängiger Filmemacher« sowie die Teilnehmer der »Europäischen Konferenz für einen neuen Film« in Stockholm.[41] Der Hauptvorstand der Mediengewerkschaft Rundfunk-Fernseh-Film-Union im DGB (RFFU) schrieb in einer Erklärung zu dem Urteil gegen die Filmemacher: »Es ist geradezu absurd, von einem einzelnen Film Ausgewogenheit zu verlangen.«

Widerstand gegen die 14. Strafrechtsänderungsreform. 1975 ff.

Entgegen der Parole »Mehr Demokratie wagen«, mit welcher die SPD/FDP-Koalition 1969 die Regierung antrat, wurden die demokratischen Rechte auch in der Folgezeit weiter eingeschränkt. Zu nennen ist hier die Verhängung von Berufsverboten aus politischen Gründen und der Ausbau eines umfangreichen, kaum mehr kontrollierbaren nachrichtendienstlichen Kontrollapparates.

Als Ende 1975 das 14. Strafrechtsänderungsgesetz im Bundestag anstand, das die §§ 88a und 130a einführte und damit die »verfassungsfeindliche Befürwortung von Straftaten« unter Strafandrohung stellte, war die Bedeutung dieser Paragraphen für die Zukunft der allgemeinen Meinungsfreiheit in der Öffentlichkeit noch weithin unklar. Während der Frankfurter Buchmesse 1975 veranstaltete der Verband des linken Buchhandels (VLB) gemeinsam mit dem VS eine Podiumsdiskussion zu den Gesetzesvorlagen; es folgten weitere Aufklärungsaktionen und Veranstaltungen in Essen, Köln, Darmstadt und Hannover.[42] Außerdem bildete sich eine »Initiative von Verlegern, Buchhändlern und Kulturschaffenden gegen die 14. Strafrechtsänderung«, die eine umfassende Dokumentation »zur politischen Unterdrückung in der BRD« erstellte. 600 Verleger, Schriftsteller, Verbände und Persönlichkeiten unterschrieben eine Erklärung, in der es heißt: »Wir verurteilen den Versuch von Bundesregierung und Bundestag, das System der ›Staatsschutzparagraphen‹ weiter auszubauen und die Presse- und verlegerische Freiheit sowie die Versammlungs- und Organisationsfreiheit noch weiter einzuschränken und eine umfassende politische Zensur zu legalisieren.«[43] Die Hessische Mitgliederversammlung des VS hatte sich am 27./28. 11. 75 gegen den Entwurf ausgesprochen, ebenso einige Organisationen, die bisher noch nicht im Zusammenhang mit Verteidigung der Meinungsfreiheit an die Öffentlichkeit getreten waren, wie die Jungdemokraten in Hamburg oder der Verband christlicher Pfadfinder in Berlin.

Zwar stimmten die Kritiker der Gesetzesreform im Bundestag, deren Sprecher MdB Dieter Lattmann gewesen war, am 16. Januar 1976 der Strafrechtsänderung schließlich zu. Doch in der Folgezeit mehrten sich die kritischen Stimmen. Am 25. 1. veröffentlichten im Westberliner Tagesspiegel die Westberliner HU sowie

Schauspieler von verschiedenen Theatern, Verleger und andere Persönlichkeiten eine Erklärung, in der es hieß: »Die Konsequenzen aus dem Gesetz sind abzusehen: Umfassende Zensur, politische Disziplinierung, Einschüchterung und Opportunismus werden das kulturelle Leben bestimmen. Wir fordern die ersatzlose Aufhebung des Gesetzes.«[44] Am 29. 5. 77 führten Hochschullehrer, Theaterleute, Lehrer, Liedermacher und Studenten in Bremen eine »Aktion gegen Zensur und Berufsverbote« durch. Den Aufruf unterzeichneten mehrere tausend Personen aus dem In- und Ausland. Bei der Aktion wurden u. a. zensierte Bücher, auf einen Tisch gekettet, ausgestellt. Das Ziel der Aktion war, »den Protest über den Rahmen linker Zirkel hinauszutragen, [...] breitere Teile der Bevölkerung [zu] erreichen und die politische Öffentlichkeit her[zu]stellen«.[45] In Westberlin bildete sich ein Komitee, das eine Aktionswoche in mehreren Kinos, in der Amerika-Gedenkbibliothek und in verschiedenen Buchläden durchführte.[46] Der Personalrat der Deutschen Bibliothek in Frankfurt erstellte eine Dokumentation, die auf 33 Zensurfälle in 26 Bibliotheken hinweist. Während der Frankfurter Buchmesse 1978 riefen der VS und der Börsenverein des Deutschen Buchhandels auf einer gemeinsamen Pressekonferenz Autoren und Übersetzer, Verleger, Lektoren, Buchhändler und Bibliothekare dazu auf, einer »Ständigen Kommission zum Schutz des Buches« beizutreten, die sich gegen die »immer häufigere Mißachtung der Grundrechte auf freie Information und freie Meinungsäußerung auch im Bereich der Literatur« wenden sollte; auch das PEN-Zentrum forderte dazu auf. Am 28. 6. 79 hat sich diese Kommission, bestehend aus Vertretern des VS, des PEN-Zentrums, der Deutschen Bibliothekskonferenz und des Börsenvereins, konstituiert.[47] Die Arbeitsgruppe »Meinungsfreiheit und Strafrecht« auf dem 3. Strafverteidigertag in Berlin verabschiedete eine Resolution gegen die §§ 88a und 90a.[48]

Das Buch *Wie alles anfing* von Bommi Baumann, das im November 1976 bei einer spektakulären Polizeiaktion gegen den Trikont-Verlag beschlagnahmt worden war, wurde daraufhin von insgesamt 385 Personen erneut herausgegeben. Diese Aktion wurde auch vom VS unterstützt, der zur Neuherausgabe des Buches erklärte: »Dieses radikale Gesetz [gemeint ist die 14. Strafrechtsänderung] setzt das Grundgesetz außer Kraft und soll [...] staatliche Vorgehensweisen, wie wir sie 1933 erleben konnten, legitimieren.«[49] Der Vorsitzende des Börsenvereins des deutschen Buchhandels, Rolf Keller, erklärte, man verfolge »mit wachsender Sorge Tendenzen zur bürokratischen Einschränkung der von Art. 5 GG garantierten Meinungs- und Informationsfreiheit«. Er nannte als Beispiele »Paragraph 88a, die Verunglimpfung von Autoren und die Benachteiligung ihrer Werke im Büchereiwesen«.[50]

Widerstand gegen Presse- und Funkzensur. 1977 ff.

Gegen die zunehmende Zensur von Schülerzeitungen setzt sich die Organisation »Junge Presse« zur Wehr. Seit dem Jugendpressekongreß 1977 bietet sie zentralen Rechtsschutz für von Strafverfolgung betroffene Schülerzeitungsredakteure an. Speziell zum Thema Zensur haben einige Landesverbände Tagungen und Kongresse durchgeführt, auf denen verschiedene Maßnahmen wie die Schaffung einer Anzeigengemeinschaft als Schutz vor wirtschaftlichem Druck, die Herausgabe eines regelmäßigen Informationsdienstes und der Abdruck zensierter Artikel in anderen Schülerzeitungen beschlossen wurden.

Vielfältigen Einschränkungen sind auch die verschiedenen lokalen Alternativzeitungen ausgesetzt. Ihr bloßes Erscheinen ist bereits ein Ausdruck von Widerstand gegen Zensur, da sie über Themen schreiben und Informationen verbreiten, die in der sonstigen Presse nicht zu finden sind. Gegenwärtig gibt es in der BRD ca. 80 Alternativzeitungen mit über 150 000 Lesern. Dies allein zeigt schon, wie sehr das Bewußtsein darüber gewachsen ist, daß die etablierte Presse viele Nachrichten unterschlägt. In Frankfurt erscheint wöchentlich ein »Informationsdienst zur Verbreitung unterbliebener Nachrichten« (ID). In eine ähnliche Richtung gehen die Projekte anderer unterdrückter politischer und gesellschaftlicher Gruppierungen (z. B. Frauenzeitschriften).

Gegen die vielfältigen Versuche zur Beschränkung der Rundfunkfreiheit haben sich immer wieder Proteste erhoben. Bekannt sind die langjährigen (und anhaltenden) Auseinandersetzungen um den Bestand und die Unabhängigkeit des NDR. Als der schleswig-holsteinische Ministerpräsident Stoltenberg zum erstenmal die Kündigung des NDR-Staatsvertrages androhte, schrieb der Redakteursausschuß des NDR in einer Stellungnahme vom 15. 7. 77: »Der Redakteursausschuß fordert die Kollegen sowie die Zuschauer und Hörer auf, sich mit allen zur Verfügung stehenden Mitteln gegen den Versuch zu wehren, die Unabhängigkeit des NDR endgültig abzuschaffen.« Der Hauptvorstand der RFFU schrieb in einer Resolution v. 22. 4. 77: »Mit großer Empörung verfolgt die RFFU das Verhalten der vier CDU-Mitglieder im Verwaltungsrat des NDR. Sie sieht in dem Versuch, den Intendanten zu zwingen, die Serie ›Der Betriebsrat‹ aus dem Programm zu nehmen, einen Akt unverhohlener politischer Zensur«; und der geschäftsführende Vorstand derselben Organisation erklärte: »Diese Beschlüsse [Absetzung der Serie und Einschränkung der Brokdorf-Berichterstattung] sind Folgen parteipolitischer Rücksichtslosigkeit, die es unmöglich macht, den gesetzlich vorgeschriebenen ›publizistischen Auftrag des NDR‹ zu erfüllen.« Die Arbeitsgemeinschaft Publizistik, ein Zusammenschluß aus Deutscher Journalisten-Union (dju), VS, RFFU und ÖTV, erklärte am 18. 7. 77 sogar: »Die jüngsten Attacken der schleswig-holsteinischen CDU-Regierung gegen den NDR [. . .] zielen auf den Lebensnerv der Informations- und Meinungsfreiheit und müssen daher als unmittelbare Bedrohung der freiheitlich-demokratischen Grundordnung in unserem Land verstanden werden.«

Auch gegen Zensureingriffe im WDR gab es immer wieder Proteste. Autoren, Regisseure und freie Mitarbeiter des WDR protestierten z. B. öffentlich gegen den Plan der WDR-Spitze, den Programmbereich »Kultur« aufzulösen (wegen zu großer Linkslastigkeit), indem sie einen Aufruf mit 250 Unterschriften, der auch auf weitere Zensurmaßnahmen hinwies, in einer Tageszeitung veröffentlichten – und zwar gezielt als bezahlte Anzeige in Springers »Welt«.[51] Gegen die Absetzung bzw. Beschneidung der kritischen WDR-Sendereihen *Vor Ort* und *Ende offen* hat sich 1978 eine »Initiative Rettet die Rundfunkfreiheit« gebildet, die aus Autoren, Filmemachern und Gewerkschaftern besteht. Sie gibt die Informationsschrift »Funkwurm« heraus und hat sich als Ziel gesetzt, verschiedene Aktivitäten zu koordinieren und eine möglichst breite Öffentlichkeit herzustellen.

Otto Sprenger sagte in der Eröffnungsrede der Medienpolitischen Konferenz des DGB am 18./19. 4. 78: »Es geht uns deshalb auf dieser Konferenz vor allem darum, jedweder Bedrohung unserer Rundfunkfreiheit, von welcher Seite sie auch immer kommt, mit welchen Mitteln sie auch immer unternommen wird, unmißverständlich und massiv entgegenzutreten [. . .]. Ein Bollwerk gegen diese Bedrohung erblicken wir in der öffentlich-rechtlichen Struktur unseres Rundfunks.«[52] Proteste gab es dagegen, daß die »Initiative Rettet die Rundfunkfreiheit« nicht an dieser

Konferenz teilnehmen durfte. Ein Film unter dem Titel »Ist die Rundfunkfreiheit bedroht?«, den zwei WDR-Redakteure anläßlich der Konferenz gedreht hatten, wurde vom WDR nicht ausgestrahlt. Bürgerinitiativen aus dem Ruhrgebiet veranstalteten daraufhin einen Hungerstreik. Sie forderten die unzensierte Ausstrahlung des Films und die Weiterführung der Sendereihe *Vor Ort.*[53]

Die Mescalero-Affäre. 1977

Wenige Tage nach der Ermordung des Generalbundesanwalts Siegfried Buback erschien am 25. April 1977 in den »göttinger nachrichten«, der Zeitung des damaligen Göttinger AStA, der mit »Mescalero« unterschriebene Artikel »Buback – Ein Nachruf«, der mit dem inzwischen berühmt-berüchtigten Satz begann: »Ich konnte und wollte (und will) eine klammheimliche Freude nicht verhehlen.« Der Text war in der vorausgegangenen Redaktionssitzung heftig umstritten gewesen. »Trotzdem – oder gerade deswegen – entschlossen wir uns einstimmig, den Artikel unzensiert abzudrucken, um einen Diskussionsprozeß innerhalb der Studentenschaft in Gang zu setzen. Das jedenfalls entsprach unserer Auffassung von Meinungsfreiheit.«[54] Am 29. April erstattete der Vorsitzende des Göttinger RCDS Strafanzeige wegen »Billigung der Ermordung« nach § 189 StGB und forderte den Rektor der Göttinger Universität in einem offenen Brief zu Maßnahmen auf. Beides hatte Erfolg. Der Rektor verlangte vom AStA, sich von dem Artikel zu distanzieren, und verbot die weitere Verbreitung der »göttinger nachrichten«. Auffallend schnell und einheitlich setzte daraufhin in der gesamten bundesdeutschen Presse eine Hetzkampagne ein (vgl. Die Welt v. 6. 5. 77: »Die unheimliche Freude am Mord«; FR v. 6. 5. 77: »Blanker Faschismus«: Die Zeit v. 13. 5. 77: »Wie im Stürmer« etc.). Ziel dieser Kampagne war es offensichtlich, eine wirkliche Auseinandersetzung mit den Ursachen der Gewalt von vornherein zu unterbinden. Die Vollversammlung der Göttinger Studentenschaft unterstützte den AStA in seinem Entschluß, sich nicht von dem »Nachruf« zu distanzieren. Der AStA der Gesamthochschule Kassel druckte den Mescalero-Artikel ab und erklärte dazu: »Aufgrund der gleichzeitigen aufwendigen Pressekampagne halten wir es für unsere Pflicht, den vollständigen Artikel unserer Kasseler Hochschulöffentlichkeit nicht vorzuenthalten.«[55] Er forderte gleichzeitig dazu auf, eine breite Diskussion über die Gewaltfrage in Vollversammlungen und mittels Leserbriefen zu führen. Ebenfalls nachgedruckt hatten den Artikel zu dieser Zeit bereits die Asten in Darmstadt und Heidelberg. Bundesjustizminister Vogel stellte Strafantrag gegen alle Veröffentlichungen des Artikels »unter jedem in Betracht kommenden Gesichtspunkt«. Am 27. 5. 77 wurde in Göttingen eine polizeiliche Großaktion von über 1000 Polizeibeamten durchgeführt. Immer deutlicher wurde den Betroffenen und der Hochschulöffentlichkeit, um was es eigentlich ging: »Politiker und Presse erkannten sehr schnell die Fungibilität des Buback-Nachrufs. Er wurde zu einem politischen Schlagstock gegen die gesamte Linke, gegen kritische und marxistische Wissenschaft und Wissenschaftler, gegen die liberale und linke Intelligenz insgesamt, die angeklagt wurde, die im Buback-Nachruf angeblich zum Vorschein kommende Geisteshaltung gefördert zu haben.«[56]

Der Göttinger AStA gab trotz Durchsuchungsaktion und drohender Amtsenthebung nicht nach. Am 30. 5. demonstrierten in Göttingen mehrere tausend Studenten.[57] Über 130 Mitarbeiter der Göttinger Universität, der PH Niedersachsen und der TU Hannover protestierten in einer Erklärung gegen die Göttinger Ereignisse.[58] Sie forderten, daß die Entwicklung an den Hochschulen »einer rationalen Diskussion zugänglich gemacht« werden müsse. Der inkriminierte Artikel selbst sei durchaus »diskussions- und kritikwürdig«. Bei seiner Wiedergabe in der etablierten Presse sei die »journalistische Sorgfaltspflicht grob verletzt« worden, da zumeist nur die Anfangspassage herausgegriffen worden war.

Was durch Zensur der Öffentlichkeit vorenthalten werden sollte, wurde nun Gegenstand einer immer breiteren Auseinandersetzung. Mitte Juni gab es schon über hundert Nachdrucke im ganzen Bundesgebiet, vorwiegend in Studentenzeitungen, aber auch in einigen Alternativzeitungen, die nicht nur die Hochschulöffentlichkeit erreichten.[59] Es meldeten sich auch Teile der »staatstragenden Parteien« zu Wort, so der Göttinger SPD-Bezirk und der Liberale Hochschulverband an der Göttinger Universität, die beide die staatlichen Maßnahmen anläßlich der Durchsuchungsaktion des Göttinger AStA verurteilten. Anfang Juli veröffentlichten 47 Hochschullehrer und Rechtsanwälte aus Bremen, Berlin, Niedersachsen und Bielefeld erneut den vollständigen »Buback-Nachruf«. In der beigegebenen Erklärung schrieben sie: »Der vollständige Text wird nirgends veröffentlicht; im Gegenteil, die zentrale Intention des Artikels – seine Absage an Gewaltanwendung – wird unterschlagen [...]. Der Artikel aber will auf seine Weise nichts weiter, als verordnete Gefühlsregungen in Frage stellen und einen Denkprozeß über die Gewaltverhältnisse in unserer Gesellschaft in Gang setzen. Wir halten diesen Denkprozeß für notwendig. Die Unterdrückung und Verfolgung des Artikels ist selbst Ausdruck dieser Gewaltverhältnisse: Während jeder Ansatz sozialistischer Kritik und Praxis erstickt werden soll, können sich faschistoide Tendenzen ungehindert breit machen. [...] Wir sind der Auffassung, daß eine öffentliche Diskussion des gesamten Artikels möglich sein muß.«[60] Zur selben Zeit veröffentlichten auch in Bonn 34 Studenten und Hochschullehrer den Nachruf unter der Überschrift: »Vom roten Stein der Weisen«. In Teilen der Presse wurden die Anwürfe gegen die Nachdrucker immer schriller. Insbesondere die Professoren unter ihnen wurden als »Sympathisanten des Terrors« (Rheinischer Merkur v. 2. 8. 77), ja als die eigentlich Schuldigen für den angeblichen »Sympathisantensumpf« an den Universitäten hingestellt (»Sie können dafür!«, Fromme in der FAZ v. 2. 8. 77).

An diesem Punkt jedoch zogen andere Teile der Presse nicht mehr mit und druckten nun auch – vier Monate danach – andere Passagen aus dem Buback-Nachruf ab. Das Eingreifen der Professoren war eine wichtige Hilfe für die übrigen Nachdrucker, deren Zeitungen in vielen Fällen beschlagnahmt worden waren und die zumeist Hausdurchsuchungen und andere diskriminierende Maßnahmen zu erleiden hatten.

Alle beteiligten Professoren wehrten sich zunächst gegen die massive Forderung, sich vom Inhalt des Buback-Nachrufs zu distanzieren. Mitte September erklärte daraufhin Ministerpräsident Albrecht im ZDF, die 13 niedersächsischen Mitherausgeber des Nachrufs müßten wahrscheinlich die Universität verlassen. Kurz danach bekamen 12 der 13 eine »Distanzierungserklärung« vom niedersächsischen Kultusminister Pestel zugesandt, in welcher die Professoren unterschreiben sollten, daß sie »jegliche Anwendung von Gewalt in unserem freiheitlich-demokratischen Rechtsstaat« ablehnten, sich einer »besonderen Treuepflicht gegenüber dem Staat« bewußt seien und sich »in aller Form von dem Verfasser und dem Inhalt des sog. ›Buback-Nachrufs‹ distanzieren« – andernfalls sie mit disziplinarischen Mitteln bis hin zur Dienstenthebung und außerdem mit strafrechtlichen Folgen zu rechnen hätten. Nach Rücksprache mit ihren Rechtsanwälten unterzeichneten 11 der 12

Professoren die Erklärung.[61] Später zogen sie ihre Unterschrift wieder zurück, als sie feststellten, daß ihnen durch eine Verweigerung derselben gar keine beruflichen Nachteile hätten entstehen können. Dem 13. niedersächsischen Mitherausgeber, Prof. Peter Brückner, der eine Broschüre veröffentlicht hatte, die eine umfassende analytische Aufarbeitung der »Mescalero-Affäre« enthält[62], wurde aufgrund dieser Publikation sowie einiger Äußerungen in einem Interview mit dem niederländischen Rundfunk eine »Sonderbehandlung« in Aussicht gestellt. Am 13. Oktober wurde er von seinem Amt suspendiert, und am 20. Oktober erhielt er zusätzlich Hausverbot in den Räumen der TU Hannover. An allen bundesdeutschen Universitäten kam es daraufhin zu Protestaktionen. Der Senat der TU Hannover forderte die sofortige Aufhebung sowohl des Hausverbots wie der Suspendierung und wies in einem Gutachten nach, daß Brückner seiner spezifischen Verantwortung als Psychologe treu geblieben war.[63] Ende Januar demonstrierten in Hannover rund 600 Hochschullehrer gegen die Suspendierung Brückners und die Bedrohung der Wissenschaftsfreiheit.[64]

Unmittelbar nach den Veröffentlichungen des Buback-Nachrufs waren zahlreiche Ermittlungsverfahren gegen ca. 200 Personen eingeleitet worden. Im ersten Prozeß, der in Düsseldorf stattfand, gab es Freisprüche, da ein Nachdruck nicht mit dem Verfassen eines Artikels gleichgesetzt werden könne. Dies führte jedoch keineswegs zu einer Einstellung der übrigen Verfahren. Als Präzedenzprozeß wurde das Berliner Verfahren gegen die 14 Nachruf-Mitherausgeber aus Berlin angesehen. Die Mescalero-Affäre war zu einer »Staats- und Justizaffäre« geworden. In den Prozessen ging es, wie U. Mückenberger richtig bemerkte, um eine »Neudefinition der Meinungsfreiheit und deren weitere Einschränkung«.[65] Am 15. Juni 77 kam es vor dem Berufungsprozeß in Bonn zu der an diesem Ort größten Protestveranstaltung seit Jahren. Sie stand unter dem Motto: »§ 90a – der Rechtsstaat in Gefahr«. 800 Menschen nahmen daran teil.[66] In Berlin wurde ein »Viererausschuß« zur Koordination des Prozeßvorgehens gebildet, der einen »Rundbrief« zur Information der Betroffenen herausgab sowie Verteidiger- und Angeklagtentreffen einberief. Bei der Zeitschrift »Ästhetik & Kommunikation« wurde eine zentrale Kontaktadresse zur Unterstützung der Angeklagten eingerichtet.

Gegen Ende des Jahres 1978 setzte sich schließlich mehr und mehr die Tendenz zum Freispruch durch. Um dennoch eine Verurteilung zu ermöglichen, wichen einige Gerichte auf die jeweiligen Landespressegesetze aus und verhängten teilweise schwere Freiheitsstrafen (so in Tübingen drei Monate). Das Verfahren gegen die 14 Berliner Nachruf-Herausgeber wurde – nachdem die Bremer Anklage wegen des gleichen »Delikts« bereits fallengelassen worden war – vom 31. 10. bis 7. 11. 77 unter schärfsten Sicherheitsvorkehrungen in Berlin-Moabit durchgeführt. Am 4. 11. erschien im Berliner Tagesspiegel eine von der GEW initiierte Anzeige, die von 557 Menschen unterzeichnet worden war und in der es hieß: »Wir, die Unterzeichner, darunter Lehrer, Erzieher, Wissenschaftler, sind unmittelbar betroffen, wenn uns in Zukunft vorgeschrieben werden sollte, wie wir die gesellschaftliche Entwicklung wahrzunehmen haben und in welchen Kategorien wir sie beschreiben dürfen. [. . .] Wir wehren uns dagegen, auf eine staatskonforme Gesinnung verpflichtet zu werden. [. . .] Wir solidarisieren uns ausdrücklich mit unseren Kollegen, die die genannte Erklärung verfaßt haben.« Der Prozeß endete schließlich mit einem Freispruch. Auch wenn damit noch lange nicht alle parallelen Prozesse im Gefolge der »Mescalero-Affäre« beendet waren, zeigte dieser »Musterprozeß« doch den Erfolg, den die Angeklagten dank ihres kollektiven Widerstands erreicht hatten: Der von den Zensoren erwünschte Effekt war nicht erreicht worden.

Zensur in der BRD als Gegenstand des III. Internationalen Russell-Tribunals. 1979

Im Aufruf des Initiativausschusses zur Unterstützung des III. Russell-Tribunals hieß es: »Neue Strafrechtsbestimmungen wie die §§ 88a, 130a, 140 StGB ergänzen die Maßnahmen justizförmiger Zensur. Sie richten sich nicht nur gegen fortschrittliche Verlage und Buchhandlungen. Sie erlauben es, jeden, der in einem Flugblatt zum Streik aufruft oder sich mit laufenden Aktionen solidarisiert, strafrechtlich zu verfolgen.« Das Russell-Tribunal behandelte vom 3.-8. 1. 79 in seiner 2. Sitzungsperiode die Zensur in der BRD als eigenes Thema. In zahlreichen Gutachten wurden Zensurfälle aus den verschiedenen gesellschaftlichen Bereichen aufgearbeitet und zusammengefaßt. Zensur in der BRD wurde so zu einem Thema auch vor der Weltöffentlichkeit. In mehreren Städten wurden im Rahmen des Tribunals Veranstaltungen durchgeführt, und zahlreiche örtliche Unterstützergruppen erstellten einschlägige Dokumentationen. In ihrer »Schlußbeurteilung« erklärte die Jury: »Eine Zensur findet nicht statt – so heißt es im Grundgesetz. In der Tat gibt es in der Bundesrepublik keine offizielle Zensurinstanz. Dennoch findet Zensur in einer Vielzahl von Bereichen täglich statt. Ein wichtiges Instrument für diese nicht offizielle Zensur bilden für den Staat die in den siebziger Jahren verabschiedeten Gesetzesparagraphen. [. . .] Aber nicht nur diese neuerlich verabschiedeten Paragraphen des StGB laden zum staatlichen Mißbrauch ein.«[67]

Gleichwohl war die Resonanz auf dieses Urteil des Tribunals weit geringer als z. B. die Resonanz auf sein Urteil zum Thema Berufsverbote. Der Grund dafür liegt wohl darin, daß es aufgrund der sehr unterschiedlichen Formen, Bereiche und Zusammenhänge, in denen Zensur auftritt, kaum je zu einer Bewegung gegen Zensur als solche kommen kann. Oft genug ist die Zensur nur Begleiterscheinung eines breiteren Repressionsvorganges. Dennoch hat die Geschichte des Widerstands gegen Zensur in der BRD das Bewußtsein dafür geschärft, daß es die Meinungsfreiheit ständig neu zu verteidigen gilt.

Stichwort »Zensur«

Zensur ist die mit Machtmitteln versehene *Kontrolle* menschlicher Äußerungen. Sie führt bei Bedarf zu rechtsförmigen und außerrechtlichen *Sanktionen.* Beispielsweise zur Behinderung, Verfälschung oder Unterdrückung von Äußerungen *vor oder nach* ihrer Publizierung.

Durch die Bedrohung der beruflichen/bürgerlichen Existenzen zielt Zensur auf die Internalisierung von Herrschaftsansprüchen. Selbstzensur ist das Resultat erfolgreicher Zensur.

Zensurmaßnahmen sollen die öffentliche Meinung vor Äußerungen schützen, welche die bestehende Ordnung gefährden könnten: die Herrschafts-, Autoritäts- und vor allem Eigentumsverhältnisse. Dabei wird die Unmündigkeit und das Schutzbedürfnis bestimmter gesellschaftlicher Gruppen gegenüber solchen Äußerungen unterstellt. Von dieser Vorstellung ausgehend, zielt Zensur auf die Entmündigung der Mehrheit der Bevölkerung. Zensurmaßnahmen sollen die *öffentliche* Erörterung von Konflikten einschränken, um Autoritäts- und Loyalitätsverluste einzudämmen und rückgängig zu machen. Angriffe auf sexualmoralische, religiöse und politische Normen werden staatlicherseits nur abgewehrt, wenn diese Normen herrschaftskonformes Verhalten konservieren.

Garant der strukturellen, auf dem Eigentum an Produktionsmitteln beruhenden Zensur ist die staatliche Zensur. Sie konzentriert sich auf öffentliche Institutionen, um so mehr, als diese massenhaft wirken. Sie zielt auf die Funktionsfähigkeit der Institutionen als Staatsapparate, als ideologische (Sendeanstalten, Büchereien, Schulen) wie als repressive (Militär, Polizei).

Zensurmaßnahmen kulminieren in Zeiten politischer Legitimationskrisen und gesellschaftlicher Veränderungen. Sie werden dann in Form kurzfristiger Kampagnen z. B. gegen Kommunismus, Sexualität oder vermeintliches Terror-Sympathisantentum durchgesetzt und später wenn möglich kodifiziert.

Erst in solchen Krisen werden verschiedenartige, potentiell zensierende Institutionen aktiv und gruppieren sich zu einem Zensur-Verbund. Zensur ist *ein* Mittel sozialer Kontrolle zur Aufrechterhaltung bestehender Produktionsverhältnisse. Zensur ist mehr als nur das Verbot zu denken und sich zu äußern. Sie ist produktiv im Sinne der Macht, weil sie Denken und Äußerungen *verändert.* Sie stellt den Versuch dar, Staats- und Eigentumsschutz in den Bereich von Meinung und Gesinnung vorzuverlegen. Zensur läuft stets Gefahr, die Legitimationskrise, die sie bewältigen will, zu verstärken. Sie verliert an Boden, wenn sie auf eine Gegenöffentlichkeit trifft, die verhindert, daß die durchs Thematisieren von Zensureingriffen freigesetzten Ängste sich bei den Betroffenen paralysierend auswirken.

M.K./D.M.

Anmerkungen

Einleitung

1 Bertolt Brecht: Meinungsfreiheit, in: Schriften zur Literatur und Kunst 2, Werkausgabe edition suhrkamp, Frankfurt 1967, Bd. 19, S. 441.
2 Siegfried Landshut: Volkssouveränität und öffentliche Meinung, in: Gegenwartsprobleme des Internationalen Rechtes und der Rechtsphilosophie. Festschrift R. Laun, Hamburg 1953, S. 586.
3 Vgl. Oskar Negt/Alexander Kluge: Öffentlichkeit und Erfahrung. Zur Organisationsanalyse von bürgerlicher und proletarischer Öffentlichkeit, Frankfurt 1973 (edition suhrkamp 639), S. 31.
4 Vgl. Karl Marx: Zur Judenfrage, in: Marx/Engels: Werke, Berlin 1972, Bd. 1, S. 369.
5 Bertolt Brecht: Der Dreigroschenprozeß, in: Bertolt Brechts Dreigroschenbuch, Suhrkamp, Frankfurt 1960, S. 114.
6 Vgl. Marx, a. a. O., S. 369.
7 BVerfGE 7, 198 (Lüth-Urteil).
8 BVerfGE 20, 162.
9 Bernd Rieder: Die Zensurbegriffe des Art. 118 Abs. 2 der Weimarer Reichsverfassung und des Art. 5 Abs. 1 Satz 3 des Bonner Grundgesetzes, Duncker & Humblot (Berliner Abh. zum Presserecht 9), Berlin 1970, S. 174.
10 Johanne Noltenius: Die freiwillige Selbstkontrolle der Filmwirtschaft und das Zensurverbot des Grundgesetzes, Schwartz (Göttinger Rechtswiss. Studien), Göttingen 1958, S. 107.
11 So untersagte der DGB-Vorstand die Verteilung einer Broschüre zum »Antikriegstag«, die Gewerkschaft Bau-Steine-Erden kündigte einer Angestellten, weil sie die Plakette »Strauß – Nein Danke« trug, usw.
12 Robert Havemann: Über Zensur und Medien, in: R. H.: Berliner Schriften, hrsg. v. Andreas W. Mytze, Verlag europäische ideen, Berlin 1976, S. 77.
13 Vgl. dazu: Freiheit heißt die heiße Ware. Zur politischen Unterdrückung in der DDR, hrsg. v. Komitee gegen die politische Unterdrückung in beiden Teilen Deutschlands, Köln 1978.
14 Havemann, a. a. O., S. 78.
15 Michail Woslenskij: Bücher unterm Bannstrahl, in: Die Zeit v. 24. 8. 1979.
16 Vgl. dazu: Friedrich Engels an August Bebel (Brief vom 19. 11. 1892), in: Karl Marx/Friedrich Engels: Pressefreiheit und Zensur, hrsg. v. Iring Fetscher, Europäische Verlagsanstalt (Politische Texte), Frankfurt 1969, S. 234 f.
17 Rosa Luxemburg: Zur russischen Revolution, in: R. L.: Gesammelte Werke, Dietz-Verlag, Berlin (DDR) 1974, Bd. 4, S. 362.

Kienzle, Logophobie

1 Michel Foucault: Die Ordnung des Diskurses. Inauguralvorlesung am Collège de France – 2. Dezember 1970, Hanser, München, Wien 1974 (jetzt Ullstein, Frankfurt, Berlin, Wien 1977), S. 35.

2 Vgl. etwa: Hans Magnus Enzensberger: Über Zensur und Selbstzensur, abgedr. in: Bundesrepublikanisches Lesebuch, hrsg. v. Hermann Glaser, Hanser, München, Wien 1978; sowie Richard Albrecht: Literatur, Medien, Zensur, in: Horen 113, 1979, S. 121-141; zuletzt: Sigrid Weigel: Zensur und Selbstzensur, in: Schreiben ist ein monologisches Medium, hrsg. v. Ralf Schnell, Verlag Ästhetik und Kommunikation, Berlin 1979.

3 Vgl. dazu: Sebastian Cobler: Die Gefahr geht von den Menschen aus. Rotbuchverlag (Rotbuch 152), Berlin 1978 (2. Aufl.), wo diese verbreitete These ausführlich widerlegt wird.

4 Vgl. dazu Hildegard Brenner: Die Kunstpolitik des Nationalsozialismus, Rowohlt, Reinbek 1963; oder Dietrich Strothmann: Nationalsozialistische Literaturpolitik, Bonn 1960.

5 Vgl. dazu Elisabeth und Heinrich Hannover: Politische Justiz 1918-1933, Fischer-Bücherei Nr. 770, Frankfurt/M. 1966, S. 239.

6 Theo Pirker: Die verordnete Demokratie. Grundlagen und Erscheinungen der »Restauration«. Olle und Wolter, Berlin 1977, S. 47.

7 Vgl. dazu: Autorenkollektiv Presse: Wie links können Journalisten sein? Pressefreiheit und Profit, Rowohlt aktuell Bd. 1599, Reinbek 1972, S. 35-88; sowie Hansjörg Gehring: Amerikanische Literaturpolitik in Deutschland 1945-1953, DVA, Stuttgart 1976.

8 Frankfurter Hefte 1947, S. 12.

9 Karl Marx, Friedrich Engels: Pressefreiheit und Zensur, hrsg. von Iring Fetscher, EVA, Frankfurt 1969, Einleitung S. 9.

10 Innenminister Schröder anläßlich der 5-Jahres-Feier der FSK, in: Munzinger-Archiv 1954, K 134.

11 Eberhard Stammler: Die erzieherische Seite der Selbstkontrolle, in: Selbstkontrolle von Presse, Funk und Film. Hrsg. v. Martin Löffler (Schriftenreihe d. Dt. Studiengesellsch. f. Publizistik Bd. 2), Beck, München und Berlin 1960, S. 27.

12 Robert Schilling: Das erotisch-sexuelle periodische Schrifttum als Gegenstand der Beurteilung gemäß § 184 StGB, hrsg. vom Volkswartbund, Köln 1951, S. 2.

13 Gustave Le Bon: Psychologie der Massen, Kröner, Stuttgart 1964 (81.-90. Tausend!), S. 21.

14 ebd. S. 44.

15 FSK-Satzung, in: Selbstkontrolle (Anm. 11), S. 55.

16 Horst v. Hartlieb: Stichwort »Filmrecht«, in: Medienrecht, hrsg. v. Peter Schiwy und Walter J. Schütz, Luchterhand, Neuwied-Darmstadt 1977, S. 42.

17 Spielfilm, Entscheidung vom 6. 4. 1957, Prüf. Nr. 11321, zit. bei Hartlieb in: Selbstkontrolle (Anm. 11), S. 24.

18 Spielfilm, Entscheidung vom 12. 1. 1952, Prüf. Nr. 2889, zit. ebd.

19 Spielfilm, Entscheidung vom 9. 8. 1954, Prüf. Nr. 7957, zit. ebd. S. 23.

20 FSK-Satzung Absch. IV. Manuskriptberatung, abgedruckt in: Selbstkontrolle (Anm. 11), S. 61.

21 FR 11. 2. 1965.

22 Johanne Noltenius: Die Freiwillige Selbstkontrolle der Filmwirtschaft und das Zensurverbot des Grundgesetzes, Schwartz (Göttinger Rechtswiss. Studien), Göttingen 1958, S. 128.

23 ebd. S. 78.

24 Munzinger-Archiv 1955, K 31, FAZ 22. 2. 1955.
25 Bundestags-Drucksache 1101, zit. bei Robert Schilling: Schund und Schmutzgesetz. Handbuch und Kommentar zum GjS, Nürnberg-Düsseldorf-Berlin 1954 (2. Aufl.), S. 52.
26 ebd.
27 ebd. S. 7.
28 Vgl. das gleichnamige Kapitel bei: Sieghart Ott, Christliche Aspekte unserer Rechtsordnung, Luchterhand, Berlin-Neuwied 1968.
29 Schilling (Anm. 25), S. 59.
30 Die Zensurtendenzen der Bundesprüfstelle, in: Vorgänge 7, 1966, S. 289.
31 Schilling in: Der Spiegel 9/1965, S. 127.
32 Begriff des Staatsrechtlers Werner Weber aus dem Jahr 1957, zit. in: Gert Schäfer: Leitlinien stabilitätskonformen Verhaltens, in: Der CDU-Staat. Analysen zur Verfassungswirklichkeit der Bundesrepublik. Hrsg. v. Gert Schäfer und Carl Nedelmann, Suhrkamp (es 270/2), Frankfurt 1969, Bd. 2, S. 427.
33 Das Urteil ist abgedruckt in: littera Bd. 3: Literatur unterm Fallbeil. Jugendgefährdend? Hrsg. von Walter Böckmann, Frankfurt 1964, vgl. S. 93.
34 Pierre Bourdieu/ Jean-Claude Passeron: Grundlagen einer Theorie der symbolischen Gewalt, Suhrkamp (Theorie), Frankfurt 1970, S. 13.
35 Entscheidung 1734, zit. nach: Die Zensurtendenzen (Anm. 30), S. 286.
36 BGHSt 6, 46 ff. (»Die sittliche Ordnung will, daß sich der Verkehr der Geschlechter grundsätzlich in der Einehe vollziehe, weil der Sinn und die Folge des Verkehrs das Kind ist.«)
37 Oskar Negt: Zensur trägt die Züge einer Hydra, in: 3. Internationales Russell-Tribunal, Bd. 3, Gutachten, Dokumente, Verhandlungen der 2. Sitzungsperiode, Teil 1: Zensur, Rotbuch 205, Berlin 1979, S. 19.
38 FR 21. 11. 53 und 9. 12. 53.
39 Spiegel 25. 3. 53.
40 Etwa: Angelika Mechtel: Wir sind arm, wir sind reich. Roman. DVA, Stuttgart 1977; oder Peter Paul Zahl: Wie im Frieden. Erzählungen, Braun, Leverkusen 1976.
41 Lutz Lehmann: Legal & Opportun. Politische Justiz in der Bundesrepublik, Voltaire-Verlag, Berlin 1966, S. 125.
42 Alexander von Brünneck: Politische Justiz gegen Kommunisten in der Bundesrepublik Deutschland 1949-1968, Suhrkamp (es 944), Frankfurt 1978, S. 179.
43 Richard Schmid: Rückfall ins Autoritäre, in: Die Zeit 21. 9. 1979, S. 62. Vgl. auch Karl-Heinz Ladeur: Meinungsfreiheit in der Rechtsprechung des Bundesverfassungsgerichts, in: Verfassungsgericht und Politik, hrsg. v. Wolfgang Däubler und Gudrun Küsel, Rowohlt (aktuell 4439), Reinbek 1979, S. 118.
44 FR 2. 4. 1959.
45 Vgl. Bundestagsdebatte 17. 9. 1952, Abg. Kemmer (CSU), BTProt. S. 10545.
46 BGHSt 8, 1956, S. 88.
47 LG München I, zit. nach Spiegel 22. 5. 1957, S. 26.
48 BGHSt 8, 1956, S. 89.
49 Ebd. S. 87.
50 Franz Josef Würmeling, zit. bei: Dietrich Haensch: Repressive Familienpolitik. Sexualunterdrückung als Mittel der Politik, Rowohlt (sexologie 8023), Reinbek 1965, S. 101.

51 Michel Foucault in einem Interview mit dem Tagesanzeiger-Magazin, Zürich, vom 26. 7. 1977, S. 15.
52 Gründe der BPS-Entscheidung 1171 vom 12. 5. 1977.
53 Ekkehard Nuissl: Massenmedien im System bürgerlicher Herrschaft. Spieß, Berlin 1975, S. 127.
54 Marion Bücken/Klaus Groth: Verfolgung der linken Presse, in: Kritische Justiz, 5. Jg. 1972, S. 366.
55 Vgl. S. Cobler: Die Gefahr geht von den Menschen aus (Anm. 3); Peter Brückner/Diethelm Damm/Jürgen Seifert: 1984 schon heute oder wer hat Angst vorm Verfassungsschutz? Neue Kritik, Frankfurt 1976; Das Diskussionsverbot. Eine Geschichte der Zensur aufgeschrieben und vorgestellt anläßlich der ersten 88a-Prozesse, Politische Buchhandlung, Essen 1977; Jochen Bölsche: Der Weg in den Überwachungsstaat, Rowohlt (aktuell 4534), Reinbek 1979.
56 Wilhelm Steinmüller, zit. in: FR 15. 2. 1979 – gegen diese Meinung klagte BKA-Chef Herold vergeblich auf Widerruf.
57 Diethelm Damm in: 3. Internationales Russell-Tribunal, Gutachten, Dokumente, Verhandlungen der 2. Sitzungsperiode: Einschränkung von Verteidigerrechten, Bd. 4, Rotbuch 210, Berlin 1979, S. 123.
58 Jürgen Seifert: Die Definitionsgewalt des Verfassungsschutzes, in: 3. Inter. Russell-Tribunal (Anm. 57), S. 127.
59 Ulla Fölsing-Otto: Zensur, in: Schiwy/J. Schütz: Medienrecht (Anm. 16), S. 250.
60 Mechthild Duesing: Staatsverleumdung aufgrund von § 90 StGB, in: 3. Int. Russell-Tribunal (Anm. 37), S. 107.
61 Das Diskussionsverbot (Anm. 55), S. 63.
62 Alois Rummel, SWF, in: FAZ 26. 5. 1978.
63 BGHSt 16, 53, Urteil vom 21. 4. 1961.
64 Heinz Brüggemann: Der ›unvoreingenommene Durchschnittsleser‹ – eine Geburt aus dem Geiste der Justiz, in: alternative 124, 1979, S. 22.
65 Protokoll Sonderausschuß zur Strafrechtsreform, 66. Sitzung, S. 2294, vom 2. 10. 1975.
66 Friedrich Carl Delius: Unsere Siemens-Welt. Eine Festschrift zum 125jährigen Bestehen des Hauses S., Rotbuch 102, Erweiterte Neuausgabe mit einem Anhang, Berlin 1976, S. 124.
67 Karl Valta: Nachvollzug einer Sektion, in: Ästhetik & Kommunikation 30, Sept. 1977, S. 82-83.
68 NJW 79, S. 1559, LG Göttingen 5. 4. 1978; das Urteil wird auch bei Brüggemann (Anm. 64) diskutiert.
69 Der BGH hob eine Verurteilung mit dieser Begründung am 10. 10. 1978 zwar auf, ließ aber offen, ob das »bloße Verlegen eines Buches ohne Zusätze des Verlegers« strafrechtlich unbedenklich sei.
70 Erwin Gehrhardt: Gewaltdarstellungsverbot und Grundgesetz. Eine Untersuchung zur Problematik des § 131 StGB, Metzner, Frankfurt 1974, S. 7.
71 Jochen Vogel vor dem SPD-Parteitag, Protokoll 14. 11. 1975, S. 180, zit. auch in: Das Diskussionsverbot (Anm. 55), S. 71.
72 Horst Herold, zit. bei Cobler (Anm. 3), S. 23.
73 Martin Löffler (Hrsg.): Die Darstellung der Gewalt in den Massenmedien, Beck, München 1973, S. 1.

74 Vgl. dazu: Herbert Selg: Über Gewaltdarstellungen in Massenmedien, in: Über massenmediale Gewaltdarstellungen. Schriftenreihe der BPS Heft 3, hrsg. v. Rudolf Stefen, Bonn 1972.
75 Martin Jürgens/Annegret Jürgens-Kirchhoff: Skandalproduktion und Reaktion. Anmerkungen zum ästhetischen Aktionismus, in: Literatur und Linguistik 3/1973, S. 117-136.
76 Zit. in: Hanns-Peter Reisner: Literatur unter der Zensur. Die politische Lyrik des Vormärz, Klett (LGW 14), Stuttgart 1975, S. 88.
77 Vgl. dazu Christian Enzensberger: Literatur und Interesse, Hanser, München-Wien 1977, Bd. 1, S. 78. Enzensbergers Ausführungen zum Zusammenhang zwischen Interesse und Literatur sind auch für das Problem der Zensur grundlegend.
78 Heinrich Hubert Houben: Hier Zensur – wer dort? Antworten von gestern auf Fragen von morgen, Leipzig 1918, S. 3 (Vorwort).
79 Ludwig Marcuse: Obszön. Geschichte einer Entrüstung, List (Taschenbücher 295/96), München 1962, S. 27.
80 In: Vaterland, Muttersprache. Deutsche Schriftsteller und ihr Staat von 1945 bis heute. Zusammengest. v. Klaus Wagenbach, Winfried Stephan und Michael Krüger, Wagenbach (Quartheft 100), Berlin 1979, S. 133.
81 Albrecht (Anm. 2), S. 121.
82 Heinrich Mann: Die Jugend bewahren, in: Essays, Claassen-Verlag, Hamburg 1966, S. 534.
83 Stefan Andres: Warum nicht ein anderes Gesetz? in: Vaterland, Muttersprache (Anm. 80), S. 93.
84 SZ 24. 12. 1963.
85 Fritz J. Raddatz: Für das Verbot von Hitlers ›Mein Kampf‹, in: Die Zeit 3. 8. 79; darin auch: Hans Schueler: Gegen das Verbot von Hitlers ›Mein Kampf‹. Zensur, ein Übel an sich.
86 Wolfgang Fritz Haug: Der hilflose Antifaschismus, Suhrkamp (es 236), Frankfurt 1967.
87 Vor dem Bundestag, 72. Sitzung am 16. 2. 78, Protokoll S. 5689.
88 Vgl. dazu Ladeurs Beitrag in diesem Band und: Richard Schmid: Der Journalist im toten Winkel, in: Das Unbehagen an der Justiz, Beck, München 1975, S. 73-93.
89 Klageschrift, abgedruckt in: Emma Nr. 8, Aug. 1978, Urteil in Nr. 9/78.
90 Ebd. S. 5.
91 Zit. bei Adolf Holzmüller: Zur Rechtsunsicherheit des § 184 StGB, in: littera Bd. 3 (Anm. 33), S. 115.
92 Heinrich Heine: Vorredeentwurf zu den »Reisebildern«, in: H. H.: Sämtliche Schriften in zwölf Bänden, hrsg. v. Klaus Briegleb, Hanser, München, Wien 1976, Bd. 3, S. 682.
93 Hans Magnus Enzensberger: Über Zensur und Selbstzensur (Anm. 2), S. 652.
94 Henri Lefebvre: Das Alltagsleben in der modernen Welt, Suhrkamp, Frankfurt 1972, S. 202.
95 FAZ 26. 9. 1977.
96 Vgl. Theodor W. Adorno: Die Meinung, Wahn, Gesellschaft, in: Monat 14, Jg. 1961/62, S. 20.
97 Sigmund Freud: Die Traumdeutung, in: Freud-Studienausgabe, Fischer, Frankfurt Bd. II, S. 546.

98 Vgl. dazu neuerdings: Im Namen des Volkes. Das »gesunde Volksempfinden« als Kunstmaßstab. Katalog zur Ausstellung im W.-Lehmbruck-Museum der Stadt Duisburg 6. 5.-22. 7. 1979.
99 Vgl. dazu: Sigrid Weigel: Zensur und Selbstzensur, in: Schreiben ist ein monologisches Medium, hrsg. v. Ralf Schnell, Ästhetik und Kommunikation, Berlin 1979, S. 78.
100 Freud, ebd. (Anm. 6), S. 160.
101 Freud, ebd. (Anm. 6), Bd. I, S. 540.
102 J. Laplanche/ J. B. Pontalis: Das Vokabular der Psychoanalyse, Suhrkamp, Frankfurt 1972, S. 571 (Stichwort ›Unterdrückung‹).
103 Umfrage von H. E. Richter und E. Wolff, referiert in: SZ 21. 7. 1978.
104 Heinz Brüggemann: Strategien Innerer Kolonisation, in: H. Brüggemann/H. Gerstenberger u. a.: Über den Mangel an politischer Kultur in Deutschland. Wagenbach (Politik 83), Berlin 1978, S. 51.
105 In: Tagesanzeiger-Magazin, Zürich, 2. 7. 1977, S. 15.
106 Äußerung von Christa Wolf aus dem Jahre 1974, zit. in: Die Zeit 25. 5. 1979.
107 Vgl. B. F. Skinner: Wissenschaft und menschliches Verhalten, München 1973, S. 230. Zur »Selbstkontrolle« vgl. auch: Selbstkontrolle, hrsg. v. Monika Hartig, Urban & Schwarzenberg (Fortschritte der klinischen Psychologie 4), München, 2. Aufl. 1975.

Mende, Coca-Cola-Zensur

1 Zit. nach: Günter Wallraff: Einige Erfahrungen mit den Schwierigkeiten beim Veröffentlichen der Wirklichkeit hinter Fabrikmauern, in: E. Spoo (Hrsg.): Die Tabus der bundesdeutschen Presse, 2. rev. Aufl., München: Hanser 1973 (= Reihe Hanser Bd. 66), S. 24 f.
2 Zur Differenzierung des Eigentumsbegriffs vgl. Wolfgang Däubler: Eigentum und Recht in der BRD, in: W. D. u. a.: Eigentum und Recht. Die Entwicklung des Eigentumbegriffs im Kapitalismus, Darmstadt, Neuwied: Luchterhand 1976 (= SL Bd. 206), S. 207 ff.
3 Zur Differenzierung von Unternehmer, Manager etc. vgl. Urs Jaeggi: Kapital und Arbeit in der Bundesrepublik, Frankfurt/M.: Fischer 1973 (= Fischer Taschenbuch Bd. 6510), S. 81 f., 87.
4 Daten aus Jürgen Roth: Armut in der Bundesrepublik. Untersuchungen und Reportagen zur Krise des Sozialstaates, Erw. u. akt. Neuausg., Reinbek b. Hamburg: Rowohlt 1979 (= Bd. 7259), S. 28 ff.; instruktiv auch die frühere Fassung: Fischer 1975 (= Bd. 1427). Nach der neuesten DIW-Studie müssen 3,4 Millionen Haushalte mit weniger als 1000 DM monatlich auskommen (darunter drei Millionen Rentner), vgl. FR v. 15. 11. 79.
5 Hermann Giesecke u. a.: Gesellschaft und Politik in der Bundesrepublik. Eine Sozialkunde, Frankfurt/M.: Fischer 1976 (= Fischer Taschenbuch Bd. 6271), S. 120.
6 Vgl. Rolf Badstübner/Siegfried Thomas: Restauration und Spaltung. Entstehung und Entwicklung der BRD 1945-1955, Köln: Pahl Rugenstein 1976 (= prv Bd. 73), S. 333 ff.; sowie: Eckart Spoo (Hrsg.): Fetisch Eigentum. Wie privat sind Grund und Boden?, München: Hanser 1972 (= Reihe Hanser Bd. 93).

7 Ernst-Ulrich Huster u. a.: Determinanten der westdeutschen Restauration 1945-1949, Frankfurt: Suhrkamp 1972 (= es Bd. 575), S. 45.
8 Däubler (= Anm. 2), S. 153.
9 Zit. nach ebd. S. 147.
10 Ebd. S. 154.
11 Ebd. S. 207.
12 Vgl. hierzu ausführlich: Kurt Pritzkoleit: Gott erhält die Mächtigen. Rück- und Rundblick auf den deutschen Wohlstand, Düsseldorf: Karl Rauch 1963, S. 244 ff.; sowie Jörg Huffschmid: Die Politik des Kapitals. Konzentration und Wirtschaftspolitik in der Bundesrepublik, Frankfurt/M.: Suhrkamp 1969 (= es Bd. 313), S. 139 ff.
13 Karl-Heinz Stanzik: Der ökonomische Konzentrationsprozeß, in: Gert Schäfer/Carl Nedelmann: Der CDU-Staat. Analysen zur Verfassungswirklichkeit der Bundesrepublik. Bd. 1, Frankfurt/M.: Suhrkamp 1969 (= es Bd. 370/I), S. 76 f.
14 Vgl. hierzu ausführlich: Huffschmid (= Anm. 12), S. 146 ff.
15 Stanzik (= Anm. 13), S. 77.
16 Huffschmid (= Anm. 12), S. 150.
17 Ebd. S. 160.
18 Zit. nach ebd. S. 168.
19 Ebd. S. 164.
20 Ebd. S. 28.
21 Wilhelm Krelle u. a.: Überbetriebliche Ertragsbeteiligung der Arbeitnehmer. Mit einer Untersuchung der Vermögensstruktur der Bundesrepublik Deutschland, Tübingen 1968, S. 380 ff. (Obwohl die vom Bundesministerium für Arbeit und Sozialordnung in Auftrag gegebene Untersuchung schon Mitte 1966 vorlag, zögerte das Ministerium, die Ergebnisse der Öffentlichkeit zugänglich zu machen.)
22 Vgl. Giesecke (= Anm. 5), S. 140 ff.
23 Stanzik (= Anm. 13), S. 78.
24 Winfried Wolf: Westdeutsche Wirtschaftskrise 1974/75 und Aufschwung 1976/77, in: Ernest Mandel/W. W.: Ende der Krise oder Krise ohne Ende?, Berlin: Wagenbach 1977 (= Politik Bd. 78), S. 199.
25 der Hamburger Bürgermeister Klose (SPD); zum bezeichnenden Aufheulen aller drei Parteien u. a. vgl.: Konkret 12 (1978).
26 Vgl. auch Hugo Ritter: Verrat an der sozialen Marktwirtschaft? Wirtschaftspolitik zwischen Anspruch und Wirklichkeit, Reinbek b. Hamburg: Rowohlt 1972 (= rororo aktuell Bd. 1608).
27 Volker Friedrich u. a.: Neunmal teurer als Gold. Die Arzneimittelversorgung in der Bundesrepublik, Reinbek b. Hamburg: Rowohlt 1977 (= rororo aktuell Bd. 4067), S. 2.
28 Hannes Heer: Die Monopole und die Festung Wissenschaft, in: Stephan Leibfried (Hrsg.): Wider die Untertanenfabrik, Köln: Pahl Rugenstein 1967 (= prv Bd. 6), S. 75.
29 Helmut Creutz: Gehen und kaputtgehen. Betriebstagebuch, Frankfurt/M.: Fischer 1973 (= Fischer Taschenbuch Bd. 1367, Werkkreis Literatur der Arbeitswelt), S. 31.
30 Vgl. insgesamt: Theo Pirker: Die blinde Macht. Die Gewerkschaftsbewegung in Westdeutschland, 1. Teil, München 1966.

31 Der öffentliche Dienst wurde aus dem Gesetz herausgenommen und ein »Personalvertretungsgesetz« erlassen, dessen Regelungen hinter das BetrVG zurückfielen. Zur Kritik des BetrVG von 1972 vgl.: Jaeggi (= Anm. 3), S. 89 ff. Die vor allem in den siebziger Jahren geführte Mitbestimmungsdiskussion, insbesondere die uneingeschränkt paritätische Mitbestimmung, wurde von Unternehmerseite als Aushöhlung der Eigentumsordnung abgelehnt.

32 Pirker (= Anm. 30), S. 242.

33 Zit. nach: Der Betriebs-Berater, 10. 11. 1969, S. 1353 f. (2Ca/661/69).

34 Ebd., 20. 7. 1970 (7Sa 90/69).

35 Vgl. druck und papier 1 (1976), S. 8.

36 Vgl. FR 25. 1. 80 (Der Computer-Riese IBM war in Sachen Meinungsfreiheit falsch programmiert). Instruktiv für den gesamten Komplex sind etwa die Betriebsreportagen von Günter Wallraff: »Industriereportagen« (rororo Bd. 6723), »Neue Reportagen« (rororo Bd. 6842), »13 unerwünschte Reportagen« (rororo Bd. 6889) sowie zusammen mit Bernt Engelmann: »Ihr da oben – wir da unten« (rororo Bd. 6990); schließlich einzelne Publikationen aus dem Werkkreis Literatur der Arbeitswelt im Fischer Taschenbuchverlag, z. B.: »Weg vom Fenster. Über Entlassungen und Disziplinierungen« (Bd. 1682), vgl. auch: Creutz (Anm. 29).

37 Vgl. Wolfgang Däubler: Befreiung der Arbeit – Auf den Krücken des Arbeitsrechts?, in: Kursbuch 56 (1979), S. 113 f.

38 Ebd. S. 114.

39 Vgl. z. B. Stuttgarter Zeitung, 19. 7. 79 (Was am Schwarzen Brett stehen darf), FR 24. 2. 79 (Arbeitgeber darf Gewerkschaft Zeitungsverteilung untersagen) sowie FR 30. 11. 79 (Betriebsfrieden gefährdet). In diesem Zusammenhang lehrreich: Monika Held/Hella Schlumberger: Schöne heile Arbeitswelt ... Methoden und Manipulationen der Werkpresse, Frankfurt/Köln: EVA 1976 (= Theorie und Praxis der Gewerkschaften).

40 Beispielhaft: Der Atomfilz. Gewerkschaften und Atomkraft, Berlin: Olle & Wolter 1977.

41 Däubler (= Anm. 2), S. 187.

42 Vgl. hierzu: Frank Deppe: Das Bewußtsein der Arbeiter. Studien zur politischen Soziologie des Arbeiterbewußtseins, Köln: Pahl Rugenstein 1971 (= prv Bd. 12).

43 F. C. Delius: Unsere Siemens-Welt. Eine Festschrift zum 125jährigen Bestehen des Hauses S., Erw. Neuausg., Berlin: Rotbuch 1976 (= Bd. 102), S. 133.

44 Vgl. die BGH-Urteile vom 26. 10. 51 und 28. 11. 52, referiert in: Ernst Helle: Der Schutz der persönlichen Ehre und des wirtschaftlichen Rufes im Privatrecht, Tübingen: J. C. B. Mohr 1957, S. 76 f.; als neuere systematische Darstellung: Karsten V. Köller: Meinungsfreiheit und unternehmensschädigende Äußerungen, Berlin: Duncker & Humblot 1971 (= Schriften zum Öffentlichen Recht Bd. 140).

45 Däubler (= Anm. 2), S. 181. Nebenbei: Persönlichkeitsgüter (wie Leben, Gesundheit, Arbeitskraft) fallen unter keine Eigentumsschutzgarantie und bleiben »hinter dem zurück, was die Rechtsordnung dem (großen) Eigentümer gewährt« (ebd. S. 207).

46 Richard Schmid: Über die Behinderung der Meinungs- und Forschungsfreiheit durch die Justiz, Sendung im Südfunk Stuttgart v. 12. 10. 1976 (Typoskript), S. 10 (ausgezeichnete, weil allgemeinverständliche Darstellung).

47 Wallraff (= Anm. 1), S. 29 ff.
48 Delius (= Anm. 43), S. 111.
49 Ebd. S. 141.
50 Ebd. S. 117 f.
51 Vgl. Studiobühne Würzburg (Hrsg.): Der Geist von Oberzell. Text und Dokumentation, 2. erw. Aufl., 1976, S. 10.
52 Kommentar zu den Urteilen von Karl-Heinz Ladeur, in: Demokratie und Recht 3 (1975).
53 Vgl. z. B. auch das Urteil des OLG Karlsruhe, in welchem der CDU ein Unterlassungsanspruch zugebilligt wurde, der sich bezog auf das Staeck-Plakat »CDU – damit die Reichen noch reicher werden!« (vgl. NJW 72, S. 1812).
54 Vgl. Spiegel, 15. 4. 1964, S. 55, bzw. 24. 12. 79; dort auch Informationen zur Behinderung der 1964 vom Bundestag beschlossenen »Stiftung Warentest« (S. 65-69). Grundlegend: der sechsjährige Musterprozeß des Skibindungen-Herstellers Marker bis hin zum BGH, den dieser im Dezember 1975 zugunsten der Stiftung entschied.
55 DM, 28. 5. 1964, S. 4.
56 Vgl. Spiegel, 23. 5. 1962, S. 38.
57 Ebd., 15. 4. 64 sowie die Berichterstattung in den einzelnen DM-Nummern.
58 Friedrich Kübler: Wirtschaftsordnung und Meinungsfreiheit. Tübingen: J. C. B. Mohr 1966 (= Recht und Staat Bd. 327), S. 21-23.
59 Zahlen nach: Helmut H. Diederichs: Konzentration in den Massenmedien. München: Hanser 1973 (= Reihe Hanser Bd. 120).
60 Vgl. Hermann Meyn: Massenmedien in der Bundesrepublik Deutschland. Neu bearb. Aufl., Berlin: Colloquium Verlag 1974 (= Zur Politik und Zeitgeschichte, Bd. 24), S. 40 f.; sowie: Gerhard Gleißberg u. a.: Zur Pressekonzentration und Meinungsmanipulierung, Frankfurt/M.: Verlag Marxistische Blätter 1972 (= Marxistische Taschenbücher, Bd. 42), S. 48.
61 Eckart Spoo: Pressekonzentration, Springer-Dominanz und journalistische Arbeit, in: Bernd Jansen/Arno Klönne: Imperium Springer. Macht & Manipulation, Köln: Pahl Rugenstein 1968, S. 210.
62 Presse-Arbeitskreis des Republikanischen Clubs W-Berlin (Hrsg.): Springer enteignen? Materialien zur Diskussion, Berlin: Oberbaumpresse [1967], S. 12 (s. auch: Spiegel, 14. 4. 65, S. 14).
63 Ebd. S. 9 (s. auch: Spiegel, 7. 12. 60, S. 92).
64 Ebd. S. 10 (s. auch: Spiegel, 13. 9. 61, S. 57 f.) Ein schönes Beispiel dafür, wie ein Gewerbebetrieb einen Konkurrenten zensieren kann, wenn er der mächtigere ist: Als die Hamburger Lokalzeitung »Blinkfüer« gegen den nach dem Kartellgesetz verbotenen Boykottaufruf des Springer-Konzerns klagte, wurde sie vom BGH belehrt, daß es sich um einen Boykott aus politischen Motiven handle, der durch das Grundrecht auf freie Meinungsäußerung gedeckt sei.
65 Ebd. (s. auch: Spiegel, 17. 10. 62, S. 28 ff.).
66 Ebd. S. 11 bzw. Wallraff (= Anm. 1), S. 21.
67 Wallraff (= Anm. 1), S. 22.
68 Zit. nach: Hans Dieter Baroth u. a.: Mit Politik und Porno. Pressefreiheit als Geschäft belegt am Heinrich Bauer-Verlag, 2. erw. Aufl., Köln: Bund Verlag 1977 (= ran Buch Bd. 1), S. 7.
69 Zit. nach: J. Huffschmid: Politische Ökonomie des Springer-Konzerns, in: Jansen (= Anm. 61), S. 66.

70 Franz Dröge: Wissen ohne Bewußtsein. Materialien zur Medienanalyse, Frankfurt/M.: Athenäum Fischer 1972 (= FAT Bd. 4009), S. 151.
71 Huffschmid (= Anm. 69), S. 66.
72 FR, 13. 1. 1978; vgl. dazu auch: FR 24., 28. und 29. 12. 77 sowie vom 3. u. 7. 1. 78.
73 FR, 17. 11. 78.
74 Stern-Redakteur, zit. nach: Hans Dieter Müller: Die Arbeitswelt – kein Thema für die Presse?, in: Spoo (= Anm. 1), S. 17.
75 Bodo Zeuner: Veto gegen Augstein. Der Kampf der Spiegel-Redaktion um Mitbestimmung, Hamburg: Hoffmann u. Campe 1972 (= Standpunkte), S. 34.
76 Ebd. S. 35.
77 Vgl. P. Baroth (= Anm. 68), S. 32 ff.; Wallraff (Anm. 1), S. 24.
78 Zeuner (= Anm. 75), S. 135.
79 Ebd. S. 135 f.
80 Ebd. S. 134.
81 Vgl. Gleißberg (= Anm. 60), S. 53.
82 Meyn (= Anm. 60), S. 41.
83 Klaus Morgenstern: Werbung im Hörfunk (1), in: FR, 14. 2. 78.
84 Vgl. dazu: Jörn Kraft: Kommerzielles Fernsehen (1-3), in: FR, 2. 6. und 9. 11. 1979 sowie in »medium« 10 (1979).
85 Klaus Peter Kisker: Public relations statt objektiver Berichterstattung. Wirtschaftsteil nur für Börsianer?, in: Spoo (= Anm. 1), S. 61.
86 Berliner Autorenkollektiv Presse (Hrsg.): Wie links können Journalisten sein? Pressefreiheit und Profit, Reinbek b. Hamburg: Rowohlt 1972 (= rororo aktuell Bd. 1599), S. 152 (die knappste und beste Darstellung des Presseproblems).
87 Meyn (= Anm. 60), S. 57.
88 Vgl. Willkommen in der Bundesrepublik Deutschland, Berlin: das Politische Buch 1976, S. 107 f.; sowie: Hans Büttner: Der Fall Finck, in: Spoo (= Anm. 6), S. 37 ff.
89 Wallraff (= Anm. 1), S. 33.
90 Wallraff/Engelmann (= Anm. 36), S. 188 f.
91 Hannes Heer: Die Zensur in den öffentlich-rechtlichen Medien der Bundesrepublik, in: 3. Internationales Russell-Tribunal, Bd. 3, Teil 1: Zensur, Berlin: Rotbuch 1979 (= Bd. 205), S. 174 f.
92 Stern, 12. 8. 76; siehe z. Problem auch: Hans-Friedrich Foltin/Gerd Würzberg: Arbeitswelt im Fernsehen. Versuch einer Programmanalyse, Köln: Pahl Rugenstein 1976 (= Sammlung Junge Wissenschaft).
93 Vgl. hierzu auch: Jürgen Alberts: Massenpresse als Ideologiefabrik. Am Beispiel Bild, Frankfurt/M.: Athenäum Fischer 1972 (= FAT Bd. 4059).
94 Vgl. hierzu, obschon mit Einschränkungen: Erich Küchenhoff u. a.: Bild-Verfälschungen, 2 Teile, Frankfurt/M.: eva 1972, sowie: Christina Oberst-Hundt: Springers Bild der Gewerkschaften (Typoskript), 93 S. (instruktiv die Kampagne der Bild-Zeitung gegen die Mitbestimmung). Aufschlußreich im Zusammenhang mit den Kapiteln 1-3 dieser Arbeit: die Bild-Kampagne gegen das Sparen (1967), die offene Parteinahme für VW und gegen die DM.
95 Jaeggi (= Anm. 3), S. 70.

1 Vgl. Barthes (Literaturverzeichnis Nr. 2) S. 26.
2 Vgl. a. a. O.
3 Barthes' Analyse bezieht sich auf die stalinistische Sprache; ihre Ergebnisse lassen sich jedoch auf eine sich weitgehend nur negativ vom Stalinismus = Kommunismus abgrenzende Freund-Feind-Ideologie, wie sie in der BRD verbreitet ist, übertragen.
4 Vgl. a. a. O., S. 27.
5 Vgl. Ridder (Lit. Verz. Nr. 14) S. 144.
6 So der damalige Regierungsvertreter Rotberg zur Begründung des § 96 StGB in der Fassung von 1951, zit. nach Backes (Lit. Verz. Nr. 1) S. 33.
7 So Rotberg a. a. O.
8 Vgl. Jakob (Nr. 7) S. 286.
9 Vgl. Barthes (Nr. 2) S. 26.
9a Vgl. nur BGHZ (Entscheidungen des Bundesgerichtshofs in Zivilsachen) 26, 349 ff. – »Herrenreiter«; BVerfGE (Entscheidungen des Bundesverfassungsgerichts) 34,269 – »Soraya«; Bremer/Voegeli (Nr. 3).
10 Vgl. BVerfGE 7,198 ff. (Lüth-Urteil).
10a Vgl. dazu Ladeur (Nr. 9). Die Kehrseite dieser Medaille ist die fast uneingeschränkte Abstützung von *Staats*schutzpraktiken jeder Art.
11 Vgl. BVerfGE 12, S. 113 ff. (R. Schmid-Spiegel-Entscheidung).
12 Vgl. Scanlon (Nr. 16) S. 164 f.
13 Vgl. Ridder (Nr. 11,14).
14 Vgl. zu den »topoi« und justiziellen Protopolitiken allgemein Santos (Nr. 15) S. 16 ff.: »Judicial protopolicies are organizational principles, principles of action, or rules of thumb, on the basis of which strategic decisions are made about how to proceed. These policies are derived from the interests, needs, limitations of the dispute processing mechanism itself, as these are perceived by the social groups that control it . . .«
15 Vgl. nur BVerfGE 7, S. 208.
16 Vgl. BVerfGE 47, S. 130 ff., 142: der Schutz der »Verfassungsgrundsätze« gehört zu den »überragenden Gemeinschaftsgütern«.
17 Vgl. BVerfGE 7, 208 f.
18 Vgl. nur Foucault (Nr. 5) S. 72.
19 Vgl. nur BVerfGE 7, 216, 218; 12, 113 ff., 125; 24, 278, 283: »grundlegende Streitfrage«.
20 Vgl. BVerfGE 47, 125 ff., 145 f. (Öffentlichkeitsarbeit der Regierung).
21 Vgl. BVerfGE 12, 113 ff.
22 Vgl. BVerfGE 43, 130 ff.
23 Vgl. BVerfGE 42, 163 ff.
24 Vgl. BVerfGE 42, 143 ff.
24a Vgl. auch die übersichtliche Falldarstellung bei Nettelbeck (Nr. 10).
25 Vgl. Göldner (Nr. 6) S. 68.
26 Vgl. BVerfGE 33, 52 ff.
27 Vgl. nur BVerfGE 28, 36 ff., 48.
28 Vgl. BVerfGE 47, 125 ff.
29 Vgl. BGH in: Neue Juristische Wochenschrift (NJW) 1977, S. 1762 f.
30 Vgl. OLG München in: Archiv für Presserecht 1977, S. 282 ff.

31 Vgl. OLG Stuttgart, Urt. v. 1. 6. 1977 (4U12/77).
32 Vgl. NJW 1978, S. 1797 ff.
33 Vgl. dazu oben Anm. 30.
34 Vgl. OLG Frankfurt in: NJW 1977, S. 1553 f.
35 Vgl. AG Berlin-Tiergarten, Urt. v. 27. 1. 1977 (281 Ds 586/76).
36 Vgl. OLG Frankfurt, Urt. v. 7. 6. 1977 (14U 216/76).
37 Die juridische Normalisierung von Sprachgebräuchen läßt sich sehr gut etwa bei der Verwendung von »Konversationslexika« erkennen: So werden etwa politische Begriffe mithilfe des »Großen Brockhaus« auf ganz bestimmte Sinnbesetzungen reduziert. Vgl. dazu das in BVerfGE 42, S. 163 ff. referierte Urteil des OLG München: »Nationalismus« sei »nach dem Großen Brockhaus...« Auch das BVerfG verweist die Bestimmung der Grenzen des politischen Ehrenschutzes auf den Sprachgebrauch. Das, was »im politischen Tageskampf üblich« ist, was »normalerweise ohne Beanstandung hingenommen« wird, ist auch rechtlich zulässig.
38 Vgl. LG Hamburg, Urt. v. 6. 1. 1978 (740 461/77).
39 Vgl. Ladeur (Nr. 7).
40 Vgl. nur Ridder/Ladeur (Nr. 13), insbesondere das Vorwort zur 2. Auflage.
41 Vgl. Schwarz-Schilling (Nr. 17). Der Hessische Rundfunk hat einer Redakteurin u. a. deshalb gekündigt, weil die von ihr verantworteten Sequenzen der »Sendung mit der Maus« zu einseitig gewesen seien. Das Verfahren ist inzwischen durch Vergleich beendet worden.
42 Vgl. nur KG Berlin in: Demokratie und Recht 1976, S. 444.
43 Vgl. LG Berlin in: NJW 1977, S. 251 ff.; dazu Schmidt (Nr. 18).
44 Vgl. etwa den berüchtigten »Reigen«-Prozeß, Buchholz (Nr. 4) S. 64 ff.
45 Vgl. den »Mephisto«-Beschluß in: BVerfGE 30,173 ff.
46 Vgl. den »Soraya«-Beschluß in: BVerfGE 34,269 ff.
47 Vgl. OLG Bamberg und BGH in: Demokratie und Recht 1975, S. 433 ff., mit Anmerkung von K. H. Ladeur (»Der Geist von Oberzell«).
48 Vgl. OLG Stuttgart in: Demokratie und Recht 1976, S. 75 ff., mit Anmerkung von K. H. Ladeur.
49 Auch im Wissenschaftsbereich, auf den hier nicht näher eingegangen wurde, geht die Rechtsprechung immer mehr dazu über, Wahrheitsansprüche herrschender Wissenschaftskonzepte auch normativ abzustützen; vgl. nur das »Lefèvre«-Urteil des OVerwG Berlin in: Kritische Justiz 1976, S. 76 ff., mit Anmerkung von B. v. Greiff und J. Perels.

Literaturverzeichnis

1. Otto Backes: Rechtsstaatsgefährdungsdelikte und Grundgesetz, Köln: C. Heymann Verlag 1970 (= Schriften der rechts- und wirtschaftswissenschaftlichen Abteilung der Universität Saarbrücken, Bd. 52).
2. Roland Barthes: Am Nullpunkt der Literatur. Objektive Literatur. Zwei Essays, Hamburg: Claassen 1959.
3. Nikolaus Bremer/Wolfgang Voegeli: Das Allgemeine Persönlichkeitsrecht, in: Juristische Arbeitsblätter 1978, S. 374 ff.; 492 ff.
4. Ernst Buchholz: Kunst, Freiheit, Recht. Reden und Aufsätze, München u. Esslingen: Bechtle, 1966.

5. Michel Foucault: Mikrophysik der Macht. Über Strafjustiz, Psychiatrie und Medizin, Berlin/W: Merve 1976 (= Internationale Marxistische Diskussion 61).
6. Detlef Göldner: Integration und Pluralismus. Bemerkungen zur Doppelfunktion von Einheit und Gegensatz im System des Bonner Grundgesetzes, Tübingen: Mohr 1977 (= Tübinger rechtswissenschaftliche Abhandlungen Bd. 43).
7. L. H. Jakob: Nach welchen Grundsätzen soll man politische Handlungen und Meinungen beurteilen? (1797), wiederabgedruckt in: Batscha, Zwi (Hrsg.): A. Bergk, J. L. Ewald, J. G. Fichte u. ä. Aufklärung und Gedankenfreiheit. 15 Anregungen, aus der Geschichte zu lernen, Frankfurt: Suhrkamp 1977, S. 275 ff.
8. Karl-Heinz Ladeur: Die Freiheit der Literatur und die Unfreiheit des strafgefangenen Schriftstellers, in: Initiativgruppe P. P. Zahl (Hrsg.): Verhaftete Drucksachen. Zensur in deutschen Haftanstalten, Frankfurt: Selbstverlag 1977, S. 45 ff.
9. Karl-Heinz Ladeur: Meinungsfreiheit in der Rechtsprechung des Bundesverfassungs-Gerichts, in: Wolfgang Däubler/Gudrun Küsel (Hrsg.): Verfassungsgericht und Politik, Reinbek: Rowohlt 1979, S. 102 ff.
10. Joachim Nettelbeck: Meinungsäußerung und Tatsachenbehauptung. Ein Bericht über Einäugigkeiten in der Zivilgerichtsbarkeit, in: Kritische Justiz 1978, S. 135 ff.
11. Helmut Ridder: Meinungsfreiheit, in: Franz Neumann/Hans Carl Nipperdey/ Ulrich Scheuner: Die Grundrechte, Bd. II, Berlin: Duncker u. Humblot 1954, S. 243 ff.
12. Helmut Ridder: Alles fließt, in: Archiv für Presserecht 1973, S. 453 ff.
13. Helmut Ridder/Karl-Heinz Ladeur: Das sogenannte Politische Mandat von Universität und Studentenschaft. Rechtsgutachten, 2. Aufl., Köln: Pahl-Rugenstein 1976 (= Beihefte zur Zeitschrift Demokratie und Recht Nr. 1).
14. Helmut Ridder: Die soziale Ordnung des Grundgesetzes, in: Josef Mück (Hrsg.): Verfassungsrecht, Opladen: Westdeutscher Verlag 1975 (= Bad Wildunger Beiträge zur Gemeinschaftskunde, Bd. 5), S. 85 ff.
15. Bonaventura De Sousa Santos: The Construction and Reproduction of Legality in Pasargada, in: Law and Society Review 1977, S. 4 ff.
16. T. Scanlon: A Theory of Freedom of Expression, in: R. M. Dworkin (ed.): The Philosophy of Law, London: Oxford University Press 1977 (= Oxford Readings in Philosophy), S. 153 ff.
17. Christian Schwarz-Schilling: Ist das öffentlich-rechtliche System zu retten? Vortrag auf einer Tagung der Ev. Akademie Tutzing, Nov. 1976, in: epd Kirche und Rundfunk Nr. 97 v. 11. 12. 1976, S. 1 ff.
18. Eike Schmidt: Von der Unbrauchbarkeit des an sich Brauchbaren oder Zu den Ausstrahlungen des Radikalenerlasses in das Zivilrecht, in: Demokratie und Recht 1977, S. 55 ff.

Cobler, Konzessionierte Kommunikation

1 Thomas Dehler, Justizminister (FDP), Bundestag, 12. 9. 1950, S. 3108.
Zur Geschichte des politischen Strafrechts in der Bundesrepublik vgl. Otto Backes, Rechtsstaatsgefährdungsdelikte und Grundgesetz, Berlin 1970; Hans

Copić, Grundgesetz und politisches Strafrecht neuer Art, Tübingen 1967; Sebastian Cobler, Die Gefahr geht von den Menschen aus – Der vorverlegte Staatsschutz, Berlin 1978[2], S. 54 ff.
Technik und Praxis der Kommunikationsdelikte kollidieren noch mit einer anderen rechtsstaatlichen Selbstverständlichkeit: Mit dem Grundsatz der persönlichen Verantwortung im Strafrecht, da auch demjenigen die Strafverfolgung droht, der einen beanstandeten Text nicht selber verfaßt, sondern lediglich verbreitet hat, sofern das Gericht der Ansicht ist, er habe ihn sich »zu eigen gemacht« (vgl. hierzu OLG-Köln, Urteil vom 2. 4. 1979, in: NJW 1979, 1562 sowie BGHSt, Urteil vom 23. 8. 1979 [4 StR 207/79] mit weiteren Verweisen).

2 Zur Rechtsprechung der fünfziger und sechziger Jahre vgl. Lutz Lehmann, Legal und Opportun – Politische Justiz in der Bundesrepublik, Berlin 1966, und Alexander v. Brünneck, Politische Justiz gegen Kommunisten in der Bundesrepublik Deutschland 1949-1968, Frankfurt/M. 1978, S. 167 ff.
Was die siebziger Jahre betrifft, so seien hier zur Illustration erwähnt:
- der (nach einigen Tagen wieder aufgehobene) Haftbefehl gegen einen Bochumer Buchhändler wegen eines Ermittlungsverfahrens nach § 88a (KLs 31 Js 8/75);
- die einwöchige U-Haft gegen den Herausgeber einer Broschüre zum Tod Ulrike Meinhofs (§ 88a) (Staatsanwaltschaft/Amtsgericht Fulda – 2b Gs 90/78);
- die über ein Jahr andauernde U-Haft gegen Mitarbeiter der Stuttgarter »Fantasia«-Druckerei (§§ 88a, 129a) (Ermittlungsrichter BGH, BJs 59/77 – I BGs 952/78);
- die U-Haft gegen Drucker der Berliner »Agit«-Druckerei (mehr als 10 Monate) sowie das inzwischen ergangene Urteil des Kammergerichts Berlin (nicht rechtskräftig; §§ 88a, 129a), vgl. Abschnitt VI des vorliegenden Textes;
- das Urteil des Landgerichts Nürnberg/Fürth vom 30. 9. 77 gegen den Geschäftsführer des Verlags und der Druckerei »Polit-Laden« wegen der Verbreitung von Schriften (§ 90a StGB): zwei Jahre Gefängnis ohne Bewährung; das Urteil ist vom BGH am 11. 7. 77 ausschließlich wegen formaler Mängel aufgehoben worden (1 StR 178/78);
- das Urteil des Landgerichts Berlin vom 6. 4. 1976 ([502] 1 P KLs 2/75 [22/75]) wegen »Wehrkraftzersetzung« (§ 89 StGB): ein Jahr Gefängnis ohne Bewährung (rechtskräftig);
- zahlreiche Gefängnisstrafen wegen »Beleidigung der Justiz«, hier: des Richters am Landgericht Köln Dr. Victor Henry de Somoskeoy – vgl. hierzu: Henryk Broder u. a. (Hrsg.), Victor Henry gegen alle – Der Fall Somoskeoy, Köln 1979[2].

3 v. Merkatz (CDU), Bundestag, 8. 12. 1957, S. 10916.

4 BGHSt, Urteil vom 10. 7. 1974, in: DuR 1974, 434 ff.; vgl. hierzu auch BVerfGE 28, 36 ff. (49/50) sowie BVerfGE, in: AfP 1974, 672 f.

5 Vgl. den Wortlaut der §§ 88a, 89, 90a, 90b StGB.

6 BGHSt, Urteil vom 6. 2. 1963, in: BGHSt 18, 256.

7 BGHSt 18, 255.

8 BGHSt, Urteil vom 18. 2. 1964, in: NJW 1964, 1084.
Die gegen solche »Überführungs«-Methoden von den Betroffenen erhobenen Verfassungsbeschwerden wurden als unbegründet zurückgewiesen: BVerfGE

vom 14. 1. 1969 und vom 15. 1. 1969, in: BVerfGE 25, 44 ff; 87 ff.
Vgl. auch OLG-Köln, Urteil vom 2. 4. 1979, in: NJW 1979, 1562.

9 BGHSt, Urteil vom 4. 6. 1955, in: HuSt I, 113; BGHSt, Urteil vom 28. 7. 1955, in: HuSt I, 257; BGHSt, Urteil vom 2. 11. 1956, in: HuSt II, 57.

10 OLG-Köln, a. a. O.

11 OLG-Frankfurt, Beschluß vom 23. 11. 1976, in: NJW 1977, 1353 f. (1354).

12 OLG-Braunschweig, Urteil vom 22. 5. 1978, in: MDR 1978, 858.

13 AG-Augsburg, Urteil vom 26. 2. 1974 (1 Ds 790/72).

14 LG-Stade, Urteil vom 6. 2. 1979 (Ns 9 Ls 8/78 – 298/78); so auch KG-Berlin, Beschluß vom 10. 5. 1978 (2 AR 372/77 – Ws 76/78).
Vgl. hierzu auch die sprachkritische Untersuchung von H. Brüggemann, Der ›unvoreingenommene Durchschnittsleser‹ – eine Geburt aus dem Geiste der Justiz, in: alternative, 22. Jg. (1979), Nr. 124, S. 22 ff.

15 BVerfGE vom 14. 1. 1969, in: BVerfGE 25, 44 ff. (56).

16 BVerfGE, ebenda.

17 BVerfGE vom 17. 8. 1956 (KPD-Verbot), in: BVerfGE 5, 85 ff. (138).

18 BVerwGE vom 16. 2. 1978, in: DVBl 1978, 622 ff. Vgl. hierzu die Anmerkung von M. Zuleeg, in: JZ 1979, 294 ff.

19 OLG-Frankfurt, a. a. O., S. 1354.

20 BVerwGE, a. a. O.

21 AG-Duisburg, Urteil vom 12. 9. 1975 (15 Ms 73/74), Bl. 10.

22 OLG-Frankfurt, a. a. O.

23 OLG-Frankfurt, ebenda.

24 H.-D. Bastian, Sicherheit und staatliches Gewaltmonopol, in: Die Polizei 1979, 241 ff. (243).

25 Walter Scheel, Ansprache zur Vereidigung von Polizeibeamten, in: Die Polizei 1976, 33.
Vgl. in diesem Zusammenhang das Strafverfahren gegen den Journalisten Hans-Georg Faust, der die Hintergründe des »Lauschangriffs« auf den Atommanager Klaus Traube offengelegt hatte (3. Internationales Russell-Tribunal, Berlin 1979, Bd. 4, S. 113 ff.).

26 Vgl. hierzu Paul Riediger, Die Staatsverleumdung, Breslau 1901 (Strafrechtliche Abhandlungen Heft 38); Max Kunze, Beschimpfung des Deutschen Volkes, seiner Wahrzeichen und seiner Vergangenheit, Breslau-Neukirch 1940 (Strafrechtliche Abhandlungen Heft 405); Friedrich-Christian Schroeder, Der Schutz von Staat und Verfassung im Strafrecht, München 1970, S. 100 ff.; 350 ff.; 403. Friedrich Schaffstein, Verräterei und Majestätsdelikt in der gemeinrechtlichen Strafrechtsdoktrin, in: Festschrift für Werner Weber, Göttingen 1974, S. 53 ff.

27 Thomas Würtenberger, Kunst, Kunstfreiheit und Staatsverunglimpfung, in: JR 1979, 309 ff. (312).
Vgl. zu dieser Subjektivierung des Staats auch Fricker, Die Persönlichkeit des Staates, in: Zeitschrift für die gesamte Staatswissenschaft Bd. 25 (1869), S. 29 ff., sowie die rechtshistorische Monographie von Ulrich Häfelin, Die Rechtspersönlichkeit des Staates, Tübingen 1959.

28 F.-Chr. Schroeder, Probleme der Staatsverunglimpfung, in: JR 1979, 89 ff. (90).

29 Würtenberger, a. a. O., S. 311.

30 Würtenberger, a. a. O., S. 312.

31 Schroeder, a. a. O., S. 90.

32 Würtenberger, a. a. O., S. 311. Das zu schützende »Rechtsgut« des § 90a StGB besteht im Erhalt der »Treue« zum Staat, das strafrechtlich zu ahndende »Unrecht« also wesentlich in einer »Pflichtverletzung« der – im eigentlichen Wortsinne – »Staatsbürger«.

33 Tobias Peucer (1690), zit. nach Franz Schneider, Pressefreiheit und politische Öffentlichkeit, Neuwied/Berlin 1966, S. 57.
Mit § 90a-Verfahren befaßte Rechtsanwälte schätzen die Zahl dieser Prozesse in den Jahren 1975-1978 auf 600-800, die Zahl der Ermittlungsverfahren dürfte drei- bis viermal so hoch sein. Vgl. auch Harald Remé, Mathias Zieger, in: Johannes Agnoli u. a. (Hrsg.), ». . . da ist nur freizusprechen« – die Verteidigungsreden im Berliner Mescalero-Prozeß, Reinbek b. Hamburg 1979, S. 76, sowie J. Stoecker u. a., in: 3. Strafverteidigertag (April 1979) – Referate, Diskussionen, Ergebnisse, Berlin 1979. Weiteres Zahlenmaterial zu den Äußerungsdelikten s. bei W. D. Narr u. a. (Hrsg.), CILIP Nr. 4/1979, S. 47.
Jährlich 100 bis 120 Strafbefehle bzw. Anklagen gem. § 90a allein in Nordrhein-Westfalen nennt Staatsanwalt Morré, in: ders., Der Staatsanwalt in Staatsschutz und besonderen politischen Strafsachen – alleingelassen?, abgedruckt in: Uwe Nettelbeck (Hrsg.), Die Republik, Nr. 10-15, März 1977, S. 113 ff. (119).

34 AG-Berlin-Tiergarten, Urteil vom 6. 1. 1978 (269-289/77); LG-Dortmund, Urteil vom 17. 11. 1977 (14 [13] Sch 10/76).

35 OLG-Düsseldorf, Urteil vom 8. 10. 1975 (2 Ss 504/75).

36 OLG-Celle, Urteil vom 12. 5. 1978 (3 Ws 134/78).

37 AG-Köln, Urteil vom 6. 11. 1975 (224 Cs 214/75);
LG-Köln, Urteil vom 8. 3. 1977 (42 – 324/76).

38 LG-Berlin, Urteil vom 14. 3. 1978 (503 – 384/77).

39 LG-Köln, Urteil vom 18. 1. 1978 (46 – 384/77).

40 AG-Bielefeld, Urteil vom 6. 10. 1978 (8 Ds 46 Js 1472/77).

41 LG-Berlin, Urteil vom 17. 2. 1976 (507a – 111/75).

42 Vgl. hierzu den Bericht der FR vom 10. 11. 1977, S. 4 sowie die Broschüre des Kommunistischen Bundes, Die »Wunder von Stammheim und von Stadelheim« vor Gericht, Hamburg 1979.
Zur »Verunglimpfung des Staates« durch »Beleidigung von Polizeibeamten« vgl. für viele ähnliche Verfahren die Urteile gegen den Münsteraner Soziologieprofessor Christian Sigrist, in: 3. Internationales Russell-Tribunal, a. a. O., Bd. 3, S. 111 ff. (Sigrist hatte den Tod des 1974 im Gefolge eines Polizeieinsatzes umgekommenen Duisburger Arbeiters Günther Routhier als »Polizeimord« bezeichnet.)
Allein im »Fall Routhier« waren bis Mai 1976 wegen dieser und ähnlicher Äußerungen Geldstrafen und Gerichtskosten von mehr als 500 000 DM fällig (vgl. Evangelische Studentengemeinde in der Bundesrepublik Deutschland und in Westberlin (Hrsg.), Amnestie für die Verurteilten in den Routhier-Prozessen, Stuttgart 1976).

43 OLG-Düsseldorf, Urteil vom 10. 11. 1976 (2 Cs 1157/76).

44 KG-Berlin, Beschluß vom 10. 5. 1978 (2 AR 372/77 – 4 Ws 76/78), Bl. 4, 28 ff.
Zu den inzwischen mehr als 100 Strafverfahren gem. § 90a und anderer Delikte allein wegen des »Buback-Nachrufs« vgl. Jürgen Ahrens, Ulrich Mückenberger

– in: KJ 1978, 432 ff.; KJ 1979, 312 ff. Johannes Agnoli u. a. (Hrsg.), a. a. O., Thomas Blanke u. a. (Hrsg.), Der Oldenburger Buback-Prozeß, Berlin 1979, Armin Golzem, in: 3. Internationales Russell-Tribunal, a. a. O., Bd. 3, S. 70 ff., sowie die bisherige Zwischenbilanz der juristischen Bewältigung des »Buback-Nachrufs« in: Der Spiegel Nr. 10/1980, 3. 3. 1980, S. 63.

45 H. Krüger, in: H. Quaritsch (Hrsg.), Selbstdarstellung des Staates, Berlin 1977, S. 49.

46 Tagesspiegel (Berlin) vom 1. 7. 1978, S. 15, vom 22. 12. 1978, S. 11, vom 21. 3. 1979, S. 10.
Vgl. auch AG-Köln, Urteil vom 9. 9. 1975 (34-84/75/120 Ms 2/74).

47 In Berlin beispielsweise hatten sich Angeklagte für die Äußerung zu verantworten, der Staat lasse »in Isolationshaft Häftlinge über die Klinge springen«. Mit Beweisanträgen über die wissenschaftlich festgestellten Folgen isolierender Haftbedingungen versuchten die Angeklagten, die ihnen vorgeworfene Aussage zu untermauern. Das Gericht ließ diese Anträge nicht zu. Es unterstellte als wahr, daß es in Berliner Gefängnissen solche Haftbedingungen gebe, und daß diese auch zu gesundheitlichen Schädigungen der betroffenen Gefangenen führen können. Gleichwohl sei es eine »böswillige Verleumdung« der Justiz, einen Vernichtungswillen zu unterstellen: Die Haftbedingungen seien ihr von den Gefangenen selber aufgezwungen worden (LG-Berlin, Urteil vom 11. 12. 1975 [260 Cs 349/75]).

48 So mußte sich 1974 ein Angeklagter vor dem LG-Dortmund für die Bemerkung verantworten, die Polizei sei »ein Instrument der Kapitalistenklasse gegen die Arbeiterklasse«. Beweisanträge, mit denen der Angeklagte seine Auffassung stützen wollte, wurden mit der folgenden Begründung abgelehnt: »Nach dem Grundgesetz ist die Polizei an Recht und Gesetz gebunden, was bedeutet, daß sie nach dieser Definition nicht als Instrument der Kapitalistenklasse gegen die Arbeiterklasse angesehen werden kann. Die Verfassungswirklichkeit entspricht dieser Definition« (LG-Dortmund, zitiert nach H. Remé, M. Zieger, a. a. O., S. 77).

49 AG-Berlin-Tiergarten, Urteil vom 12. 10. 1977 ([269] 1 P ls 17/77 [276/76], Bl. 13/14).

50 AG-Tiergarten, ebenda.

51 AG-Bonn, Urteil vom 14. 4. 1978 (45 Cs 50 Js 419/77), Bl. 16.

52 Siehe oben Anm. 33.

53 Vgl. für zahlreiche weitere Urteile die in Anm. 2 erwähnten Entscheidungen.

54 Zur Entstehungsgeschichte des § 88a und dessen rechtsdogmatischen Eigenheiten siehe Cobler, a. a. O. (s. o. Anm. 1), S. 70 ff., sowie Ulrich Klug, § 88a StGB – Ein Übergriff des Gesetzgebers, in: Ingeborg Drewitz u. a. (Hrsg.), Mut zur Meinung, Frankfurt/M. 1980, S. 35 ff.
Wie wenig der § 88a mit dem vorgeblichen Ziel der »Terrorismusbekämpfung« zu tun hat, zeigen nicht nur Technik und Anwendung der Vorschrift, sondern auch einige Details ihrer Entstehung, die erst in diesen Monaten bekannt geworden sind: Aus Verärgerung über die plötzliche Kritik des FDP-Bundesinnenministers Baum an der Rechtspraxis zum § 88a (vgl. Baums Ansprache zur Frankfurter Buchmesse 1979, in: Bulletin des Presse- und Informationsamts der Bundesregierung Nr. 123 vom 16. 10. 79, S. 1145 ff., vgl. jetzt auch den Vorschlag der Bundesregierung zur ersatzlosen Streichung des § 88a StGB, in: BT-Drucksache Nr. 8/3565 vom 17. 1. 1980) ließen einige sozialdemokrati-

sche Kabinettsmitglieder ein vertrauliches Rundschreiben in der SPD-FDP zirkulieren, aus dem sich die tatsächliche (freidemokratische) Urheberschaft und die (ganz und gar nicht auf Gruppen wie die RAF gemünzte) »Stoßrichtung« der Norm ergeben; vgl. hierzu die Berichte des STERN vom 13. 6. 1979, S. 202 ff.; der FAZ vom 14. 6. 1979, S. 7 und des SPIEGEL vom 18. 6. 79, S. 27 f.

55 Bundestags-Sonderausschuß für die Strafrechtsreform, Protokoll der Sitzung vom 2. 10. 1975, S. 2293.

56 Bundestags-Drucksache Nr. 7/3030, S. 8.

57 Bundestags-Drucksache a. a. O., S. 5.

58 Justizminister Vogel (SPD), Bundestag, 16. 1. 1976, S. 14742.

59 BKA-Präsident Horst Herold – in: Eugen Kogon (Hrsg.), Terror und Gewaltkriminalität – Herausforderung für den Rechtsstaat, Frankfurt/M. 1975, S. 49.

60 Vgl. hierzu Rolf-Peter Calliess, Der Begriff der Gewalt im Systemzusammenhang der Straftatbestände, in: Recht und Staat Heft 430/431 (1974); ders. Gewalt und Recht, in: K. Röttgers u. a. (Hrsg.), Gewalt, Basel/Stuttgart 1978, S. 50 ff.; Gerd Geilen, Neue Entwicklungen beim strafrechtlichen Gewaltbegriff, in: F. Geerds, u. a. (Hrsg.), Festschrift für Helmut Mayer zum 70. Geburtstag, Berlin 1966, S. 445 ff.
Daß sogar Zwischenrufe und Zwischenfragen in Vorlesungen von einigen Gerichten als (nötigende) Gewalt qualifiziert worden sind, vgl. KG-Berlin in: JR 1979, 162 ff., und Bodo Pieroth, Störung, Streik und Aussperrung an der Hochschule, Berlin 1976; vgl. auch den Bericht des STERN vom 13. 3. 1980, S. 278 ff.

61 J. Berkemann, in: NJW 1972, 1791.
Vgl. hierzu auch Friedrich Geerds, Rechtsfriedensdelikte, in: R. Sieverts, Handwörterbuch der Kriminologie, 2. Aufl., Berlin 1975, S. 1 ff.

62 Bundestags-Sonderausschuß für die Strafrechtsreform, Protokoll der Sitzung vom 19. 9. 1975, S. 2246.

63 Bundestag, 9. 5. 1979, S. 11997. Beschlagnahmt wurden nicht nur Texte von und zu der RAF, sondern auch wissenschaftliche Abhandlungen, deren Titel oder Fragestellung einige besonders eifrige Staatsanwälte und Richter offenbar Schlimmes befürchten ließen (vgl. hierzu die Berichte in: Buch und Bibliothek 1977, S. 774; FR 30. 3. 78; ZRP 1979, S. 280 ff.). In diesem Zusammenhang aufschlußreich ist auch die Auskunft des SPD-Staatssekretärs im Bundesjustizministerium, de With, demzufolge es bei der Anwendung einer Norm wie der des § 88a StGB immer darauf ankommt, welcher Text von wem mit welchem Interesse gekauft und gelesen wird! (s. »recht« – Informationen des Bundesministers der Justiz Nr. 7/1979, S. 92 f.)
Festzuhalten ist im übrigen, daß bei knapp 90 % der erwähnten 103 Ermittlungsverfahren gem. § 88a StGB Tateinheit mit § 129a StGB (»Unterstützung einer terroristischen Vereinigung«) behauptet wurde, was die prozeßrechtliche Stellung der Beschuldigten zugunsten der Staatsanwaltschaft erheblich verschlechterte (vgl. Sebastian Cobler, in: Internationales Russell-Tribunal, a. a. O., Bd. 4, S. 32 ff., 46 ff.).

64 Staatssekretär de With (SPD), Bundestag, a. a. O., S. 11998.

65 BGHSt, Urteil vom 28. 2. 1979 (3 StR 14/79 [S]) = NJW 1979, 1556 ff.

66 BGHSt, a. a. O., Bl. 7.

67 Vgl. BVerfGE vom 22. 5. 1975 (2 BvL 13/73) Bl. 42 f.

68 Haftprüfungsbeschluß des KG-Berlin vom 6. 2. 1978 ([4] 20 Js 14/77 [13/78]), Bl. 3, 5.
Angesichts dieser Haftbegründung, der Anklage-Konstruktion und der allgemeinen Prozeßbedingungen – Verteidigerbehinderungen, Trennscheiben, datenmäßige Erfassung der Zuschauer etc. – sprach einer der »Agit«-Anwälte von einem Gesinnungsprozeß. Die Staatsanwaltschaft quittierte diese Feststellung mit deren unfreiwilliger amtlicher Bestätigung: Sie leitete »ehrengerichtliche Schritte« gegen den Verteidiger ein und erwirkte eine »Verwarnung« durch das Standesgericht (vgl. den Bericht des Berliner Tagesspiegel vom 30. 3. 1979, S. 11).

69 KG-Berlin, Beschluß vom 6. 2. 1978, a. a. O., Bl. 4.

70 KG-Berlin, Urteil vom 12. 2. 1979 ([4a/4] 2 CJs 14/77 [13/78]); das Urteil ist auszugsweise veröffentlicht in: DUR 1979, S. 445 ff.

71 Zu dem Prozeß gegen die »Agit«-Drucker sowie dem im Herbst 1979 eröffneten Parallelprozeß gegen Mitarbeiter der Stuttgarter »Fantasia«-Druckerei vgl.: 3. Internationales Russell-Tribunal, a. a. O., Bd. 3, S. 120 ff.

72 Zur Weimarer Praxis vgl. Wolfgang Heine, Die Buchhändler- und Druckerprozesse vor dem Reichsgericht, in: Die Justiz, II. Band, Heft 4 (April 1927), S. 850 ff.

73 Die Zeit, 7. 5. 1976, S. 1; vgl. auch FR, 5. 5. 1976, S. 1.

74 Bernd Rüthers, Arbeitskampf und Pressefreiheit – Rechtsprobleme bei Arbeitskämpfen in Presseunternehmen, in: A. f. P. 1977, 305 ff. (vor allem 325 ff. [327]).
Vgl. auch den Bericht der FR vom 13. 8. 1977, S. 1.

75 Jürgen Arnold, Der Prozeß gegen den Trikont-Verlag, in: J. Arnold u. a. (Hrsg.), Ein Buch wird verboten – Bommi Baumann Dokumentation, München 1979, S. 9 ff.
Gerald Grünwald, Billigung von Straftaten (§ 140 StGB). Der Prozeß um das Buch »Wie alles anfing« von Michael »Bommi« Baumann, in: Klaus Lüderssen, Fritz Sack (Hrsg.), Seminar: Abweichendes Verhalten, Bd. V, Frankfurt/Main 1980.

76 BGHSt, Urteil vom 17. 10. 1978 (1 Str 318/78) Bl. 4.
Im übrigen dürfen die Rufschädigung und der immense finanzielle Schaden nicht vergessen werden, den der Trikont-Verlag u. a. durch die Beschlagnahmung der ersten Auflage des Baumann-Buches erlitten hat.
Der Verlag stellte nach dem Freispruch aufgrund der entsprechenden gesetzlichen Bestimmungen den Antrag auf eine Entschädigung in Höhe von 100 000 DM, was vom Landgericht München mit folgender Begründung zurückgewiesen wurde: Die Trikont-Verleger hätten sich die bundesweite Polizeiaktion und das anschließende mehrjährige Strafverfahren selber zuzuschreiben, weil sie das Baumann-Buch trotz Kenntnis seines Inhalts verlegt hätten. Das Landgericht zitierte seitenlang aus dem Buch, um dann zu resümieren: »Die Antragsteller (Verleger) mußten schon auf Grund der Tatsache, daß die Druckschrift überhaupt einen strafbaren Inhalt haben konnte, mit behördlichen Maßnahmen rechnen. [. . .] (Sie) haben diese grob fahrlässig herbeigeführt« (LG München I, Beschluß vom 30. 5. 1979 [16 KLs 114 Js 3694/76], Bl. 5).

77 BGHSt, Urteil vom 9. 8. 1977 (1 Str 74/77) = NJW 1978, 58 ff.

78 BGHSt, a. a. O., Bl. 5, 6, 9 sowie LG München, Urteil vom 1. 2. 1978 (XV KLs 114 Js 3694/76 a-b).

79 Vgl. das Urteil des OLG-Braunschweig in einem »Buback-Nachruf«-Verfahren, mit dem allein die Tatsache, daß die Angeklagte als Mitherausgeberin einer Zeitung einen das Attentat auf Buback angeblich billigenden Artikel eines anderen Autors veröffentlichen ließ, Beweis dafür sein soll, »daß die Aussagen des Artikels auch ihre eigenen Kundgebungen sind«. Da die Angeklagte »auch sonst in dem herausgegebenen (Text) nicht zum Ausdruck brachte, daß sie sich von der in dem Artikel erwähnten Tat distanziere, ist ihre kundgegebene Billigung der Ermordung Bubacks nicht zweifelhaft« (OLG-Braunschweig vom 22. 5. 1978, in: MDR 1978, 858 ff. [859]).

80 Vgl. die »Südtirol«-Entscheidung des BGH vom 17. 12. 1968 = BGHSt 22, 282 ff., in der es um das Buch »Südtirol – Wohin?« ging, mit dem sich der Verleger zum gewaltsamen Widerstand gegen die italienischen Behörden bekannte. In dieser Entscheidung hatte der BGH verneint, daß mit dem Text und seiner Herausgabe Straftaten gem. § 140 StGB gebilligt würden. Dies nämlich anzunehmen, setze voraus, daß der Text »aus sich heraus« eine »verständliche« Billigung von Straftaten enthalte, die »als solche unmittelbar, ohne Deuteln erkannt wird. [...] Es fehlt daher an einer Billigung im Sinne dieser Strafvorschrift, wenn eine indifferente oder gar anderslautende Kundgebung erst durch außerhalb der Erklärung liegende Umstände, also erst im Wege des Rückschlusses, als zustimmende Kundgebung gewertet werden« könne.

Bark, Schulbuchprüfung

1 W. Müller, Schulbuchzulassung. Zur Geschichte und Problematik staatlicher Bevormundung von Unterricht und Erziehung, Kastellaun: Henn 1976.

2 E. Noelle-Neumann, Umfrage über das Schulbuch (1970), zit. nach: Blickpunkt Schulbuch 10/1970, S. 25-29. Für die Priorität des Schulbuchs gegenüber anderen Bildungsmedien sprechen auch die Absatzzahlen 1974/75: von 1 Mio. Verkaufseinheiten an Unterrichtsmaterialien entfielen 90,3 % auf Schulbücher, nach: H. v. Schoedel-Simau, Bildungsmedien 1977. Tendenzen und Prognosen, in: Blickpunkt Schulbuch 20/1977, S. 27.

3 W. Müller, Schulbuchzulassung. Ein Indiz für den parapädagogischen Charakter von Schule, in: Politische Didaktik 4/1977, S. 47.

4 Zahlen aus dem Börsenblatt für den Deutschen Buchhandel (Frankfurt) vom 3. 3. 1977, Sonderdruck Lehr- und Lernmittel, sowie J. Naumann, Schulbuch- und Lernmittelmarkt, in: betrifft: erziehung 12/1975.

5 W. Müller, Schulbuchzulassung. Zur Geschichte ... (Anm. 1), S. 43.

6 Am wichtigsten: I. v. Münch, Das Schulbuchzulassungs- und -prüfungsverfahren als Zensur?, in: Bertelsmann Briefe H. 63/1969; M. Enaux, Das Schulbuch in verfassungsrechtlicher Sicht, in: Blickpunkt Schulbuch 17/1974. Das Verbandsorgan der Schulbuchverleger, »Blickpunkt Schulbuch«, hat sich von Anfang an (1967) mit dem Zensurverdacht befaßt, aus einseitiger Sicht freilich. Umfassender zur Zensur in der Schule: M. Kienzle/D. Mende, Zensur im schulischen Bereich, in: Gutachten zum 3. Internationalen Russell-Tribunal, Bd. 3, Teil 1: Zensur, Berlin, Rotbuch 205, 1979, S. 136-155.

7 Th. Oppermann, Nach welchen rechtlichen Grundsätzen sind das öffentliche Schulwesen und die Stellung der an ihm Beteiligten zu ordnen? Gutachten C für den 51. Deutschen Juristentag, München, Beck 1976.

8 Vgl. die Dokumentation des Pro Schule Verlags »Das hätte Alfred Tetzlaff nicht besser gekonnt«, hektographiertes Ms. (vom Verlag beziehbar).

9 Detailkritik von J. D. Bödeker in: Die Zeit vom 13. 1. 1978.

10 W. Müller, Schulbuchzulassung (Anm. 1), S. 230-245.

11 Zusammenfassende Darstellung des Falles mit Aufstellung aller inkriminierten Texte in: Stuttgarter Zeitung vom 21. 4. 1979.

12 Ich danke an dieser Stelle Joachim Sach, Metzlersche Verlagsbuchhandlung, für die Erlaubnis zur Einsicht in verschiedene Materialien zum Zulassungsverfahren und für guten Rat.

13 J. Naumann, Medien-Märkte und Curriculum-Revision in der BRD, in: Studien und Berichte des Max-Planck-Instituts , Bd. 30, Berlin 1974, S. 44.

14 Stuttgarter Zeitung vom 18. 11. 1978.

15 Arbeitsgemeinschaft Schulbuchproduktion (Hrsg.), Schulbuch-Produktion und Profit. Eine polemische Bestandsaufnahme, in: päd. extra Nr. 3/4 (1973), S. 11.

16 Genehmigt wurde das Giesecke-Buch nur in Bremen und Hamburg ohne Auflagen, in Niedersachsen für die Kl. 9, in NRW für die Kl. 10 auf eine zweijährige Probezeit. Der zuständige Referent, H. Knepper, empfahl eine Umarbeitung für die Zielgruppe Berufsschüler.

17 H.-J. Birk, Schulbuchzulassung: Rechtsgrundlagen und Praxis heute, in: Politische Didaktik 4/1977, Kap. IV: Rechtsschutz.

18 Nach Auskunft des Schulbuchlektors soll das Material unter dem Aspekt der Motivation stärker konfliktorientiert zusammengestellt und statt als Anhang den einzelnen thematischen Komplexen zugeordnet werden. Die Wiederholungsfragen werden gestrichen und die Problemskizze soll als separate Einheit entfallen, um im Sinne des Arbeitsbuchcharakters jegliche Bevormundung des Lehrers auszuschließen.

19 Auch hierauf hat sich das verlegerische Organ »Blickpunkt Schulbuch« früh eingeschossen; Stichwort: Kopierverbot, das mit großer Schärfe und Vergabe von umfänglichen Rechtsgutachten gefordert wurde. Zum Streitfall über alle Instanzen kam es schließlich gegen das Land Bremen mit einem Sieg der Verlegerseite als Ausgang.

20 H. Knepper, Schulbuchgenehmigung und Lehrmittelfreiheit im Vorfeld von Curriculumentwicklung und Medienverbund, in: H. E. Schallenberger (Hrsg.), Das Schulbuch – Produkt und Faktor gesellschaftlicher Prozesse, Kastellaun: Henn 1973. Knepper dort sehr entlarvend: »Je stärker dies nun zum bigbusiness mit monopoloidem Markt tendiert, desto mehr muß der, der die Musik bezahlt, um die maximale Gegenleistung für seinen Etat besorgt sein. Wie in der ganz ähnlich gelagerten Rüstungsindustrie und in anderen Bereichen öffentlicher Auftragsproduktion üblich, darf also auch im Bereich der Unterrichtsmedien der Staat sich demnächst nicht mehr auf eine Endkontrolle beschränken.« (S. 64/65)

21 Dazu resignativ U. K. Preuß, Bildung und Herrschaft, Frankfurt M. 1975, S. 9. Nach Abschluß des Manuskripts erschien: Gerd Stein, Immer Ärger mit den Schulbüchern. Ein Beitrag zum Verhältnis zwischen Pädagogik und Politik, 2 Bde., Stuttgart, Metzler 1979 (Brennpunkte der Bildungspolitik 1).

1 Ulrich K. Preuß: Legalität und Pluralismus. Beiträge zum Verfassungsrecht der Bundesrepublik Deutschland, Frankfurt 1973, S. 128 ff.
2 Vgl. FR v. 31. 3. 76.
3 Vgl. Initiativkreis gegen die Berufsverbote Münster. Dokumentation Peter Marwedel, Münster: Juli 1977.
4 Vgl. StZ v. 8. 2. 77.
5 Vgl. Die Freiheit von Wissenschaft, Forschung und Lehre am Beispiel Kernenergie und Umweltschutz. Eine Dokumentation, Heidelberg: Nov. 1978.
6 Vgl. Urteil des OVG Berlin v. 24. 4. 75 (Gesch-Z-OVG VS 26.75).
7 Vgl. FR v. 1. 2. 78.
8 Urteil des VG Sigmaringen v. 9. 1. 76.
9 Vgl. Karlheinz Ingenkamp: Forschung und Lehre sind frei, in: Psychologie heute, April 1979, S. 72 ff.
10 Vgl. Wolfgang Schachermeier: Ein Maulkorb vom Minister, in: Das Lenkrad, Jan./Febr. 1977, S. 48-50. – Die Untersuchung ist 1979 erschienen: Inge Peter-Habermann: Kinder müssen verunglücken, Reinbek 1979 (rororo aktuell 4267).
11 FR v. 23. 2. 79.
12 Zit. nach: Eberhard Denninger (Hrsg.): Freiheitlich demokratische Grundordnung. Materialien zum Staatsverständnis und zur Verfassungswirklichkeit der Bundesrepublik, 2 Bde., Frankfurt/M. 1977, S. 43.
13 Der baden-württembergische Kultusminister Hahn, zit. nach: Hanspeter Knirsch/Bernhard Nagel/Wolfgang Voegeli (Hrsg.): »Radikale« im öffentlichen Dienst, Frankfurt 1973, S. 53.
14 Vgl. Materialien aus der TU Hannover zur Suspendierung Prof. Brückners, 1977; Peter Brückner: Die Mescalero-Affäre, Hannover 1977.
15 BVG-Urteil vom 22.5.1975, zit. nach: Denninger (= Anm. 12), S. 525.
16 Zit. nach: Knirsch u. a. (= Anm. 13), S. 189 f.
17 Vgl. 3. Internationales Russell-Tribunal: Zur Situation der Menschenrechte in der BRD, Bd. 1, Berlin 1978, S. 91.
18 Zit. nach: Kritische Justiz 4 (1978), S. 435 f.
19 Zit. nach: Kritische Justiz 1 (1977), S. 82 f.
20 Zit. nach: Ingenkamp (= Anm. 9), S. 79.
21 Zit. nach: FR v. 9. 12. 78.
22 Zit. nach: FR v. 31. 3. 76.
23 OVG V B 40.73, S. 32.
24 Ebda. S. 46.
25 Ebda. S. 31.
26 OVG V S 26.75, S. 3.
27 s. (= Anm. 23) S. 6.
28 Ebda. S. 7.
29 Plogstedt-Urteil, zit. nach: Preuß (= Anm. 1), S. 94.
30 Ulrich K. Preuß: Wissenschaftsfreiheit contra Gedanken-Polizei, in: Kritische Justiz 1 (1978), S. 49.
31 Wissenschaftssenator Stein; zit. nach: Margherita v. Brentano: Wissenschaftspluralismus, in: Das Argument 66 (1971), S. 481.
32 Preuß (= Anm. 1), S. 184.

1 Vgl. Marie-Luise Kiefer: Reichweite und Nutzung von Rundfunksendungen, in: Jörg Aufermann u. a. (Hrsg.): Fernsehen und Hörfunk für die Demokratie. Ein Handbuch über den Rundfunk in der Bundesrepublik Deutschland, Opladen: Westdeutscher Verlag 1979, S. 419 f.

2 Vgl. Josef Hackforth: Massenmedien und ihre Wirkung. Kommunikationspolitische Konsequenzen für den publizistischen Wandel. Literaturexpertise – Bibliographie, Göttingen: Schwartz 1976.

3 Harry Pross: Demokratische Postulate und Machtvorbehalt, in: M. Kötterheinrich u. a. (Hrsg.): Rundfunkpolitische Kontroversen. Zum 80. Geburtstag von Fritz Eberhard, Frankfurt: EVA 1976, S. 154.

4 So in einem Schreiben des US-Militärgouverneurs am 21. 11. 1947, zitiert in Heiko Flottau: Hörfunk und Fernsehen heute, 2. neubearbeitete Auflage, München: Olzog 1978, S. 25.

5 Zitiert nach Rüdiger Hoffmann: Rundfunkorganisation und Rundfunkfreiheit. Die Entwicklung von Organisations- und Machtstrukturen im Westdeutschen Rundfunk Köln und das Selbstverständnis der Programmacher, Berlin: Spiess 1975, S. 36.

6 Vgl. etwa die Aktivitäten des NDR-Verwaltungsrates, die im Zusammenhang mit dem »Betriebsrat-Fall« geschildert werden. Vgl. auch den Rechtsstreit um überhöhte Parteianteile in NDR-Gremien, der von der Ev. Kirche ausgefochten wird. Interessant wäre in diesem Zusammenhang, den gesetzlich festgelegten personellen Einfluß der Parteien auf die Rundfunk-Anstalten historisch zu verfolgen. Die frühen Rundfunk-Gesetze (BR, SDR) waren auf das eher ständische Prinzip der »gesellschaftlich relevanten Gruppen« hin konstruiert. Je später die Gesetze entstanden, desto größer wurde der garantierte Parteieinfluß (z. B. WDR – NDR – ZDF). Vielleicht ist dieser Gesichtspunkt wichtiger, als das in der Forschung oft behauptete Nord-Süd-Gefälle.

7 Vgl. hierzu Hannes Heer: Die Zensur in den öffentlich-rechtlichen Medien (Rundfunk und Fernsehen) der Bundesrepublik, in: 3. Internationales Russell-Tribunal, Band 3, Teil 1: Zensur, Berlin: Rotbuch 1979, S. 161-163.
Welche Gruppen »gesellschaftlich relevant« sind, entschied der Landtag, als die Rundfunkgesetze entstanden. So haben damals relevante Gruppen, wie etwa die Vertriebenenorganisationen, noch heute Sitz und Stimme in den Rundfunkräten, nicht aber Mitglieder von Bürgerinitiativen oder Vertreter der Studenten, Rentner oder Ausländer. Wesentliche »gesellschaftlich relevante« Gruppen sind also nicht in den Rundfunkräten vertreten. Verschärfend kommt hinzu, daß sich die Vertreter der gesellschaftlich relevanten Gruppen oft einem der beiden Parteiblöcke anschließen. So werden z. B. beim ZDF 37 Fernsehratsmitglieder dem »Freundeskreis« der CDU und 29 der SPD zugerechnet. Die parteipolitische Polarisierung in der BRD ging auch an den Rundfunkräten nicht spurlos vorüber.
Anders im neuen Gesetz von Radio Bremen (s. Anm. 8), durch das auch Vertreter schwer organisierbarer Gruppierungen wie etwa Gastarbeiter, Senioren, Behinderte im Rundfunkrat vertreten sind.

8 Ausnahmen sind die etwas anders organisierten Sender NDR und WDR. Hier wählt der Verwaltungsrat den Intendanten. Der Einfluß der Parteien ist in diesen Sendern schon von der Organisation her größer. Die weitestgehende

Abweichung enthält das im Juni 1979 für Radio Bremen beschlossene Gesetz. Statt eines Intendanten wird dort vom Rundfunkrat ein Dreier-Direktorium gewählt. Im Verwaltungsrat sind Mitarbeitervertreter.

9 Vgl. die Liste bei Wilfried Scharf: Programmauftrag und Programmstruktur des Rundfunks, in: Jörg Aufermann u. a.: Fernsehen und Hörfunk ... (Anm. 1), S. 238 f.

10 Hörfunk. Fernsehen. Film (HFF) 5/1978, S. 10. Diese Bemerkung entspricht wohl der gängigen Gesetzesauslegung. Sie mutet allerdings auf dem Hintergrund der realen politischen Entwicklung seltsam an: außer einem einzigen Intendanten gibt es seit längerer Zeit keinen mehr, der jemals Journalist war. Wie kann ein ehemaliger Verwaltungsbeamter oder Politiker (aus diesen Berufen kommen die meisten derzeitigen Intendanten) besser als ein gelernter Journalist über »journalistische Qualität« entscheiden? Warum werden in der Industrie z. B. für die technische Qualitätskontrolle nicht Stylisten eingesetzt? Literatur hierzu: Friedrich F. Sackenheim: Demokratie oder Mitbestimmung? Das Intendantenprinzip in der Kontroverse, in: M. Kötterheinrich u. a.: Rundfunkpolitische Kontroversen... (Anm. 3), S. 367-375, geht bei seiner idealistischen Verteidigung des Intendantenprinzips von einem Intendanten aus, »der für seinen Posten qualifiziert ist, was auch heißt, daß er ein hohes Maß an publizistischen Fähigkeiten und Erfahrungen besitzen muß...« (S. 375). Gerade das Argument der Qualität macht es so schwierig, Zensur mit wissenschaftlichen Mitteln beizukommen. Selbst wenn man die Regel zugrunde legt, je unbequemer eine Sendung ist, desto besser muß sie gemacht sein, kann häufig trotz Einzelfalluntersuchung ein wissenschaftlich exakter Beweis für den Zensurakt nicht erbracht werden, obwohl alle Anzeichen dafür sprechen. Eine essayistische oder belletristische Behandlung des Themas könnte daher oft eher den gesamten Umfang des Problemfeldes darstellen. Denn wo beginnt Zensur, wo endet der sachlich gute Ratschlag, wenn der betreuende Redakteur einem freien Mitarbeiter Änderungen, Kürzungen usw. vorschlägt? Oder wenn er von bestimmten Stoffen abrät usw.?

11 Einige davon sind zu finden in: Henryk M. Broder: Die Schere im Kopf. Über Zensur und Selbstzensur, Köln: Bund Verlag 1976.

12 Vgl. Norbert Schneider: Parteieneinfluß im Rundfunk, in: Jörg Aufermann u. a.: Fernsehen und Hörfunk... (Anm. 1), S. 110-126 (mit weiterführender Literatur) und Jens P. Brüning/Wilfried Nax: Die verfestigte Koalition: Personalpolitik als Proporzplanung, in: M. Kötterheinrich u. a.: Rundfunkpolitische Kontroversen... (Anm. 3), S. 99-114.

13 Die ganze Entwicklung ist dokumentiert bei Jürgen Itzfeld: Meinungsfreiheit oder Schwarzfunksender Wildbad Kreuth?, Hamburg: PDI konkret 1977, S. 24-37.

14 Dies ergab eine Befragung von H. E. Richters und E. Wolffs im Frühjahr 1978. Vgl. die bei H. Heer: Zensur... (Anm. 7) auf S. 167 referierten Ergebnisse.

15 Vgl. den beinahe unglaublichen Fall im BR: eine unerwünschte Frage eines Journalisten an den neuen Landtagspräsidenten führte dazu, daß ein anderer Journalist damit beauftragt wurde, das Interview durchzuführen.

16 Vgl. Spiegel 23. 10. 63.

17 Ebda.

18 Vgl. zu obigem ferner Spiegel 20. 3. 63 und Jürgen Itzfeld: Meinungsfreiheit... (Anm. 13), S. 38-45.

19 Vgl. Jürgen Itzfeld: Meinungsfreiheit ... (Anm. 13), S. 45-56.
20 Ähnlich erging es aber z. B. dem ZDF-Jugendmagazin *direkt.*
21 So beobachtet sogar SWF-Intendant Willibald Hilf, daß die Arbeit mancher Mitarbeiter »von Resignation geprägt« sei, »obwohl es keinerlei Druck von außen, der unzumutbar wäre, auf die Rundfunkanstalten gäbe« – wie er meint. Badische Zeitung 4. 4. 79.
22 Gert S. Ellinghaus: Fernsehmacher. Eine Untersuchung über Produktionsbedingungen und Einstellungen von Mitarbeitern des Süddeutschen Rundfunks, Tübingen: Vereinigung für Volkskunde 1975, S. 214.
23 Vgl. die Ergebnisse zitiert bei Hannes Heer: Zensur ... (Anm. 7), S. 167.
24 Vgl. Helga Kirchner: Nicht schneiden – streiten!, in: Henryk M. Broder: Die Schere ... (Anm. 11), S. 153 f.
25 Ebda. S. 158.
26 Vgl. Alfred Horné: Anstaltsinsassen zwischen Ärger und Angst, in: HFF 1/77, S. 9.
27 Vgl. Heiko Flottau: Hörfunk ... (Anm. 4), S. 112.
28 Beispiele bei Dieter Schmidt: Vom Verlust der Naivität, in: Henryk M. Broder: Die Schere ... (Anm. 11), S. 116-126.
29 Dabei ist es meist sehr schwierig, abzuwägen, was als legitimes, wenn auch problematisches Einschreiten der Hierarchie – z. B. wegen »schlechter Qualität« zu bewerten ist und was einen politisch motivierten Eingriff darstellt. Wir versuchen, uns auf letzteres zu beschränken. Eine vollständige Sammlung der Zensurfälle im Rundfunk hat im Frühjahr 1979 die RFFU (die Rundfunk-, Fernseh-, Film-Union in der Gewerkschaft Kunst im DGB) angekündigt. Eine Vielzahl von Fällen führt Hannes Heer: Zensur ... (Anm. 7) auf.
29a Vgl. ebda, S. 157.
30 Vgl. Konkret 6/1976.
31 Vgl. Vorgänge 8/9 1971.
32 Vgl. Heiko Flottau: Hörfunk ... (Anm. 4), S. 107 f.
33 Frankfurter Rundschau 27. 8., 13. 8. und 7. 8. 76.
34 Stuttgarter Zeitung 17. 3. 79.
35 Frankfurter Rundschau 7. 12. 76; Deutsche Volkszeitung 16. 12. 76. Auch nach Höfers Abgang änderte sich nichts. Sein Nachfolger Heinz Werner Hübner wurde von »Gong« als »Zensur-Direktor« bezeichnet. In seiner kurzen Amtszeit seit 1977 fielen Hübner Sendungen über die Geschichte der Sozialdemokratie, über Wallraffs Gastspiel bei der Bild-Zeitung, die Musiksendung »Neue Töne«, einzelne Folgen von »Glashaus« und »Vor Ort« sowie die Satire »Salzstangengeflüster« zum Opfer. Außerdem verbot er einen Beitrag der Monitor-Redaktion, die die Hintergründe einer beanstandeten Diskussion des CDU-Vorsitzenden Kohl mit Bürgern der Niederlande ausleuchten wollte. Vgl. Gong 14. 4. 79.
36 Zitiert nach »die feder« 1/77.
37 Stuttgarter Zeitung 13. 2. 71.
38 S. Heiko Flottau: Hörfunk ... (Anm. 4), S. 109 f.
39 Vgl. Werner Rhode: Das Weinglas und die Häkeldecke. Selbstkritik und Selbstbehauptung in einer Funkfeuilletonredaktion, in: Henryk M. Broder: Die Schere ... (Anm. 11), S. 87-92.
40 Vgl. Stuttgarter Zeitung 19. 5. 79 und Frankfurter Rundschau 8. 6. 79.
41 Vgl. Süddeutsche Zeitung 7. 12. 72, Konkret 4/75.

42 Spiegel 14. 12. 60.
43 Ebda.
44 Ebda.
45 Zitiert nach Wolfgang Lehr / Klaus Berg: Rundfunk und Presse in Deutschland. Rechtsgrundlagen der Massenmedien – Texte –, Mainz: Hase und Köhler 1971, S. 146.
46 HFF 11/77.
47 Siehe die einschlägigen Passagen der Gesetze in Lehr/Berg: Rundfunk... (Anm. 45).
48 Vgl. Lehr/Berg: Rundfunk..., ebda., S. 255.
49 Vgl. ZDF-Schriftenreihe Heft 17 Medienrecht: Rechtsvorschriften für das ZDF. Staatsverträge, Satzung, Richtlinien, Geschäftsordnung, Mainz: ZDF 1976, S. 22.
50 Vgl. Lehr/Berg: Rundfunk... (Anm. 45), S. 254.
51 So etwa auch Horst Dahlhaus: Der Programmauftrag des Westdeutschen Rundfunks..., in: Der Programmauftrag des Westdeutschen Rundfunks und seine Verwirklichung im Spannungsfeld zwischen den Erwartungen von Staat, Parteien und Öffentlichkeit und dem Selbstverständnis der Programmitarbeiter, Köln: WDR 1975, S. 71.
52 Vgl. Jörg Aufermann: Rundfunkfreiheit und Programmausgewogenheit, in: ders. u. a.: Rundfunk... (Anm. 1), S. 381.
53 Dieter Ross: »Ausgewogenheit« und die Aufgabe der Massenmedien. Zum Beispiel Brokdorf, in: Medien 1/77, S. 92-97. In demselben Heft weist Hansjörg Bessler, Zum Stand der empirischen »Ausgewogenheitsforschung«, S. 53 bis 66, nach, daß mit den bisher vorhandenen empirischen Methoden Ausgewogenheit nicht gemessen werden kann.

Sülzer, Pressezensur

1 Manfred Rehbinder: Presserecht. Grundriß mit Gesetzestexten für Juristen und Publizisten, Herne, Berlin: Verlag Neue Wirtschafts-Briefe 1967, Tz. 23.
2 Lewis Carroll: Alice hinter den Spiegeln (1872), Frankfurt: Insel Verlag 1974, S. 88.
3 Klaus Horn: Zur politischen Psychologie informeller Zensur und Selbstzensur, in: 3. Internationales Russell-Tribunal, Bd. 3, Zensur, Berlin: Rotbuch 1979, S. 179-187.
4 Karl-Heinz Ladeur u. Martin Waldsdorff: »Wir verfolgen aufmerksam und bereit...«, Bremen: Universität Bremen, Bibliothek 1978.
5 Margarete Kramer: Die Zensur in Hamburg 1819 bis 1848, Hamburg: Buske 1975.
6 Armin Huth: Pressfryheit oder Censur. Staatliche Pressepolitik und politisches Schrifttum in Würzburg und Unterfranken zwischen Revolution und Reaktion 1847-1850, Würzburg: Mainpresse Richter 1976.
7 Heinrich Heine: Reisebilder. Erster bis Dritter Teil, in: H. H., Sämtliche Schriften in zwölf Bänden. Herausgegeben von Klaus Briegleb, München: Hanser 1976, Bd. 3.
8 Martin Henkel u. Rolf Taubert: Was läuft? Minima historica aus der politischen Werkstatt unserer Vorfahren, in: Kursbuch 50 (1977), S. 43.

9 Kurt Koszyk: Deutsche Presse im 19. Jahrhundert. Geschichte der deutschen Presse, Teil 2, Berlin: Colloquium 1966, S. 223.

10 Rolf Sülzer: Sozialgeschichte als Aspekt der Medientheorie, in: Jörg Aufermann, Hans Bohrmann, Rolf Sülzer (Hrsg.): Gesellschaftliche Kommunikation und Information, Frankfurt: Fischer Athenäum 1973, S. 237 f.

11 Emil Dovifat: Generalanzeiger, in: Handbuch der Zeitungswissenschaft (Hrsg. von Walther Heide), Leipzig: Hiersemann 1940, Sp. 1217-1232.

12 Max Weber: Wirtschaft und Gesellschaft, Köln, Berlin: Kiepenheuer und Witsch 1964, S. 252.

13 Reinhart Greuner: Lizenzpresse. Auftrag und Ende. Der Einfluß der angloamerikanischen Besatzungspolitik auf die Wiedererrichtung eines imperialistischen Pressewesens in Westdeutschland, Berlin: Rütten & Loening 1962.

14 Gerd G. Kopper: Zeitungsideologie und Zeitungsgewerbe in der Region. Eine Fallstudie zu den politischen Voraussetzungen und Strukturbedingungen der Konzentration in Schleswig-Holstein 1945-1970. Mit Nachträgen 1971, Düsseldorf: Bertelsmann Univ. Verl. 1972, S. 127.

15 Rolf Richter: Kommunikationsfreiheit = Verlegerfreiheit? Zur Kommunikationspolitik der Zeitungsverleger in der Bundesrepublik Deutschland 1945 bis 1969, Pullach bei München: Verl. Dokumentation 1973.

16 Eberhard Schmidt: Die verhinderte Neuordnung 1945-1952, Frankfurt a. M.: Europäische Verlagsanstalt 1970.

17 Cedric Belfrage: Seeds of destruction. The truth about the U.S. occupation of Germany, New York: Cameron & Kahn 1954.

18 Georg Bitter: Zur Typologie des deutschen Zeitungswesens in der Bundesrepublik, München, Phil. Diss. 1951.

19 Schmidt (Anmerkung 16), S. 111.

20 Belfrage (Anm. 17), S. 231.

21 Schmidt (Anm. 16), S. 122.

22 Schmidt (Anm. 16), S. 151.

23 Helmut Rittstieg: Eigentum als Verfassungsproblem. Zur Geschichte und Gegenwart des bürgerlichen Verfassungsstaates, Darmstadt: Wissenschaftliche Buchgesellschaft 1975, S. 278.

24 Martin Löffler: Massenmedien, Presse, Zeitung und Zeitschrift als Rechtsbegriff, in: Fritz Hodeige (Hrsg.): Das Recht am Geistesgut. Studien zum Urheber-, Verlags- und Presserecht, Freiburg i. Br.: Rombach 1964, S. 119.

25 Klaus Staeck u. Dieter Adelmann: Eine Zensur findet gelegentlich statt oder: Kunst muß nicht schön sein, aber sie muß etwas sichtbar machen, Göttingen: Steidl 1977.

26 Dieter Czajka: Pressefreiheit und »öffentliche Aufgabe« der Presse, Stuttgart: Kohlhammer 1968; S. 23-35.

27 Claus Offe: Strukturprobleme des kapitalistischen Staates, Frankfurt/M: Suhrkamp 1972, S. 74-91, sowie die dort angegebene amerikanische Literatur.

28 Hans Bohrmann u. Rolf Sülzer: Massenkommunikationsforschung in der BRD, in: J. Aufermann, H. Bohrmann, R. Sülzer (Hrsg.): Gesellschaftliche Kommunikation und Information. Frankfurt: Fischer Athenäum 1973, S. 82-88.

29 Fritz Sänger: Der Artikel 5 des Grundgesetzes ist schlicht ein Menschenrecht, in: Freimut Duve, Heinrich Böll, Klaus Staeck (Hrsg.): Briefe zur Verteidigung der bürgerlichen Freiheit. Nachträge 1978, Reinbek: Rowohlt 1978, S. 148.

30 Dirk Cornelsen: Der Verteidiger bekam Angst und seelische Atemnot, in: Frankfurter Rundschau (11. 5. 1979), S. 3.
31 Ohne Verfasser: Fall Engelken. Buxtehuder Rauswurf, in: Der Journalist (1978) 1, S. 24.
32 Günter Frankenberg: Angst im Rechtsstaat, in: Kritische Justiz (1977) 4, S. 369.
33 Deutsche Journalisten-Union (Hrsg.): Journalisten unter Druck oder wie Zeitungsverleger ihre Macht mißbrauchen, Frankfurt: dju Hessen 1978.
34 Ohne Verfasser: Klever Historiker, Dr. Friedrich Gorissen, in: Die Feder (1958) 7/8, S. 112.
35 Ohne Verfasser: Pressemonopole und innere Pressefreiheit. Eine Untersuchung aus Anlaß der Kündigung gewerkschaftlich organisierter Journalisten in verschiedenen Pressehäusern, München: DJU 1972, S. 55-56.
36 Ohne Verfasser (Anm. 31), S. 24.
37 Ohne Verfasser: Sicherheitsorgane gefährden die Pressefreiheit, in: Die Feder (1978) 2, S. 16.
38 Ohne Verfasser: Pflichten einer Landespressekonferenz, in: Archiv für Presserecht (1971) 3, S. 137-38.
39 Ohne Verfasser: Das geschah in Wetzlar: Diese Seite erscheint nicht, in: Die Feder (1973) 11, S. 12.
40 Ohne Verfasser: Fall »Kölner Stadtanzeiger«: Schaden abgewendet?, in: Der Journalist (1973) 7, S. 22.
41 Ohne Verfasser: Zensur bei der »Frankfurter Neuen Presse«, in: Die Feder (1976) 12, S. 3.
42 Viola Roggenkamp: Maulkorb für den Lehrer, in: Die Zeit (18. 5. 1979), S. 13.
43 Jürgen Bertram: Wie in Alfeld an der Leine eine Zeitung gemacht wird, in: Der Journalist 10 (1973), S. 15.
44 Günter Wallraff: Einige Erfahrungen mit den Schwierigkeiten beim Veröffentlichen der Wirklichkeit hinter Fabrikmauern, in: Eckart Spoo (Hrsg.): Die Tabus der bundesdeutschen Presse, München: Hanser 1971, S. 20 ff.
45 Ohne Verfasser: Pressefreiheit in Buxtehude, in: Die Feder (1978) 2, S. 5.
46 Georg Romatka: Wann sind Schriftwerke jugendgefährdend?, in: Archiv für Presserecht (1972) 3-4, S. 340-45.
47 Zahlreiche Einzelfälle und Details finden sich in: Jürgen Ahrens und Ulrich Mückenberger: Dokumentation zu den Prozessen wegen des »Buback-Nachrufs«, in: Kritische Justiz 11 (1978) 3, S. 280-301; Frankenberg (Anm. 32); Marion Bücken u. Klaus Groth: Verfolgung der linken Presse, in: J. Aufermann, H. Bohrmann, R. Sülzer (Hrsg.): Gesellschaftliche Kommunikation und Information, Frankfurt: Fischer Athenäum 1973, S. 668-694; Ladeur/Waldsdorff (Anm. 4); Klaus Traube: Nur mit der Feuerzange anzufassen. Zum Fall Faust, in: F. Duve, H. Böll, K. Staeck (Hrsg.): Briefe zur Verteidigung der bürgerlichen Freiheit. Nachträge 1978, Reinbek: Rowohlt 1978, S. 30-54.
48 Heinrich Albertz: Abdruck einer Rede in Karlsruhe, in: Stuttgarter Zeitung (26. 5. 79), S. 4.
49 Karl-Heinz Ladeur: Urteil des Bundesarbeitsgerichts vom 24. 8. 1972, in: Kritische Justiz (1972) 4, S. 409-416.
50 Ladeur (Anm. 49), S. 409.
51 Jürgen A. E. Meyer: Urteil des Landesarbeitsgerichts Saarland vom 24. September 1969, in: Kritische Justiz (1971) 3, S. 319-335.

52 Meyer (Anm. 51), S. 323.
53 Gert Schäfer: Demokratie und Totalitarismus, in: Kress, Senghaas (Hrsg.): Politikwissenschaft. Eine Einführung in ihre Probleme, Frankfurt 1972.
54 Ulrich Mückenberger u. Marianne Welteke: Krisenzyklen, Einkommenspolitik und Arbeitsrechtsentwicklung in der BRD, in: Kritische Justiz 8 (1975), H. 1, S. 1-23.

Hochheiden, Filmzensur

1 Hartmut Bitomsky: Geschichtsunterricht – seit seiner Entstehung/Ein Film und seine kommerzielle Zensur, in: Filmkritik 5/74, S. 215.
2 Vgl.: Max Horkheimer und Theodor W. Adorno: Dialektik der Aufklärung. Kulturindustrie. Aufklärung als Massenbetrug, Frankfurt/Main: Fischer Taschenbuch Verlag 1971, S. 118.
3 Vgl.: Karl Aeschbach: Freiheit als Utopie?, in: Cinema 57/58 (1969), S. 877.
4 Vgl.: Gerd Albrecht: Zur Sozialpsychologie der Filmzensur, in: Alphons Silbermann: Die Massenmedien und ihre Folgen, München/Basel: Ernst Reinhardt Verlag 1970, S. 96.
5 Karl Aeschbach: a. a. O., S. 876.
6 Dieter Prokop: Drei Thesen über Filmpolitik, Filmwirtschaft und Filmkunst, in: Michael Dost/Florian Hopf/Alexander Kluge: Filmwirtschaft in der BRD und in Europa, München: Carl Hanser Verlag 1973, S. 166.
7 Alexander Kluge: im Gespräch.
8 »Die starke Suggestivkraft der Bildsprache des Films, die Erzielung der Illusion der Realität durch den Film, seine Massenverbreitung und das durch ihn vermittelte Gemeinschaftserlebnis machen es notwendig, die Öffentlichkeit, insbesondere auch die Jugend, vor Beeinträchtigungen durch dieses wirkungsstarke Massenmedium zu schützen. Hieraus erklären sich die in fast allen Kulturländern der Welt speziell für den Film erlassenen Zensur- und Kontrollvorschriften.« Horst von Hartlieb: Filmrecht, in: Handbuch der Soziologie 1961, zitiert nach: Dieter Prokop: Soziologie des Films, Darmstadt und Neuwied: Hermann Luchterhand Verlag 1974, S. 39.
9 Vgl.: Dieter Prokop: Soziologie des Films, a. a. o., S. 40.
10 Günter Peter Straschek: Handbuch wider das Kino, Frankfurt/Main: Suhrkamp Verlag 1975, S. 37.
11 Vgl.: Dieter W. Neupert: Die Filmfreiheit, Zürich: Verlag Hans Rohr 1976, S. 14.
12 Günter Peter Straschek: a. a. O., S. 39.
13 Max Horkheimer und Theodor W. Adorno: a. a. O., S. 115.
14 Alexander Kluge: im Gespräch.
15 Dieter Prokop: Drei Thesen . . ., a. a. O., S. 164.
16 Klaus Staeck: Eine Zensur findet gelegentlich statt, in: Der Spiegel, Nr. 28/1979, S. 153.
17 Dieter W. Neupert: a. a. O., S. 100.
18 Reinold E. Thiel: Obrigkeitszensur und Gruppenzensur, in: Filmkritik 2/64, S. 70.
19 Heinz Ungureit: Filmpolitik in der Bundesrepublik, in: Filmkritik 1/64, S. 15.
20 Peter Buchka: »Wir leben in einem toten Land«, in: SZ 20. 8. 1977.

21 Heinz Vielain: Ein SPD-Mann fördert Filme und Verteidiger der RAF, in: Die Welt vom 27. 9. 1976, zitiert nach: Volker Schlöndorff: »Die Blechtrommel«. Tagebuch einer Verfilmung, Darmstadt und Neuwied: Hermann Luchterhand Verlag 1979, S. 42.

22 Einen guten Überblick über die Geschichte der Institution Filmzensur in der BRD bietet Johanne Noltenius: Die Freiwillige Selbstkontrolle der Filmwirtschaft und das Zensurverbot des Grundgesetzes, Göttingen: Verlag Otto Schwartz & Co, 1958. Die Filmzensur in der Weimarer Republik schildert sehr anschaulich Wolfgang Petzed: Verbotene Filme. Eine Streitschrift, Frankfurt am Main: Societäts-Verlag, 1931.

23 Hans Rolf Strobel: Die Anfänge sind schon gemacht. Zunehmende Freiheitsbeschränkungen am Beispiel Film, in: Film-Korrespondenz Nr. 3/24. 3. 1976, S. 1.

24 Wolfgang Staudte: Interview, in: »rote blätter«, Heft 2/3, 1979, zitiert nach: Frankfurter Rundschau vom 3. 2. 1979.

25 Titel eines Spielfilms von Peter Lilienthal (1975) über den chilenischen Faschismus.

26 Detaillierte Schilderungen der komplizierten Entstehungsgeschichte der FSK sind abgedruckt bei Johanne Noltenius: a. a. O., S. 10-22, und Albert Rudolph: Freiheit und Verantwortung, in: film-echo/Filmwoche Nr. 57/58 vom 18. 7. 1969, S. 3, 8-9.

27 »H. F.«: Zwanzig Jahre freiwillige Selbstkontrolle in Deutschland, in: Neue Zürcher Zeitung vom 4. 10. 1969.

28 Busen, ja, in: Der Spiegel Nr. 10/1972, S. 146.

29 BVerwGE, 1,303, 305, Urteil vom 21. 12. 1954, zit. nach Sieghart Ott: Kunst und Staat. Der Künstler zwischen Freiheit und Zensur, München: Deutscher Taschenbuch Verlag 1968, S. 139.

30 Enno Patalas: Kontrolliert der Film sich selbst?, in: Vorgänge 11/1965, S. 500.

31 Vgl.: Gerhard Schönberner: Interview, in: Reinold E. Thiel: Filmzensur in der Bundesrepublik, in: Filmreport 20/21 (1970), Sonderbeilage.

32 Vgl.: Johanne Noltenius: a. a. O., S. 29-31, 124-126. Die Gegenposition vertritt: Horst von Hartlieb: Grundgesetz, Filmzensur und Selbstkontrolle, Baden-Baden: Verlag für angewandte Wissenschaften 1959 (Schriftenreihe der UFITA, Heft 13).

33 Alfred Holm: Staatsfeindliches Zelluloid? (II), in: Blätter für deutsche und internationale Politik 11/64, S. 901.

34 Enno Patalas: Politische Zensur?, in: Filmkritik 1/61, S. 1.
Eine Zusammenstellung der von der FSK freigegebenen Nazi-Filme ist abgedruckt in Herbert Stettner: Wo die FSK großzügig war, in: Frankfurter Rundschau vom 11. 2. 1965.

35 Zitiert nach Erich Stümmer/Günther Vogg: Filmfreigabe und Filmbewertung, München/Basel: Ernst Reinhardt Verlag 1967, S. 75.

36 Enno Patalas: Rom – offene Stadt (Rezension), in: Filmkritik 4/61, S. 209.

37 Zitiert nach Uwe Nettelbeck: Filmzensur – bei uns und anderswo, in: Die Zeit vom 7. 5. 1965.

38 FSK-Richtlinien.

39 Alfred Holm: a. a. O.

40 Enno Patalas: Nochmals: Politische Zensur, in: Filmkritik 5/61, S. 225.

41 Enno Patalas: Politische Zensur, a. a. O.
42 Enno Patalas: Nochmals: Politische Zensur, a. a. O.
43 Wolf Goetz: Schneiden für die Kirche, in: Filmkritik 1/62, S. 1 (»Der Vorzensur der katholischen Kirche fielen mehrere Einstellungen zum Opfer. In einer Szene zu Beginn des Films wird (im Original) auf freudianische Art die sexuelle Frustration der Novize dargetan: vor einem Kuheuter – der freundliche Knecht fordert sie auf, ihn zu melken – ergreift sie jähes Befremden. Die Szene fehlt jetzt ebenso wie die Dornenkrone, die gegen Ende des Films verbrannt wurde. Die berühmte Abendmahlszene ist der Motivation beraubt worden.
Schließlich sind auch die Kraßheiten der Orgie dezent gemildert. Der Gerechtigkeit halber sei vermerkt, daß die Kirche mit diesen Schnitten nur ein Werk vollendet hat, das andere Instanzen vor ihr begannen. Die Lederpeitsche neben dem Kruzifix, der ansteckende Weihwasserkessel – sie fehlten auch bereits in der ursprünglichen Exportfassung ... Das Bild rundet sich, wenn man erfährt, daß der Constantin-Filmverleih den Klerikern zusätzlich versprochen hat, den Film des Polen Jerzy Kawalerowicz, *Mutter Johanna von den Engeln* vom deutschen Markt noch zurückzuhalten, ›damit sich antiklerikale Filme in den deutschen Filmtheatern nicht zu sehr häuften‹!«)
44 Heinz Ungureit: Geheimzensur?, in: Filmkritik 8/63, S. 353.
45 Enno Patalas: Das Komplott der Leisetreter, in: Filmkritik 8/63, S. 354-355.
46 Verstümmelt, verboten, vergessen, in: Filmkritik 4/57, S. 50.
47 Enno Patalas: Schneiden für Deutschland, in: Filmkritik 6/61, S. 273.
48 Verstümmelt ..., a. a. O.
49 Wilfried Berghahn: Gekürzt und gelogen, in: Filmkritik 2/62, S. 50.
50 Otto Hesse-Quack: Der Übertragungsprozeß bei der Synchronisation von Filmen, München/Basel: Ernst Reinhardt Verlag 1969, S. 57.
51 Otto Hesse-Quack: a. a. O., S. 209.
52 Otto Hesse-Quack: a. a. O., S. 205.
53 Renate Schostack: Wie es dem Publikum gefällt?, in: Frankfurter Allgemeine Zeitung vom 11. 9. 1970.
54 Otto Hesse-Quack: a. a. O., S. 206-207.
55 Enno Patalas: Kontrolliert der Film sich selbst?, a. a. O., S. 501.
56 Eine Zusammenstellung entsprechender Fälle ist abgedruckt in: Heiko R. Blum: 30 Jahre danach. Dokumentation zur Auseinandersetzung mit dem Nationalsozialismus im Film 1945 bis 1975, Köln: Horst May Schnelldruck & Verlag 1975, S. 46-52.
57 Der Synchronregisseur Michael Haacke in der Fernsehsendung »Film im Fadenkreuz – 2. Der lange Weg ins Kino«, ZDF, 25. 2. 1979, 14.40 Uhr.
58 Das erste staatliche Filmverbot, in: Film-Dienst Nr. 46, Dezember 1953, zitiert nach: Der deutsche Nachkriegsfilm 1945-1975, in: Filmforum der Volkshochschule Düsseldorf (ohne Nummer und Jahrgang), S. 5.
59 Hat Hitler-Film-Verbot Hintergründe?, in: Fuldaer Volkszeitung vom 23. 11. 1953.
60 Bulletin des Presse- und Informationsamtes der Bundesregierung, Nr. 23 vom 4. 2. 1954, S. 185/6, zitiert nach: Filmforum der Volkshochschule Düsseldorf, a. a. O., S. 8.
61 Heinz Ungureit: Filmpolitik in der Bundesrepublik, a. a. O., S. 10.
62 dto.

63 Reinold E. Thiel: Obrigkeitszensur und Gruppenzensur, a. a. O.
64 Johanne Noltenius: a. a. O., S. 127.
65 Manfred Rehbinder: Die Verfassungsmäßigkeit der interministeriellen Filmzensur, in: Vorgänge 10/1967, S. 377.
66 Reinold E. Thiel: Filmzensur in der Bundesrepublik, a. a. O.
67 Manfred Rehbinder: a. a. O.
68 Volker Baer: Eine Zensur findet nicht statt?, in: Tagesspiegel vom 8. 12. 1963.
69 Der Interministerielle Ausschuß bestreitet Zensur-Absicht, in: Vorgänge 11/1963, S. 344.
70 Werner Dolph: Die Rettung der Filmzensur, in: Frankfurter Rundschau vom 20. 1. 1973.
71 Werner Sudendorf: Sergej M. Eisenstein. Materialien zu Leben und Werk, München/Wien: Carl Hanser Verlag 1975, S. 176; vgl. auch Uwe Nettelbeck: Filmzensur, in: Filmkritik 7/63, S. 306.
72 »Die ›Mehrheitsmeinung‹ ist abgedruckt in der ›Neuen Juristischen Wochenschrift‹ (NJW) 1972 S. 1934 ff., die ›Minderheitsmeinung‹ in NJW 1972 S. 1939 ff.« – zitiert nach: Werner Dolph: a. a. O.
73 Bundesgesetzblatt, Jahrgang 1974, Teil I – Nr. 20 vom 2. 3. 1974, S. 444.
74 Siegfried Dörffeldt: Alle Macht den Interessenten? Zur jüngsten Kritik an der Filmbewertungsstelle Wiesbaden (FBW), in: FBW-Information Nr. 2 – 1. 8. 1968, S. 7. Das Endurteil des Hessischen Verwaltungsgerichtshofs Kassel zum exemplarischen »Fall Pamir« ist abgedruckt in: FBW-Information Nr. 4 – 31. 7. 1967 (Beilage).
75 Wilfried Berghahn: »Eine gewisse Achtung vor dem Menschlichen ...«, in: Filmkritik 6/61, S. 275.
76 René Drommert: So ist die FBW gar nicht, in: Die Zeit vom 14. 5. 1965.
77 Ulrich Gregor: Sterne (Rezension), in: Filmkritik 6/60, S. 168.
78 Postscriptum in: Filmkritik 8/60, S. 252.
79 Zur Richtigstellung. Zum abendfüllenden Dokumentarfilm »Vom Zaren bis zu Stalin«, in: FBW-Information Nr. 6 – 23. 8. 1962, S. 12.
80 Walther Schmieding: Kunst oder Kasse – Der Ärger mit dem deutschen Film, Hamburg 1961, zitiert nach Thomas Lehner: Die Ideologie der Filmbewertungsstelle, in: Filmkritik 2/68, S. 123.
81 Hans C. Blumenberg: Würfeln um ein Prädikat, in: Die Zeit vom 29. 3. 1974.
82 Wilhelm Roth: Wie arbeiten die Förderungsgremien? II. Die Filmbewertungsstelle der Länder, in: epd Kirche und Film Nr. 5/6 vom Mai/Juni 1978, S. 10.
83 Hans C. Blumenberg: a. a. O.
84 Wilhelm E. Labisch: »So sah sich der Bewertungsausschuß nicht in der Lage ...« Zu einigen eklatanten Fehlurteilen der FBW, in: Film-Korrespondenz Nr. 11/2. 11. 1973, S. 1.
85 Roth, Wilhelm: a. a. O.
86 Touristik – Tränende Augen, in: Der Spiegel, Nr. 43/1960, Seite 74/75.
87 »Aktion Saubere Leinwand« in Süsterhenns Zwielicht, in: Vorgänge 6/1965, S. 259.
88 Aktion »Saubere Leinwand« und Zensurforderungen, in: Vorgänge 5/1965, S. 215.
89 Klaus Rainer Röhl: Aktion Saubere Leinwand. Und was dahintersteckt, in: Konkret 6/1965, S. 7.

90 Schweigen verboten, in: Der Spiegel Nr. 24/1964, S. 58.
91 Franz Höller: Der Landrat blieb hart bis zuletzt, in: Christ und Welt vom 10. 7. 1964.
92 Glocken geläutet, in: Der Spiegel Nr. 21/1965, S. 37.
93 Das Stenogramm der Fragestunde ist abgedruckt in: Die Information. Nachrichten für die Filmwirtschaft Nr. 31 vom 31. 3. 1964.
94 Sieghart Ott: Methoden kirchlicher Kunstpolitik, in: Vorgänge 12/1964, S. 458.
95 Hilmar Hoffmann: Der Streit um »491«, in: Christ und Welt vom 21. 8. 1964.
96 Glocken geläutet, a. a. O.
97 Martin Buchholz: Zensur ist, wenn man's trotzdem macht, in: Konkret 2/1966, S. 16/17.
98 Horst-Heinz Goschke: Schneidet die Filmselbstkontrolle richtig?, in: Wiesbadener Kurier vom 12. 12. 1964.
99 »Aktion Saubere Leinwand« in Süsterhenns Zwielicht, a. a. O.
100 Heinz Höfl: Warnung vor der »Sauberen Leinwand«, in: Süddeutsche Zeitung vom 12. 6. 1965.
101 Glocken geläutet, a. a. O.
102 Wahnsinnig durchgeknallt, in: Der Spiegel Nr. 3/1977, S. 63.
103 Urs Jenny: »Wertvoller« Faschismus, in: Süddeutsche Zeitung vom 8. 8. 1966.
104 Wahnsinnig durchgeknallt, a. a. O.
105 Wolfram Schütte: Stinkende Feigheit, in: Frankfurter Rundschau vom 4. 10. 1979.
106 Kolle-Film freigegeben, in: Frankfurter Rundschau vom 25. 9. 1969. Ausführlich beschrieben ist dieser Fall in: Carl Schmöller: Kirche kontra Kolle, in: Stuttgarter Zeitung vom 19. 9. 1969. Eine Gegenüberstellung freigegebener und nicht freigegebener Standfotos aus Kolle-Filmen befindet sich in Hans-Peter Meier/Eberhard Büssem: Zwanzig Jahre sind genug!, in: Film 12/69, S. 26-30.
107 Vgl.: Wilhelm Roth: Das Ende einer Illusion, in: Süddeutsche Zeitung vom 14. 3. 1972.
108 Beschluß des Landgerichts München I vom 26. 3. 1971 – IV Qs 30/71.
109 Henryk M. Broder: Wie die Justiz das öffentliche Interesse privatisiert, in: Frankfurter Rundschau vom 8. 8. 1979.
110 Vgl. Dieter E. Zimmer: Porno, Kunst & Paragraphen, in: Die Zeit vom 1. 7. 1977.
111 Zensur: die freigesprochene Sexualität, in: Der Spiegel Nr. 7/1978, S. 187.
112 Rechtsanwalt Horst von Hartlieb in der Fernsehsendung »Film im Fadenkreuz – 3. Schnitte im Dunkel«, ZDF, 4. 3. 1979, 14.50 Uhr.
113 Theodor W. Adorno: Eingriffe. Neun kritische Modelle, Frankfurt/Main: Suhrkamp Verlag 1968 (edition suhrkamp Bd. 10), S. 120.
114 Der Fall »Urbs 71« ist ausführlich dokumentiert in: Maulkorb für Filmemacher, Berlin: »Urbs«-Filmgruppen 1976. Vgl. auch: Ausgewogen und für zu schwer befunden, in: Frankfurter Rundschau vom 6. 1. 1976.
115 Gerd Roscher: Medienarbeit als Polizeiprivileg, in: Medium 4/1979, S. 7/8. Vgl. auch: Dieter E. Zimmer: Denunzieren wider Willen. Der Fall Helke Sander und seine möglichen Folgen, in: Die Zeit vom 7. 3. 1975.
116 Christel Buschmann: Lückenbüßerin. Urteilsverkündung im Fall Helke Sander, in: Frankfurter Rundschau vom 19. 6. 1975.

117 Georges Schlocker: Gedanken über Zensur, in: europäische ideen, Heft 16/1976, S. 12.
118 E. A. Rauter: Über Selbstzensur, in: kürbiskern – Abhängigkeit in der Kulturindustrie, Heft 4/1972, S. 584.
119 Deutscher Bundestag – 8. Wahlperiode, Drucksache 8/915, S. 9.
120 Alexander Kluge: Es ist Zeit, nein zu sagen (Interview), in: Süddeutsche Zeitung vom 5. 5. 1977.
121 Klaus Eschen: Die Gesellschaft wird dichtgemacht – Gleichschaltung durch Anpassung, in: links Nr. 73/1976, zitiert nach: Maulkorb für Filmemacher, a. a. O., S. 20.
122 Hartmut Bitomsky: a. a. O., S. 213.
123 Dieter Prokop: Drei Thesen . . ., a. a. O., S. 167.
124 Evangelischer Pressedienst beklagt Klima der »Selbstzensur«, in: Frankfurter Rundschau vom 25. 8. 1975.
125 E. A. Rauter: a. a. O., S. 585.
126 Dieter Lattmann: Stenogramm einer Rede vor dem Deutschen Bundestag in der Debatte über die Erweiterung des § 88 StGB, zitiert nach: Hans Rolf Strobel: a. a. O., S. 2.
127 Siehe den Film *Der kleine Godard an das Kuratorium junger deutscher Film* von Hellmuth Costard (1977/78).

Walsdorff, Bibliothekzensur

1 Buch und Bibliothek (Zitierweise fortan: BuB) 30 (1978), S. 696.
2 Die Zahl läßt sich nur grob schätzen nach der sog. »Schnellstatistik« der allgemeinen öffentlichen Bibliotheken, der Statistik der kirchlichen öffentlichen Büchereien und der Bibliotheksstatistik; diese Statistiken erscheinen jährlich.
2a Zumindest glaubten bislang Bibliothekare an wissenschaftlichen Bibliotheken, trotz der Verschärfung des politischen Strafrechts über einen solchen Freiraum zu verfügen. Daß aber der Anspruch, Bücher für Wissenschaft und Lehre bereitzustellen (gestützt auf die sog. Sozialadäquanzklausel in § 86, 3 StGB), nicht ausreicht, Buchbestände vor inkompetenter Kontrolle und erst recht vor ihrer Beschlagnahmung zu schützen, wurde nach Fertigstellung dieses Beitrages drastisch bewiesen: Ende Januar 1979 entlieh ein Benutzer, der sich später als Funktionär der Jungen Union ausgab, aus der Universitätsbibliothek Bremen die »Texte der RAF« (vgl. Anm. 33), gab das Buch beim Bremer Stadt- und Polizeiamt ab und ließ es beschlagnahmen. Anschließend forderte die Polizei auch die Herausgabe des zweiten (Archiv-)Exemplars von der Universität, das der Benutzer ebenfalls angezeigt hatte. Die Beschlagnahmung wurde erst am 27. 6. 1979 durch Beschluß des 2. Strafsenats beim OLG Stuttgart aufgehoben. – Zu dem Vorfall vgl.: Zweite Dokumentation zur Beschlagnahme der – texte: raf. Mannheim: revolutionärer sommer 1979.
3 Renate u. Peter O. Chotjewitz: Ist Opas Volksbücherei tot? Erfahrungsbericht über die Situation des Bibliothekswesens in einem oberhessischen Landkreis, in: BuB 29 (1977), S. 209-222; hier S. 211.
4 Ludwin Langenfeld: Buchauswahl und Bestandserschließung, in: Johannes Langfeldt (Hrsg.): Handbuch des Büchereiwesens, 2. Hbd., Wiesbaden: Harrassowitz 1965, S. 130.

5 Ebenda S. 137-150.
6 Ebenda S. 152-154.
7 BuB 28 (1976), S. 428.
8 BuB 30 (1978), S. 693 f., 700 f.; inzwischen durch Vergleich beigelegt.
9 Gisela Frasch: Ablehnende Beurteilungen in den Reutlinger Diensten, in: BuB 30 (1978), S. 734 f.
10 Der »zweifelhafte Ruf« von Andersch, Gollwitzer, Niemöller, in: Extra-Dienst (23. 5. 78).
11 »Eine Zensur findet (nicht) statt.« Art. 5 GG. Dokumentation zu einer aktuellen Diskussion. Hrsg. v. d. Arbeitsgemeinsch. d. Verleger, Buchhändler u. Bibliothekare i. d. Friedrich-Ebert-Stiftung – Gruppe Bibliothekare –, Bonn: Selbstverl., 88 S., 1978; hier S. 30-40; zur Rückführung des Buches: BuB 30 (1978), S. 470 f.
12 Hans-Peter Mieslinger: Sexuelle Verunklarung – oder was?, in: BuB 29 (1977), S. 30.
13 Regine Kress-Fricke: Bücher zum Thema Frauen-Emanzipation – in Bibliotheken schwer zu finden, in: BuB 29 (1977), S. 738 f.
14 Die angeführten Zitate sind einer Befragung der BuB-Redaktion zum Bibliothekskongreß 1978 (vgl. Abschn. 4) entnommen. In: BuB 30 (1978), S. 225 bis 227.
15 Wolfgang Ignée: Bücherfreiheit, in: Stuttgarter Zeitung (16. 5. 78).
16 Carl Améry: Interessenidentität von Schriftstellern und Bibliothekaren, in: BuB 28 (1976), S. 299.
17 Jürgen Eyssen: Zensur mit Rotstift, in: BuB 28 (1976), S. 103.
18 Hans-Burkhard Meyer: Die strafrechtliche Verantwortlichkeit des Bibliothekars, Köln: Greven 1972, 73 S. (Arbeiten aus dem Bibliothekar-Lehrinstitut des Landes Nordrhein-Westfalen, 39); hier S. 12-14.
19 Heinz Jacobi/Eckart Menzler: Eine Zensur findet nicht statt – Hochkonjunktur der Selbstzensur, in: BuB 29 (1977), S. 774-779; hier S. 774.
20 Meyer (Anm. 18), S. 9.
21 BGBl 1953, I S. 377; 1961, I S. 497; zuletzt geändert durch Art. 75 EGStGB vom 2. 3. 1974 (BGBl 1974. I S. 469).
22 Gesamtverzeichnis der in der Liste der jugendgefährdenden Schriften befindlichen ... [usw.], 1. Aufl. 1958; ab 14. Aufl. 1977 Baden-Baden: Nomos.
23 Zur Problematik vgl. Gerd Kriebisch: Jugendmedienschutz oder wie man nach Gummiparagraphen weitgeschnittene Zwangsjacken entwirft, in: BuB 29 (1977), S. 506-511. Es ist wohl nicht auszuschließen, daß Bibliothekare unter dem Deckmantel des Jugendschutzes Erwachsenenzensur betrieben haben, also für Jugendliche indizierte Schriften auch dem Erwachsenenbestand vorenthielten.
24 Seit 8. StRÄG von 1968 anstelle von § 93 StGB a. F.
25 Meyer (Anm. 18), S. 54-60.
26 Werner Jütte: Die Verbreitung von Schriften durch Bibliotheken nach dem neuen Strafrecht, in: Zeitschrift für Bibliothekswesen und Bibliographie, Sonderheft 24, Frankfurt/M.: Klostermann 1977, S. 179-191; desgl. in: BuB 29 (1977), S. 777-784; dort auch weitere Literaturangaben zu bibliotheksrelevanten rechtlichen Fragen.
27 BGBl 1976, I S. 1056.
28 Vgl. die Ausführungen von Sebastian Cobler in diesem Band.

29 Hans-Peter Mieslinger: Zensur durch die Hintertür?, in: Mitteilungsblatt der Bibliotheken in Niedersachsen Heft 31, Oktober 1975, S. 9-11.

30 Bibliothekare als Gesinnungstäter? BuB-Gespräch mit Richard Schmid über die möglichen Folgen des neuen StGB-Paragraphen 88a, in: BuB 28 (1976), S. 289-298.

31 Karl-Heinz Ladeur/Martin Walsdorff: »Wir verfolgen aufmerksam und bereit...«, Bremen, verantw.: M. Walsdorff c/o Universität Bremen 1978, 115 S.; hier S. 30-33.

32 Die Probe kann gemacht werden: Ein Londoner Kleinverleger (Carl Slienger) hat sowohl die vierbändige Ausgabe der Memoiren von Most (New York 1903 bis 1907) als auch dessen »Revolutionäre Kriegswissenschaft. Ein Handbüchlein zur Anleitung betr. Gebrauches und Herstellung von Nitro-Glycerin...« [usw.] (New York 1885) als Reprint, auf 250 Exemplare begrenzt, neu aufgelegt. Diese geistreich-witzigen und für die historische Forschung unentbehrlichen Texte können, obwohl in deutscher Sprache verfaßt, noch immer nur im westlichen Ausland erscheinen. Welcher der Bibliothekare, die sich bei ihren Verharmlosungen auf den Wissenschaftsvorbehalt nach § 86,3 StGB berufen, hat diese beiden Werke für seine Bibliothek erworben und macht sie dort zugänglich?

33 Texte: der RAF, Lund: Cavefors 1977, 600 S.

34 Dokumentation zur Beschlagnahme der Texte: RAF, Göttingen: Initiative für die pressefreiheit c/o buchladen rote straße 1978, 40 S.; Zweite Dokumentation (Anm. 2a).

35 Am Ende der Anmerkungen folgt eine »Prüfliste« mit 12 Titeln, anhand derer nach meiner Auffassung der Grad der Selbstzensur in größeren wissenschaftlichen Bibliotheken ermittelt werden kann.

36 Eine ausführliche Spezifizierung der verschiedensten Zensurarten findet sich bei Norbert Cobabus: Zensur und Gesinnungsschnüffelei im Bibliotheksbereich. Auswirkungen des 14. Strafrechtsänderungsgesetzes (Vorkommnisse aus den Jahren 1976 und 1977/78), 2., erw. Fassung, Frankfurt/M.: Selbstverl. d. Verf. (c/o Deutsche Bibliothek) 1978, 15 S. u. Erg.

37 Diskussionsveranstaltung der Hamburger Öffentlichen Bücherhallen anl. d. Literaturtrubels am 21. 6. 1977, Ausz., in: BuB 29 (1977), S. 765-773; hier S. 768.

38 Ebenda S. 772.

39 BGHZ 50, 133-147; zum Fall Anm. 31 S. 81.

40 Die Ansicht vertritt Egbert Wenzel: Haftung des Bibliothekars als Verbreiter, in: Neue Juristische Wochenschrift 26 (1973), S. 603-605; zum Fall vgl. Ladeur/Walsdorff (Anm. 31), S. 50-56.

41 Erklärung der Mitarbeiter und des Personalrates der AGB, in: BuB 30 (1978), S. 319 f.

42 Vgl. ferner: Wer Stalin ausleiht, in: Tagesspiegel (24. 6. 77); In der Amerika-Gedenkbibliothek kriselt es weiter, in: Buchreport 1977, 51/52, S. 26; Willi Kinnigkeit: Mit roter Bauchbinde in den Giftkeller, in: Süddeutsche Zeitung (6. 2. 78); Presseerklärung des PR der AGB, in: BuB 30 (1978), S. 199 f.; desgl. ebenda S. 633 f.

43 Birgit Dankert: Zensur in Kinder- und Jugendbibliotheken?, in: Buchreport 1977, 22a, S. 96 f.

44 Rolf Michaelis: Was zum Himmel schreit, in: Die Zeit (29. 9. 78); zu dem

Vorfall liegen uns eine Stellungnahme der betroffenen Bibliothekarin vom 28. 4. 1978 sowie 20 Berichte und Leserzuschriften in der Nordsee-Zeitung Bremerhaven zwischen dem 20. 2. und 28. 4. 1978 vor.

45 Peter Corneil: Hier recherchiert der Chef persönlich, in: Vorwärts (31. 8. 78); Tatsachenverdrehung und Sprachverkürzung (Leserzuschriften), in: Die Zeit (13. 10. 78); vgl. ferner Anm. 44.

46 Der Fall Tomczak. Ein Fall von Wissenschaftszensur, in: Bremer Berufsverbote-Zeitung Nr. 4 (Juni 1976). Zu dem Fall liegen uns ferner vor: Antrag des Kultusministers des Landes Schleswig-Holstein an das Arbeitsgericht Kiel vom 5. 2. 76; Pressemitteilung der Presse- und Informationsstelle der Landesregierung Schleswig-Holstein vom 9. 2. 76; Matthias Tomczak: Pressemitteilung vom 12. 2. 76; Resolution der Sektion Institut für Meereskunde der GEW vom 9. 2. 76 (jeweils als Kopie).

47 Anm. 11, S. 58-67; BuB 30 (1978), S. 208 ff.

48 Anm. 11, S. 68-71.

49 Anm. 31, S. 66-73.

50 Anm. 37, S. 767.

51 Sibylle Weit-Mack: Zensur und Selbstzensur, in: BuB 30 (1978), S. 228-233.

52 Heinz Steinberg: Mit einem Bein im Gefängnis, in: Börsenblatt 32 (1976), S. 953.

53 Hansjörg Süberkrüb: Zur Offenheit der öffentlichen Bibliothek, Bielefeld: Stadtbibliothek 1977, 41 S. (Materialien der Stadtbibliothek in Bielefeld 3); Ders.: Freiheit und Verantwortung des Bibliothekars. Vortrag bei einem Fortbildungsseminar in der Stadtbibliothek Essen am 18. November 1977, Bericht von Eva Maria Rabe und Zitate aus dem Vortrag, in: BuB 30 (1978), S. 234 bis 236.

54 Engelbert Plassmann: »Freiheit und Bindung des Bibliothekars bei der Informationsvermittlung«, Redemanuskript, beim Bibliothekskongreß in Stuttgart am 19. 5. 78 verteilt, 10 S.; Ders.: (Leserbrief) in: FAZ 9. 6. 78.

55 Zur Kritik an Süberkrüb vgl. Anm. 11, S. 84 f., und Karl-Heinz Bittel: Gegen Anpassung und Selbstzensur, in: BuB 30 (1978), S. 398.

56 Theo Wurm: Die Wehrlosigkeit der Bibliothekare, in: Süddeutsche Zeitung (22. 5. 78); Gerhard Stadelmaier: Wie man den Unmut steuert, in: Stuttgarter Zeitung (22. 5. 78); Ulrich Moeske: Was bleibt, ist Unsicherheit (und Angst), in: Börsenblatt 34 (1978), S. 1436 ff.; Gerd Schulz: Findet eine Zensur statt?, in: Ebenda S. 1017-1020; Volker Hage: Büchereien unter Druck, in: Frankfurter Allgemeine Zeitung (22. 5. 78).

57 Anm. 11, S. 42 f.

58 Hans-Peter Mieslinger: Burgdorfer Provinzposse. Ein Buch erregt Anstoß und ein Bibliothekar gibt nicht nach, in: BuB 27 (1975), S. 658 f.

59 Vgl. die Anregungen von Lioba Betten (u. a.) in: BuB 29 (1977), S. 733 f. und von Werner Jahrmann, in: BuB 30 (1978), S. 400.

60 Innerhalb des kritischen Berichts zum Bibliothekskongreß in: BuB 30 (1978), S. 501.

61 Anton-Andreas Guha: Lesen kann manchmal teuer zu stehen kommen, in: Frankfurter Rundschau (30. 3. 78); Rolf Michaelis: Kammerjäger im Kopf, in: Die Zeit (7. 4. 78).

62 Geheimdienstpraktiken. Da sträuben sich die Nackenhaare, in: Wirtschaftswoche 1978, 21, S. 22 f.

63 So hat ein Journalist wenige Tage nach der Veröffentlichung von Anton-Andreas Guha (vgl. Anm. 61) ohne Schwierigkeiten in der Bibliothek der Universität Bremen nicht mehr benötigte Auflistungen mit Buchsignaturen und zugeordneten Benutzernummern ausgehändigt bekommen. Seitdem werden die Benutzernummern, bevor die Listen für den Dienstgebrauch freigegeben werden, abgeschnitten. Mitarbeiter der Bibliothek haben dennoch keine Schwierigkeit, über ein Ausleihterminal festzustellen, welcher Benutzer im Augenblick der Anfrage welche Bücher ausgeliehen hat.

64 Anton-Andreas Guha: Der Verfassungsschutz kontrolliert an der Grenze mit, in: Frankfurter Rundschau (16. 5. 78). Die Listen wurden veröffentlicht in: Extra-Dienst (26. 5. 78), Frankfurter Rundschau (30. 5. 78).

65 Guhas Artikel (Anm. 61) hat einige bemerkenswerte parlamentarische Aktivitäten ausgelöst, vgl. Frankfurter Rundschau (4. und 13. 4. 78; 20. 6., 22. 8., 13. 10. 78: Anfrage Karsten Voigt im Bundestag und Briefwechsel mit Bundesinnenminister Gerhart Rudolf Baum).

Mende, Theaterzensur

1 Hilmar Hoffmann: Kultur für alle. Perspektiven und Modelle, Frankfurt/M.: Fischer 1979, S. 21.

2 Vgl. z. B. die Vorgänge um Kortners *Lysistrata*-Inszenierung fürs Fernsehen, in: Spiegel 51 (1960), S. 83 f. bzw. 5 (1961), S. 50 ff.

3 Publikationen speziell zur Theaterzensur in der BRD: »Die geheime Zensur«, in: Jahresband 1956 der Dramaturgischen Gesellschaft mit dem Protokoll der IV. Dramaturgentagung, Berlin, vom 26.-30. Sept. 1956, S. 236-53 (Podiumsgespräch); Initiative für die Freiheit der Theaterarbeit [= IFTA] (Hrsg.): »Der Freiheit eine Gasse«. Dokumentation zur Zensur im Theater, Offenbach: Verlag 2000 1978; Klaus Völker: [Theater-Zensur], in: Theater heute (= ThH) 7 (1978), S. 1-3 (Völkers gekürzter Beitrag für ein Fischer Taschenbuch zum Thema »Zensur«, das im Sommer 1978 erscheinen sollte und erst im Frühjahr 1980 erschienen ist: Ingeborg Drewitz/Wolfhart Eilers (Hrsg.): Mut zur Meinung. Gegen die zensierte Freiheit (Fischer Taschenbuch 4202); Yaak Karsunke: Zensur auf dem Theater, in: 3. Internationales Russell-Tribunal. Zur Situation der Menschenrechte in der BRD, Bd. 3/Teil 1: Zensur, Berlin: Rotbuch 1979 (= Bd. 205), S. 59-70; ferner kleinere Artikel in Theater heute (ThH): 5 (1967), S. 1 f./5 (1971), S. 1 f./6 (1971), S. 1 f.

4 Vgl. ThH 7 (1968), S. 1.

5 Zur Rechtsform vgl. Thomas Oppermann: Kulturverwaltungsrecht. Bildung – Wissenschaft – Kunst, Tübingen: J. C. Mohr 1969, S. 450; sowie: W. Schulze-Reimpell: Entwicklung und Struktur des Theaters in der Bundesrepublik Deutschland, Köln 1975.

6 Uneingeschränkte Bearbeitungsfreiheit besteht bei Werken, deren Schutzfrist 70 Jahre nach dem Tod des Autors abgelaufen ist.

7 Zit. nach: Regieänderungen an Bühnenwerken, in: UFITA 60 (1971), S. 247 bis 260. Zur Problematik siehe auch: UFITA 63 (1972), S. 133-147 sowie UFITA 64 (1972), S. 129-144.

8 Zit. nach: S. E.: Götterdämmerung für die Freiheit der Regisseure, in: Deutsche Bühne (= DB) 2 (1971), S. 33.

9 Rolf Hochhuth: Man wird abgehärtet ... Ein Brief darüber, wie die Theater mit dem Autor umgehen, in: ThH, Jahressonderheft 1969, S. 10. Hochhuth drohte »einem der namhaftesten deutschen Intendanten« eine einstweilige Verfügung an, weil dieser sein Stück *Soldaten* ohne die zentrale Figur des Sikorski zu inszenieren gedachte.

10 Vgl. Eckhard Schulz: Das riskante Geschäft der Bühnenautoren, in: Theater – das gewagte Unternehmen, Berlin 1978 (= Kleine Schriften d. Gesellschaft f. Theatergesch. Bd. 29/30), S. 198.

11 André Müller: Eine Provokation mit der Wahrheit, in: Fritz J. Raddatz (Hrsg.): Summa inuria oder Durfte der Papst schweigen? Hochhuths *Stellvertreter* in der öffentlichen Kritik, Reinbek b. Hamburg: Rowohlt 1963 (= Bd. 591), S. 59.

12 Vgl. ThH 7 (1964), S. 10 ff.

13 Vgl. ThH 6 (1969), S. 49 ff.

14 Vgl. DB 6 (1969), S. 103.

15 Vgl. ThH 8 (1974), S. 48.

16 Vgl. DB 46 (1975), S. 3.

17 In: (= Anm. 13). 1975 hatte das Landgericht Frankfurt dem Regisseur Peter Mussbach ein Urheberrecht an seiner Inszenierung zugesprochen (vgl. DB 46 [1975], S. 11).

18 W. Kewenig: Theater und Staat, in: UFITA 58 (1970), S. 102.

19 BVG-Urteil v. 29. 5. 1973, in: NJW (1973), S. 1176 ff.

20 Karla Fohrbeck, Andreas J. Wiesand: Der Künstler-Report, München: Hanser 1975, S. 157.

21 Jürgen W. Werhahn: Theaterfreiplätze der Polizei, in: UFITA 23 (1957), S. 167 f., sowie Kewenig (= Anm. 18), S. 92 ff.

22 Vgl. ThH 7 (1963), S. 1.

23 Informationen bei: Peter Gorsen: Sexualästhetik, Reinbek b. Hamburg: Rowohlt 1972 (= dnb 7), S. 159 ff.

24 Siehe Ekkehard Jürgens: Theaterdemontage – Hintergründe und Gegenwehr, in: Kürbiskern 2 (1976), S. 91.

25 Vgl. Bühnengenossenschaft 7/8 (1971), S. 274.

26 Ebd. 2 (1950), S. 258.

27 Vgl. ThH 8 (1972), S. 1-4.

28 Vgl. Konkret 1 (1970), S. 11; sowie ThH 1 und 2 (1971), S. 8 bzw. 61 f.

29 Vgl. IFTA (= Anm. 3), S. 118-126; FR v. 6. 2., 9. 4., 19. 7. 1979.

30 Zum Thema siehe allgemein: Wolfdietrich Wezel: Das subventionierte öffentliche Theater, München 1964 (Masch. Diss.); Lutz Jonas: Die Finanzierung der öffentlichen Theater in der Bundesrepublik Deutschland, Mainz 1972 (Masch. Diss.); Henning Rischbieter: Theaterpolitik, Theaterfinanzierung 1949-1976, in: ThH, Jahressonderheft 1976, S. 178-184.

31 Vgl. Franz Heinz Köhler: Trocknen die Kultur- und Theateretats aus?, in: DB 3 (1979), S. 25.

32 Vgl. dazu Ernst Wendt: Wie eine Krise gemacht wurde, in: ThH 2 (1971), S. 1-3.

33 Hellmut Becker, Alexander Kluge: Kulturpolitik und Ausgabenkontrolle, Frankfurt/M.: Klostermann 1961, S. 13.

34 Rechnungsprüfer als Kunstrichter. Eine Umfrage der DB, in: DB 8 (1978), S. 5.

35 Vgl. DB 8 (1977), S. 10 f., sowie ThH 9 (1977), S. 9-12.
36 Ferdinand Sieger zum Referat des hessischen Rechnungsprüfers Fritz Lehmann: Kunstfreiheit nach Maßgabe der Wirtschaftlichkeit, in: DB 8 (1978), S. 10.
37 Becker/Kluge (= Anm. 33), S. 10.
38 A. Everding, in: (= Anm. 36), S. 10.
39 Vgl. IFTA (= Anm. 3), S. 35-39, sowie FR v. 27. 3. 76; siehe hierzu auch den Fall des Pfalztheaters in Kaiserslautern, das aufgefordert wurde, »blaue Karten« an das rheinland-pfälzische Innenministerium zu schicken. (»Mit ihnen sollten Auskünfte über die Verfassungstreue auch von Künstlern eingeholt werden.«), in: DB 9 (1977), S. 5.
40 R. G. Kaessler: Die Rechtsstellung des Intendanten, in: Kulturarbeit 9 (1953), S. 174.
41 Geheime Zensur (= Anm. 3), S. 246.
42 Gespräch mit dem Hamburger Bildungssenator Biallas, in: ThH, Jahressonderheft 1975, S. 25.
43 Geheime Zensur (= Anm. 3), S. 237 a.
44 Wohin geht das Theater in der Bundesrepublik? 58 Theaterleiter antworten auf eine Umfrage der »Deutschen Bühne«, in: DB 5 (1979), S. 15.
45 Vgl. ThH 10 (1978), S. 20.
46 Vgl. IFTA (= Anm. 3), S. 18-23, sowie ThH 10 (1977), S. 1-3; neueste Fälle in der IFTA.
47 Vgl. FR v. 5. 6. 1979; zu früheren Auseinandersetzungen siehe ThH 2 (1968), S. 1 ff.
48 Vgl. IFTA (= Anm. 3), S. 56 f., sowie Die Zeit v. 17. 3. 76.
49 Zum Selbstverständnis der Intendanten aufschlußreich: ThH 2 (1975), S. 30 ff., und 3 (1961), S. 21 ff.; Fälle siehe unten.
50 Vgl. die Beschlüsse des LAG Düsseldorf v. 20. 10. 55 und v. 21. 3. 1958; zit. b.: Erich Raeder: Zur Rechtsstellung des Intendanten, in: DB 7/8 (1965), S. 139.
51 Hans Peter Bull: Die Staatsaufgaben nach dem Grundgesetz, Frankfurt/M.: Athenäum 1973, S. 308.
52 Vgl. u. a. Hans Weigel: Requiem für das deutsche Theater. Ein diagnostischer Nekrolog, in: Monat 112 (1958), S. 56 f., sowie 114 (1958), S. 74, Fußnote 1.
53 Vgl. ThH 4 (1968), S. 30.
54 Weigel (= Anm. 52), S. 54.
55 Vgl. dazu ThH 3 (1977), S. 1.
56 Fohrbeck/Wiesand (= Anm. 20), S. 425 und 226 ff.
57 Barbara Sichtermann, Jens Johler: Über den autoritären Geist des deutschen Theaters, in: ThH 4 (1968), S. 1 ff., sowie die Diskussion in ThH 5 und 6 (1968). Ausgezeichnet als allgemeine Analyse: Gerburg Treusch-Dieter: Zur psychischen und sozialen Situation des Schauspielers, in: ThH 7 (1973), S. 4 ff.; zum Ballett vgl. ThH 12 (1970), S. 8.
58 Ebd. S. 1.
59 Vgl. IFTA (= Anm. 3), S. 18-23 bzw. 64-69 u. a.
60 Vgl. ThH 10 (1966), S. 6 f.
61 Vgl. ThH 3 (1970), S. 1 ff.
62 Zum Problem: Manfred Rehbinder: Rechtsfragen zum Theaterprogramm, in: UFITA 67 (1973), S. 55; s. auch: Der Fall Everding, in: ThH 7 (1971).

63 Vgl. Marta Mierendorff: Über die Beziehung zwischen Theater, Publikum und Pressekritik, in: Kulturarbeit 10 (1959), S. 184-187.
64 Kurt Hübner, Intendant der Freien Volksbühne, in: ThH 10 (1975), S. 2.
65 Hermann Glaser: Ein kulturpolitisches Lehrstück. Überlegungen zum Neuenfels-Skandal in Frankfurt, in: ThH 1 (1977), S. 24. Diese Debatte um Neuenfels' »*Medea*-Inszenierung« erhellt exemplarisch den Sachverhalt.
66 Walter Panofsky: Muß man so Theater spielen?, in: SZ Nr. 132 (1954). Siehe auch die Kritik von: Henning Müller: Theater im Zeichen des Kalten Krieges, Berlin 1976 (Masch. Diss.).
67 Siegfried Nestriepke: Zum Thema Besucherorganisationen, in: Kulturarbeit 1 (1957), S. 6.
68 Zit. nach Spiegel v. 16. 4. 1952.
69 Ebd.
70 Ebd.
71 Vgl. auch Hans Daiber: Das Publikum und seine Vereine, in: ThH 3 (1962), S. 1 f.
72 Geheime Zensur (= Anm. 3). Nach Auskunft der Dramaturgischen Gesellschaft an den Vf. ist die Sammlung dieser frühen Zensurfälle nicht auffindbar.
73 Vgl. ThH 7 (1978), S. 3 f., sowie ThH 5 (1976), S. 8-9.
74 Völker (= Anm. 3), S. 2.
75 Zu alliierten Verboten vgl. Hans Daiber: Deutsches Theater seit 1945, Stuttgart: Reclam 1976; sowie Müller (= Anm. 66).
76 Vgl. Spiegel v. 29. 1. und 5. 3. 1949, S. 24 bzw. 7-9.
77 Vgl.: Der obszöne Figaro. Sonderheft der »Vorgänge« (1963).
78 Dietrich Haensch: Repressive Familienpolitik, Reinbek b. Hamburg: Rowohlt 1969 (rororo sexologie Bd. 8023), S. 103.
79 Vgl. A. M. Rabenalt: Theater ohne Tabu. Voluptas ludens heute, Emsdetten: Lechte 1970; sowie DB 3 (1969), S. 47 ff. Am besten: Jerzy Grotowski: Nacktheit auf dem Theater – sittlich oder obszön, in: ThH 8 (1971), S. 1-3.
80 Vgl. etwa die kontroverse Diskussion in ThH 1-3 (1966), S. 1 ff., ebenso die Dokumentation: Der Germanist vor der Kloake. Die Kontroverse um Emil Staigers Züricher Rede, in: ThH 2 (1967), S. 3 ff.; sowie Curt Riess: Theaterdämmerung oder Das Klo auf der Bühne, Hamburg: Hoffmann u. Campe 1970.
81 Vgl. Zeit-Magazin 44 (1972), S. 12 ff.
82 Vgl. FR v. 2. 10. 79.
83 Zit. nach: Manuela Reichart: Vom Kindermachen und Kinderkriegen, in: ZEIT-Magazin 21 (1978), S. 46; vgl. auch IFTA (= Anm. 3), S. 108-113.
84 Vgl. die Dokumentation der »theaterwerkstatt hannover«: Darüber spricht man nicht oder: Darüber schreibt man viel!, 3. Aufl. Sept. 1977; weitere Fälle vgl. IFTA (= Anm. 3), S. 113-127, sowie DB 4 (1979), S. 9-12.
85 Vgl. Zeit v. 6. 4. 1962.
86 Spiegel v. 24. 4. 1963.
87 Stern v. 14. 4. 1963.
88 Dieter Hildebrandt: Wider die Unverbindlichkeit, in: Der Streit um Hochhuths *Stellvertreter*, Basel, Stuttgart: Basilius Presse 1963, S. 111 f.
89 Vgl. hierzu: Otto F. Riewoldt: »Nimm ein Brechmittel, du, der du dies liesest.« Die katholische Reaktion auf Hochhuths *Stellvertreter*, in: R. Hochhuth, Text und Kritik H. 58 (April 1978), S. 1-10.

90 Vgl. Spiegel Nr. 20 (1963), S. 25 f.
91 Zit. nach (= Anm. 11), S. 33.
92 Ebd. S. 229 f.
93 Zitate aus: Autorenkollektiv: Brecht in der Öffentlichkeit der BRD, in: Alternative 93 (1973), S. 75-83.
94 Darstellung des 3. Brecht-Boykotts nach: André Müller: Kreuzzug gegen Brecht, Darmstadt: Progress Verl. J. Fladung, o. J.
95 Vgl. hierzu u. a. Wolfgang Ismayr: Das politische Theater in Westdeutschland, Meisenheim am Glan: Anton Hain 1977 (= Hochschulschriften Literaturwiss. Bd. 24), S. 362 ff.
96 Zum konservativen Grundzug des Nachkriegstheaters vgl.: Deutsches Theater 1945-70, in: ThH 10 (1970), S. 2-68.
97 Vgl. DB 7/8 (1968), S. 138-40, sowie (= Anm. 4).
98 Vgl. ThH 11 (1971), S. 1.
99 Vgl. IFTA (= Anm. 3.), S. 12-18.
100 Ebd. S. 39 ff. sowie: Theaterstücke zum Radikalenerlaß, Offenbach: Verlag 2000 1976 (Reihe »Politisches Theater«).
101 Vgl. hierzu Sebastian Cobler: Die Gefahr geht von den Menschen aus, Berlin: Rotbuch 1976 (= Bd. 192), S. 80 ff.
102 Vgl. FR v. 5. und 20. 9. 77 sowie IFTA (= Anm. 3), S. 52-54.
103 Vgl. DB 11 (1977), S. 5.
104 Vgl. FR v. 26. 10. 77 sowie IFTA (= Anm. 3), S. 46-50.
105 Vgl. FR v. 2. 11. 77 sowie IFTA (= Anm. 3), S. 44-46.
106 Vgl. FR v. 9. 11. 77.
107 Vgl. St.Z. v. 25. 4., 26. 4. und 2. 5. 77 sowie IFTA (= Anm. 3), S. 19-21.
108 Vgl. Martin Buchholz: »Die ganze bolschewistische Kulturrevolution«, in: Kürbiskern 2 (1976), S. 123-127, sowie Die Zeit v. 24. 6. 77 und IFTA (= Anm. 3), S. 89-97.
109 Vgl. FR v. 27. 10. 1977.
110 Vgl. DB 8 (1977), S. 1.
111 Dramaturgie ist wieder eine Mutfrage geworden, in: DB 12 (1977), S. 6 ff.
112 Frank Geerk, ebd.
113 Frank Geerk, ebd.

Herrmann, Kirchenzensur

1 Die protestantischen Kirchen können hier nicht detailliert behandelt werden, zumal sie aufgrund ihrer andersgearteten »dogmatischen Struktur« keine institutionalisierte Zensur kennen. Gleichwohl darf man nicht übersehen, daß mit der zunehmenden Verrechtlichung der Glaubenshaltungen auch dieser Kirchen zensurfreundliche Bewegungen gefördert worden sind (Beispiele: Bewegung »Kein anderes Evangelium«, sog. »Lehrzuchtverfahren«), die allerdings im Vergleich zu römisch-katholischen Verhältnissen eher Ausnahmen als Regeln darstellen. Gefährlich bleibt jedoch jene besondere Spielart von »Ökumene«, in der sich die Orthodoxen und die Fundamentalisten beider Großkirchen zusammenfinden, um gemeinsam gegen die »böse Welt« vorzugehen. Vgl. etwa: Der Spiegel Nr. 43/1965, S. 85, und Nr. 45/1965, S. 61, über Bücherverbrennungen des ev. »Jugendbundes für entschiedenes Christentum« oder auch die

unseligen Praktiken des kath. »Volkswartbundes« (Vorgänge 10, 1968, S. 371 f.).

2 Vgl. dazu die Bestimmungen des kirchlichen Gesetzbuches Codex Iuris Canonici (cc. 2241-2254).

3 Das Wort *»censura«* erhielt seine strafrechtliche Bedeutung von der Tätigkeit der Zensoren im alten Rom, die mit der allgemeinen Bürgerschätzung *(census)* auch eine spezielle Sittenzensur *(censura morum)* vornehmen konnten, welche für die Betroffenen den Verlust bestimmter Bürgerrechte und Privilegien mit sich bringen konnte. Später nahm es dann schlechthin die Bedeutung »Strafe« an und wurde so auch in die Rechtssprache der Kirche übernommen. »Zensur« beinhaltet damit immer eine Minderung von Freiheiten und Ehrenrechten. Vgl. dazu: Klaus Mörsdorf: Die Rechtssprache des Codex Juris Canonici, Nachdruck Paderborn 1967, S. 389, Anm. 1, sowie Max Kaser: Römische Rechtsgeschichte, Göttingen 1967², S. 45. Im übrigen verweist Fritz Patrick Schaller: Zum Informationsrecht im kirchlichen Raum, Freiburg/Schweiz 1970, S. 31 f., auf die vierhundertjährige Auseinandersetzung der Kirche mit den Informationsträgern: Aus dem Jahre 1487 datiert etwa ein Zensurdekret des Papstes Innozenz VIII. in Sachen Buchdruck, welches lapidar feststellt, es widerspreche dem Geschenk der göttlichen Vorsehung, der Buchdruckerkunst, wenn Bücher übersetzt und gedruckt würden, die dem Glauben und der guten Sitte der Kirche schadeten. Künftig hätten demnach alle Buchdrucker vor Drucklegung eines Buches die päpstliche oder die bischöfliche Zensur zu befragen. Verstöße aber würden durch Geldstrafen (zugunsten des Baues der neuen Peterskirche in Rom) geahndet. Hinzu käme eine Exkommunikation für ein Jahr – und das unzensierte Buch würde verbrannt. Die Geschichte dieser Verordnung reicht im übrigen bis in unsere Zeit hinein: Noch am 19. März 1975 hat die römische Glaubenskongregation einen Zensur-Erlaß zum Thema »Die Aufsicht der Hirten der Kirche über die Bücher« veröffentlicht, der von der Deutschen Bischofskonferenz im Februar 1976 übernommen und adaptiert worden ist (Text und Kommentar: Nachkonziliare Dokumentation Bd. 52, Paulinus-Verlag, Trier 1976).

4 Vgl. zum Ganzen: Hans Kühner: Index Romanus. Auseinandersetzung oder Verbot?, Nürnberg 1963, S. 23 und 77 f.

5 Ludwig Ott: Grundriß der katholischen Dogmatik, Freiburg-Basel-Wien 1965⁷, S. 12. Die gebräuchlichsten Zensuren sind etwa: »propositio haeretica« (Gegensatz zum formellen Dogma), »propositio de haeresi suspecta« (häresieverdächtige Ansicht), »error theologicus« (Gegensatz zu einer von der Schultheologie allgemein anerkannten These), »propositio piarum aurium offensiva« (eine das religiöse Empfinden, »die Ohren der Frommen« verletzende Äußerung), »propositio captiosa« (eine durch gewollte Zweideutigkeit verfängliche Meinung). Jedenfalls erscheinen die Möglichkeiten zur Interpretation einer von vornherein als inopportun erachteten Meinung beinahe unerschöpflich, und der – offiziell oder mit Hilfe von Gerüchten unter den Frommen – zensierte Autor tut gut daran, künftig zum Thema zu schweigen.

6 Horst Herrmann: Kleines Wörterbuch des Kirchenrechts für Studium und Praxis, Freiburg-Basel-Wien 1972, S. 132.

7 Vgl. Louis Althusser: Ideologie und ideologische Staatsapparate, Hamburg-Westberlin 1977, S. 125: »Jedoch ist es absolut evident, daß in der historisch vorkapitalistischen Periode [. . .] ein dominierender Ideologischer Staatsappa-

rat existiert hat, nämlich die Kirche.« Nach Althusser hat die Schule heute den Ideologischen Staatsapparat der Kirche ersetzt (S. 127).

8 Von amtskirchlicher Seite werden in diesem Zusammenhang gern die folgenden Schriftbeweise angeführt: Jo 17, 18 und 20, 21.23; Mt 18, 18 und 28, 19 f.; Lk 10, 16 sowie 1 Kor 4, 1 und 2 Kor 5, 20. Die schultheologische Auslegung dieser Stellen ist Legion, wie sich bei einer für die Selbstlegitimation der Institution so wichtigen Beweisführung denken läßt, und die Kirchengeschichte kennt denn auch unzählige »Sinn-Kriege« um diese Frage.

9 Vgl. etwa zum Problem der Strafgewalt des »sichernden« Lehr-Amtes der Kirche: Ott, a. a. O., S. 334 ff. und 359 ff. sowie Eduard Eichmann/Klaus Mörsdorf: Lehrbuch des Kirchenrechts, Bd. II: Sachenrecht, München-Paderborn-Wien 1958[9], S. 377-416.

10 Verläßliche Zahlen über die »Kirchengebundenheit« bzw. »Kirchlichkeit« der Christen in der BRD sind allerdings nicht zu erhalten. Bischöfliche Auftragsarbeiten bleiben unter Verschluß. Allenfalls ist auf die Umfragen von Gerhard Schmidtchen: Was den Deutschen heilig ist, München 1979, zu verweisen.

11 Die Mehrheit der »Gläubigen« regt sich nicht auf: So mußte die 1968 gegründete kath. Wochenzeitung »Publik« 1971 ihr Erscheinen wegen »finanzieller Schwierigkeiten« einstellen. Proteste gegen diese skandalöse Entscheidung der Bischöfe, die inzwischen ihr Hofblatt »Rheinischer Merkur« finanzieren, sind Episode geblieben. Viele Protestierende von damals haben inzwischen der Zensurkirche den Rücken gekehrt.

12 Zum Problem des »Zornes auf die Anderen« vgl. nur etwa: Horst Herrmann: Die sieben Todsünden der Kirche. Nachwort Heinrich Böll, München 1976, S. 110-123, sowie ders.: Zu nahe getreten. Aufsätze 1972-1978, Frankfurt/M.-Bern-Las Vegas 1979, S. 199 ff.

13 Horst Herrmann: Zu den Berufsverboten innerhalb der Kirche in der BRD, in: Die Zerstörung der Demokratie durch Berufsverbote (Hrsg. Horst Bethge u. a., Köln 1976), S. 94-97.

14 Horst Herrmann: Ketzer in Deutschland, Köln 1978, S. 22.

15 Vgl. Horst Herrmann: Bei der Neutronenbombe schweigt der sonst so beredte Vatikan, in: FR vom 28. April 1978, S. 14 und 17.

16 Georg May: Demokratisierung der Kirche. Möglichkeiten und Grenzen, Wien-München 1971, S. 37-46, 56, 60, 64, 73-77, 99, 105-107, 111, 123, 125-131, 143-145, 153-158.

17 Zu einem spezifischen Problem dieser Art von »politischer Theologie«, die von bestimmten (lateinamerikanischen) Geldgebern unterstützt wird: Horst Herrmann: Scheingefechte im Vatikan. Anmerkungen zum Fall Lefèbvre, in: liberal 18 (1976), S. 781-788.

18 Eine von Gott unmittelbar geoffenbarte Wahrheit, die vom kirchlichen Lehramt als solche zu glauben vorgelegt wird, heißt »Dogma« (Ott, a. a. O., S. 5). Ein solches Dogma muß in den Offenbarungsquellen Schrift und Tradition enthalten sein. Doch erstreckt sich die (unfehlbare) Lehrgewalt der Kirche auch auf »alle jene Wahrheiten und Tatsachen, die eine Folgerung aus der Offenbarungslehre oder eine Voraussetzung derselben sind« (Ott, a. a. O., S. 9 f.). Zu diesen »katholischen Wahrheiten« zählen beispielsweise die »theologischen Schlußfolgerungen«, die »dogmatischen Tatsachen« (z. B. die Rechtmäßigkeit eines Papstes) und die »Vernunftwahrheiten, die eine natürliche Voraussetzung des Glaubens bilden« (wie die Möglichkeit der Gottesbeweise

u. ä.). Es leuchtet ein, daß diesen Definitionsversuchen der Schultheologie bereits die Tendenz zur »Erweiterung ad infinitum« innewohnt.

19 Mit Hilfe der geläufigen Formel »sub ratione peccati« (unter Berücksichtigung der Möglichkeit zur Sünde bzw. zu deren Verhinderung) gelang es dem Klerus, sich beinahe alle Materien menschlichen Handelns zu unterwerfen, denn »gesündigt« konnte doch überall werden, wenn auch zumeist im Schlafzimmer. Wieder einmal war der schrankenlosen Zensur Tür und Tor geöffnet. Vgl. zum Ganzen: Horst Herrmann: Eine Kameraderie, die nicht mit der biblischen Botschaft zu begründen ist . . ., in: Peter Rath (Hrsg.): Die Bannbulle aus Münster oder: Erhielte Jesus heute Lehrverbot?, München-Hamburg 1976, S. 22 bis 54.

20 Auffällig ist in diesem Zusammenhang jedoch das beredte Schweigen der Bischöfe zu bestimmten Themen, welches sich vom Redefluß, der anderen Fragekreisen gewidmet ist, abhebt: Horst Herrmann, Worüber man in der Kirche der BRD spricht – und worüber nicht, in: ders.: Zu nahe getreten, a. a. O. (Anm. 12), S. 216-221.

21 Schaller, a. a. O. (Anm. 3), S. 94, sagt zu Recht über die Zensur: »Sie wirft den Menschen in die Unmündigkeit zurück, indem sie es in die Hände von einigen wenigen legt, über die Information von vielen anderen zu bestimmen. Dadurch verletzt die Zensur die Gleichheit unter den Menschen. Sie ist ein Mittel, autoritäre Gesellschaftsstrukturen zu errichten oder zu befestigen.«

22 Vgl. Ingo Hermann, Konflikte in der Kirche und Probleme ihrer Lösung, in: Wilhelm Weber (Hrsg.): Macht, Dienst, Herrschaft in Kirche und Gesellschaft, Freiburg-Basel-Wien 1974, S. 174-192.

23 Zu den »Gotteslästerungs-Prozessen« vgl. vor allem: Ansgar Skriver: Gotteslästerung, Hamburg 1962. Kühner, a. a. O. (Anm. 4), S. 72, verweist in Sachen »Volkswartbund« darauf, daß diese Art »Literatur-Gestapo« mit Hilfe eines Heeres anonymer Denunzianten von 1959-1962 nicht weniger als siebenhundertzwei Strafanzeigen erstattet sowie zweihunderteinundsiebzig Anträge auf interne Indizierungen im Sinne »jugendgefährdender Schriften« gestellt hat (davon hatten 92 Erfolg).

24 So etwa in den neuerdings im Zusammenhang mit § 118 BetrVG bekannt gewordenen Kündigungen wegen Verstoßes gegen die Ehelehre der Kirche (Heirat eines geschiedenen Partners), wegen verspäteter Taufe von Kindern (vgl. FR vom 14. 11. 1978) oder wegen »Verunglimpfung christlicher Politiker« (vgl. FR vom 1. 11. 1978).

25 Details in: Rath, a. a. O. (Anm. 19), S. 55-113; zum Lehrverbot gegen Hans Küng vgl. etwa StZ 19. 12. 1979.

26 Vgl. Herrmann: Berufsverbote, a. a. O. (Anm. 13), S. 94-96.

27 Einzelheiten bei Horst Herrmann: Ein unmoralisches Verhältnis. Bemerkungen eines Betroffenen zur Lage von Staat und Kirche in der BRD, Düsseldorf 1974, S. 48-68. Die Veröffentlichung dieses »Pamphlets« (so die Deutsche Bischofskonferenz) führte zum Entzug der kirchlichen Lehrerlaubnis (8. 10. 1975) und zur förmlichen »Beanstandung« des beamteten Hochschullehrers beim zuständigen Minister für Wissenschaft und Forschung des Landes Nordrhein-Westfalen. Seither wurde der Minister immer wieder von bischöflicher Seite »aufgefordert«, nun endlich den vermeintlich konkordatär festgeschriebenen Willen »der« Kirche zu »erfüllen«; vgl. Der Spiegel Nr. 1/2, 1980, S. 40.

28 Als Stichworte zu diesem traurigen Kapitel institutionalisierter Zensur sind zu

nennen: »Konfessionsschule«, »Beanstandungsrechte« gegenüber Hochschullehrern, Religionslehrern und (in Bayern) sogar gegenüber Schülern, die den Religionsunterricht »stören«, sowie »Militärseelsorge«. Vgl. im übrigen Herrmann: Ein unmoralisches Verhältnis, a. a. O., S. 97-132.

29 Ein Beispiel für viele: Helmut Kohl: Grundwerte für das Verhältnis von Staat und Kirchen, in: Georg Denzler (Hrsg.): Kirche und Staat auf Distanz. Historische und aktuelle Perspektiven, München 1977, S. 247-254. An Beispielen für eine bestimmte »kirchentreue« Interpretation geltenden Rechtes von seiten der Wissenschaft seien genannt: Axel von Campenhausen: Kann der Staat für alles sorgen?, Düsseldorf 1976; Ernst Friesenhahn/Ulrich Scheuner (Hrsg.): Handbuch des Staatskirchenrechts der Bundesrepublik Deutschland, 2 Bde., Berlin 1974-75, sowie die von J. Krautscheidt und H. Marlé herausgegebenen »Essener Gespräche zum Thema Staat und Kirche«, Münster 1969 ff.

30 Text der FDP-Thesen in: L. Funcke, C. A. von Heyl, J. Niemeyer: Kirche in Staat und Gesellschaft, Stuttgart 1974, S. 98-107.

31 Heinrich Böll: Ein theologischer Annäherungsversuch, eine fiskalisierte Mystik und eine Friedhofsverwaltung, in: Rath, a. a. O. (Anm. 19), S. 12.

32 Vgl. die Einzelheiten in: Friesenhahn/Scheuner, a. a. O., (Anm. 29), Bd. 1, S. 584 f., sowie Bd. 2, S. 267-72, 417-35, 469-719, 741-77 und 801-38.

33 Ein Beispiel von vielen: Der katholische Herder-Verlag in Freiburg i. B. lehnte es ab, einen Beitrag von Heinrich Böll in eine Festschrift für Karl Rahner aufzunehmen, vgl. Heinrich Böll: Verzögerter Glückwunsch, in: Publik-Forum vom 13. Juni 1976.

34 Vgl. etwa Johann Baptist Metz, Reform und Gegenreformation heute, Mainz-München 1969, S. 43, sowie das »Leitwort« des Katholikentags zu Freiburg i. B. 1978.

Ferchl, Zensurinstitutionen

1 Immer wieder gab es Proteste gegen die Tätigkeit der BPS: Im Oktober 1961 kam von 22 großen deutschen Verlagen der Aufruf »Wehret den Anfängen« gegen Tendenzen, mit denen intolerante Machtgruppen auf dem Weg über die BPS den Versuch zur schrittweisen Einschränkung der Freiheit von Kunst und Literatur in der BRD unternähmen.
1962 schlossen sich 55 große deutsche Verlage in einer Verlegerschutzgemeinschaft gegen die BPS zusammen, 1968 forderten mehrere Verleger in einer Resolution, »daß der nahezu unbeschränkten Macht der BPS ein Ende bereitet« werden müsse. In der Entschließung wird betont, daß nach der Indizierung einer Reihe von eindeutig literarischen Büchern die BPS nunmehr seit längerer Zeit wieder politische Zeitschriften (nämlich die September-Hefte von *Konkret* und *Pardon*) indiziert hatte (Vorgänge 10, 1968).
Auch die Gründung der SdI, der späteren SIZ, geht auf eine Reaktion gegen die BPS zurück. Vgl. Stichwort »SIZ«.

2 Gesetz über die Verbreitung jugendgefährdender Schriften, Bundesgesetzblatt Nr. 27 vom 16. 6. 1953.

3 Neufassung des GjS vom 31. 3. 1961, § 1 (3), in: Gerhard Potrykus (Hrsg.): Novelle zum Schmutz- und Schundgesetz 1961, Köln: Volkswartbund 1961. Das GjS wurde zuletzt geändert am 2. 3. 1974.

4 Vgl. Kalb (= Lit.Verz. Nr. 2), S. 274 ff., S. 333.

5 Im sog. »Sonnenfreunde«-Beschluß wurde der § 6 (2) GjS durch Entscheidung des BVerfG vom 23. 3. 1971 gestrichen: »Die grundsätzliche Wertentscheidung der Verfassung für die Freiheit der Meinung und der Information schließt es aus, Schriften, die durch Bild für Nacktkultur werben, aufgrund einer unwiderlegbaren Vermutung generellen Verboten zu unterwerfen.« – Zit. nach Peter Schiwy / Walter J. Schütz (Hrsg.): Medienrecht. Stichwörter für die Praxis, Berlin/Neuwied: Luchterhand 1977, S. 179.
In derselben Entscheidung des BVerfG wurde die Indizierung jugendgefährdender Schriften als mit dem GG vereinbar erklärt. Kürzlich entschied das BVerfG wiederum die Vereinbarkeit von GjS und GG (2 BVerfG 14/75 vom 19. 6. 1979 in: Stuttgarter Zeitung vom 12. 7. 1979).

6 Die BPS wird vom BMJFG finanziert. 1968 betrug der Etat der BPS DM 183 000, 1969 wurden ihr, wegen erhöhten Arbeitsanfalls, DM 226 700 zugebilligt. 1974/75 wurde die BPS personell verkleinert.

7 Ab 1954 Staatsanwalt Robert Schilling, ab 1. 10. 1966 Amtsgerichtsrat Jungeblodt, seit 1. 10. 1969 Regierungsdirektor Rudolf Stefen.

8 Ott (= Lit.Verz. Nr. 5), S. 148.

9 Zit. nach Rudolf Stefen (Hrsg.): Jugendmedienschutz. Information, Bonn 1975.

10 Zit. nach »BPS-Report« Nr. 1 / 15. 6. 1978. Die Zahl der Anträge war in den letzten Jahren merklich zurückgegangen. Höhepunkte lagen in den Jahren 1967 und 1968 mit 494 bzw. 428 Anträgen, 1973 waren es nur noch 92. Stefen begründete dies damit, »daß bei der BPS nur Ministerien antragsberechtigt sind. Ministerien stehen aber – hierarchisch gesehen – hoch über der BPS, und es ist [. . .] einem Minister nur schwer zumutbar, bei einer solchen Behörde Anträge zu stellen, d. h. Bitten vorzubringen und in Kauf zu nehmen, daß bis zu 25 % der Anträge abgelehnt werden«, in: Collage. Zeitschrift für Literatur und Grafik, 2. Jg. Heft 1, Februar 1976.

11 Vgl. auch die Reihe »Medien- und Sozialpädagogik« (die von 1973 bis April 1977 erschien), den »BPS-Report« (erscheint seit 15. 6. 1978 monatlich).

12 FR v. 7. 2. 1979.

13 Vgl. Rudolf Stefen (Hrsg.): Jugendmedienschutz. Information, Bonn 1974.

14 Pressemitteilungen BPS v. 12. 12. 1977.

15 BVerwG, NJW 1967, 1483, 1485, zit. nach Ott (= Lit.Verz. Nr. 5), S. 146.

16 Vgl. dazu die Beiträge von Dian Scherfold und Michael Kunczik in: Stefen/ Weigand (= Lit.Verz. Nr. 8) und Wilhelm Kalff/Bernd Weidenmann: Was ist jugendgefährdend? Eine Dokumentation, in: Vorgänge 5 (1969), S. 189-200.

17 Ott (= Lit.Verz. Nr. 5), S. 151.

18 Ebd.

19 Ebd., S. 153.

20 Zit. bei Ott, in: Vorgänge 4 (1965).

21 Ebd.

22 FR v. 9. 7. 1979.

23 1965 wurde der Satz: »niemand darf gegen sein Gewissen zum Kriegsdienst mit der Waffe gezwungen werden« auf Briefumschlägen nicht zur Beförderung zugelassen (Spiegel 3. 3. 1965). 1979 bekam eine Lübecker Bürgerinitiative ihre gesamte Post, ca. 9000 Briefe zurück, weil auf ihnen das Zeichen »Atomkraft? Nein danke« aufgeklebt war. Dies sei Politik, so das BVerwG in Ham-

burg. Befördert wurden allerdings Briefe mit der Aufschrift »Wir brauchen Atomkraftwerke«.

24 Vgl. Stichwort »Interministerieller Filmausschuß«.

25 Vgl. Vorgänge 11 (1965).

26 Die Zeit 5. 11. 1971. Darunter fallen pornographische Schriften oder auch »ärztliche Fachliteratur über Sexualfragen [...], angeblich, um jugendliche Postbeamte, die bei der Gebührenkontrolle die fraglichen Sendungen zu Gesicht bekommen könnten, nicht sittlich zu gefährden«, Sieghart Ott: Die Aufpasser, in: Dieter E. Zimmer (Hrsg.): Die Grenzen literarischer Freiheit. 22 Beiträge über Zensur, Hamburg: Die Zeit-Bücher 1966, S. 193.

27 Hans Hebeisen (= Lit.Verz. Nr. 1).

28 Vgl. Rechtsvorschriften der FBW in der Neufassung vom 1. 1. 1974, Art. 5 (1).

29 Verfahrensordnung § 7, zit. nach Hebeisen (= Nr. 1), S. 146. Im Jahr 1976 wurden von 46 vorgelegten Langfilmen nur aus der BRD 22 = 48 % besonders wertvoll, 17 = 37 % wertvoll, 7 = 15 % ohne Prädikat ausgezeichnet. Das Ergebnis fiel allerdings positiver als in den Vorjahren aus, vgl. FBW Information Nr. 2 vom 31. 12. 1976, S. 31.

30 Stümmer/Vogg (= Nr. 9), S. 87 bzw. 85. Auch versuchen gelegentlich Interessengruppen, Einfluß auf die Tätigkeit der FBW zu nehmen: In einem Beschluß des Landtags Baden-Württemberg vom 13. 7. 1961 wurde die Landesregierung ersucht, bei der ständigen Konferenz der Kultusminister darauf hinzuwirken, daß die Arbeitsgrundlagen der FBW in der Weise geändert würden, daß bei der Begutachtung von Filmen neben dem künstlerischen Gesichtspunkt auch der erzieherische, volksbildnerische und ethische Wert des Filmwerks zu berücksichtigen sei, vgl. Stümmer/Vogg, S. 86.
In einer Stellungnahme der deutschen Bischöfe zu aktuellen Jugendfragen des Films vom 10. 6. 1964 wurde gefordert, daß Filmwerke nicht prädikatisiert werden, die bei den zuständigen kirchlichen Bewertungsgremien aus sittlich-religiösen Gründen erheblichen Einschränkungen begegnen, von deren Besuch abzuraten ist oder die sogar im ganzen abgelehnt werden müssen, vgl. Stümmer/Vogg, S. 87.

31 Vorgänge 11 (1967), S. 406, u. 12 (1967), S. 447 ff.

32 Vgl. Stuttgarter Zeitung, 11. 6. 1979.

33 Darunter fallen Spielfilme, Kultur- und Dokumentarfilme, Werbefilme und Werbevorspanne. Ausgenommen sind lediglich wissenschaftliche Filme und Unterrichtsfilme sowie Wochenschauen, vgl. Kalb (= Lit.Verz. Nr. 2), S. 117 f. Die FSK hatte 1964 auch Unterrichtsfilme in die Prüfung miteinbezogen; auf einen Protest des bayrischen Jugendrings hin hat die FSK ihre Beschlüsse über die altersmäßige Beschränkung bei Filmen, die der Jugendarbeit und im Unterricht zur politischen Bildung und zeitgeschichtlichen Aufklärung verwendet werden, geändert und die Filmliste zurückgezogen. Danach können zeitgeschichtliche Filme und Filme zur politischen Bildung wieder ohne Altersbeschränkung in der Jugendarbeit gezeigt werden, vgl. Vorgänge 4 (1965), S. 173. Für Unterrichtsfilme gibt es jedoch eine andere Kontrollinstanz: das Münchner »Institut für Film und Bild in Wissenschaft und Unterricht« (FWU).

34 Schiwy/Schütz (Anm. 5), S. 175.

35 So geschehen 1977 mit Pasolinis Film *Salò oder Die 120 Tage von Sodom*; oder, noch spektakulärer, 1954 mit dem Film *Die Sünderin*, vgl. Ott (= Lit.Verz. Nr. 5), S. 138, und Noltenius (= Lit.Verz. Nr. 4), S. 16.

36 Mitglieder werden von der Filmwirtschaft, der öffentlichen Hand, den Kirchen und dem Bundesjugendring bestellt. Vgl. Grundsätze der SPIO in den Fassungen vom 1. 2. 1963 und vom 25. 11. 1970 (die sich inhaltlich nicht unterscheiden), Teil B »Durchführung der Selbstkontrolle«.

37 Allerdings sind diverse Nazi-Filme, z. B. von Veit Harlan, unbeschnitten im Verleih, vgl. FR 11. 2. 1965.

38 Vgl. Grundsätze der SPIO § 4.

39 »Filme, die geeignet sind, die Erziehung von Kindern oder Jugendlichen zur leiblichen, seelischen oder gesellschaftlichen Tüchtigkeit zu beeinträchtigen, dürfen nicht zur Vorführung vor diesen freigegeben werden.« – § 6 (3) JSchÖG. Die Freigabe eines Films muß an der Theaterkasse und am Einlaß durch die in § 6 (4) JSchÖG vorgesehene Kennzeichnung bekanntgemacht werden. Das gleiche soll auch an allen anderen Stellen, an denen auf den Film hingewiesen wird (Schaukästen, Plakaten, Inseraten) geschehen.

Einige statistische Angaben, entnommen dem Filmstatistischen Jahrbuch 1977, zusammengestellt von Reinhard Knierim, Wiesbaden: SPIO, September 1977, S. 13 ff.: Zwischen 18. 7. 1949 und 31. 12. 1976 prüfte die FSK insgesamt 48 984 Filme, davon 13 629 über 1600 m (Spielfilme) und 35 355 Kurz- und Werbefilme.

1976 wurden von 343 geprüften Spielfilmen 336 freigegeben, davon 38 Filme (= 11,3 %) für Kinder ab 6 Jahren, 78 Filme (= 23,2 %) ab 12 Jahren, 101 Filme (= 30,1 %) ab 16 Jahren, 119 Filme (= 35,4 %) ab 18 Jahren, 171 Filme (= 50,9 %) für alle Tage des Jahres, 165 Filme (= 49,1 %) nicht für stille Feiertage.

40 Grundsätze der SPIO, Teil B IV.

41 Noltenius (= Lit.Verz. Nr. 4); sie stellt in ihrer Schlußbemerkung die Wirkung einer derartigen Zensur generell in Frage, S. 148 ff.

42 FAZ 12. 8. 1958.

1969 kam es zu einer Verfassungsbeschwerde gegen die Entscheidung der FSK über den Film *Du*.

43 Ott (= Lit.Verz. Nr. 5), S. 162.

44 Ebd. Am 1. 1. 1972 stellten die beiden Kirchen ihre Mitarbeit bei der Erwachsenenfreigabe in der FSK ein, beteiligten sich jedoch weiterhin an der Jugend- und Feiertagsfreigabe; die Entscheidungen der FSK waren den Kirchen zu freizügig geworden, vgl. Vorgänge 4/5 (1972).

45 Ott, a. a. O.

46 Tagesspiegel 8. 12. 1963.

47 Vorgänge 10 (1967), S. 377 ff.

48 Handelsblatt 30. 8. 1972.

49 Vorgänge 12 (1967).

50 Handelsblatt 30. 8. 1972.

51 Tagesspiegel 8. 12. 1963.

52 Kalb (= Lit.Verz. Nr. 2), S. 301 ff.

53 Ebd. S. 299-306.

54 Vgl. »BPS-Report« Nr. 2, 15. 7. 1978, S. 19.

55 Ronneberger (= Lit.Verz. Nr. 7), S. 182.

56 Ebd. S. 180. Seit 1956 gibt es einen deutschen Presserat, ebenfalls eine Selbstkontroll-Organisation, dessen Aufgaben jedoch mehr auf berufsständischem Gebiet liegen, vgl. dazu Schiwy/Schütz, a. a. O., S. 176 f.

57 Gero von Wilpert: Sachwörterbuch der Literatur, Stuttgart: Kröner Verlag, erw. 5. Aufl. 1969, S. 838.
58 Ott, in: Zimmer, a. a. O. (Anm. 26), S. 190.
59 Ebd. S. 188.
60 Vorgänge 1 (1962): danach hatte der VWB etwa 3000 Mitglieder.
61 So regte der VWB 1962 die Indizierung von Ulrich Schamonis Roman *Dein Sohn läßt grüßen* an, die dann bei der BPS erfolgte. Im selben Jahr protestierte die Verlegerschutzgemeinschaft gegen das Vorgehen der Illustrierten *Stern* und *Quick*, die Anzeigen nur dann entgegennahmen, wenn Unbedenklichkeitsgutachten folgender konfessioneller Stellen vorlagen: des VWB, der Arbeitsstelle für Zeitschriftenberatung und des evangelischen Zentralinstituts für Familienberatung. Die Illustrierten konterten, dies sei keine Vorzensur, man behalte sich lediglich vor, auch konfessionelle Stellen zur Beratung heranzuziehen, vgl. Vorgänge 10 (1965).
62 Vorgänge 4/5 (1962).
63 Ebd.
64 Vorgänge 6 (1964).
65 Vorgänge 4/5 (1962).
66 Vorgänge 6 (1964).
67 U. a.: »Literarischer Jugendschutz in der Sackgasse« unter Ltg. von Friedrich Weyer; 1952 erschien von Michael Calmus eine Broschüre über die Gefährlichkeit des »erotisch sexuellen Versandhandels«, 1954 die »10 Brennpunkte der Jugendgefährdung«, sowie 1961 der Kommentar zum GjS von Potrykus (Anm. 3).
68 Schiwy/Schütz (Anm. 5), S. 81.
69 Konkret 6 (1965).
70 Der Spiegel 21. 10. 1965.
71 Der Spiegel Nr. 21 (1965).
72 Ott, in: Zimmer (Anm. 26), S. 191. Trotz relativ positiver Bewertung durch die kirchlichen Filmdienste, Freigabe ohne Schnittauflage durch die FSK und das Prädikat »besonders wertvoll« der FBW beriefen sich die meisten Unterschreibenden auf Bergmans Film *Das Schweigen*; viele, auch Kinder und alte Leute, ohne ihn gesehen zu haben. Gleichzeitig wurden 108 Anzeigen gegen den Film von empörten Zuschauern gestellt, jedoch alle Verfahren wieder eingestellt, vgl. Der Spiegel 21 (1965).
73 Konkret 6 (1965).
74 Der Spiegel 21 (1965).
75 Vorgänge 8/9 (1965).
76 FR 20. 2. 1971.
77 FR 8. 12. 1977.
78 FR 20. 2. 1971.
79 Ebd.
80 Die Zeit 16. 2. 1973.
81 FR 22. 2. 1978.
82 Ebd.
83 Ebd.
84 FR 21. 1. 1978.

Ausgewählte Literatur zum Thema

1. Hans Hebeisen: Die Filmbewertungsstelle Wiesbaden. Versuch einer Strukturanalyse, in: Archiv für Urheberrecht 57 (1970), S. 133-174.
2. Werner Kalb: Der Jugendschutz bei Film und Fernsehen. Probleme, Geschichte, Praxis; Berlin/Neuwied: Luchterhand 1962.
3. Martin Löffler/Jean-Louis Hébarre (Hrsg.): Form und Funktion der Presse-Selbstkontrolle, München: Beck 1968 (= Schriftenreihe der deutschen Studiengesellschaft für Publizistik Bd. 7).
4. Johanne Noltenius: Die freiwillige Selbstkontrolle der Filmwirtschaft und das Zensurverbot des Grundgesetzes, Göttingen: Schwartz & Co. 1958 (= Göttinger rechtswissenschaftliche Studien Bd. 23).
5. Sieghart Ott: Kunst und Staat. Der Künstler zwischen Freiheit und Zensur, München: dtv 1968 (= Sonderreihe 67).
6. Peter Raue: Literarischer Jugendschutz. Was kann nach dem Gesetz über die Verbreitung jugendgefährdender Schriften indiziert werden?, Berlin: Duncker & Humblot 1970 (= Berliner Abhandlungen zum Presserecht Heft 8).
7. Franz Ronneberger: Probleme publizistischer Selbstkontrolle, in: Publizistik 1972, S. 177-185.
8. Rudolf Stefen / Jörg Weigand (Hrsg.): Jugendmedienschutz – ohne Zensur in der pluralistischen Gesellschaft. Referate der Jahrestagung der BPS 1977, Baden-Baden: Nomos 1978.
9. Erich Stümmer / Günther Vogg: Filmfreigabe und Filmbewertung. Eine Orientierung unter Berücksichtigung zahlreichen dokumentarischen Materials für Wissenschaft, Praxis, Verwaltung und Erziehung, München/Basel: Reinhardt 1967 (= Neue Beiträge zur Film- und Fernsehforschung Bd. 9).
10. Werner Wohland: Informationsfreiheit und politische Filmkontrolle, Berlin: Duncker & Humblot 1968 (= Schriften zum öffentlichen Recht Bd. 81).

Wetterich, Opposition

1 Zit. nach: Vaterland, Muttersprache. Deutsche Schriftsteller und ihr Staat von 1945 bis heute, Ein Nachlesebuch für die Oberstufe, zusammengestellt von Klaus Wagenbach, Winfried Stephan und Michael Krüger, Berlin: Wagenbach 1979, S. 94.
2 Konkret 22 (1961), S. 13.
3 Vorgänge 11 (1963), S. 358.
4 Vorgänge 11 (1964), S. 397.
5 Vorgänge 5 (1969), S. 189.
6 Vorgänge 10 (1968), S. 362.
7 Ansgar Skriver: Gotteslästerung, Hamburg 1962, S. 100/101.
8 Skriver, a. a. O., S. 102-115.
9 Hinweise auf 30. Juristentag und Strafrechtsausschuß in: Staat ohne Recht, hrsg. v. einem Autorenkollektiv, Berlin (DDR) 1959, S. 65.
10 Genauer zu der Volksbefragung in: F. Krause: Antimilitaristische Opposition in der BRD 1945-55, Frankfurt 1971, S. 70-72.
11 Die KPD brachte im Herbst 51 eine Broschüre unter dem Titel: »Das Blitzgesetz und der Kampf aller Deutschen für Einheit, Freiheit und Demokratie« heraus, s. Staat ohne Recht, a. a. O., S. 125.

12 Stuttgarter Nachrichten 21. 7. 51, zit. nach: Staat ohne Recht, a. a. O., S. 125.
13 Die Welt, 1. 8. 51, zit. nach: Staat ohne Recht, a. a. O., S. 127.
14 Vgl. Alexander v. Brünneck: Politik und Verfolgung der KPD seit 1948, in: Die Linke im Rechtsstaat, Bd. 1, Berlin 1976, S. 227: »Tatsächlich kam es damals nur vereinzelt vor, daß Nichtkommunisten *unmittelbar* von Maßnahmen im Zusammenhang mit der Kommunistenverfolgung betroffen wurden. [...] Selbst soweit es in der damaligen Zeit sozialistische Politik außerhalb des Rahmens der KPD/SED gab, wurde sie von der Kommunistenverfolgung nicht direkt berührt.«
15 Abgeordneter Wittrock (SPD), nach: St.Z. 8. 5. 57, zit. nach: Staat ohne Recht, a. a. O., S. 154.
16 Staat ohne Recht, a. a. O., S. 134.
17 Ebda., S. 147.
18 Vorwärts 15. 2. 57, zit. nach: Staat ohne Recht, a. a. O., S. 154.
19 Brünneck, a. a. O. (Anm. 14), S. 227.
20 Zit. nach: Vaterland, Muttersprache, a. a. O. (Anm. 1), S. 139 f.
21 Rolf Seeliger: Die Außerparlamentarische Opposition, München 1968, S. 20.
22 Louis Hagen: Der heimliche Krieg auf deutschem Boden, Düsseldorf/Wien 1969, S. 293 f.
23 Hagen, a. a. O., S. 297.
24 Manfred Liebel: Die öffentlichen Reaktionen in der BRD, in: Die Spiegel-Affäre, Hrsg. J. Seifert, Olten u. Freiburg 1966, Bd. 2, S. 155.
25 Liebel, a. a. O., S. 161.
26 Liebel, a. a. O., S. 169.
27 Liebel, a. a. O., S. 169.
28 Zit. nach: Vaterland, Muttersprache, a. a. O. (Anm. 1), S. 199.
29 Liebel, a. a. O., S. 190.
30 Liebel, a. a. O., S. 193.
31 Liebel, a. a. O., S. 209.
32 Seeliger, a. a. O. (Anm. 21), S. 91.
33 Vorgänge 2/1965, S. 75 f.
34 Seeliger, a. a. O., S. 66.
35 Karl A. Otto: Vom Ostermarsch zur APO, Frankfurt 1977, S. 157.
36 Ausführliche Schilderung in: H.-J. Gießler: Die letzten 10 Tage vor der Verabschiedung der Notstandsgesetze, München 1968.
37 Seeliger, a. a. O., S. 18.
38 Friedhelm Kron: Schriftsteller und Schriftstellerverbände, Stuttgart 1976, S. 312 f.
39 Vorgänge 7 (1970), S. 265.
40 Maulkorb für Filmemacher. Die Wuppertaler »Ausgewogenheits-Prozesse«, Dokumentation, Berlin 1976.
41 Päd. extra, 15. 7. 76.
42 Broschüre: Willkommen in der Bundesrepublik Deutschland, Berlin 1976, S. 159.
43 Dokumentation: Zur politischen Unterdrückung in der BRD. Das Beispiel: Die Zensurgesetze, Köln/Dortmund 1976, S. 6.
44 Ebda., S. 31.
45 Broschüre: Widerstand gegen Zensur und Berufsverbot, Bremen 1977, S. 50.
46 Willkommen in der BRD, a. a. O. (Anm. 42), S. 159.

47 FR 20. 10. 78 u. 7. 7. 79.
48 Rote Fahne 19/1979.
49 VS vertraulich, hrsg. v. Bernt Engelmann, München 1978, S. 182.
50 FR 15. 6. 78.
51 Die Welt 27. 4. 77.
52 Broschüre des DGB: Für den Ausbau des öffentlich-rechtlichen Rundfunksystems, o. J., o. O.
53 Zit. nach der Broschüre: Arbeitsgemeinschaft Ruhr: Gewerkschafter protestieren gegen die Bedrohung der Pressefreiheit. Der Rundfunk gehört allen, o. J., o. O., S. 48.
54 Zeugenaussage Klaus Lodewick vor dem Russell-Tribunal, in: 3. Internationales Russell-Tribunal, Bd. 3: Zensur, Berlin 1979, S. 89.
55 AStA info extra 2 (Gesamthochschule Kassel), 6. 5. 77.
56 Zeugenaussage Lodewick, a. a. O., S. 90.
57 Nach Angaben der FR v. 31. 5. 77 waren es 2000.
58 FR 27. 6. 77.
59 So »S'Schorndorfer Blättle« und »Gegenwind«.
60 Johannes Agnoli und 13 andere: Da ist nur freizusprechen!, Reinbek 1979, S. 197.
61 FR 14. 9. 77.
62 Peter Brückner: Die Mescalero-Affäre, Hannover 1977.
63 Agnoli u. a. (Anm. 60), S. 187.
64 FR 25. 1. 78.
65 U. Mückenberger: Es gibt noch Richter in Berlin, in: Rundbrief, hrsg. v. Ahrens, Hoffmann-Axthelm, Mückenberger, Lessing, Nr. 1, Berlin, 16. 6. 78.
66 Ebda. Nr. 2, 5. 7. 78, S. 3.
67 3. Internationales Russell-Tribunal, Bd. 3, S. 205.

Verzeichnis der Abkürzungen

AG	Amtsgericht
AKW	Atomkraftwerk
ASL	Aktion Saubere Leinwand
BGB	Bürgerliches Gesetzbuch
BGH	Bundesgerichtshof
BGBl	Bundesgesetzblatt
BKA	Bundeskriminalamt
BPS	Bundesprüfstelle für jugendgefährdende Schriften
BVerfG	Bundesverfassungsgericht
BVerwG	Bundesverwaltungsgericht
dju	Deutsche Journalisten Union
FAZ	Frankfurter Allgemeine Zeitung
FBW	Freiwillige Filmbewertungsstelle Wiesbaden
FSK	Freiwillige Film-Selbstkontrolle
FR	Frankfurter Rundschau
GG	Grundgesetz
GjS	Gesetz über die Verbreitung jugendgefährdender Schriften
HU	Humanistische Union
JZ	Juristen-Zeitung
IMF	Interministerieller Filmausschuß
KJ	Kritische Justiz
KG	Kammergericht
LG	Landgericht
NDR	Norddeutscher Rundfunk
NJW	Neue Juristische Wochenschrift
NSG	Notstandsgesetze
OLG	Oberlandesgericht
SdI	Selbstkontrolle der Illustrierten
SIZ	Selbstkontrolle Illustrierter Zeitschriften
StGB	Strafgesetzbuch
StN	Stuttgarter Nachrichten
St.Z.	Stuttgarter Zeitung
SZ	Süddeutsche Zeitung
VS	Verband Deutscher Schriftsteller
VWB	Volkswartbund
WDR	Westdeutscher Rundfunk
ZDF	Zweites Deutsches Fernsehen

Die Autoren

Joachim Bark, geb. 1941, Dr. phil., Wiss. Rat und Prof. am Institut für Literaturwissenschaft, Universität Stuttgart

Claudia von Braunmühl, geb. 1944, Dr. phil., bis 1979 Wiss. Mitarbeiterin am Fachbereich Gesellschaftswissenschaften, Universität Frankfurt, z. Zt. im Deutschen Entwicklungsdienst in Ruanda

Sebastian Cobler, geb. 1948, Dr. jur., Publizist in Frankfurt a. M.

Irene Ferchl, geb. 1954, studierte Germanistik und Geschichte, z. Zt. im Vorbereitungsdienst für das Lehramt in Stuttgart

Horst Herrmann, geb. 1940, Dr. theol., Prof. für katholisches Kirchenrecht an der Universität Münster

Gunar Hochheiden, geb. 1953, Filmjournalist in Frankfurt a. M.

Michael Kienzle, geb. 1945, Dr. phil., Wiss. Mitarbeiter am Institut für Literaturwissenschaft, Universität Stuttgart

Karl-Heinz Ladeur, geb. 1943, Dr. jur., Assistenzprofessor für Öffentliches Recht an der Universität Bremen

Dirk Mende, geb. 1944, Dr. phil., Wiss. Mitarbeiter am Institut für Literaturwissenschaft, Universität Stuttgart

Günther Rager, geb. 1943, Wiss. Mitarbeiter am Institut für Sozialwissenschaft, Universität Hohenheim

Theo Rombach, geb. 1954, M.A. Wiss. Mitarbeiter am Institut für Sozialwissenschaft, Universität Hohenheim

Rolf Sülzer, geb. 1945, M.A., Berater für Fortbildung und Kommunikation, Lehrbeauftragter an den Universitäten Stuttgart und Hohenheim

Martin Walsdorff, geb. 1939, Dr. phil., Fachreferent für Politik an der Bibliothek der Universität Bremen

Susanne Wetterich, geb. 1956, studiert Germanistik und Geschichte an der Universität Stuttgart